W0281812

WIZ WHARTON

Du hast mir nie erzählt

Liebe Leser:innen, in diesem Roman werden an einigen Stellen rassistische Szenen, Bilder oder rassistische Sprache reproduziert, die sich gegen Asiat:innen richtet. Dies spiegelt in keiner Weise die persönliche Meinung der Autorin, des Übersetzers oder die Haltung des Verlags wider.

WIZ WHARTON

DU HAST MIR NIE ERZÄHLT

Roman

Übersetzung aus dem britischen Englisch
von Christian Lux

eichborn

Die Bastei Lübbe AG verfolgt eine nachhaltige Buchproduktion.
Wir verwenden Papiere aus nachhaltiger Forstwirtschaft und verzichten darauf, Bücher einzeln in Folie zu verpacken. Wir stellen unsere Bücher in Deutschland und Europa (EU) her und arbeiten mit den Druckereien kontinuierlich an einer positiven Ökobilanz.

MIX
Papier | Fördert gute Waldnutzung
FSC® C014496
FSC
www.fsc.org

Eichborn Verlag

Titel der englischen Originalausgabe:
»Ghost Girl, Banana«

Für die Originalausgabe:
Copyright © 2023 by Wiz Wharton;
published in the UK by Hodder & Stoughton

Für die deutschsprachige Ausgabe:
Copyright © 2023 by
Bastei Lübbe AG, Schanzenstraße 6–20, 51063 Köln
Textredaktion: Doreen Fröhlich, Chemnitz
Umschlaggestaltung: © SO YEAH DESIGN, Gabi Braun unter Verwendung von Motiven von © shutterstock.com: kuzzie | Mark Hall | Marish
Satz: GGP Media GmbH, Pößneck
Gesetzt aus der Dante MT
Druck und Verarbeitung: GGP Media GmbH, Pößneck

Printed in Germany
ISBN 978-3-8479-0146-4

1 3 5 4 2

Sie finden uns im Internet unter eichborn.de

Für Mumma, natürlich

›Solch eine fette Gans liegt nicht auf der Straße herum.‹

Chinesisches Sprichwort zweifelhaften Ursprungs

Einhundert Meilen entfernt von Heathrows zweiter Landebahn 1977

Von hier an beschleunigen sie den Sinkflug, ihre Trommelfelle schwellen wie Maiskörner in der Pfanne, *pop, pop, pop*. Durch das Oval des Fensters wird die Welt wieder sichtbar; auf Kunstrasen geklebte Spielzeugkühe, eine Landschaft wie aus einer Fernsehserie für Kinder, mit Seen aus Zellophan und Häusern aus Cornflakespackungen. Ihre roten Sandalen zertreten die Wachsmaler zu ihren Füßen und schieben ihre Bruchstücke in eine Lache lang erkalteter Tunke.

»Nicht … mehr weit«, sagt die Frau. Sie ist mit ihnen gereist, und ihr Gesicht ist freundlich, aber sie ist nicht ihre Mutter. Und wie steht es um ihren Vater? Er ist am Boden bei den Seen und Kühen. Er wartet auf dem ölverschmierten Asphalt. Sie haben Mist gebaut, und er ist ihre Bestrafung. Denke immer daran.

Die Hände ihrer Schwester greifen nach den ihren unter dem Laken, die winzigen Fingernägel schorfig und um den Nagelrand ausgefranst, und obwohl sie sich vor dem Gefühl ekelt, so ist es doch das Einzige, das ihr vertraut scheint – und das ihr weiterhin vertraut sein würde in all den Jahren, die darauf folgen. Denke immer daran. Behalte es bei dir.

Von hier an beschleunigen sie den Sinkflug.

ERSTER TEIL

Anfänge

EINS

Lily
London, 1997

12. Tag der Trauer

Mit 25 erinnerte ich mich nur noch an zwei Dinge über Mumma. Das Erste war, dass sie nach Wassermelone roch, das Zweite, dass wir glücklich waren.

Wir hatten natürlich den Namen unseres Vaters angenommen, doch ein Name erzählt immer nur die halbe Geschichte. Die andere Hälfte existierte in jenem seltsamen Unterholz: getuschelte Fragen, eine stille Post, die mit den Jahren in Schweigen übergegangen war. Und darin lag das Problem. Wie ein tropfender Wasserhahn oder eine unbezahlte Rechnung lauerte Mumma stets in meinem Hinterkopf und wartete nur auf den Augenblick, mich zu überraschen.

Der Anfang meines Endes ist leicht auszumachen. Ich stand am Wohnzimmerfenster und betrachtete die dritte Runde des Trauermarsches für meinen Nachbarn, der um das Anwesen führte. Brixtoner Regen. Die Art Regen, die nichts säubert, die nur den Schmutz und den Gestank fortträgt und woanders zurücklässt.

Eine kleine Gruppe hatte sich am Parkplatz versammelt und tat so, als würde sie nicht nass werden unter ihren behelfsweise übergestülpten Tesco-Tüten und Regenschirmen mit gebrochenen Kielen, allerdings wäre ich mir verlogen vorgekommen, wenn ich mich zu ihnen gesellt hätte. Ich kannte nicht mal den Namen des Verstorbenen, auch wenn wir uns sehr oft gesehen hatten. Unsere Wohnungen lagen einander gegenüber und waren nur durch eine triste Annäherung an etwas getrennt, das man mit viel Fantasie Platz nennen könnte, und manchmal, wenn ich nachts aus dem Schlaf schreckte, sah ich ihn gegen das Glas seines Fensters gelehnt.

Frettchen, dachte ich oft: über die Art, wie seine Hände immer in Bewegung waren, seine knochigen Finger durch seine Haare pflügten oder durch den Stoff seiner Weste über seine graue Haut strichen. Eines Tages würde ich hinübergehen, sagte ich mir selbst. Er hatte vielleicht auch eine Geschichte. Wir könnten Freunde werden. Aber ich habe es nie gemacht.

Das etwas zu lange Klappern am Briefschlitz, das vom melodielosen Pfeifen des Briefträgers begleitet wurde, lockte mich vom Fenster. Ich wartete ab, bis er ging, lauschte darauf, wie sich der kleine feuchte Rhythmus seiner Schritte vom Treppenabsatz entfernte, bevor ich mich in den Hausflur begab.

Auf der Fußmatte lag ein einzelner Umschlag. Ich war nie die Art Person, die sich über Post freute; die Blumen oder Briefchen von Männern oder Einladungen von ehemaligen Schulfreundinnen erwartete. Es handelte sich überwiegend um Speisekarten und Terminerinnerungen, manchmal vielleicht eine dieser unpersönlichen Einladungen zu Selbstverteidigungskursen oder zum Nachbarschaftsfest, bei dem niemand meine Anwesenheit erwartete.

Ich habe dennoch alles behalten. Direkt am Eingang der Wohnung aufgebahrt, zeigten meine Briefe jedem, der vorbeikam – also meinem Vermieter, dem Pizzalieferanten, der nass von seinem winzigen Moped stieg –, dass mein Leben ereignisreich war, bevölkert von beschäftigten Menschen.

Ich warf den Brief zu den anderen und ging wieder zurück, um den Parkplatz zu beobachten. Die Trauerprozession war weitergezogen, aber die Leute verharrten in Grüppchen, in Gespräche verhangen und nicht willens, auseinanderzugehen. Vielleicht warteten sie auf eine Zugabe, eine zweite Gelegenheit, um über ihre Sterblichkeit nachzudenken. *Aber er sah doch so gut aus, als ich ihn das letzte Mal gesehen habe. Im einen Augenblick war er noch da, und dann …*

Verschwunden.

Scheiße, was soll's. Heute war der Tag dafür. Sechs Jahre ohne den Zwang jeglicher Routine hatten mich zu einer Frau willkürlichen Aufstehens gemacht, die sich den Luxus gönnte, den Wandel der Welt durch das Prisma ihres Schlafzimmerfensters zu beobachten. Ich kannte das Dröhnen der Motoren meiner Nachbarn, die genauen Verzierungen der Graffiti-Tags, die Bruchlinien der Risse in den Wänden. In einem anderen Leben wäre diese Beobachtungsgabe nützlich gewesen. In diesem bewachte ich im Wesentlichen nur Uhren.

Ich holte die Post aus dem Flur und begann sie auf meinem Wohnzimmertisch zu sortieren, wies den Umschlägen Kategorien zu und las mir selbst vor: Daves Disco, Lieferdienst, Therapie – so wie in diesem Spiel, das wir spielten und das man *Remember* nannte. Nur der neueste Brief wollte in keine Kategorie passen. Ich nahm ihn und schaute ihn mir an. Er lag gelb und dünn in meiner Hand, das Papier wirkte angestrengt edel, die Adresse schien achtlos hingeschmiert. Ich schüttelte die Regentropfen von ihm ab, riss ihn an einer nicht angeleckten Ecke auf und zog den in ihm verborgenen Brief hervor. *Commissioner for*

Oaths, stand dort, *Urkundsperson*, und dann folgten Angaben über einen Londoner Anwalt, dessen Büro in der Gray's Inn Road lag.

Betreff: In der Angelegenheit Miss Lily Miller, geborene Li-Li Chen, Tochter von Sook-Yin Chen, wohnhaft gewesen in der Castle Peak Road, Kowloon.

Sätze hüpften vor meinem Gesichtsfeld hin und her, die schwarze Tinte nahm auf dem Papier unkenntliche Formen an.

Wir schreiben Ihnen, um Ihnen mitzuteilen ... Eine Erbschaft ... Bitte kontaktieren Sie uns unter der unten angegebenen Nummer.

Das musste irgendeine Betrugsmasche sein. Man hörte so etwas ja ständig: eine freundlich-werbende Annäherung durch vorgeblich gute Samariter, und schließlich verlieren unschuldige Menschen ihre Lebensersparnisse. Als ob.

Dennoch versuchte etwas Kleines und kaum Wahrnehmbares an meiner Aufmerksamkeit vorbeizuschleichen und in den dunkelsten Tiefen Wurzeln zu schlagen. Ich hockte auf dem Sofa und schloss meine Augen.

Fünf Dinge, die ich sehe, höre, fühle, vier Dinge, die ich sehe, höre, fühle ...

Funktioniert das wirklich für irgendwen?

Dr. Fenton hat mir gesagt, dass ich mir zu viel Sorgen mache, und vielleicht sollte ich aufhören, alles totzugrübeln – eines dieser typischen Therapeuten-Mantras, auf einer Stufe mit *kein Koffein nach 16 Uhr* oder dankbar zu sein für die Person, die man ist. Fenton hat leicht reden.

An dem Tag, da der Brief ankam, war es mir über 20 Jahre lang nicht möglich gewesen, an meinen alten Namen oder an irgendwelche Erinnerungen zu denken, die mit ihm einhergingen.

ZWEI

Sook-Yin
Kowloon, Juni 1966

Am Morgen von Sook-Yins Verstoßung war der Hafen voller als die Abflussrinnen am Markttag. Die Inselbewohner haben ihren Status stets ernst genommen. Wenn man ins Meer geht, kann man fischen, so sagten sie, und wer fischen konnte, würde nie hungrig sein. Das Überleben einer Familie hing vom Geld ab – die Menschen setzten ihre Hoffnungen auf Beiboote und undichte Sampans –, und jetzt zahlte sie den Preis dafür, weil sie nie genug verdienen konnte, zumindest nicht so, dass es ihrem Bruder genügte. Sie konnte Böden schrubben, bis ihre Finger bluteten, hatte Wäsche von Kowloon bis Guangzhou gekocht, aber sie würde nie eine Intellektuelle werden, jemand, den er respektieren würde. *Schwachkopf, Schande der Familie, eine Frau von 22 Jahren, die gerade mal die vierte Klasse geschafft hatte.* Das war es doch, was ah-Chor gesagt hatte.

Manches Geld ist eben gleicher als das von anderen.

Die Passagiere hatten begonnen, das Linienschiff zu besteigen. Als Sook-Yin aus dem Schatten des Docks emporblickte und mit einer Hand ihre Augen vor der Sonne schützte, wirkten sie wie kleine Fische in der Hand eines Riesen. *The Carthage – Pacific & Orient.* Dieselben Worte, die sie auf ihrem Ticket gesehen hatte, als sie mit ah-Ma am Morgen zur Botschaft gegangen war. Später hat sie alles in ihrem Wörterbuch nachgeschlagen:

Karthago: Nomen
Eine Stadt der Antike an der Küste Nordafrikas. Von Phöniziern gegründet. Schließlich von den Römern am Ende des Dritten Punischen Krieges zerstört.

Sie betrachtete die glänzende Lackierung, die funkelnden Spiegelungen, die durch die Fenster brachen, die kräftige Struktur der Seile. Nichts an dem Schiff sah zerstört aus. Ein glückliches Omen vielleicht – so wie Kowloon aus der Asche emporgestiegen war.

Panik riss sie aus ihrer Versunkenheit, als aus allen Richtungen Passagiere auftauchten. Wo war ihre Familie? Sie kämpfte sich den Pier entlang zurück, suchte nach dem Hut ihres Bruders, nach der Hand ihrer Mutter an ihrem rosa Schirm, bis sie in der Menge ein Gesicht sah, das sie wiedererkannte, auch wenn es sie an ihrem Instinkt zweifeln ließ. *Ba-Ba?*

»Sook-Yin, gut«, sagte er. Da war diese vertraute Anspannung des Kiefers ihres Vaters, und sie spürte in sich die Hitze des Zorns vom letzten Mal, als sie ihn gesehen hatte. War das vier oder fünf Jahre her? Sie war mit ah-Chor zu ah-Ma gegangen, um sich um den Haushalt zu kümmern, und hatte die Geliebte ihres Vaters geweckt, obwohl es schon fast Mittag war. Sook-Yin hatte es gewagt zu protestieren, und ihr Vater hatte sie mit ausgestreckter Hand geohrfeigt. Einmal. Zweimal. Jetzt war er fett geworden, und sie verübelte ihm sein Glück.

»Du gehst also wirklich fort?«, fragte er.

»Warum? Bist du gekommen, um dich zu vergewissern?«

»Sook-Yin, nicht böse sein, okay?«

Er griff nach seiner Brieftasche und zog einen ausländischen Geldschein hervor. Der war pink und zeigte ein Porträt der Queen und ein einzelnes Wort, das sie wiedererkannte: *ten*. »Das ist alles, was ich dir geben kann«, sagte er. »Ah-Baos Beerdigung hat den Großteil unserer Ersparnisse aufgebraucht.«

Der heimliche Sohn ihres Vaters. Ah-Ma hatte eine ganze Minute um ihn geweint, aber nicht aus Trauer, sondern nur als Frau.

Als sie ihren Kopf schüttelte, drückte er ihr das Geld entgegen. »Du bist immer noch meine Tochter«, sagte er. »Ganz gleich, was ah-Ma dir sagt.«

Einen Augenblick lang schöpfte sie Hoffnung. »Ah-Ba …«

Er drehte seinen Kopf Richtung Schiff. »Zeig, dass du es besser kannst, ah-Yin. Mache deine Familie stolz auf dich, und vielleicht sehen wir dich wieder.«

Ah-Chor tauchte in dem Gedränge auf und griff sie am Mantelkragen, während er über den Lärm hinweg schrie: »Deck D! Deck D, du dumme Träumerin! Willst du unser Geld verschwenden?« Die Anstrengung erstickte die Worte in seiner Kehle, bevor er sich umsah und ihren Vater erblickte. Er neigte den Kopf. »Wir haben Sie hier heute nicht erwartet, Sir. Wollten Sie mit Sook-Yin sprechen?«

»Ich habe gesagt, was ich sagen wollte.«

»In Ordnung, Sir.«

Sook-Yin sah vom einen zum anderen, sah ihren älteren Bruder als Schatten ihres Vaters – und sich selbst ohne Stimme. »Also auf Wiedersehen, Vater«, sagte sie, doch er war bereits verschwunden.

Als sie auf dem Zugang an Deck stand, von den Menschen mal in diese, mal in jene Richtung geschoben wurde, wusste sie nicht, was sie ah-Ma sagen sollte. »Schreib mir oft«, meinte sie und dann an ah-Chor gerichtet: »Kümmere dich bitte um unsere Mutter.«

»Ja, mach nicht so einen Wind! Uns wird es gut gehen.«

Durch das Gewicht der Menge nach vorn gedrückt, blieb ihr keine andere Möglichkeit, als sich weiter in Richtung des klaffenden Schiffsschlundes zu bewegen.

Die Strecke zum Hafen hinunter war nun sehr weit. Ihr Bruder stand immer noch am Dock, doch ah-Ma hatte sich bereits in Bewegung gesetzt. Sie konnte die sich entfernenden Konturen ihres Regenmantels mit seinem roten Chrysanthemen-Muster noch erkennen. Fror ihre Mutter? Zitterten ihre Schultern?

Sook-Yin winkte mit den Armen, und sie rief, doch ihre Worte gingen im lauten und aufgeregten Stimmengewirr der Menge unter. *Auf Wiedersehen! Auf Wiedersehen! Auf Wiedersehen!* Einige der Passagiere hatten bunte Luftschlangen mitgebracht – rot und gelb leuchtende Bänder, die wie Feuerwerk aus ihren Händen hervorsprangen. Sie hob eine auf, die zu ihren Füßen lag, und hoffte, dass sie ihre eigene Familie erreichen würde, die sie zurück in Sicherheit ziehen könnte. *Wir haben es nicht so gemeint. Wir lieben dich. Komm heim.* Sie hielt das eine Ende fest und warf das andere in die Luft, aber es war zu kurz und ihre Stimme zu schwach, als dass irgendwer zu ihrer Rettung eilte.

DREI

Lily
London, 1997

12. Tag der Trauer

Ich hielt noch immer den Brief in der Hand, als das Telefon blechern und dumpf unter dem Sofakissen klingelte. In jenen Tagen lebte es dort, unter Staub und Verfall und all den verstreuten Rollos verborgen, da es abstoßend und der Überbringer schlechter Nachrichten war und ich keinerlei Bedürfnis hatte, mit irgendwem zu sprechen. »Niemand will, dass du es heiratest«, sagte Maya. »Du musst nur drangehen, wenn ich dich anrufe.« Ich kramte den Hörer hervor, und es war sie. Das musste ich ihr lassen. Trotz all ihrer Fehler behielt meine Schwester die unheimliche Fähigkeit, intuitiv zu spüren, wenn etwas vorgefallen war.

»Hey«, sagte sie, als ich ranging. Ich wollte herausplatzen, *Rate mal, was geschehen ist …*, aber sie war in Eile und unterbrach mich.

»Du musst zu mir ins Büro kommen.«

»Was, jetzt sofort?«, fragte ich.

»Ich muss was mit dir besprechen.«

Ich war ein klein wenig immun geworden gegen dieses gelegentliche Herbeizitieren: unsinnige Botengänge, um nach ihrer Hintertür zu sehen oder um sicherzustellen, dass sie ihren Ofen ausgestellt hatte. Da ich keinen richtigen Job hatte, wurde meine

Zeit als flexibel eingestuft, jede Aufgabe wurde zu einer Erinnerung an meine weckerlose Existenz. Trotz allem beunruhigte mich ihre Dringlichkeit. Und warum sollte ich ausgerechnet in ihr Büro kommen?

»So schnell du kannst«, sagte sie.

Ich blickte noch mal auf den Brief, meine Hand glitt den Hörer entlang. Es war doch offensichtlich, oder etwa nicht? Sie musste auch einen bekommen haben.

Als ich in Camden aus der U-Bahn hervorkam, hatte ich meine Panik in eine Art Erleichterung umgedeutet. Maya würde das alles regeln. Sie hatte da vermutlich bereits angerufen, Anwalt zu Anwalt und so weiter. Dafür war sie doch ausgebildet oder nicht – zunächst in Oxford, dann die bevorstehende Partnerschaft –, zumindest bis zu jenem letzten Jahr, in dem sie sich entschieden hatte, alles aufzugeben und im Unternehmen ihres Ehemannes glückliche Familie zu spielen.

Ed, Mayas schlechtere Hälfte, war ein schwer angesagter Architekt von Weltrang. Er war auch ungefähr 103 Jahre alt. Ich wusste immer, dass sie mit jemand extrem Reichem und extrem Erfolgreichem sanft landen würde, aber hier hatte sie wirklich einen faustischen Pakt geschlossen.

Ihr Büro war in einer dieser umgebauten Stallungen, die in den 80ern mit Glasbausteinen und Fenstern als Türen zu Tode renoviert worden sind. Ich habe das selbst nie verstanden, all diese Eingriffe in die Sozialgeschichte, ein vornehm affektierter Wutausbruch unter der Maske des Progressiven. Sie hatten eine neue mausgraue Tussi an der Rezeption installiert, jung, angepasst, aus reichem Elternhaus. »Mrs Redgrave ist gerade mit einem Klienten im Gespräch«, sagte sie und schielte schon fast, als sie über ihre Nase hinweg auf mich herabschaute. Sie hatte mich bereits als unwichtig eingestuft, und ohne die Versorgung mit Vorkenntnissen konnte niemand erahnen, dass wir Schwestern waren. In meiner kleinlichen Verärgerung lehnte ich mich in das Glasfasersofa, nahm *Architectural Digest* zur Hand und produzierte lauter Donnerschläge beim Blättern der Seiten.

Selbst in ihrem Büro ließ Maya mich warten, verschanzt hinter dem Rumpf ihres Schreibtisches, während sie in ihren mannsgroßen Kalender schrieb, ihr Scheitel so akkurat gezogen wie eine Flughafenlandebahn.

»Hast du dir die Haare gefärbt?«, fragte ich.

Sie runzelte die Stirn, ließ aber ihren Blick auf ihr Blatt gerichtet. »Kannst du mal für fünf Minuten nicht seltsam sein?«

Ich kniff die Augen zusammen. Sie waren definitiv blonder. »Ich will dich ja nicht stressen«, sagte ich, »aber ich muss um zwei zu einem Termin.«

»Wohin?« Es war ein Wunder, dass sie sich kein Schleudertrauma zuzog.

»Zu einem heißen Date mit Robert De Niro.«

»Du gehst also immer noch zu Dr. Fenton?«

Sie machte mit dem entschlossenen Eifer der Verantwortung ein Häkchen an den Seitenrand.

»Dir ist schon klar, dass das durchaus kompliziert sein *soll*, Lils? Wenn Therapie einfach wäre, könnte man es auch sein lassen.«

Ich stützte meine Arme auf den Schreibtisch, der Brief knisterte seine Missbilligung in meiner Tasche. »Na los schon. Raus mit der Sprache«, sagte ich.

Sie massierte ihre Schläfen. »Es ist etwas seltsam Unangenehmes eingetreten.«

In der Angelegenheit Miss Mei-Hua Chen …

»Ed plant eine Überraschungsparty für mich.«

»Was?«

»Genau. Es ist grauenhaft. Ich hasse es.«

»Nein, ich meinte, *was* genau ist das Problem?«

»Er droht schon seit Monaten damit, mich mit all seinen Mitarbeitern zusammenzubringen. Er meint, es sei sinnvoll, meine Präsenz im ›Netzwerk‹ etwas zu steigern.«

»Ein Netzwerk aus Geiseln?«

»Witzig.«

Aber das konnte es doch nicht gewesen sein, oder doch? Das konnte nicht der Grund sein, weshalb sie mich herbestellt hatte. Sie lief sich nur warm, führte mich sanft zum eigentlichen Thema. »Und was soll ich da jetzt genau machen?«

»Du musst mit ihm sprechen, Lily. Tue so, als hätte sein Assistent es ausgeplappert, aber eigentlich wolltest du die Party selbst planen, weil du mich kennst, bla, bla, bla … So habe ich zumindest die Kontrolle darüber, wer eingeladen wird.«

»Klar.«

»Keine Panik, ich habe das schon mal gemacht. Das läuft. Speisen und Gäste und alles, es ist also keine wirkliche Lüge.« Sie feuerte einen gereizten Blick in meine Richtung. »Das ist jetzt kein Problem, oder?«

»Hättest du mir das nicht am Telefon sagen können? Es klang, als sei es wirklich dringlich.«

»Na ja, nein … Aber es muss *plausibel* wirken.« Sie hielt inne, als würde ihr plötzlich etwas klar. »Ich erwarte nicht, dass du kommst. Ich weiß, dass du solche Sachen verabscheust.«

»Warum kann das nicht einer deiner Lakaien übernehmen?«

Sie ordnete die Stifte auf ihrem Schreibtisch wie eine kleine

Reihe Soldaten an. »Denen kann ich nicht vertrauen. Nicht wie dir. Die tratschen das noch an Ed weiter.«

Etwas mir nicht Lesbares fuhr über ihr Gesicht. War etwas zwischen den beiden vorgefallen? Ich deutete sinnfrei in Richtung ihres Bauches. Immer noch flach wie das Moor. »Ist alles okay … da unten?«

»Alles in Ordnung, danke schön.«

»Hat Ed dich zum Ultraschall begleitet?«

»Himmel bewahre, nein! Er will nur wissen, ob alles in Ordnung ist.«

»Und ist es das?«

»Ja, es ist okay …« Sie blinzelte mich an. »Wirklich, bestimmt. Alles in Ordnung.«

»Klingt, als wäre es in Ordnung«, sagte ich.

Wir spielten diese Spiele, Maya und ich. Als wir jünger waren, fiel es mir schwer, sie richtig zu lesen, aber mit den Jahren war ihr Panzer etwas abgenutzt und zeigte emotionale Risse: ein leises Knirschen ihres Kiefers; das unbestreitbare Flackern im Augenwinkel, das sie gern dem Alter zuschrieb, von dem ich aber vermutete, dass es eine andere Art Auszeichnung war. Eine, die bisher zumindest immer meinen Namen getragen hatte.

Ich konnte nicht gehen, ohne es ein letztes Mal zu versuchen. »Es gibt also sonst nichts, was du mir erzählen wolltest?«

»Nein. Was meinst du?«, fragte sie.

»Nichts … in der Post heute Morgen?«

Die Vene in ihrem Hals sprang hervor. »Du bist nicht schon wieder in Schwierigkeiten, Lily, oder?«

Ich simulierte ein empört prustendes Lachen. »Nein! Warum sollte ich?«, sagte ich, und in dem Moment war es wichtig, dass sie mir glaubte, eine seltsame Verkehrung, die vor einem Jahr ihren Anfang genommen hatte. Sie schien zunächst erleichtert zu sein, als Dad gestorben war – eine Person weniger, um die sie sich kümmern musste –, aber manchmal hatte sie diesen Blick in den Augen, und ich konnte mir nicht mehr sicher sein, wer von uns beiden den anderen beschützte. »Ich habe dir einfach nur eine Karte geschickt, das ist alles«, sagte ich. »*Mumma Maya*, die ABBA singende Nonne. Sie wird dann vermutlich morgen kommen.«

Auf dem Weg zurück zur Station versuchte ich die Dinge rationaler zu analysieren. Mayas Reaktion wies auf eine von zwei Möglichkeiten: Entweder war der Brief noch auf dem Weg, oder jemand hatte speziell mich ausgewählt – was keinerlei Sinn ergab. Was wir durchgemacht hatten, hatten wir gemeinsam durchgemacht.

Der erbarmungslose Sturm der Nacht hatte die Straßen um Clapham verwüstet, und überall im Bereich des Common lagen zerbrochene Eichenleichen und Ahornäste, all die Jahre hart erarbeiteten Wachstums in einer einzigen Nacht wütender Zerstörung gefällt. Ich war nicht in der Stimmung für Dr. Fenton. Seit jenem Debakel an der Universität hatte ich über den Zeitraum von sechs Jahren immer mal wieder Therapeuten aufgesucht. Wenn man meinen Fortschritt auf einem Graphen aufzeichnen würde, gliche er einer erratischen Klangkurve, die eine Nocturne von Chopin mit einem Satz schizoiden Liszt irgendwo in der Mitte trällern würde.

Als ich ankam, war die Toilette des Wartezimmers besetzt. Ich sah auf meine Uhr, während ich draußen herumlungerte und auf das Geräusch des Abzugs und das asthmatische Rauschen des Handtrockners lauschte, bis schließlich ein Mann herauskam. Er konnte nicht älter als 30 sein, hatte aber etwas Zerfasertes an sich: einen Fingerbreit Schmutz am Kragen, nicht zusammenpassende Socken, als wäre er vom Weg der Eitelkeit der Jugend abgekommen. Wirkte ich auch so auf andere? Überschritt ich selbst mit 25 bereits die Grenzen der Ironie?

»Entschuldigung«, sagte er. »Hallo.«

Wir versuchten, uns aneinander vorbeizumanövrieren.

»Ich bin spät dran – wenn ich nur kurz …«

»Sie wollen zu Dr. Fenton?«, fragte er. »Alles gut, wir sind gerade erst fertig geworden.«

Fenton erschien in der Tür seines Büros. »Ah, Scott, ich erwische Sie noch«, sagte er. »Hier ist die Nummer für die Gruppe, von der ich Ihnen erzählt habe.«

Er sah nicht aus wie ein Scott. Während der Zettel im Vorübergehen überreicht wurde, spürte ich, wie der Mann mich wieder ansah, aber da ich nicht in der Stimmung war, seine Neugier zu befriedigen, hielt ich meinen Blick auf dem Boden und wartete, bis ich ins Zimmer gehen konnte.

»Ich würde mir keine Sorgen machen«, sagte Dr. Fenton, als ich die Bäume am Common erwähnte. »Die Natur neigt dazu, sich selbst zu berappeln, unabhängig von den Intentionen anderer.«

Er schien an dem Tag abgelenkt. Sein Stift, dem ich sonst kaum folgen konnte, verblieb faul im selben Winkel, sein Blick schweifte zum Fenster. Ich konnte es ihm nicht verübeln. Wie viele Einkaufslisten und Pläne für Heimwerkeraktivitäten nahmen in ähnlichen Zumutungen Gestalt an?

Im Versuch, die Zeit totzuschlagen, entschied ich mich dazu, ihm den Brief zu zeigen. Ich folgte seinem Blick, während er ihn zweimal las und dann zurück auf den Tisch legte. »Haben Sie angerufen?«, fragte er.

»Ich habe angenommen, es handelt sich bloß um eine dieser Betrugsmaschen. Wie diese Gewinnspiele, die mit der Post kommen. *Reader's Digest*. Glücksbote. *Sie* haben gewonnen!«

Er lachte nicht, als ich dazu die *Jazz-Hands*-Bewegung machte.

»Hat Sie der Name des Mannes nicht an etwas erinnert?«

Hei-Fong Lee. Verstorben.

Ich schüttelte den Kopf.

»Haben Sie mit Ihrer Schwester darüber gesprochen?«

»Ich hatte gehofft, sie würde auch einen erhalten, sodass wir gemeinsam entscheiden könnten, was zu tun ist. Zusammen.«

»Und was, wenn Sie sich nicht einig sind?«

»Das wird nicht geschehen«, sagte ich. »Wir haben natürlich offensichtlich Meinungsverschiedenheiten … was Fernsehen und Bücher angeht. Aber nie bei wichtigen Angelegenheiten.«

Er lächelte. »Zum Beispiel bei der Frage, hierherzukommen …«

Meine Achseln begannen unter dem Pulli zu jucken. Ich hätte nicht so nah an der Heizung sitzen sollen. »Also okay, vielleicht war ich zu Beginn nicht sonderlich versessen darauf, aber das ist genau, was ich meine mit Maya. Sie wusste immer schon, was das Richtige für mich ist.«

Sein Stift erwachte zum Leben und tanzte über die Seite. Die größte Bewegung seit zehn Minuten. »Diese Emotionen zu Beginn, von denen Sie sprachen, dass Ihre Schwester versucht, Sie zu kontrollieren …«

Ich begann zu lachen. »Das habe ich nicht gesagt!«

Fenton hob eine Augenbraue, um mir zu widersprechen. »Wenn ich mich richtig erinnere, waren Sie recht wütend über eine Liste, die sie gemacht hat, um Ihnen bei Ihrer Genesung zu helfen.«

Versuche, joggen zu gehen; hör auf, dich in Spiegeln unter die Lupe zu nehmen; übe es, Gespräche mit anderen zu führen.

Ich rutschte nervös auf meinem Stuhl herum. »Wenn ich das gesagt habe, dann weil ich frustriert war. Ich bin ein sehr frustrierter Mensch. Gehört es da nicht dazu, dass man anderen die Schuld gibt?«

»Manchmal, ja«, sagte er. »Aber ich frage mich schon, weshalb Sie da nicht angerufen haben. Weil es etwas ist, das Sie für sich selbst tun könnten.«

Er zeigte auf den Brief. »Soweit ich das beurteilen kann, könnte sich daraus alles Mögliche ergeben.«

»Im Sinne von: Die Katze ist zugleich tot wie lebendig?«

»Wenn Sie so wollen.«

Ich wusste, worauf er hinauswollte. Wenn das Erbe mit meiner Mumma in Verbindung stand, wäre es eine Gelegenheit, nicht nur mehr über sie herauszufinden, sondern auch über mich selbst: woher ich kam, wohin ich gehöre, besonders da Maya und Dad nie darüber geredet haben. Aber wie immer mit Dr. Fenton hing eine solche Möglichkeit von einer Binarität ab.

»Sie vergessen etwas«, sagte ich. »Etwas im Nachhinein zu erfahren, ist das eine. Aber man kann ein solches Paket niemals wieder ungeöffnet machen.«

»Angst hat Sie zuvor auch nicht aufgehalten.«

»Ich weiß nicht, was Sie damit meinen. Bin ich nicht gerade hier, weil ich Angst habe?«

»Und als Sie sich in Cambridge selbst verletzt haben? Dazu brauchte es schon Mut.«

Ich drückte meine Ellenbogen gegen meine Seiten in dem Versuch, die dunklen Schweißflecken zu verstecken, die sich unter meinen Achseln zu bilden begannen. »Das war kein Mut«, sagte ich. Mit demselben gereizten Tonfall, als hätte er mich beim Murmelspielen geschlagen. »Und ich war damals eine andere Person.«

Er schlug seine Beine übereinander, und sein Notizbuch fiel herunter, der Aufprall wirkte in der Stille ohrenbetäubend und endlos. »Waren Sie das wirklich?«, fragte er.

VIER

Sook-Yin
Juni, 1966

Das Schiff war ein fremdes Land, und auch wenn Sook-Yin dessen Sprache nicht flüssig beherrschte, wusste sie doch, dass einige Dinge auf der ganzen Welt gleich sein mussten. Auch hier gab es Fischer und Kapitäne, und die erste Klasse war für die Menschen ganz oben. Ihnen standen der Speisesaal mit goldverzierter Decke zur Verfügung, der Tanzsaal, der wie eine Kastanie glänzte, der blaueste Swimmingpool überhaupt mit seinen Liegestühlen und Sonnenschirmen, an dem blasshäutige Frauen ihre Kleidung abstreiften und ihr Fleisch in der stechenden Sonne marinierten.

Sie war unten glücklicher. Die Kabine auf Deck D, in der sie untergebracht war, lag nur eine Etage über jener der Arbeiter, und sie genoss über Tag ihre Verlassenheit und wie sie bei Einbruch der Nacht in ihrer Koje liegen und den Bauch des Schiffes wie einen Herzschlag vibrieren spüren konnte.

Alle Frauen in ihrer Kabine waren Chinesinnen. Zwei von ihnen waren wie sie auf dem Weg nach London, um sich zu Krankenschwestern ausbilden zu lassen, wenn auch an einem anderen Ort als Sook-Yin. Die Dritte war, wie sie überrascht feststellte, eine Frau, mit der sie mal zur Schule gegangen war.

Florence Ho war zwei Jahre älter als sie und sollte einen Mann aus Lamma heiraten, der sich vor ein paar Jahren in London niedergelassen hatte. Abgesehen davon schienen sich die Fakten mit ihrer Gefühlslage zu ändern. Zuerst war er 80 und später dann 100 Jahre alt; er hatte vier Kinder, oder vielleicht waren es auch nur zwei; seine Frau war zunächst im Kindbett gestorben und später dann bei einem schweren Unfall ums Leben gekommen. Welche Version Florence auch immer wählte, die anderen Frauen begegneten ihr stets mit Mitgefühl, und Sook-Yin blieb allein in ihrer Erleichterung, dass es jemanden gab, der noch dümmer war als sie selbst.

Niemand von ihnen hatte je eine Fernreise per Schiff unternommen, ein Nachteil, der sich langsam anhand des Krankenstands in der Kabine bemerkbar machte. Nur Sook-Yin blieb verschont, doch jeden Morgen erwachte sie inmitten der Motorenabgase des Schiffes, gemischt mit dem Geruch von Erbrochenem, die Luft widerlich und dick in ihrer Säuernis. Als die Frauen nach ihren Müttern riefen, war sie es, auf die sie sich verließen, um sie mit Waschlappen und Schüsseln mit Suppen oder Eiswürfeln in Pappbechern zu versorgen, wann immer sie danach verlangten. Da sie an ihr Leben unter Deck gewöhnt war, fühlte sie sich exponiert, wenn sie diese Besorgungen machte, und hatte ihren Passagierschein stets eng unter ihrem BH, falls man sie anhalten und zur Rede stellen würde.

In Suez war die Hitze überwältigend, doch jede Hoffnung auf Erholung an Land wurde durch die Ansage zerschlagen, dass alle an Bord bleiben mussten. Die schöne Aussicht war ein schwacher Trost, sie verhöhnte Sook-Yin mit ihren Verheißungen der Märkte in der Ferne, mit den Gerüchen von Weihrauch und Früchten und den verlockenden Rufen der Verkäufer. Sie war überglücklich, als eine Stunde später eine Gruppe von Frauen auf die Landungsbrücke zukam. »Lady! Lady!«, riefen sie. »Kommen Sie, schauen Sie sich das schöne Halsband an, das wir hier haben.«

Sook-Yin begab sich von Deck, hypnotisiert von den großen hölzernen Tabletts, die jede von ihnen um den Hals hängen hatte und auf denen polierte Perlenketten lagen, die im Sonnenlicht blinkten und glitzerten. Sie nahm eine der Ketten, hielt sie sich an und staunte über die grünen und ockerfarbenen Wellen, die ihren Fingern wie Wasser folgten. »Wie viel?«, fragte sie die Frau.

»Für Sie, Ma'am, zehn Schilling. Ich mache sehr guten Preis für Sie.«

Das einzige Geld, das Sook-Yin bei sich trug, war der Schein, den ihr Vater ihr gegeben hatte. Ah-Ma hatte den Rest auf ein Bankkonto in London überwiesen. Sie legte die Kette wieder auf das Tablett. »Nein. Unmöglich«, sagte sie auf Englisch.

»Okay, wie viel du geben?«

Sook-Yin hatte sich bereits wieder in Richtung des Schiffes gewendet, warf aber einen Blick über ihre Schulter und hielt alle Finger einer Hand in die Luft.

Die Frau verzog ihr Gesicht. »Willst du, dass meine Kinder hungern?«, rief sie.

»Fünf.« Sook-Yin blieb stur. Hatte ah-Ma sie nicht zumindest das gelehrt? Wer hätte *ihnen* in der Heimat je Mitleid entgegengebracht, wenn sie die Straßen durchkämmten, um Arbeit zu finden, und ihre Füße durch die Sohlen ihrer Sandalen scheuerten, ihre Kehle so trocken war wie die Schale einer Kumquat? Von den Slums in Diamond Hill bis hin zu den Penthouses hoch im Peak, überall nutzten sie einen aus, wenn man sie ließ.

Sie zählte das Wechselgeld sorgsam nach. Sie wusste nicht, wie viel fünf Schilling wert waren, nur, dass es die Hälfte dessen war, was es gekostet hätte, und sie beglückwünschte sich selbst für ihr Verhandlungsgeschick.

Als später ihre Kabinengenossinnen die Kette untereinander herumreichten, schien ihr Wert in ihrem Neid noch zu steigen. »Du solltest damit zum Juwelier gehen«, sagte eine. »Die Steinchen müssen ein Vermögen wert sein.«

»Ich hätte lieber das Geld«, bellte Florence. Sie hatte sich geweigert, die Kette in die Hand zu nehmen, und betrachtete sie abschätzig mit einem beiläufigen Blick, während die anderen um sie herum vor Begeisterung flatterten.

»Aber ich würde sie niemals verkaufen«, sagte Sook-Yin, während sie die Kette tief in ihrer Weste vergrub. Sie hatte sich bereits entschieden, dass sie ihr Talisman werden würde, ein Totem für die Person, die sie sein würde, und sie schwor sich, sie sicher zu verwahren, für immer.

Als sie an den Tilbury Docks ankamen, hatte der englische Himmel die Farbe einer frischen Wunde. Sook-Yin kniff ihre Augen zusammen und blinzelte in das fahle Licht, den Geschmack von Schmutz auf der Zunge, als sie in den wartenden Minibus stieg. Florence, deren Geldbeutel prall gefüllt war, hatte gerade noch so ihre Kontaktdaten rausgerückt – sie kritzelte ihre neue Adresse und Telefonnummer gehetzt auf eine zerrissene Quittung –, bevor sie sich ein Taxi rief und verschwunden war.

Die ganze Landschaft veränderte sich, als sie losfuhren. Straßen so dünn wie Nudeln zogen an ihr wie ein verschwommener Schmutzschleier vorbei: aschfarbener Beton, abgedunkelte Fenster, Wäschestücke, die wie körperlose Häute auf den Balkonen flatterten. Sie wurde von einer anschwellenden Panik erfasst. Bevor sie das Schiff betreten hatte, war der am weitesten entfernte Ort, den sie je bereist hatte, die Insel Cheung Chau gewesen, 90 Minuten mit dem Schiff, und selbst da hatte sie es geschafft, sich zu verirren. Doch ah-Chor war stur geblieben. Sie durfte nur im Notfall zurückkehren. Sich zu verirren stellte keinen Notfall dar.

Die Quartiere der Krankenschwestern befanden sich nicht auf dem Gelände des Krankenhauses, sondern an einem Ort, den der Fahrer Hammersmith nannte. Sook-Yin freute sich auf ihr eigenes Zimmer, doch als sie an jenem Abend ankam, wartete dort bereits eine andere Frau: klein, mit gelben Haaren und Augen so fahl wie ein Geist. Sie sprang auf und streckte ihr ihre Hand entgegen.

»Hallo, wer bist du?«, fragte sie.

»Mein Name ist Chen Sook-Yin.«

Die Frau lachte auf, wodurch ein Halbrund beneidenswert perfekter Zähne zum Vorschein kam. »Das werde ich mir niemals alles merken können! Wie wäre es, wenn ich dich Chen nenne?«

»Chen ist mein Nachname. Oder sind wir in der Armee?«

Sie sagte, ihr Name sei Peggy, und gab sich dabei Mühe, die Silben so betont langsam auszusprechen, als würde sie denken, Sook-Yin sei taub. »Nun komm schon rein und leg dich ab, Liebes. Ich hoffe, es macht dir nichts aus, dass ich das Bett am Fenster genommen habe, damit ich ab und an gepflegt eine Kippe paffen kann.«

Sook-Yin verstand kein Wort von dem, was sie sagte. Die Stimme der Frau war wie Gung-Gungs Gewehr – *tatatata* –, rasend schnell! Sie sah sich im Zimmer um und formte die Worte, die Schwester Catherine ihr beigebracht hatte: *ein Tisch, ein*

Stuhl, ein Fenster. Schmutziger Fleck auf dem Teppich. Sie konnte sich keinen Reim auf das Bett machen, bei dem das Laken extrem eng und flach auf die Matratze gespannt war, steif und hart wie ein Sarg.

Für das Abendessen in der Kantine war sie zu spät, also nahm Peggy sie in ein Stehrestaurant mit und kaufte ihr Fisch, der in Zeitungspapier gewickelt war und einen beißenden Geruch in ihrem Zimmer hinterließ. Sook-Yin stockte der Atem, als sie das Päckchen öffnete. Ein ganzer Kabeljau! In der Heimat war sie immer die Letzte an der Reisschüssel, nachdem ah-Chor und ah-Ma fertig waren, und sie konnte ihr Glück kaum fassen. Sie aß rasch mit ihren Fingern, ihr Herz raste wie das eines Läufers.

»Wie schmeckt es dir?«, fragte Peggy.

»Ja, ich mag sehr. Und lustige Kartoffeln auch.«

»Oh ja. Pommes sind großartig.«

Peggy stand auf und wandte sich dem Spiegelbild der beiden zu, während sie ihre Haare richtete. »Meinste, die haben uns absichtlich zusammengesteckt? Zwei Ausländer, wenn du weißt, was ich meine.«

»Aber du nicht Ausländer«, sagte Sook-Yin. »Du bist Frau von England.«

»Ich bin aus dem *Norden* Englands. Das ist für Londoner wie Timbuktu, wobei es für dich noch schlimmer sein muss. Hast du Heimweh?«

Sook-Yin dachte über das Wort nach und stellte sich dabei die Gesichter von ah-Chor und Ba-Ba vor. Heimweh, *weil* das Heim fehlt oder *wegen* des Heimes? Sie schüttelte den Kopf. »Nein. Ich bin hier für Abenteuer.«

Peggy widmete sich ihrem offenen Koffer und begann Kleider und dünne Mäntel hervorzuholen, die sie in den kleinen

Kleiderschrank hing, den sie sich teilten. »Hast du gar nichts mit?«, fragte sie.

»Jetzt zu spät, Gepäck holen. Der Mann hat in Keller gebracht.«

Ihren riesigen Lederkoffer. Der Name des ursprünglichen Besitzers war durchgestrichen und mit einer blassen blauen Farbe überschrieben: *Chen, Sook-Yin. Zielort: England.* Ah-Chor hatte es in seiner krickeligen Handschrift geschrieben, die Buchstaben so groß, dass der Koffer nicht gestohlen werden oder, was wahrscheinlicher war, damit sie ihn nicht vergessen konnte. Wie sie nun Peggys Klamotten anstarrte – so hell wie die Wohnungen in Wan Chai mit ihren Blau-, Pink- und Gelbtönen –, war sie erleichtert, dass ihre eigenen Anziehsachen gerade unsichtbar waren. Sie hatten etwas an sich, für das man sich schämen konnte: die langen Unterhosen, die Fischerpullis, die vier Paar dicken Wollsocken, die aus einem Army-&-Navy-Shop stammten. Wie viele fremde Unterwäsche hatte durch ihre und ah-Mas Hände gehen müssen, um sie kaufen zu können? *England ist kalt*, haben sie gesagt. Zum ersten Mal seit ihrer Abreise machte sich der kleine, scharfe Stich einer Verbitterung oberhalb ihrer Brust breit, als ihr die Ahnungslosigkeit ihrer Familie gewahr wurde.

Peggy nahm eine Handvoll Bilder aus ihrem Koffer und heftete sie an eine große Pinnwand aus Kork. Sook-Yin stand auf, um sie sich genauer anzusehen. »Das ist Marilyn Monroe«, sagte sie.

»Aye. Magst du sie auch?«

»Oh ja. Sie sehr berühmt in Hongkong. Wie James Dean und Cary Grant.«

»Ich liebe James Dean«, sagte Peggy. »Und dieser Clark Gable ist schon ein Schnittchen.«

Sook-Yin legte ihre Hände vor ihr Gesicht. In all den Wochen vor ihrer Abreise hatte sie sich nur die schlechten Dinge ausgemalt: die riesigen Ozeane zwischen den beiden Kontinenten, die sprachlichen und kulturellen Hürden. Und doch waren sie nun zusammen in diesem Zimmer, umhüllt von der kalten Luft, die wie ein dickes Laken über ihnen lag, wie auch von dem seltsam dringlichen Instinkt, der von Filmen, Musik und gemeinsamen Träumen vorprogrammiert worden war. »In meiner Sprache ist lustig«, sagte sie. »Clark Gable bedeutet das hier.« Sie zeigte auf ihre Achsel und sagte die Worte auf Kantonesisch, und Peggy brach in Gelächter aus, bis ihr die Tränen liefen.

Um acht Uhr am nächsten Morgen wurde sie herbeigerufen, um Oberschwester Connolly zu treffen. Zuvor hatte sie ihre Uniform abgeholt und musste unglücklicherweise feststellen, dass außer den Papierhauben nichts klein genug war, damit es ihr passen konnte. Sie trippelte vor dem Büro herum, da das gestärkte Innenleben ihres neuen Gewandes wie ein Sack Reis um sie herumschwang.

»Eintreten!«, rief eine Stimme, als sie klopfte. Sie öffnete die Tür, wartete und machte einen Knicks, als die Frau aufsah. »Ah, Sie müssen Miss Chen sein«, sagte sie. »Gute Güte, meine Liebe, ich bin nicht die Queen. Kommen Sie rein und schließen Sie die Tür.« Sook-Yin saß mit ihren Händen im Schoß, wich der bohrenden Prüfung im Blick der Frau aus und spürte eine unbehagliche Stille.

»Was lässt Sie vermuten, dass Sie eine gute Krankenschwester wären?«

Sook-Yin war auf diese Frage nicht vorbereitet. Sie wusste, A und B ergibt C, aber nicht, warum es so und nicht anders war. Ihr Bruder hatte sie loswerden wollen, und deshalb war sie hier.

Ihr Kopf stolperte in die Erinnerung, als Florence kopfüber über der Toilette hing. »Auf Schiff habe ich gepflegt kranke Menschen.«

»Sie waren Krankenschwester auf einem Schiff?«

»Nicht Krankenschwester. Passagierin. Aber ich habe mich um Frauen in Kabine gekümmert. Suppe gebracht und gewaschen ihre …« Sie hielt inne und suchte nach dem richtigen Wort, »… Unterwäsche.«

Die Oberschwester räusperte sich. »Ich verstehe. Und was macht der Rest Ihrer Familie? War zum Beispiel Ihre Mutter Krankenschwester?«

»Meine Mutter ist Putzfrau«, sagte sie. »Sie wäscht …«

»Ja, ja, ich verstehe. Aber Waschen ist nur ein Teil des Jobs. In zehn Wochen werden Sie Examen schreiben müssen. Werden Sie die notwendigen Lektionen lernen können?«

»Ich verspreche, ich hart arbeiten.«

Die Oberschwester presste ihre Lippen zusammen, als sie Sook-Yins Schwesterntracht begutachtete. »Ist das die kleinste Uniform, die da war?«

»Ja. Tut mir leid, dass ich schlecht aussehe.«

Die Oberschwester schaute auf die Uhr und erhob sich. »Kommen Sie mit, Miss Chen.«

Sook-Yin folgte ihr mit etwas Abstand zu einem kleinen Anbau im hinteren Bereich des Gebäudes, der, wenn man dem Kamingeruch trauen konnte, von Kohl und Erdbeermarmelade betrieben wurde.

»Das ist Schwester Chen, eine neue Auszubildende im Krankenhaus«, sagte die Oberschwester zu der diensthabenden Frau. »Ich möchte, dass Sie ihr immer drei Portionen von allem geben, bis sie in diese Uniform passt.«

Überrascht von der Freundlichkeit der Oberschwester kehrte Sook-Yin in ihr leeres Zimmer zurück, um einen Brief an ah-Ma zu schreiben. *London ist prima*, notierte sie. *Die Menschen sind sehr freundlich zu mir, vielleicht also gehöre ich wirklich hierher*.

Sie hielt inne und las die Worte erneut, die Buchstaben tanzten und verschwammen vor ihren Augen, während ihre Tränen das Luftpostpapier kräuseln ließen. Sie strich alles durch und begann von vorn. *Ma-Ma,* kritzelte sie, *du hattest recht. England ist kalt und nass. Ich habe Heimweh. Bitte schreibe mir bald.*

FÜNF

Lily
London, 1997

15. Tag der Trauer

Ich hatte gerade Dienst im Wohltätigkeitsladen. Die ehrenamtliche Tätigkeit war Mayas Idee gewesen – ein Weg, mich wieder in die Welt zu werfen, als der schlimmste Teil meiner Krankheit überstanden war, ich aber noch keinen »echten« Job annehmen konnte. Drei Jahre später war ich immer noch da.

Ich nehme an, es lag mir einfach, von Objekten Verstorbener umgeben zu sein. Die meisten Spender waren nicht wirklich tot, aber es war erstaunlich, welche Geschichten man hörte, welche Lücken man in ihrer Abwesenheit selbst füllte: das ungetragene Kleid der Mutter der Braut, der einzelne Stiletto, der seinen Zwilling in einem Gully auf der Shaftesbury Avenue verloren hatte.

Auch die Leute lagen mir. Wir alle waren Abgedriftete, die versuchten, wieder ins Leben zurückzufinden oder nicht aus dem Leben herauszufallen. Babs gehörte zu den Erstgenannten. Ihr Ehemann Reggie war vor vier Jahren gestorben, doch sie war erst jetzt so weit, dass sie seine Sachen herbringen konnte. Zunächst waren es kleinere Dinge – eine Tasse oder ein Stapel Taschenbücher –, letzte Woche aber konnte sie sich von dem Puzzle trennen, das er in der Woche seines Ablebens gemacht hatte. Sie klebte sogar einen kleinen Notizzettel auf die

Schachtel – *möglicherweise fehlende Teile* –, da, wie sie mir später erklärte, niemand all die Zeit würde aufwenden wollen, etwas zusammenzusetzen, nur um irgendwann herauszufinden, dass es niemals im Bereich des Möglichen gewesen war.

Als es still wurde im Laden, zeigte ich Babs den Brief. Es konnte nicht schaden, eine weitere Meinung einzuholen, und sie genoss es, andere von ihrer Erfahrung profitieren zu lassen, wenn beispielsweise jemand einen Secondhand-Anzug anprobierte und den Blick einer Frau brauchte, oder ob sie glaube, dass es möglicherweise regnen würde; also diese Hoffnung, weiterhin irgendwie gebraucht zu werden.

»Das könnte so eine Steuersache sein«, sagte sie. »Aus der Zeit, als deine Eltern dort noch gewohnt haben. Jetzt, wo sich alles ändert, meine ich.«

In weniger als zwei Monaten würde Hongkong an China zurückfallen. Diese Tatsache war irgendwo in mir verborgen. Ich kannte den Namen Deng Xiaoping und erinnerte mich, dass er in den 80ern in den Nachrichten auftauchte, um die Rückgabe der Kolonie mit Thatcher zu besprechen. Chinesische Gesichter waren damals nur selten in der Glotze, es sei denn, man wollte sich über sie lustig machen, und deswegen überraschte mich das. Gesehen zu werden. Ich sah die Nachrichtensendung wie ein Hund, der gerade so seinen Namen wusste und versuchte, die Verbindung herzustellen, doch dann schaltete Dad den Fernseher aus und ging zum Weinen allein in sein Zimmer.

»Das wird's nicht sein«, sagte ich.

»Wie alt warst du noch mal – als deine Ma gestorben ist?«

»Gerade fünf. Wir waren *alle* in Kowloon, als es passierte.« Das zu erzählen war zu einer Routine geworden, auch wenn es nicht so schmerzfrei war, wie ich hoffte.

»Also nicht genug Zeit, dass sich Erinnerungen einprägen konnten?«

Hast du je Déjà-vus gehabt, Maya? Manchmal bin ich mir sicher, dass ich mich an etwas erinnere.

Du halluzinierst, Lils, du übertreibst. Alles, woran du dich erinnerst, ist das, was ich dir erzählt habe.

»Nein, nicht wirklich«, sagte ich.

Babs seufzte mit der eindrucksvollen Verzweiflung, die sie für Augenblicke gemeinsamen Leidens aufsparte. »Wenigstens hatte Reggie ein paar gute Innings.«

»Ja, das ist immer – oh, *Mist* …« Mein Blick blieb am Eingang des Ladens hängen, als eine mit Taschen beladene Frau durch die Tür stürmte. Sie sah mich zunächst nicht, doch dann –

»Lilliiiie? Oh mein Gott!«, rief sie. »Es muss *Ewigkeiten* her sein.« Sie trat einen Schritt zurück, um mich ganz in Augenschein zu nehmen. »Wow! Du siehst ja …«

»Lebendig aus?«

»*Großartig*. Ich wollte *großartig* sagen!« Sie versuchte es mit einer angedeuteten Umarmung, die Arme in die Seiten gestemmt. »Was machst du hier überhaupt?«

Ich zuckte mit den Achseln. »Ich helfe manchmal aus.« Ich drehte mich um und zog Babs zu mir. »Das ist Elise«, sagte ich. »Wir haben zusammen studiert.«

Babs zeigte ein schmallippiges Lächeln, als sie sich rüberlehnte, um nach den Taschen zu greifen: *Waitrose, Armani, Paul Smith*. »Soll ich Ihnen die abnehmen?«, fragte sie.

»Das wäre fabelhaft, danke. War längst überfällig, dass ich mal ausmiste.«

Babs verfrachtete sie ins Hinterzimmer und ließ uns wie Treibholz auf dem Teppich zurück. Elise spielte an einer Brosche auf der Theke herum. »Gott, bist du gut«, flüsterte sie. »Dass du deine Zeit opferst, meine ich …«

»Manche von uns haben zu viel davon, nehme ich an.«

»Was machst du inzwischen sonst so?«

Ich bekämpfte den inneren Drang, das rein rhetorisch zu verstehen. Das konnte es nicht sein. Ich hatte sie zu diesem Zeitpunkt fünf Jahre nicht gesehen, was sich auch an ihrer veränderten Erscheinung ablesen ließ. Sie hatte einiges an Gewicht verloren, außerdem auch die Weiße-Mädchen-Dreadlocks und die Anti-Pershing-T-Shirts gegen Pumps und Nadelstreifenanzüge getauscht.

»Ich versuche, eine Musikschule aufzumachen.«

»Lily! Das ist verrückt!«, sagte sie. Eine scheußliche Wortwahl. Sie zuckte zusammen, und es war offensichtlich, dass es ihr nicht entgangen war.

»Ich meine nichts Ambitioniertes. Ein kleines Studio oder so, das reicht mir schon. Für die Kids vor Ort, die sich keine Musikstunden leisten können. Allerdings langsam – wegen des Papierkrams und dem ganzen Zeug.«

Sie nickte anerkennend. »Wenn das so ist, sollte ich dir meine Kontaktdaten geben. Ich bin mir sicher, dass ich was für dich tun kann.«

Schon kam ihre Karte aus ihrer Handtasche, die ich nur aus Höflichkeit las. »Bist die Karriereleiter nach oben geflogen, hm?«

Sie warf ihren Kopf in den Nacken und lachte. *Ma ha ha.* »Weißt du noch, wie ich geschworen habe, niemals Wirtschaftsrecht zu machen? Habe immer gesagt, dass das ein Zeichen dafür wäre, dass man sich verkauft, aber gute Güte, ich sag dir, wir spüren ständig Ungerechtigkeiten auf!«

»Ja, kann ich mir vorstellen«, sagte ich.

Immer noch im Kampf für die gute Sache, natürlich.

Elise war in ihrem dritten Jahr, als ich sie in Cambridge traf. *Freshers' Fair*, Einführungsveranstaltung, 1988. Ich hatte sie bereits am Rand des Flurbereichs ausgemacht, zwischen dem Ruderclub und den Millais-Poster-Verkäufern, immer bereit, andere für ihre Anliegen zu gewinnen: soziale Gerechtigkeit in Oxbridge; die Lesegruppe für Frauen mit ethnischem Hintergrund. Im Gegensatz dazu war ich gerade aus meiner Londoner Gesamtschule gekommen, schlich mich an der Tafel der Oriental Society vorbei und tat so, als wäre ich Goth.

Sie blieb dennoch hartnäckig. Es schien, als steckten wir gemeinsam dadrin, eine Schwesternschaft, die auf Gott weiß was fußte. *Wir müssen sichtbar sein*, hat sie immer gesagt. *Für die gute Sache kämpfen*. Ich brachte nie den Mut auf, ihr zu sagen, dass ich bereits vor langer Zeit aufgegeben hatte; dass meine eingewanderte Mutter gestorben war und mich mit einer halben Identität zurückgelassen hatte, die so nützlich war wie eine zerbrochene Tasse; dass mein Vater in seiner Trauer und seiner Verweigerung alles getötet hatte, was an Kampfeswillen in mir übrig geblieben war. Stattdessen tat ich das, was ich immer tat, und bezog alles auf mich, und zwar auf die spektakulärste Weise, die mir einfiel, nur damit Elise und alle anderen aufhören würden, mir zu sagen, wie sie wollten, dass ich bin, und mich einfach überhaupt nichts sein ließen. Wie ich schon Fenton erzählt habe. Der Ausweg des Feiglings.

Elise wendete ihren Blick auf die Regale, vorgespielt taktvoll in der Annäherung an ein delikates Thema. »Und wie geht es dir sonst so?«

»Meine Gesundheit, meinst du?« Sie starrte mich an. »Ja. Die ist besser«, sagte ich.

»Wir waren damals alle sehr besorgt um dich.« Sie streifte meinen Arm mit ihren Fingerspitzen. »Und ich war sehr bestürzt, von deinem Vater zu hören.« Zunächst dachte ich, ich hätte sie missverstanden, doch dann fuhr sie fort. »Er war ein so reizender Mann. Also ich weiß, es ist ein Jahr her, aber …«

»Wie hast du davon erfahren?«

»Oh!« Sie verlagerte ihr Gewicht auf ihre Hüfte. »Ich nehme an, durch Maya. Wir haben ein paarmal telefoniert und miteinander zu Abend gegessen. Nichts Großes.«

»Klar.« Ich konnte mir die beiden gut zusammen vorstellen, wie sie im Langham's warmen Weißwein schlürfen und sich die Geschichte meiner Bloßstellung erneut erzählen. *Ach, ist es nicht schrecklich? Die arme Lily. All das verschwendete Potenzial.* »Nun«, sagte ich, »ich will dich nicht aufhalten.«

»Oh, stimmt. Richtig.« Sie blickte demonstrativ auf ihre Uhr, lehnte sich dann zu mir rüber und berührte erneut meinen Arm. »Du siehst gut aus, Lily«, sagte sie. »Es war wirklich schön, dich zu treffen.«

»Ja, für mich auch, Elise.«

Ich schaute zu, wie sie den Laden verließ, wie ihre Schritte schneller wurden, als sie die Brixton Road überquerte. Sie hatte eigentlich immer noch einen fetten Hintern.

Babs wuselte aus dem Hinterzimmer hervor. »Alles okay?«, fragte sie.

»Ja, keine Sorge. Alles gut.« Ich griff meinen Mantel hinter dem Tresen und schlüpfte hinein.

»Ich wusste doch, dass ich sie schon mal gesehen habe«, sagte sie.

»Wie bitte?«

»Deine Freundin. Sie war meines Wissens nach schon ein paarmal hier. Schaut sich Ewigkeiten um. Hat mal was von Gloria Steinem gekauft, wenn ich mich recht entsinne.«

»Klar.« Es ergab nun alles Sinn. Es überraschte mich nicht, dass sie und Maya sich angefreundet hatten. Meine Schwester war vielleicht nicht aus demselben Holz geschnitzt – unser silberner Löffel war zweifellos aus Plastik –, doch sie gab sich alle Mühe, einen vom Gegenteil zu überzeugen, und vielleicht war das der springende Punkt. Dass die Illusion eines Lebens Arbeit erforderte. Dass an der Welt teilzuhaben *Arbeit erforderte.*

Dennoch war es gemogelt, wenn man einen Komplizen hatte.

Babs positionierte Reggies Puzzle zum zehnten Mal um. »Geh heim und kümmere dich um den Brief.«

»Meinst du?«

»Ja. Es ist wie in diesem alten Witz«, sagte sie. »In all dem Pferdemist muss ein Pony verborgen sein.«

SECHS

Sook-Yin
London, August 1966

Sook-Yin arbeitete nun seit acht Wochen in dem Krankenhaus. Einige davon – jene, die sie in der Pädiatrie und auf der Geburtsstation verbracht hatte – waren mit Leichtigkeit vergangen, die Frauen und Kindern innewohnende Verletzlichkeit führte zu einer instinktiven Dankbarkeit ihr gegenüber.

Die allgemeinen Stationen waren ein anderes Thema. Sie waren ausnahmslos mit alten Männern belegt, die geradewegs auf ihr eigenes Ende zusteuerten und sich fest vorgenommen hatten, darüber zu schimpfen. Für sie war es eine Beleidigung, von Sook-Yin gepflegt zu werden. Sie hatten weder die Zeit noch irgendeine Geduld für ihr Englisch und keinerlei Vorbehalt, ihr das zu sagen. Für sie war sie nicht mal »Schwester!«, sondern nur »Hierher!« oder »Frau!« oder »Wei Wei Wong«. *Warum* nannten sie sie Wei Wei Wong? Wei Wei Wong war der Name einer Prostituierten.

Das war nicht ihr einziges Problem. Ihr erstes Examen war nur noch zwei Wochen entfernt, und Sook-Yin konnte sich nichts merken. Sie konnte Teetabletts abstellen und Hunderte von Bettpfannen säubern, ein Laken falten, bis die Kanten spitz und flach wie Messer waren, doch wann immer sie sich hinsetzte, um zu lernen, trieben die Worte vor ihrem geistigen Auge wie Ballons umher, sie verspotteten sie und entzogen sich ihr. Es wäre einfacher gewesen, zum Mond hinaufzurennen und mit einem Stern in der Tasche zurückzukehren.

Sie war gerade vom Frühstück zurück, als Peggy mit einem Paket auftauchte. »Für mich?«, wagte Sook-Yin zu fragen. In den beiden Monaten seit ihrer Ankunft in London hatte sie nichts von ah-Ma gehört.

Peggy schüttelte den Kopf. »Tut mir leid, Liebes, heute nicht. Möchtest du, dass ich es woanders öffne?«

»Nein. Ich möchte sehen.« Trotz ihrer Enttäuschung war es Sook-Yin unmöglich, ihrer Freundin die Freude zu missgönnen.

Sie saßen zusammen auf dem Bett, und Peggy ließ sie das Paketband öffnen. Unter den knisternden Falten des braunen Papiers war es wie Weihnachten und Neujahr zusammen: ein knallroter Lippenstift und vier Paar Strümpfe neben Sook-Yins Lieblingszeitschrift *Cosmopolitan*. Dergleichen hatte sie in Hongkong nie gesehen: makellose Anleitungen dafür, wie man korrekt isst und sich anzieht und wie man sich das Gesicht auf vier unterschiedliche Weisen waschen kann. Manchmal auch verdorbene Sachen, die sie hinter vorgehaltener Hand las: Bilder von nackten Körperteilen und wie wichtig die Lust der Frau war. Diese Dinge verwirrten sie eher.

»Immer noch keine Nachricht von deiner Ma?«

»Nein. Ich glaube, sie hat vergessen mich.«

Peggy nahm ein Paar der Strümpfe, stand auf, ging zur Pinnwand und nahm das Foto von Marilyn Monroe ab, um dann beides Sook-Yin zu geben. »Für dich. Ist ein Geschenk«, sagte sie. »Für mich bist du von jetzt an Marilyn.«

Sook-Yin balancierte die Form des Namens auf ihrer Zunge, als handelte es sich dabei um einen unbekannten Geschmack.

»Marilyn Chen«, sagte sie und entschied sich dazu, den Geschmack zu mögen. Ihr Gesicht gefror. »Aber ich habe nichts, was ich dir geben könnte.« Was könnte *sie* haben, das irgendwer haben wollte?

»Mach dir mal keine Sorgen deswegen«, sagte Peggy. »Wobei es etwas gibt, was du für mich tun könntest.« Sie hielt inne. »Wie wäre es, wenn du versuchst, etwas mehr mitzumachen? Mit dem Rest von uns zu lachen und zu tanzen?«

Letzten Monat war ein Plattenspieler im Gemeinschaftszimmer aufgetaucht, und am Wochenende gab es nun Partys: Leute und Rauch und Lärm und das Geräusch von Gläsern wie der Abendruf der Kuhglocken, der lakritzene Kreis mit Aufnahmen, auf denen Männer und Frauen Nonsens-Songs sangen. *Da Doo Ron Ron. Mashed Potatoes.* Sook-Yin hatte mal durch den Türspalt zugesehen, sich aber trotz der vielen Leute noch nie so einsam gefühlt.

»Das kann ich nicht. Ich muss so viel lernen.«

Peggy senkte ihren Blick auf ihre Schuhe. »Ich frage nicht nur wegen mir … Einige der Mädchen reden bereits. Sie sagen, du willst nicht dazugehören.«

»Warum sagen die das über mich?«

»Weil du immer hier drin bist zum Beispiel. Und zum anderen, weil Mädchen einfach Zicken sein können.«

Sook-Yin legte sich zurück auf das Bett. Es war wieder dieses Mathe-Ding; dieser schwer fassbare Faktor, über den andere verfügten, um sich die Welt zu erschließen. Und so, wie ihre Hausaufgaben sie ratlos zurückließen, hatte sie auch jetzt Angst, niemals die richtige Antwort zu finden.

Am Tag der schriftlichen Prüfung kamen alle Schwestern in der Kantine zusammen. Oberschwester Connolly stand vorn und hatte einen langen Holzstab in der Hand, um mit ihm in halbstündigen Intervallen die Zeit anzugeben: 30 Minuten für die Grundlagen der Anatomie, 30 Minuten für häufige Krankheiten und 30 Minuten für Vorschriften und Vorgehensweisen.

Sook-Yin setzte sich nach hinten. Zum Glück hatte sie sich Anfang der Woche bei der praktischen Prüfung selbst überrascht. Ihr Essenstablett war ein sauber serviertes Kunstwerk, ihr Geschick mit dem Bettlaken vorbildlich.

Nun brauchte sie nur zu bestehen, und ihr Platz im Kurs wäre sicher.

Sie sprach ein Gebet und drehte ihr Blatt um.

Vervollständigen Sie das nachfolgende Diagramm, indem Sie sowohl die Lage als auch die relative Größe von Gallenblase, Nieren und Milz angeben.

Sie sah auf und blickte durch den Raum. Alle anderen hatten ihre Köpfe gesenkt, ihre Konzentration waberte in Wellen und verströmte den Geruch von Lux-Seife und Juicy Fruit, von Gemütern, die klarer und frischer waren als das ihre.

Sie las die Frage noch mal und begann, eine kleine runde Form mit einem Pfeil zu zeichnen. *Das ist die Milz,* schrieb sie. Sie kniff die Augen zusammen, radierte es aus, und bevor sie noch an den Rand mit den kleinstmöglichen chinesischen Buchstaben *Gott steh mir bei* hinzufügte, schrieb sie nun *Gallenblase* hin.

Kopfschmerzen vorschiebend, ging sie danach allein auf ihr Zimmer und versteckte sich unter der Decke. Sie musste eingeschlafen sein, denn als sie schließlich wieder hervorkam, war der Himmel hinter dem Fenster dunkel, und jemand klopfte an der Tür. Als sie nicht antwortete, ging diese dennoch auf.

»Hallo? Ist hier jemand?«

Sook-Yin rappelte sich auf, während Oberschwester Connolly das Zimmer betrat. »Sind Sie krank, Schwester Chen?«, fragte sie. »Ihnen ist klar, dass das Abendbrot vorbei ist?«

Sie hockte sich auf die Bettkante und tippte auf den Platz neben ihr. »Sie waren die Beste bei der praktischen Prüfung diese Woche. Ich gehe davon aus, dass Ihnen die schriftliche Prüfung schwergefallen ist.«

So direkt mit dem Beweis für ihre Dummheit konfrontiert, presste Sook-Yin ihre Nägel in ihre Handinnenflächen.

»Möchten Sie weiter im Krankenhaus bleiben?«

»Ja, ich will bleiben sehr gern!« Sie fühlte sich, als hätte man ihr einen Stein auf den Bauch geworfen. Wie konnte die Oberschwester daran zweifeln? Und wichtiger noch, wie konnte sie sich ihr beweisen?

Dummkopf. Schande der Familie.

Sie stand auf und drückte ihre Fäuste unter ihren Rippenbogen. »Hier sind die Nieren«, sagte sie. Sie drückte auf die obere linke Seite ihres Bauchbereichs. »Hier sitzt die Milz.« Sie bewegte ihre Hand nach rechts. »Hier, weiß ich, sitzt die Gallenblase.«

Die Oberschwester besah sich schweigend ihre Vorführung. »Verstehe«, sagte sie schließlich. »Es ist also offensichtlich alles in Ordnung mit Ihrem Kopf, Miss Chen. So wie ich das sehe, liegt es lediglich an Ihrer Prüfungsangst.« Sie kniff ihren Nasenrücken zusammen. »Ab Montag werde ich Sie selbst unterrichten, und dann werden Sie die Prüfung noch mal ablegen und die maximale Punktzahl kriegen, von der ich weiß, dass Sie sie erreichen können. Habe ich mich deutlich ausgedrückt?« Sook-Yin nickte. »Und in der Zwischenzeit reißen Sie sich zusammen.«

»Was heißt das, ›zusammenreißen‹?«

»Es heißt, dass wir auch im Sturm lächeln. Auch wenn wir nass werden.« Die Oberschwester stand auf und griff in ihre Tasche. »Fast vergessen«, sagte sie. »Heute Morgen kam dieser Brief für Sie an.« Sie legte ihn auf den Schreibtisch. »Ich glaube, er ist von Ihrer Mutter.«

Sobald sie wieder allein war, brach Sook-Yin auf ihrem Bett zusammen. Sie hatte sich eine zweite Chance verdient. Und dazu noch ein Brief von ah-Ma! Sie befühlte den Luftpostumschlag, hin- und hergerissen zwischen ihrer Aufregung und dem Wunsch, den Augenblick auszukosten, und dann riss sie ihn entlang der Kante auf.

Ah-Yin, wie geht es dir, liebe Tochter? Ich habe deine Briefe sehr gern gelesen, auch das Foto von dir in Uniform freut mich. Du siehst fett aus.

Ich bin erst jetzt dazu gekommen, dir zu schreiben. Ich weiß nicht, ob du es im Radio gehört hast, aber es gibt eine Revolution auf dem Festland. Mao Zedong hat alle Statuen zerstört und mit den Roten Garden eine Armee geschaffen, um die Botschaft des Kommunismus zu verbreiten. In Harbin hat man die Intellektuellen zusammengetrieben und ihnen Schilder um den Hals gebunden, als wären sie unartige Schulkinder. Ich mag diese ›Kampf- und Kritiksitzungen‹ nicht. Präsident Zhou sagt, dass das in Hongkong nicht passieren kann, aber es kursieren schon Gerüchte über Aufstände in den Dörfern. Es gibt eine stark antibritische Stimmung, und nun werden die Moderaten nervös – wegen der Art, wie sie mit den Banken mauscheln. Ah-Chor sagt, es sei nicht sicher, als Lehrer zu arbeiten. Ich kann das nicht einschätzen.

Eine erfreulichere Nachricht ist, dass ich mit Mrs Chee zu Yum-cha zum Tee gegangen bin. Ich hatte ihr gesagt, dass das zu teuer sei, aber sie wollte, dass wir allein Zeit miteinander verbringen. Was hätte ich da also tun sollen? Sui Je vom Army-&-Navy-Shop will ein Bild von dir mit deinen neuen Socken, damit sie Kunden in ihren Laden bekommt. Mache doch eins am Buckingham-Palast.

Ich bete im Tempel für dich, aber letzte Woche habe ich den Villain Hitters Geld gegeben, damit sie einen Fluch auf deinen Vater legen. Heute habe ich das Gerücht gehört, dass seine Nutte beim Mahjong ein Vermögen verloren hat. Ich bin sehr froh darüber.

Du musst dir keine Sorgen um mich machen. Es ist besser, dass du einen guten Job hast und Geld für den Rest der Familie verdienst, damit dein Bruder nichts mehr zu nörgeln hat. Eines Tages wird er vielleicht glücklich.

In Liebe, wie immer, Ma-Ma

Sook-Yin las die Worte und las sie erneut, ihr Herz krampfte sich zusammen. Was, wenn es wieder Krieg auf der Insel gäbe? Würden die Rotgardisten ihre Hühner beschlagnahmen? Und was würde dann mit ihrer Familie geschehen? Sie stellte sich ah-Chor erniedrigt auf einem Stuhl vor. So viel zu seiner Angeberei, ein Intellektueller zu sein!

Das Einzige, was ihnen helfen konnte, war Geld, doch sie hatte ihnen bereits den Großteil ihres Gehalts geschickt, und es gab keinerlei Aussicht auf eine Lohnerhöhung, bevor sie ihre Ausbildung nicht abgeschlossen hatte. Sie blickte zu den Büchern auf dem Tisch. Mehr denn je würde sie sich jetzt beweisen müssen.

Am folgenden Montag wurde sie ins Büro gerufen. Sie nahm ihr Schwesternhandbuch mit, begierig darauf, ihre Nachhilfe zu beginnen.

»Ja?«

Sook-Yin schrak zurück, als sie in den Raum sah. Oberschwester Connolly war nirgendwo zu sehen, und an ihrer Stelle saß eine ältere Frau, so dünn und aderig wie eine Stangenbohne.

»Ach, Miss Chen, treten Sie ein.« Sie zeigte auf den Stuhl direkt vor ihr. »Oberschwester Connolly musste sich beurlauben lassen und wird auf absehbare Zeit nicht da sein. Mein Name ist Oberschwester Baxter. Wissen Sie, weshalb ich Sie sehen wollte?«

Sook-Yin klammerte sich an ihr Buch, als sie sich setzte, ihre feuchten Fingerspitzen rutschten über den Umschlag. »Oberschwester … *alte* Oberschwester«, begann sie, »hat vorbereitet Unterricht für mich.«

»*Unterricht?* Was denn für Unterricht?«

»Um mir zu helfen, die Prüfung zu bestehen.«

»Aber Sie haben die Prüfung abgelegt, oder nicht?« Wenn die Frau sprach, trieb ihr linkes Auge durch seine Höhle, während das rechte wie eingefroren blieb und stechend glänzte. Sie öffnete ihr Notizbuch, das vor ihr lag, und ließ ein Lineal über die Zeilen gleiten. »92 Prozent bei der praktischen, aber nur 15 bei der schriftlichen Prüfung. Ich muss gestehen, Miss Chen, ich kann mich an keine solch drastische Abweichung erinnern. Hatten Sie irgendwelche Hilfe bei der praktischen Prüfung?«

Sook-Yins Augen weiteten sich. »Nein! Ich habe selbst gemacht … Oberschwester Connolly sagte …«

Die Frau hob ihre Hand in die Luft. »Da Oberschwester Connolly nicht hier ist, um für sich selbst zu sprechen, kann ich mich nur an das halten, was ich vor mir habe. Ich gehe davon aus, Sie erinnern sich an die Bedingungen für Ihre Ausbildung? Der Vertrag, den Sie unterschrieben haben, als Sie bei uns eingetreten sind?«

»Ja. Ich muss Prüfung bestehen.«

»Und das beim *ersten* Versuch, Miss Chen.« Sie klappte ihr Notizbuch mit einem dumpfen Schlag zu. »Leider heißt das, dass ich keine Wahl habe, als Ihre Ausbildung zu beenden.«

Sook-Yin fiel die Kinnlade herunter, aller Anschein von Anstand und Würde war vergessen. »Moment, bitte!«, sagte sie. »Es muss Ausweg geben.«

»Es tut mir leid, aber das ist unmöglich. Ausnahmen würden ein gefährliches Exempel statuieren.« Sie stand auf und ging zum Fenster; dann drehte sie sich um und sah Sook-Yin mit einem angespannten Lächeln an. »Sie haben 24 Stunden zum Packen. Bitte geben Sie alle Dinge, die dem Krankenhaus gehören, einschließlich aller Schlüssel, die Sie zu dem Gebäude haben, zurück.« Sie begab sich wieder hinter den Schreibtisch, blieb aber stehen, bis Sook-Yin es ihr gleichtat. »Ich wünsche Ihnen viel Glück, Miss Chen. Ich bin mir sicher, dass Sie irgendwann den Platz finden, an den Sie gehören.«

SIEBEN

Lily
London, 1997

20. Tag der Trauer

Als die Woche ohne Nachricht von Maya zu Ende ging, machte ich einen Termin bei dem Anwalt aus, der auf dem Briefbogen stand.

Greene & Nesbit war eine protzige Anomalie an einer schäbigen Ecke der Gray's Inn Road. Wie die Nachbarschaft, die sie mit Mühe zu beherbergen suchte, war auch die Straße selbst mit der Zeit welk geworden, die zahlreichen Reihenhäuser verdorben von dem Neon der Krämerläden und den trüben Wellenbewegungen des vorbeischwappenden Verkehrs.

Mr Nesbit empfing mich selbst. Er war ein kahlköpfig werdender mittelalter Amerikaner, der das Auftreten eines Quizshow-Moderators hatte und einen Anzug trug, der so lebhaft schien wie ein Katerfrühstück. »Miss Li-Li Chen?«, fragte er, während er sich vorbeugte, um mir die Hand zu geben.

»Eigentlich war mein Name immer schon Miller.«

Er lächelte. »Sollen wir ins Sprechzimmer gehen?«

Das war nur der erste von vielen Durchgängen, die ich an diesem Morgen passieren musste, während er fortfuhr, meine Existenz mit der Sorgfalt eines Anthropologen freizulegen. *Wie war der Name Ihres Vaters? Wer sind Ihre Geschwister (falls vor-*

handen)? Wie lautete Ihre letzte Adresse? Er hatte mich auch gebeten, meinen Pass mitzubringen, den seine Sekretärin an sich nahm und kopierte.

»Herzlichen Glückwunsch!«, sagte er schließlich mit überschwänglich ausgebreiteten Armen. »Miss Miller, ich freue mich, Ihnen mitteilen zu dürfen, dass Sie als Begünstigte in einem Testament benannt wurden.«

»Von diesem Hei-Fong Lee?«, fragte ich.

Er schoss mit einer unsichtbaren Pistole auf mich. »Der chinesische Bankmagnat.«

»Verzeihung, aber ich verstehe das immer noch nicht. Warum sollte er mir etwas hinterlassen?«

Er zog einen Ordner aus der Schublade in seinem Schreibtisch. »Zum Vermächtnis gehört auch ein Zusatz. Er besagt, dass Sie erst nach Erfüllung einer bestimmten Aufgabe für das Erbe vollständig anspruchsberechtigt sind.«

Vor meinem geistigen Auge erschienen nun die Aufgaben des Herakles, Atlas mit der Welt auf seinen Schultern. »Um was für eine Aufgabe geht es?«, fragte ich.

»Im Grunde müssen Sie nur nach Kowloon reisen und dort die Annahme des Erbes persönlich unterzeichnen.«

Ich blinzelte ihn an. »Man erwartet von mir, dass ich nach Hongkong reise?«

»Mr Lee besteht darauf.« Er öffnete den Ordner und las vor. »›*Mit dem ausdrücklichen Zweck, dass du dich mit deinen Wurzeln beschäftigst.*‹ Besonders in Bezug auf Ihre Mutter.«

Ich wischte den schmierigen Film von meinen Händen. Ganz offensichtlich ging es hier um Mumma. Welche andere Verbindung hätte es geben können? »Ich nehme an, es steht mir frei, abzulehnen?«

Mr Nesbit starrte mich an. Derselbe Blick, den ich mein Leben lang von Dad und Maya und Elise kassiert hatte. Der sagen sollte, *Bist du verrückt?* »Miss Miller, vielleicht hätte ich etwas ausführlicher sein sollen. Das Erbe beträgt eine halbe Million Pfund.«

Ich weiß, was die meisten Menschen nach so einer Nachricht getan hätten. Wie die meisten Menschen reagiert hätten. Allerdings war meine Familie nicht wie die meisten Menschen. Seit 20 Jahren hatten wir kaum über Mumma gesprochen. Es war »zu aufwühlend« für Maya und Dad, was sich dann zu der unausgesprochenen Übereinkunft entwickelte, dass wir die Vergangenheit nie wieder ansprachen. Ich war die Einzige, die sich erinnern wollte – *gefühlsduselig und morbide, Lily. Immer versuchst du, anders zu sein.* War es da verwunderlich, dass ich Angst hatte, nachzufragen?

»Wenn Sie meinen Ratschlag wollen«, sagte Nesbit, »dann nehmen Sie das Geld, machen Sie einen schönen Urlaub, schlagen Sie bei ein paar Ihrer Verwandten auf, und sei es nur für die Optik. Die Sache wird nicht benotet. Es ist wirklich eine Win-win-Situation.« Er überreichte mir ein kleines Kärtchen. »Die Kontaktdaten des Testamentsvollstreckers. Ich glaube, es ist der älteste Sohn. Er wird Ihr Ansprechpartner sein.«

Ich warf einen Blick auf die kräftige Schriftart. *Daniel Lee. Futures*, stand darauf, *Termingeschäfte*, und dazu seine diversen Nummern.

»Ich sollte noch etwas anmerken. Mr Lees Familie befindet sich in der Trauerphase – ich nehme an, eine kulturelle Eigenart –, und das führt dazu, dass die Abläufe eine gewisse Dringlichkeit haben. Sie müssen die Aufgabe in den ersten 49 Tagen nach dem Tod erfüllen.« Er blätterte in dem Terminkalender auf seinem Tisch. »Mit den ganzen administrativen Erfordernissen und Ihrem zeitversetzten Erscheinen hier ist morgen bereits Tag 21. Während Sie also jede Freiheit haben, alles zu überdenken, sollten Sie das bitte in Ihre Überlegungen miteinbeziehen.«

In der U-Bahn nahm das Ruckeln des Waggons die Form eines seltsam verführerischen Schlaflieds an: 500.000 Pfund. 500.000 Pfund. Man nennt so etwas aus gutem Grund eine lebensverändernde Summe, und es war nun wirklich nicht so, dass ich es nicht brauchen konnte. Das Geld, das Dad mir hinterlassen hatte, war nahezu aufgebraucht. Es würde kaum noch ein Jahr reichen, schon gar nicht, wenn ich keinen Job finden würde. Mit dieser Summe könnte ich die Musikschule gründen. Ich könnte beweisen, dass ich doch nicht ganz nutzlos war.

Ich erlaubte mir selbst, ein bisschen in dieser Vorstellung zu schwelgen. Über die Jahre war sie immer weiter ausgeschmückt worden und lief wie eine Filmszene ab, vom *Schwusch-Schwusch* der samtenen Vorhänge bis zu den dicken Bäuchen der Cellos und Waldhörner und dem Seufzen des Elfenbeins auf Holz; die Faszination, die von Kinderfingern ausgeht, emsig und still in ihren Entdeckungen. Eine Welt, in der jeder willkommen war.

Dabei vergaß ich fast, dass ich auf dem Weg zu Maya war. Beim Aufstehen kollidierte ich mit einer mir unbekannten Achselhöhle, während die Türen sich an London Bridge schlossen – *sorry, sorry, sorry* –, kämpfte mich bis zur Tür und kam atemlos und panisch auf dem Bahnsteig an. Wie nur sollte ich ihr von Hongkong erzählen, und warum tat ich das überhaupt, wenn ich auch einfach nach Hause gehen und nachdenken konnte? Ich trottete nach oben Richtung Ausgang. Weil ich bereits geschworen hatte, dass ich kommen würde. Eine weitere in einer langen Reihe von (Un-)Einigkeiten in unserer Familie.

In dem Monat vor Dads Tod hatte er uns das Versprechen abgenommen, dass wir uns hin und wieder treffen würden, eine Idee, die aus der Vorstellung geboren war, dass ohne seine Vermittlung unsere Beziehung unweigerlich in die Auflösung steuern würde. Der andere Grund, weshalb ich es nicht verschieben konnte, war, dass Ed heute noch spät arbeitete und es der einzige Abend war, an dem ich sie allein sprechen konnte.

Hin und wieder fand ich es sogar ganz schön – auf einer Glotze fernsehen, die größer war als mein Kopf, und Suppe schlürfen, die nicht in einem Becher schwamm, aber ich nehme an, dass es auch das andere Zeug war: der Trost, eine Schwester zu haben, die anstrengungslose Sicherheit, die man mit jemandem hat, der einen kennt und den man im Gegenzug ebenfalls kennt. Bevor Ed ins Spiel kam, war es die treuste Beziehung, die ich je geführt hatte.

Es überraschte mich nicht, dass die Ehe sie verändert hatte. Ich war eher amüsiert, dass sie sich in Forest Hill niedergelassen hatten, das auf dem Radar der Neureichen nur gerade so eben aufleuchtete. Natürlich hatte Ed das Haus dem Erdboden gleichgemacht, unzählige Glaserweiterungen und einen unterirdischen *Medienraum* gebaut, um sich von den Proleten abzuheben. Auf die Frage nach den Kosten beschrieb Maya es als ihre »Bastion für die Ewigkeit«, eine widerlich fortschrittsgläubige Formulierung, die ein Leben beschreibt, das nicht im Geringsten in Betracht zieht, dass alles den Bach runtergehen könnte.

Abgesehen von der Art, wie wir aussahen – mein wechselbalgisch genetischer Freak von Schwester mit ihren grünen Augen und dunkelblondem Haar –, war dies lediglich der offensichtlichste unserer Unterschiede, jenen, die äußerlich zu erkennen waren, aber da waren immer auch solche, die das Temperament betrafen: dominant versus unterwürfig, ernsthaft versus ehrfurchtslos, ihr bestes Leben leben im Gegensatz zu gerade so vorhanden sein.

Während Maya nie auf die Idee kam, mir meinen eigenen Schlüssel zu geben, so ließ sie – bei diesen vorab gebuchten Anlässen – einen für mich an der Eingangstür zurück, versteckt in einer alten *Fray-Bentos*-Konservendose. Die Dose war eine humorvolle Verneigung vor unserer Vergangenheit, der Schlüssel ihr stilles Anerkennen, dass ich diese in meiner Unzulänglichkeit immer noch lebte und dass früher zu kommen und mir selbst etwas zu gönnen die größte Annäherung an Urlaub war, die ich je haben würde.

Ich schloss mir auf und schlenderte herum. Sosehr es mir auch missfiel, musste ich doch zugeben, dass ich immer noch vom Reiz des Neuen wie gebannt *war* – seiner schieren verschwenderischen Weite –, und eine Stunde verging wie im Flug, während ich die verschiedenen Räume durchstrich wie ein Dieb im Louvre. Ich legte im Wohnzimmer meine Füße hoch und sah das Ende einer schrecklichen Quizshow, als die Ereignisse des Morgens wieder über mich kamen. Es muss an all den Gewinnern auf dem Bildschirm gelegen haben. Die Erleichterung, die mit Geld einhergeht.

Ein Blick. Ich frage mich, ob.

Ich nahm Kurs auf den Keller. Eds Heimkino füllte einen Großteil davon aus, aber es gab einen Raum am Ende des Ganges, den Maya als Kinderzimmer vorgesehen hatte. Ich öffnete die Tür und sah hinein, erleichtert, es unverändert vorzufinden.

Es war ein Lagerraum, in zwei Hälften geteilt. Der vordere Bereich war penibel besenrein und voller ordentlicher Stapel mit Babysachen – eine Krippe, ein Mobile, ein Designerkinderwagen –, neu und noch verpackt und mit Preisschildern versehen, die mir Tränen in die Augen trieben. Dahinter befand sich ein Sammelsurium aus Krimskrams, ein aufgegebenes Endlager bereuter Anschaffungen und vakuumverpackte jahreszeitliche Fehlkäufe: Jacquard-Vorhänge, verdrießlich aussehende Bettlaken.

Ich kämpfte mich in den hinteren Bereich, ganze Straßenbahnlinien aus Staub zu meinen Füßen gaben Kunde des seltenen Betretenwerdens. Der überwiegende Teil des Zeugs aus Dads Haus befand sich hier, ein in sich zusammengesunkener Turm aus Kartons, die Maya und ich im Schleier unserer unbestimmten Trauer irgendwie befüllt hatten. Hinter ihnen, vergraben in einer Ecke, erblickte ich ihn. Seine nach oben zeigenden Hände aus grünen Vinylträgern kündeten von seiner Ungeduld, endlich gegriffen zu werden.

Mummas Koffer.

Ich hatte ihn nur wenige Male geöffnet – und immer auf diese Weise. Geheim. Ich trug ihn in den vorderen Bereich des Raumes, fummelte an den rostigen Schlössern und war enttäuscht, als sie schließlich mit einem Hauch von Alter und Moder nachgaben. Ich hatte keine Ahnung, was ich mir davon versprach: Sonnenschein und Wassermelonen vielleicht. Mein Herz stolperte, als ich den Koffer öffnete. Unsere alten Klamotten befanden sich gefaltet obenauf, von Dad in den Tagen nach unserer Rückkehr aus Kowloon gewaschen und hineingelegt: ein kleines Set Shorts und ein dünnes Wollkleid, zwei Paar rote Sandalen in unterschiedlichen Größen. Das war das Einzige, was er aufbewahrt hatte. Meine vagen Erinnerungen an das, was es sonst noch gegeben hat, sind mit Mummas Tod gänzlich verschwunden. Neujahr war wieder nichts weiter als der erste Januar ohne Aussicht auf Glücksgeld in roten Umschlägen oder die Gelegenheit, eine Losung in einer klebrig vergessenen Sprache zu äußern. Wenn wir je eine andere Sprache als die unseres Vaters beherrscht hatten, wäre sie nun so eingerostet wie die Schlösser des Koffers und würde vermutlich genauso grässlich klingen.

Ich richtete meine Aufmerksamkeit auf die darunter liegenden Dinge, die willkürlich zusammengewürfelten Schätze, die Großmutter hineingeworfen hatte, als sie wusste, dass wir fortgeschickt würden: ein Ausweis mit Mummas Namen, der Druck risselig und verschwommen, ihr ungültig gestempelter Pass, ihre Sterbeurkunde. Daneben lag ein kleines Nadelkissen aus Seide mit einem Kreis aus Wackelkopfkindern, die einen blassen roten Kürbis umgaben, außerdem ein größeres, gerahmtes Foto von Mumma. Sie muss ein Schulmädchen gewesen sein, als es gemacht wurde. Ihr Haar, in zwei fetten Zöpfen gebunden, glänzte vor Molasse, die frisch aus der Dose gekommen sein musste, und es lag etwas Verschmitztes in ihren Augen, die schwarz und brackig und unergründlich waren. Es tat weh, es noch mal zu sehen: ihre Jugend, wie lebendig sie aussah.

Ich durchwühlte den Rest des Koffers, voller Angst, mir das, wonach ich suchte, nur eingebildet zu haben, doch da war es am Boden – Mummas blumenverziertes Adressbuch, in gelbe Plastikfolie gewickelt. Ich blätterte hindurch, überflog die Einträge und vermied vorsichtig jene Seiten, bei denen die dünne Fadenheftung locker geworden war, doch mit Ausnahme der Zahlen und englischen Adressen war alles auf Chinesisch geschrieben. Großartige Aussichten, Hei-Fong Lee zu finden also.

Ich blätterte zur Umschlagseite zurück. Unter *In Notfällen* fanden sich zwei Einträge in Großbuchstaben: zum einen der Name unseres Vaters – Julian Miller – mit unserer Adresse in Brixton und eine weitere in Kowloon mit dem Namen *Wing Chan Chen* und dann in Klammern: *meine Mutter*: Flat 10, 430 Castle Peak Road. Dieselbe Adresse wie in Nesbits Brief.

Das ist kein Diebstahl, sagte ich zu mir selbst. Diese Dinge gehörten uns beiden. Ich steckte das Adressbuch in meine Tasche und stellte den Koffer in sein staubiges Rechteck zurück, bevor ich mich nach oben begab, um einen Kaffee zu trinken.

Ich öffnete den Kühlschrank und durchsuchte die Fächer. Keine Milch. Ich hatte nicht die geringste Lust, zum Laden zu gehen, besonders jetzt nicht, da es zu regnen begonnen hatte. Dann eben Wein. Ich goss mir ein Glas Riesling ein und nippte daran, während ich am Fenster stand und die Tropfen beobachtete, wie sie die Scheibe herunterflossen.

Gewissensbisse stiegen auf und machten es sich in der Ecke bequem. *Arme alte Maya*, sagten sie, jetzt kriegt sie nicht mal eine vernünftige Tasse Kaffee, wenn sie heimkommt, jetzt hat sie dir ein erstklassiges Essen gekauft, jetzt hat sie keine Ahnung, dass du herumgeschnüffelt hast. Verdammte Axt.

Ich sah auf meine Uhr. Sie sollte erst in einer halben Stunde kommen, aber es war vermutlich besser, ihr eine Nachricht zu hinterlassen. Sie würde nur in Panik geraten, wenn sie zu früh heimkäme und merken würde, dass ich wie auch der Schlüssel fehlten.

Ich ging also in ihr Büro, um ein Blatt Papier zu holen, doch außer der obligatorischen Bänkerlampe und der extravaganten Vase mit Lilien war ihr Schreibtisch leer. Ich durchwühlte die oberste Schublade, meine Finger stießen gegen Stifte und Batterien, ein einzelnes Kondom, das noch in seiner Hülle war. Argh. Der Zug war abgefahren.

In der zweiten Schublade darunter lag ein Notizbuch. Es war eins von denen mit festem Einband, die Plastikspirale hatte sich verhakt, und ich musste es freiruckeln. Es gab schließlich mit einem Knacken nach, und ein Stoß Blätter rauschte mir entgegen. Mist. Warum waren ordentliche Leute immer solche Mogelpackungen?

Als ich mich bückte, um sie aufzuheben, fiel ein Umschlag aus dem Stapel hervor und rutschte auf den Teppich. Dasselbe anämische Gelb. Dieselbe achtlos hingeschmierte Adresse. Beim Anblick des sauberen Schnitts machte mein Magen einen Sprung, und ich öffnete ihn und zog den Brief hervor.

Betreff: In der Angelegenheit Mrs Maya Redgrave, geborene Mei-Hua Chen, Tochter von Sook-Yin Chen, wohnhaft gewesen in der Castle Peak Road, Kowloon.

Dieselben Worte, nur ein anderer Name. Ich prüfte den Poststempel auf der Vorderseite des Umschlags: 6. Juni 1997. Genau dasselbe Datum wie bei meinem Brief.

ACHT

Sook-Yin
London, September 1966

Sook-Yin starrte aus dem Taxi, ein Auge dabei stets auf den Preis des Zählers haltend, während die Betonlandschaft Hammersmiths den dreispurigen Straßen von Central London wich. Florence schien nicht sonderlich erfreut gewesen zu sein, von ihr zu hören, aber nach einem kurzen Gespräch aus einer Telefonzelle hatte sie ihr gesagt, sie solle an einen Ort namens Swiss Cottage kommen.

Die Ehe stand ihr nicht besonders gut. Auch wenn sie nie von echter Schönheit gesegnet gewesen war, so hatte sie doch eine hübsch anzusehende Festigkeit an sich gehabt. Nun aber, in einem bestimmten Licht, konnte man ihren Hals kaum von ihrem Gesicht unterscheiden.

»Das ist Harveys Schuld«, sagte sie und goss ihnen in der Küche einen Tee ein. Sie schob einen goldfarbenen Karton über den Tisch – Ananaskuchen und Puddingteilchen. »Ich glaube, er versucht mich zu mästen.«

Sook-Yin nahm von dem Gebäck. Die warme Kruste roch nach zu Hause, als wäre sie von den Händen einer vertrauten Person berührt worden, und so ließ sie die Krümel auf ihren Lippen verweilen, aus Angst, das Gefühl würde verschwinden.

Es fühlte sich gut an, wieder Kantonesisch zu sprechen, auch wenn es sie beunruhigte, dass ihr Mund ein-, zweimal nach Luft schnappte, während sie das richtige Wort suchen musste: dieser Moment, da ein englisches Verb oder Nomen wie ein Hochstapler am Wegrand herumlungerte. »Die Kinder halten dich aber bestimmt auf Trab.«

Florence schnaubte. »Harvey hat sie zu sehr verwöhnt. Die beiden sind im Grunde Wilde.« Sie blinzelte unter ihren Wimpern hervor. »Außerdem habe ich herausgefunden, dass er mich angelogen hat. Seine Frau ist nicht mal tot. Eine deutsche Frau«, sagte sie. »Rose und Michael sind Mischlinge.« Sie zeigte Sook-Yin ein Foto, das auf der Kommode stand. Die Haare der Kinder hatten die Farbe gebrannten Lehms, ein Kontrast, der durch ihre asiatisch anmutenden Züge noch verstärkt wurde.

»Aber Je Je, die beiden sind wunderschön!«

Florence runzelte die Stirn, während sie das Bild betrachtete, als hätte sie Schwierigkeiten, das nachvollziehen zu können. »Harvey ist solch ein Einfaltspinsel. Einmal von einer Frau betrogen zu werden ist schlimm genug. Wie sollen die Kinder je wissen, wer sie sind? Es ist, als fallen sie überall durchs Raster.« Sie wendete sich wieder dem Foto zu und zuckte mit den Schultern. »Was kümmert mich das überhaupt? Harvey hat jede Menge Geld, und ich kann tun, was ich will.«

»Sein Restaurant läuft also gut? Zumindest das muss dich doch glücklich machen.«

»Was ist Glück?«, gab Florence zurück. »Ich weiß bloß, dass es daheim keine Zukunft für mich gab.« Sie seufzte mit großem Bedauern. »Ich hätte Hei-Fong heiraten sollen.«

»Hei-Fong Lee?« Sook-Yin wäre fast ihre Tasse aus den Händen gerutscht. Was für ein merkwürdiger Geist aus der Vergangenheit.

»Hah. Ich hätte deinen Bruder bitten sollen, uns zu verkuppeln. Er hatte das Gesicht eines Filmstars«, sagte sie, »und ich wusste immer, dass er was für mich übrighatte.«

Etwas in Sook-Yin wollte losprusten. In all den Jahren, in denen sie Hei-Fong kannte, hatte er nicht ein einziges Mal von Florence gesprochen. Auch sprach sie nicht von dem Gesicht, an das *sie* sich erinnerte: sein freches Herumstolzieren in der Walled City, der Stadt der Dunkelheit, wenn er sich ein paar Dollar von irgendwelchen Besuchern ergaunerte, indem er auf ihre Autos aufpasste; die gemeinsamen Picknicke in Kindheitstagen in Kowloon Park; ihr Lachen hell wie der Mond, während sie Grillen fingen und dann ah-Chor mit ihnen bewarfen. Das letzte Mal, dass sie von ihm gehört hatte, war in Form eines Briefes, den sie mit zitternden Händen gelesen hatte: *Meine Eltern schicken mich fort. Vergiss mich nicht, Sook-Yin, ich werde wiederkommen und dich finden.* Das war im August 1959, im Grunde eine ganze Lebenszeit her, warum also wurde ihr Gesicht gerade heiß? »Haben seine Eltern ihn nicht in die USA geschickt? Ich hab gehört, er sei in Schwierigkeiten gewesen.«

»Was hast du erwartet?«, fragte Florence. »In der Walled City wimmelt es vor Kriminellen, und seine Familie war bettelarm. Sie haben sich so verzweifelt bemüht, ihn verschwinden zu lassen, dass sie ihre Schuhe für sein Ticket verkauft haben. Allerdings ist das inzwischen offensichtlich Vergangenheit. Meine Mutter sagt, er sei zurück in Kowloon und hängt wieder mit deinem Bruder rum. Er wird Millionär sein, eh wir uns versehen.«

Sosehr Sook-Yin auch daran zweifelte, es war nicht vollkommen abwegig. Warum sonst sollte ah-Chor die Freundschaft über die Verpflichtungen der gemeinsamen Kindheit hinaus aufrechterhalten haben? Man musste sehr besonders sein, um solch einer Vergangenheit entkommen zu können – ehrgeizig oder vielleicht auch verblendet. Auf jeden Fall listenreich. Es war die andere Seite der Medaille, die sie völlig verwunderte. Was hatte ihr Bruder je für Hei-Fong getan?

»Ich habe gehört, er sei auch verlobt.«

Sook-Yins Augenlid zuckte. »Schön für ihn«, sagte sie.

Florence sah sie über ihre Tasse hinweg genau an, ihre Augen zogen sich zusammen. Hatte sie ihr rot angelaufenes, heißes Gesicht bemerkt, den Adrenalinschub? »Und was fängst *du* jetzt mit deinem Leben an?«

Sook-Yins Erleichterung war nur von kurzer Dauer. Sie war zu beschäftigt damit, das Schwesternheim zu verlassen, um auch nur über ihre weiteren Schritte nachzudenken, aber nun schob sich die Dringlichkeit mit Macht in den Vordergrund. Ihre Familie würde auf diese Nachricht negativ reagieren, und woher würde sie nun Geld bekommen?

Sie blickte erneut auf das Foto. »Wie ist es mit den Kindern?«, fragte sie. »Die Haushaltshilfe bei meiner Mutter – Mrs Chee – ist oft Babysitter für ihre Nachbarn. Ich könnte mich um Rose und Michael kümmern.«

»Weil du so eine tolle Krankenschwester gewesen bist?«

Sook-Yin widerstand dem Drang, zurückzuschießen. Alles, was Florence brauchte, war ein kleiner Schubs, ein bisschen Schmeichelei. »In einer wohlhabenden Gegend wie dieser? Ich würde wetten, dass da alle Frauen Hilfe haben, und du willst doch nicht, dass sie glauben, sich über dich lustig machen zu dürfen.« Sie fuhr mit ihrem Finger über die Tischdecke. »Die denken vermutlich, du seist die Nanny.«

»*Juk Sai!* Als wäre es nicht Strafe genug, mit einem älteren Mann verheiratet zu sein!«

Sook-Yin nickte kurz und zustimmend. »Ganz genau!«, sagte sie.

Florence knabberte an der Haut um ihren Daumen. »Das Haus ist groß genug für zehn Leute …« Sie stürzte den Rest ihres Tees hinunter und schien plötzlich sehr zufrieden mit sich selbst zu sein. »Ja, was für eine clevere Idee ich da hatte. Ich werde mit Harvey heute Abend darüber sprechen.«

Harvey war nicht nur glücklich, Sook-Yin bei sich wohnen zu lassen, er war auch überhaupt nicht so, wie sie ihn sich vorgestellt hatte. Es fing schon damit an, dass er nicht mal 40 Jahre alt war, und selbst wenn er kein Jimmy Yu war, gab es auch keinerlei Grund, weshalb er durch Florences unangebrachte Eitelkeit hätte eingeschüchtert sein sollen. Auch die Kinder schienen sie anzunehmen, und so nahm die gemeinsame Übereinkunft ihren Lauf: Obdach und ein Gehalt für Sook-Yin dafür, dass sie sich um sie kümmerte.

Sie war etwas mehr als einen Monat bei ihnen, als Harvey sie gemeinsam mit Florence und den Kindern zum Abendessen in sein Restaurant einlud. Zunächst von der Aussicht auf einen geselligen Abend beschwingt, widmete sich Sook-Yin eine Stunde lang der Perfektionierung ihres Beehive, den zu frisieren Peggy ihr bei einem ihrer Besuche beigebracht hatte.

Nach ihrem glanzlosen Abgang aus Hammersmith war es eine große Erleichterung für sie, dass sich ihre Freundschaft vertiefte, und inzwischen war es so, dass sie neben den Treffen auch einmal wöchentlich miteinander telefonierten. Peggys Ausbildung schritt rasch voran, und sosehr sich Sook-Yin für sie freute, konnte sie doch nicht verhindern, das Gefühl zu haben, gescheitert zu sein. Diese Gedanken hatten ihre Begeisterung für den

Abend abgeschwächt. Was bedeutete es schon, wo sie lebte, wenn sie weiterhin vom guten Willen anderer abhängig war und nur darauf wartete, dass man ihr den Teppich unter den Füßen wegzog?

Und Florence war nicht sonderlich hilfreich. Seit Sook-Yins Einzug verschwand sie jeden Morgen und kehrte erst am späten Nachmittag wieder. Wo sie hinging, blieb ein Geheimnis, aber Sook-Yin verstand bald, dass Florences Zufriedenheit mit diesen Ausflügen immer nur zwei Extreme kannte: Entweder lächelte sie und war nach ihrer Rückkehr großzügig, oder sie war düster und schweigsam und zog sich nach oben in ihr Zimmer zurück.

An diesem Tag war Letzteres der Fall, aber da sie niemand war, der im Stillen litt, goss der Ausflug ins Restaurant nur noch Öl ins Feuer ihrer Nörgelei. Die Kinder waren zänkisch und fordernd; jedes Gericht, das an den Tisch gebracht wurde, war zu salzig oder zu fad für ihren Geschmack. Als zwischen den Gängen ein Teller Orangen gereicht wurde, nahm Florence ihn mit Verachtung entgegen. »Sind die süß?«, fragte sie auf Englisch.

»Ja, Madam«, antwortete der Kellner, »wobei ich mir sicher bin, dass Sie sie sehr sauer finden werden.«

Hätte sie je an ihren Englischkenntnissen gearbeitet, hätte Florence Harvey aufgefordert, ihn zu feuern. Wie immer jedoch entging ihr der Vorwurf in den Äußerungen anderer, und so sah sie sich lediglich mit einer gelangweilten Grimasse im Raum um.

»Der Mann glotzt schon den ganzen Abend herüber«, sagte sie.

»Welcher?«

»Der Engländer am Fenster, da drüben.«

Sook-Yin folgte ihrem Blick an den Punkt, wo ein Mann allein an einem Tisch saß, sein fester Kiefer durch ein widerspenstiges

Bündel gelber Haare verdeckt. Er schien in das Buch vertieft, das neben ihm lag, und er schaute zwischen den Bissen hinein mit einem nachdenklichen, ernsthaften Ausdruck, der gelegentlich von Lachen unterbrochen wurde. Sie legte ihren Kopf nach links und rechts, um den Titel auszumachen, doch als er aufsah und ihre Blicke sich begegneten, wurde sie rot und drehte sich weg.

Wenig später erschien der Kellner mit Colagläsern für die Kinder und einer Flasche Wein für den Tisch. »Mit den besten Grüßen von Mr Miller«, sagte er. Er winkte in Richtung des Fensters.

»Kennen Sie den Mann?«, fragte Florence.

»Ihr Ehemann sagt, dass er ein Stammgast sei. Ein sehr erfolgreicher Finanzier.«

Florence griff nach der Speisekarte und fuhr mit ihrem Finger die Preisliste der Weine entlang. »Richten Sie Mr Miller aus, er solle zu uns rüberkommen«, sagte sie. »Das Gespräch an diesem Tisch ist öde.«

Der Kellner überbrachte die Nachricht, und nachdem er die Stelle in seinem Buch zu Ende gelesen hatte, machte er ein Eselsohr in die Seite und kam zu ihnen herüber. Er war größer, als Sook-Yin angenommen hatte. Attraktiver im Glanze des Lichts.

»Julian Miller«, sagte er und reichte die Hand. Florence, die die Entfernung falsch einschätzte, stieß ungelenk an seine Fingerknöchel.

»Sehr erfreut, Sie zu treffen«, sagte sie.

»Und das hier müssen Ihre Kinder sein?«

Da sie seinen bewundernden Tonfall bemerkte, nickte sie mit falscher Bescheidenheit. »Ja. Sehr glücklich. Sehr schön.« Ihr Lächeln verdunkelte sich, als er sich Sook-Yin zuwandte. »Die Nanny der Kinder«, sagte sie.

»Nun, ich will Ihr Familienessen nicht stören.«

Noch während er das aber sagte, lag sein Arm bereits auf der Lehne des leeren Stuhls, und bevor Florence widersprechen konnte, saß er schon. Im Grunde hatte er seine Augen die ganze Zeit nicht von Sook-Yin abgewendet, jetzt aber sprach er sie direkt an. »Ich habe Ihren Namen nicht ganz verstanden«, sagte er.

Sie zögerte. Sie hatte sich immer noch nicht an die westliche Gepflogenheit gewöhnt, ihren eigenen Namen vor den ihrer Familie zu setzen – das *Ich, ich selbst* und nicht *wir, das Volk,* aber in Anbetracht ihrer Erfahrungen im Schwesternheim zwang sie sich, sich daran zu gewöhnen. Er nahm die Weinflasche und versuchte, ihr ein Glas einzuschenken, doch sie bedeckte es mit ihrer Hand.

»Mein Name ist Sook-Yin Chen«, sagte sie. »Und ich trinke nicht im Dienst.« Es war etwas, das sie im Fernsehen aufgeschnappt hatte – in einer Krankenhaus- oder Krimiserie –, und auch wenn sie sich etwas albern vorkam, es zu sagen, hoffte ein Teil von ihr, dass es Eindruck machen würde.

Mr Miller blieb noch für zwei Gläser Wein und lauschte Florences Worten, während er Rose und Michael bespaßte, indem er aus den Servietten Papiertiere faltete. Sook-Yin beobachtete ihn aus der Entfernung. Warum nur rauchten und tranken Engländer lieber, anstatt etwas zu essen?

»Ich habe gehört, Sie sind Geschäftsmann«, sagte sie, als das Gespräch zum Erliegen kam.

Er nickte. »Hauptsächlich Investitionen im Orient. Ich finde, Chinesen sind wunderschöne Menschen.«

Sie ignorierte seinen absichtsvollen Blick. »Oh, dann sprechen Sie Kantonesisch?«

»Es ist mir peinlich, einräumen zu müssen, dass ich es nicht kann, auch wenn ich es immer schon faszinierend fand. Warum zum Beispiel«, fuhr er fort, »gibt es außer dem Zeichen für null keinerlei Kreise in Ihrer Sprache?«

An die Eintönigkeit ihres Arbeitsalltags gewöhnt, hatte Sook-Yin ihre Freude am Denken vergessen, und sie griff nach der Spitze der Tischdecke, fest entschlossen, ihn nicht zu enttäuschen. »Ich kann nicht genau beantworten«, sagte sie, »aber in der konfuzianischen Philosophie ist das Rechteck wichtigere Form. So wie alte befestigte Stadt Stabilität und Stärke zeigt – jeder Strich ist wie Haus bauen. Sie ergänzen sich und sprechen miteinander, aber haben keine Ahnung vom Ende. Wenn ein Strich an der falschen Stelle« – sie malte nun mit ihrem Finger auf der Serviette – »Buchstabe und Bedeutung stürzen ein.«

Mr Miller entgegnete zunächst nichts, lächelte dann aber so breit, dass sie zu dem Schluss kam, dass er Blähungen haben musste. »Ganz gleich, ob das stimmt oder nicht«, sagte er. »Das ist wohl die hervorragendste Erklärung, die ich je gehört habe. Sie müssen die Seele eines Dichters haben.«

Sook-Yin errötete vor Vergnügen. Mit niemandem außer den Kindern als Gesellschaft konnte sie sich nicht vorstellen, dass sie intelligenter geworden war, was also hatte sich verändert? War es einfach nur der Umstand, dass sie es hinbekam, sich auszudrücken; die Tatsache, dass er ohne vorgefertigte Annahmen zuließ, dass das, was sie sagte, von Wert sein könnte?

»Warum zum Henker arbeiten Sie als Nanny?«

Sie senkte ihre Stimme. »Harvey und Florence waren sehr gut zu mir. Sie haben mich von schlechtem Ort weggeholt.«

»Meinen Sie Hongkong oder eine schlechte Situation?«

Sie war sich nicht sicher, ob da ein Unterschied bestand, wollte aber lieber auf Nummer sicher gehen. »Als ich nach London gekommen, ich niemanden kannte, der mir helfen kann.«

»Nun, jetzt kennen Sie mich«, sagte er, »und ich glaube, dass Sie alles tun können. Wenn es Ihnen nicht zu übergriffig ist, würde ich Sie tatsächlich gern einigen Leuten vorstellen.«

Als sich Sook-Yin erneut Florences beobachtender Gegenwart bewusst wurde, sank sie in sich zusammen. »Ist sehr nett«, sagte sie, »aber ich denke, ich glücklich mit Kindern.«

»Sehr schade, aber das verstehe ich natürlich. Darf ich Ihnen wenigstens meine Telefonnummer geben?« Er holte seine Karte aus seiner Tasche und schob sie ihr über den Tisch entgegen. »Rufen Sie jederzeit an. Neun bis sechzehn Uhr.«

»Was hat er gewollt?«, fragte Florence, als sie an jenem Abend im Taxi nach Hause fuhren. Außer Sichtweite des Restaurants war ihre Laune wieder in ihren üblichen Missmut gekippt.

»Nichts. Er wollte einfach nur freundlich sein.«

»Fremdländische Männer sind immer nur an einer Sache interessiert.«

Sook-Yin wandte sich ab und lächelte ins Fenster. Die Kleingeistigkeit, die in dem, was Florence sagte, zum Vorschein kam, erinnerte sie an ah-Mas Warnungen, als sie im Hafen von Kowloon standen. *Nicht aus englischen Wasserhähnen trinken. Nachts nicht allein an Straßenecken stehen. Keinem Mann mit zittrigen Beinen trauen.* Wie sollten sie es aber auch besser wissen, wenn sie keinerlei Interesse daran hatten, sich zu integrieren? Die Engländer waren nicht der Feind, sie waren lediglich eine andere Kultur mit eigener Identität, die ihnen sehr wichtig war.

Es war dennoch ironisch, wie sehr Mr Millers Schmeichelei ihr klargemacht hatte, welch ein Glück es war, den Job bei Florence ergattert zu haben. Rose und Michael waren nicht im Geringsten anstrengend, und sie verdiente weitaus mehr als zuvor, warum also sollte sie ihre Familie weiter anlügen? Sie faltete ihre Hände in ihrem Schoß. »Ich werde ah-Ma sagen, dass ich das Krankenhaus verlassen habe.«

Florence fiel die Kinnlade herunter. »*Aiya!* Bist du wirklich so dumm? Wozu solltest du ihr das sagen?«

»Aber was, wenn sie denkt, ich hätte sie vergessen? Sie muss bereits Hunderte von Briefen nach Hammersmith geschickt haben.«

Florence hüstelte. »Da würde ich nicht drauf wetten«, sagte sie. »Ist dein Bruder nicht immens erfolgreich?«

»Na und? Ich arbeite auch.«

»Du badest meine Kinder und kochst mein Abendessen! Ist es das, was sie hören wollen? Vertrau mir, kann sein, dass sie dir freundlich ins Gesicht lügen, aber hinter deinem Rücken ziehen sie alle dann *bä, bä, bä, bä* über dich her.« Sie kniff Sook-Yin in den Arm. »Warum der Schlange Füße geben? Besonders, wenn du zurückwillst. Hörst du mich von meinem Leben erzählen? Wenn meine Mutter fragt, wie es mir in meiner Ehe geht, mache ich nicht *buh, hu, hu*, ich sage, dass alles wunderbar ist. So.«

Sook-Yin sah in ihren Schoß. Florence lag vielleicht nicht falsch, zumindest was ah-Chor anging. Er würde alles nur gegen sie auslegen. Seinen Einfluss als »Mann der Familie« ausspielen.

Dein Leben gehört nun mir.

Ihre Finger wanderten in ihre Tasche und berührten eine Ecke der Visitenkarte Mr Millers, deren schiere Anwesenheit ihr Mut verlieh. In diesem Augenblick wollte sie, wie im gesamten Rest ihres Lebens, nichts anderes als einen Beweis für ihre Existenz.

Als sie zu Hause ankamen, hatte sie neue Kraft gewonnen, und nachdem sie die Kinder ins Bett gebracht hatte, ging sie auf ihr Zimmer und schrieb einen Brief an ah-Ma. Sie hatte aus einem zerbrochenen Ei Entensuppe gezaubert! Warum sollte sie nicht stolz auf ihren Einfallsreichtum sein?

Erst nachdem sie den Brief beendet hatte, merkte sie, wie gewissenhaft sie gewesen war. Sie hatte darauf geachtet, Florence nicht namentlich zu nennen, sondern nur eine reiche chinesische Familie zu erwähnen, die ihr eine besser bezahlte Stellung in London angeboten hatte. Um ihren Worten Nachdruck zu verleihen, legte sie einen Fünfpfundschein in den Umschlag, bevor sie die Ecken mit ihrer Zunge befeuchtete, ihn verschloss und auf die Kommode legte. Als sie an jenem Abend ins Bett ging, war sie überzeugt davon, dass man sie loben würde.

NEUN

Lily
London, 1997

20. Tag der Trauer

Eine halbe Stunde nachdem sie den Brief gefunden hatte, saß ich mit Maya im *Golden Bacchus* und hörte ihr zu, wie sie den Kellner in die Zange nahm, ob in der Ingwersoße Meeresfrüchte enthalten sein könnten. Ich stürzte mich sofort auf die Weinkarte, da ich bereits – zu ihrem großen Missfallen – einen Whisky getrunken hatte, während wir auf unseren Tisch warteten. Sie hatten die Klimaanlage aufgedreht, und jetzt saß sie wie eine unbekümmerte, Trenchcoat tragende Shiva dort.

Immerhin waren wir aus dem Haus raus. Wenn auch nicht der Inhalt, so würde doch die Lautstärke dessen, was ich ihr sagen wollte, von der Präsenz eines Publikums gedämpft werden, und wenn das schiefgehen sollte, so würde ich einfach aufstehen und gehen können.

»Man kann nicht vorsichtig genug sein«, sagte sie und legte die Karte zurück auf den Tisch. »Ich hatte den fürchterlichsten Durchfall nach *Daphne's*.«

Es hatte den freundlichen Nebel eines zweiten Glases gebraucht, bevor ich endlich den Mut aufbrachte. »Warum hast du mir nicht gesagt, dass du noch mit Elise Kontakt hast?«

»Mit wem?«

»Elise Treyger. Sie war bei mir im Laden.«

Ihre Finger verharrten über den Oliven. »Was zum Geier wollte sie denn?«, fragte sie.

»Sie kam vorbei, um ihr Zeug loszuwerden. Und um ihr Beileid über Dad auszudrücken.«

Ich hätte sagen können, dass sie kam, um die Drecksarbeit für Maya zu verrichten, war mir aber noch immer nicht sicher, ob das stimmte. Etwas an dem Auftritt war typisch Elise. Eine Art hartnäckiger Juckreiz, dem sie nachgeben musste, angefeuert durch den Floh des Tratschens.

»Warum lässt du es wie etwas Boshaftes klingen? Um ehrlich zu sein, war mir das schlicht entfallen. Ich habe sie« – sie zählte an ihren Fingern – »dreimal in den letzten fünf Jahren gesehen. Es ging immer um etwas Juristisches zwischen zwei Anwältinnen. Ein dummer beruflicher Zufall.« Sie tupfte sich den Mund mit der Serviette ab. »Sag jetzt nicht, dass sie wieder zugenommen hat. Man kann diesen Arsch vom Mars aus sehen.« So war das mit Maya. Wenn es um ihre eigene Sicherheit ging, würde sie jeden vor den Zug werfen.

Natürlich ging sie es clever an. Statt das Thema zu offensichtlich zu wechseln, nutzte sie das eine als Sprungbrett für das nächste, referierte über die angeblich hehren Werte des Wirtschaftsrechts und schaffte es währenddessen auch noch, sich selbst in das beste Licht zu stellen. Mein innerer Zensor hielt es nicht mehr aus. »Ich weiß, dass du einen Brief bekommen hast«, sagte ich.

Ihre Hand hielt auf dem Weg zum Buttermesser inne. Sie versuchte sogar zu lachen. »Was?«

»Das hat mir der Anwalt gesagt. Nesbit.«

Im Hinblick auf Mayas ehemaligen Beruf war das ein gewagter Schachzug. Ich wusste nicht viel über anwaltliche

Schweigepflicht, ob Nesbit mir das erzählt hätte, wenn ich gefragt hätte, aber ich wollte mir keine Blöße geben und den moralischen Vorteil verspielen.

»Hast du sonst noch was hinter meinem Rücken gemacht?« Ich hatte eine Schimpfrede über Nesbits Ethik erwartet und war ziemlich überrascht darüber, dass sie stattdessen meine angriff. Ich hielt ihrem Blick über meinem Glas stand. So leicht würde sie nicht davonkommen. »Also gut. Ich habe einen Brief bekommen. Aber wir werden doch eh nichts tun in dieser Angelegenheit.«

Ich drückte die Spitzen meiner Gabel in die Tischdecke. »Mays. Ein Fremder hat uns ein Vermögen hinterlassen! 500.000 Pfund!«

»Genau genommen, eine Million. Eine halbe für jeden von uns.« Sie griff sich mein Weinglas und leerte es. »Und ich will nichts damit zu tun haben, okay?«

»Wie kannst du nicht mal neugierig sein?«

Sie legte ihre Handflächen auf den Tisch. »Solch eine fette Gans liegt nicht auf der Straße herum. Weißt du noch, wer das immer gesagt hat?«

Ich rollte mit den Augen. »Platon?«

»Ma. Ma hat das immer gesagt. Und sosehr ich solchen volkstümlichen Blödsinn auch verachte, es stimmt einfach wirklich. Sie meinte damit, dass es immer einen Haken gibt. Vielleicht nicht sofort, aber irgendwann. So werden verzweifelte Menschen abgefischt.« Sie sah mich an und senkte ihre Stimme. »*Wir* sind keine verzweifelten Menschen.«

»Okay, weiß halt nicht jeder, wie man sich einen Millionär angelt ...«

»Gottverdammt, Lil, sei vernünftig! Wann hätte ich mich jemals nicht um dich gekümmert?«

»Aber das ist genau der Punkt. Es war immer nur in die eine Richtung.«

»Was macht das schon? Ich bin doch *Familie*.«

»Ja«, sagte ich. »Ein Teil davon.« Ich starrte über ihre Schulter hinweg. »Erzähl mir mehr von Mumma«, sagte ich.

»Wozu? Damit du dich selbst quälen kannst?«

»Weil ich sie *vermisse*. Ich habe sie immer vermisst. Und dieser Brief … Der hat alles wieder aufgewühlt.«

Sie goss sich ein Glas Wasser ein. »Du kannst niemanden vermissen, an den du dich nicht erinnerst.«

»Warum sagst du das immer, wenn ich doch genau weiß, woran ich mich erinnere! Ich erinnere mich an den Geruch der Gossen, an die Schiffsfahrt im Hafen, daran, wie warm sich der Regen beim Monsun anfühlt.«

»Das weißt du, weil ich es dir erzählt habe.«

Und da war sie wieder – die Mauer. Ihre Erfahrung gegen meine, als würde dieser Teil der Vergangenheit ihr gehören und ich könnte sie nur aus zweiter Hand empfangen. Manchmal. Selten. Nie.

»Okay. Dann ›erzähl‹ es mir noch mal. War Mumma groß? War sie lieb? Bin ich wie sie?«

»Sie konnte verdammt noch mal nerven, ja …«

»Mays, es ist mir ernst.« Im Laufe der vergangenen Jahre hatte eine Besessenheit mit dieser letzten Frage regelrecht Besitz von mir ergriffen. Es ging dabei auch nicht um die *Vorstellung* dessen, was sie hinterlassen hatte. Es war eine konkrete Erinnerung, im Bett gelegen zu haben und langsam in den Schlaf zu driften, während Mumma uns etwas vorsang. Ich habe das Maya gegenüber nie erwähnt, da ich Angst hatte, dass sie es verfälschen könnte. Dass sie es sich aneignete. Aber ich habe mich immer gefragt, ob es das war, was mich zur Musik gebracht hat.

Maya prüfte mein Gesicht. »Ja, sie war lieb. Und lustig. Und du weißt bereits, wie ähnlich du ihr siehst.«

»Warum also sollen wir nicht mehr über sie reden? Warum hat Dad ihre Sachen weggeworfen?«

»Du weißt, weshalb. Weil es sehr schwer für ihn war.«

»Aber was ist mit mir?«, fragte ich. »Ich wollte immer wissen, woher ich stamme. Die andere Hälfte unserer Herkunft. Was, wenn Hei-Fong Lee unsere Chance dazu ist?«

»Lily …« Sie drückte ihre Faust gegen die Tischdecke. »Wir kennen diese Person nicht! Ich meine, woher kommt der überhaupt plötzlich?«

»Er ist offensichtlich Chinese.«

»Und?«

»Was, wenn wir miteinander verwandt sind?«

»Nun, wo war er dann all die Jahre? Und wo war der Rest von Mamas Familie? Wir waren ihre *Kinder*, und unsere Mutter war gestorben, und sie haben uns wie Abfall fortgeschickt. Die konnten nicht mal abwarten, dass Dad kam, um uns abzuholen. All die Jahre und nicht ein einziger Brief!«

»Wie kannst du dir so sicher sein?«

»Weil Dad mir erzählt hat, dass sie nicht geschrieben haben. Und ich muss es wissen, ich bin diejenige, die sich um ihn gekümmert hat …« Sie hielt inne. »Ich weiß, dass es nicht deine Schuld war, aber ich war es nun mal.«

Ein vertrautes Gefühl stieg meinen Magen empor – nicht der Wein oder der Whisky oder Hunger, sondern unverdaute Schuldgefühle; all die Wut und Gewissensbisse und Eifersucht verbanden sich zu einem säurehaltigen Splitter. Dadurch wurde es aber nicht weniger wahr. Ich konnte an dieser Stelle keinen moralischen Sieg verbuchen.

Maya biss sich auf die Lippe. »Hör zu, *natürlich* habe ich über das Geld nachgedacht, aber das kann nicht gut für uns sein, Lil.« Sie beugte ihren Kopf zu mir herüber. »Was, wenn er die Person war, die den Wagen gefahren hat?«

Ich schrak zurück. »Jesus, Maya!«

»Na ja, irgendjemand hat ihn gefahren«, sagte sie, »und es ist wirklich verblüffend, was Schuldgefühle mit einem Menschen machen können.«

»Warum gehst du immer vom Schlimmsten aus?«

»Vielleicht, weil ich so nicht enttäuscht werden kann.« Sie bewegte ihre Hand zu ihrem Mund, als wollte sie versuchen, die Worte zurückzuschieben. »Entschuldige, aber du weißt, was ich meine.«

»Das ist *mein* Ding«, sagte ich. »Suche dir eigene Neurosen.«

Sie musterte mich und spiegelte dann mein halbherziges Lächeln. Es war eine Geste, die wir im letzten Jahr eingeübt hatten, die sagen sollte, wir sind fein miteinander. Und das waren wir. Ich wusste, dass wir das waren. Ich wusste, Maya würde mich nicht erneut stürzen lassen; dass ich niemals hungrig oder obdachlos sein würde oder jemanden um etwas anbetteln müsste. Wir würden gut durchkommen, so wie wir es immer getan hatten.

»Ich werde dir das Geld für dein Projekt geben.«

»Was?«

»Die Musikschule. Ich werde dich mit einem Geschäftsführer zusammenbringen und dir das Geld für den Anfang geben. Das wird leider keine halbe Million sein, aber genug, damit du loslegen kannst.«

»Warum solltest du das tun?«

»Du bist meine Schwester, oder nicht? Und weil Dad es so gewollt hätte.«

Ich schüttelte den Kopf. »Ich würde mich nicht wohlfühlen, wenn ich das annehme, nicht mit deiner Schwangerschaft. Außerdem hast du nicht so viel Geld.«

»Doch, habe ich. Ich habe jahrelang gespart.«

»Wofür?«

Sie zuckte mit den Schultern. »Es schien damals eine gute Idee. Und das ist es jetzt auch, okay? Ich weiß, dass du das Geld zurückverdienst. Wir werden vermutlich sehr viele Sponsoren finden, die Medien lieben doch rührselige Geschichten, oder nicht? Und ich glaube an dich, okay? Ich meine, du hast gesehen, was passiert ist, als *ich* Klavier gelernt habe, während du gleich fucking Mozart geworden bist.«

Meine Schwester war nie sonderlich gut darin gewesen, Komplimente zu machen. Es war eines der wenigen Dinge, die wir gemeinsam hatten, eine Währung, mit der ich nicht gut umgehen konnte. »Deine Doula wird mich hassen.«

»Ach, leck mich am Arsch!«, sagte sie, lachte aber dennoch.

Der Kellner kam mit dem Essen, und zu meiner Überraschung freute ich mich darauf. Maya lehnte sich zu mir rüber und nickte, als sie meinen Teller sah.

»Sieht gut aus«, sagte sie. »Lass uns essen.«

ZEHN

Sook-Yin
London, November 1966

Die Kinder waren eine ganze Woche lang krank. Zunächst hatte Sook-Yins Sorge ihre Erschöpfung überwogen, doch als ihr klar wurde, dass es nichts weiter als eine Magenverstimmung war, wuchs ihre Frustration darüber, hinter ihnen herputzen zu müssen: das ständige Neubeziehen der Betten, das Bleichen der Böden, die Notwendigkeit, mitten im Winter alle Fenster zu öffnen. Es spielte keine Rolle, wie viel Geld man hatte; Scheiße riecht bei jedem gleich.

Ein Teil von ihr machte Mr Miller für die Situation verantwortlich. Sie hatte sich an ihr Leben in London gewöhnt, sich mit der immer gleichen Langeweile arrangiert, jetzt aber spürte sie den Stachel der Unruhe, spürte, wie ihr eigenes Potenzial durch das, was er zu ihr gesagt hatte, beflügelt worden war. Und das war noch nicht alles. Seit sie sich im Restaurant begegnet waren, hatte er fast jeden Tag von seinem Büro aus angerufen und gefragt, ob sie ihn noch mal treffen wollte, und auch wenn ihre Antwort immer dieselbe war, begann sie, die Aufmerksamkeit zu genießen.

An jenem Morgen machte sie Eier und Toast für Michael, als das Telefon im Gang klingelte. Beide Kinder waren schon aufgestanden, und sie beeilte sich, den Hörer zu ergreifen, besorgt, Rose könnte drangehen.

»Sie klingen außer Atem«, sagte er. »Ist es gerade schlecht?«

Seit wann hatte er aufgehört, sich vorzustellen und einfach angefangen zu reden, im Wissen, dass sie seinen Anruf erwartete? »Ich mache Essen für Kinder.«

»Ich kann später zurückrufen, wenn Sie mögen.«

»Nein, ist okay, ist Ende.«

»Man würde eher sagen, ›erledigt‹.« Sie mochte den Klang seines Lächelns.

»Ja, ich erledigt«, sagte sie. »Wie geht es Ihnen, Mr Miller?«

»Es wäre mir lieber, wenn Sie mich Julian nennen.«

»Okay.«

»Okay, Sie machen es, oder okay, Sie wissen, dass es mir lieber wäre?«

Sook-Yin betrachtete sich im Spiegel. Es war nicht klug, Männer zu früh zu ermutigen, sie denken zu lassen, dass man nur auf sie wartete. *Cosmopolitan* hatte ihr das beigebracht. »Ja, ich denke darüber nach.«

»Hmm. Schauen Sie«, sagte er und klang etwas gepresst, »da Sie so vehement gegen den Pub sind, wie wäre es, wenn wir stattdessen ins Kino gehen? Da sitzen wir im Dunkeln und müssen nicht miteinander reden.«

»Im Kino sind Filme, oder? Sehen wir *Mary Poppins?*«

»Ich dachte eigentlich eher an etwas für Erwachsene. Dieser *Lawrence von Arabien* läuft wieder in Ihrer Nähe im Odeon in Swiss Cottage.«

Sook-Yin starrte den Hörer grimmig an. »Woher wissen Sie, wo ich wohne?«

»Sie leben bei Harvey, oder nicht? Wie sollte ich sonst Ihre Nummer haben? … Ist das also ein Ja zum Kino?«

»Vielleicht.«

Er seufzte. »Nun, der läuft nicht mehr ewig, und um ehrlich zu sein, habe ich die Botschaft verstanden.«

»Botschaft?«

»Dass Sie nicht daran interessiert sind, mit mir befreundet zu sein.«

»Nein, Mr Miller … Julian …«

»Jedenfalls habe ich gleich noch einen Termin. Rufen Sie mich an, wenn Sie Ihre Meinung ändern, aber wenn ich nichts von Ihnen höre, melde ich mich nicht noch mal.«

Er legte auf, ohne sich zu verabschieden, das Freizeichen dröhnte ihr wie ein Vorwurf entgegen. Sook-Yin legte den Hörer genau in dem Moment auf, als Michael rief, dass er fertig sei und sie sauber machen sollte.

»Verwöhntes Blag«, murmelte sie vor sich hin.

Sie reinigte einen Spüllappen im Waschbecken, als das Telefon erneut klingelte, und wäre beinahe gestolpert in ihrem Versuch, schnell ranzukommen. »Julian? Mr Miller?«, fragte sie. In der Leitung war ein Rauschen zu hören.

»*Wai?* Sook-Yin?«, sagte eine Stimme.

Ah-Chor? Ihr Bruder hatte sie noch nie zuvor angerufen, und sie spürte ein panisches Kribbeln in ihrer Brust. »Ja, ich bin's. Geht es ah-Ma gut? Sorgt der Große Vorsitzende Mao für Probleme in Kowloon?«

»Nicht weiter wichtig«, sagte er. »Dieses ganze Gerede ist sehr teuer. Und was höre ich für einen Unfug? Stimmt es, dass du nicht mehr als Krankenschwester arbeiten willst?«

Sook-Yin wickelte das Kabel um ihre Finger und betrachtete ihre Haut, wie sie sich in Falten legte und lila anlief. »So war es nicht«, sagte sie. »Leider habe ich das Examen nicht bestanden.«

»Hast du nicht gelernt?«

»Doch, habe ich.«

»Dann musst du einfach dumm sein! Kein Wunder, dass du nun Dienerin bist.« Er spuckte das Wort aus wie eine verdorbene Krabbe.

»Keine Dienerin, Nanny«, sagte sie. »Ich arbeite für eine gute chinesische Familie.«

»Sagst *du*. Wie heißen sie?«

Sook-Yins Kopf war mit einem Schlag leer. Nahezu jeder Name würde edler klingen als Chen. Wie wäre es mit Cho oder Lum? »Es ist Florence«, räumte sie schließlich ein. »Ich nehme nicht an, dass du dich erinnerst …«

»Diese Idiotin Florence Ho? *Juk sai*, Sook-Yin!«, rief er. »Nachdem wir das ganze Geld für dich rausgeschmissen haben? Du wirst unsere Mutter ins Grab bringen.«

»Was soll das für einen Unterschied machen? Ich habe regelmäßig mein Gehalt geschickt, und du verdienst doch sicher gutes Geld …«

Schon als sie es aussprach, bereute sie es, wie sie es immer tat, wenn sie versuchte, gegen ihren Bruder zu bestehen. Gott hatte ihr einfach diesen Streich gespielt: Er hatte sie mit Feuer im Bauch auf die Welt kommen lassen, aber nicht mit dem Intellekt, es brennen zu lassen.

»Hä?« Er machte ein Geräusch, als würde er gleich explodieren. »Was zum Henker weißt du schon? All die Zeit, die du in London verplempert hast. Erwartest du, dass wir dich für immer aushalten? Du bist nichts als eine Kakerlake, Sook-Yin!«

Der Raum hinter ihren Wimpern wankte. Sie hasste es, dass sie nach all den Jahren der Schikane immer noch seine Anerkennung suchte. »Ich kann mehr Geld verdienen, versprochen. Ich habe jemanden getroffen, der mir einen besseren Job geben kann.«

»Als ob …«

»Wirklich! Sein Name ist Julian Miller, und er versucht mir seit Wochen zu helfen, aber ich hatte schlechtes Gewissen, Florence im Stich zu lassen.«

»Florence Ho ist nicht deine Familie.«

»Ja. Das ist mir doch klar.«

»Dann mache es klar, indem du es beweist«, sagte er.

Sook-Yins Finger zitterten, als sie die Nummer wählte. Sie wollte Julian nur eine Nachricht hinterlassen und war völlig überrumpelt, als er sofort dranging. »Ich dachte, Sie sind in Meeting«, sagte sie.

»Nein. Das wurde verschoben. Was ist los? Sie klingen beunruhigt.«

»Ich habe mit Familie gesprochen.« Sie griff nach der Holzkonsole und betete die Götter an, sie nicht zu bestrafen. »Meine Mutter ist nicht gesund.«

»Tut mir leid, das zu hören«, sagte er umgehend. »Kann ich irgendwas tun?«

Sie zögerte. »Erinnern Sie im Restaurant? Sie sagten, Sie können finden einen besseren Job für mich?«

»Ja, natürlich.«

»Danke. Das würde ich gern.«

»Okay. Ich werde ein paar Anrufe machen. Können Sie mich morgen Abend treffen?«

»Ja, okay. Ich komme.«

»Wir schauen uns den Film an«, sagte er. »Es klingt, als könnten Sie etwas Aufmunterung vertragen. Machen Sie sich keine Sorgen, wir werden das alles regeln.«

ELF

Lily
London, 1997

22. Tag der Trauer

Maya hatte mich mit ihrem Angebot, mir Geld zu geben, völlig überrumpelt. Auch wenn ihre Sorge um meine Gesundheit all die Jahre einer Empfindung glich, die so etwas wie Zuneigung war, war darin doch auch die Bürde von etwas anderem enthalten: geschwisterliche Pflicht vielleicht, die Angst, dass uns jemand zusieht.

Trotz dessen, was Mumma geschehen ist, war sie nie jemand gewesen, der im Augenblick lebte. Schon als Kind war ihre Vorsicht überdeutlich. Unsere Vergangenheit war von verdorbenen Weihnachtsfesten durchzogen, da sie die freudlose Angewohnheit hatte, Geschenke eins nach dem anderen zu öffnen, manchmal mit wochenlangen Abständen dazwischen.

Einmal bekam ich ein Buch über mittelalterliche Geschichte. Ich hatte etwas über Flagellanten gelesen und eine kleine Obsession mit Peitschen und Büßerhemden entwickelt. »Tut Maya Buße?«, fragte ich Dad. Angesichts ihres nervigen Umgangs mit Geschenken dachte ich, sie würde sich vielleicht selbst bestrafen, aber Dad lachte nur. »Deine Schwester verfügt über eine bewundernswerte Zurückhaltung«, sagte er. »Sie glaubt an eine Zukunft, auf die es sich lohnt zu warten.« Ich versuchte, diese Lektion in mir aufzunehmen, von ihr zu lernen, aber alles, was ich hörte, war, *nicht so wie du*. Die Tatsache, dass sie mich nun in dieser Zukunft sah, war eine Offenbarung; der Gedanke, dass wir die Welt gemeinsam erobern konnten, berauschend.

Ich entschied mich zu einem Überraschungsbesuch. Zwei Tage nach den Ereignissen im Restaurant ging ich zu einem Blumenladen an der London Bridge und kaufte ihr einen lächerlich überdrehten Blumenstrauß – tropische Blumen mit Blüten, die aussahen wie Vaginen – und dazu überteuertes Schlangenöl von Neal's Yard, bevor ich den Zug nach Forest Hill nahm.

Das Haus war so hell erleuchtet, dass man es aus 50 Yard Entfernung ausmachen konnte; schattenwerfende Blitzlichter und das fahle Nachleuchten von Körpern, die sich auf dem Weg zur und von der Dachterrasse weg bewegten. Scheiße, stimmt. Mayas Party. Ich ließ mich selbst durch das Tor herein, schlich mich kauernd wie ein Flüchtling aus Colditz vorwärts, legte die Blumen auf der Treppe nieder und kehrte um.

»Kommst du nicht rein?«, fragte eine Stimme.

Ed kam aus dem Zierwacholder hervor, eine Hand an der halb aufgerauchten Zigarette, während die andere seinen Drink hielt. Sah nicht so aus, als sei es sein erster gewesen. Ich zog meinen Mantel fester um mich. »Nicht mein Ding, tut mir leid. Ich habe nur was für Maya vorbeigebracht.«

»Ziemlich riskant hier«, sagte er. »Man weiß nie, wer einem auflauert. Komm schon! Bring sie zumindest rein! Sie ist ja buchstäblich zum Greifen nah.« Er zeigte auf eines der Fenster, und ich sah Maya mit dem Rücken einer Bücherwand zugewandt. Sie wirkte extrem unglücklich.

»Fünf Minuten, okay?«, sagte ich.

Der Flur schien durch das schiere Gewicht der Menschen in ihm zusammengeschrumpft, die Luft überfrachtet mit dem

Dröhnen falschen Gelächters und dem schwindelerregenden Geruch von Yves Saint Laurent. Ich hatte recht, was die Menschen anging, die sie eingeladen hatten: Anzugträger in schicken Klamotten, die ihren hedonistischen Lifestyle früherer Tage für Gespräche über Renten und Kaschmirkämme eingetauscht hatten. Und es ging immer um Geld. Und Canapés. In den 70ern aufgewachsen zu sein hieß, dass Maya den Janets und Jasons dankbar gewesen war. Ich hatte sie dabei beobachtet, wie sie im Schmutz der Sozialsiedlungen in zusammengeflickten, abgerissenen Jeans herumlief und über die neuesten Typen sprach, die sie cool fand – Lee Majors oder William Shatner? –, typisch amerikanische Goldjungs mit weißen Zähnen. Ich war von diesen Gesprächen ausgeschlossen und musste alleine sitzen, bis irgendjemand zum Tee gerufen und mir eine marginale Rolle in einer »Hochzeit« oder etwas Ähnlichem zugewiesen wurde. Ich hatte damals keine feste Vorstellung davon – oder sollte ich sagen, fand keinerlei Trost darin –, beliebt oder unbeliebt zu sein. Es war eher eine Beweisführung, die ich ausreizte: dass man, um Neid oder Spott auf sich zu ziehen, zuerst als etwas anderes gesehen werden muss als das, was man im tiefen Inneren war. 20 Jahre später hatte ich meine Antwort. Maya lebte nun in einer Welt der Anerkennung, und ich spielte immer noch Mr Sulu.

Ed warf die Blumen auf die Kommode und wandte sich einem vorbeilaufenden Typen mit Sonnenbrand zu. »Tristan! Komm her, ich stelle dir Mayas Schwester vor!«

Der Handschlag des Mannes war wie ein gut gemachtes Steak: fest, doch saftig und fett. Ed klopfte ihm auf den Rücken. »Ich gieße mir nur kurz noch was nach. Bring sie zu Maya, okay, alter Junge?«

Als ich ins Wohnzimmer kam, sah ich, dass der Ausschnitt, den ich im Fenster ausgemacht hatte, eine Illusion gewesen war. Maya stand durchaus für sich, aber nicht allein, sie hielt Hof inmitten einer Schar von Bewunderern. Bevor ich wusste, wie mir geschah, schob mich Tristan nach vorn. »Maya, du stilles Wasser!«, grölte er. »Scheint, als wäre das hier deine Schwester!«

Ihr Ausdruck veränderte sich schlagartig, so schnell wie Licht den Schall überholt. Panik. Ich strich mir mit dem Finger quer über den Hals. *Ich bleibe nicht hier*, versuchte ich mit meinen Lippen lautlos zu signalisieren.

Jemand drückte mir ein Glas Champagner in die Hand. »In welchem Feld arbeiten *Sie*?«, fragte der Mann.

»In einem Wohltätigkeitsladen.«

»Im Wohltätigkeitsbereich, sagten Sie?«

»Nein. In einem Oxfam. In Brixton.«

Seine Lippen suchten einen passenden Ausdruck. »Aber … Aber für wen arbeiten Sie sonst?«

Ich zuckte mit den Schultern. »Sonst nichts«, sagte ich.

Er nahm einen ordentlichen Schluck aus seinem Glas, sein Gesicht lief rot an. »Gott! Wie *engagiert* von Ihnen.«

»Da wäre ich mir nicht sicher. Ich nehme an, das macht ihr einen Heidenspaß.«

Ich drehte mich in Richtung der Stimme um und sah eine Frau am Rand des Kreises, die mit Modeschmuck und einer voluminösen Kopfbedeckung von *Gipsy Rose* erstrahlte. Sie trat nach vorn und reichte mir die Hand. »Es muss toll sein, nicht so viel Druck zu haben.«

»Sie wären überrascht«, sagte ich. »Die Hinterlassenschaften von Verstorbenen sind eine immense Verantwortung.«

In meinem Augenwinkel konnte ich Maya erkennen, die sich langsam auf uns zubewegte. »Wie toll, dich zu sehen!«, rief sie der Frau entgegen und gab ihr einen trockenen Kuss auf die Wangen. »Ich hatte keine Ahnung, dass du kommen würdest.«

»Nun, du weißt ja, dass ich so etwas recht ermüdend finde.« Die Frau hielt ihr Glas in meine Richtung. »Aber diese Sahneschnitte hier ist mal ein Lichtpunkt. Wo hast du sie die ganze Zeit versteckt, Maya, und kann ich sie bitte haben, sobald du mit ihr fertig bist?« Sie beugte sich herüber und flüsterte konspirativ. »Wie seltsam, dass Ihre Schwester Sie nie erwähnt hat. Ist das eine erst vor Kurzem eingetretene Enthüllung in Ihrer Familie? Einer dieser kostbaren *This-Is-Your-Life*-Augenblicke?«

Ich warf Maya einen Blick zu. »Wie bitte?«

Da sie meine Frage für ein akustisches Problem hielt, wurde ihre Stimme nun schriller. »Anderer Vater oder andere Mutter?«

»Weder noch.«

Das war noch besser, als sie erwartet hatte. »Sind Sie *adoptiert* worden?«, fragte sie.

»Äh, nein … Wir sind *biologische* Schwestern.«

»Nein!« Nun machte sie einen aufrichtig verwirrten Eindruck. »Aber Sie sehen vollkommen unterschiedlich aus«, sagte sie. »Maya hat diesen hübschen englischen Teint, aber Sie sind so … *exotisch*.« Sie schnappte sich etwas von einem Tablett mit Pasteten, das gerade vorbeigetragen wurde. »Ist Genetik nicht faszinierend?«

Der Rest des Raumes war still geworden, als würden alle irgendeinem dämlichen Dorfradio auf einer menschenleeren Straße nach Nirgendstadt lauschen. Maya lief bläulich an, während sie sich räusperte. »Im Grunde ist es faszinierend, wie sehr wir uns unterscheiden.«

»Das musst du vielleicht etwas genauer erklären«, sagte jemand, und alle lachten.

»Nun, Lily ist beispielsweise ein Genie am Klavier. Also wir hatten durchaus beide Unterricht als Kinder, aber …«

»Sieh's ein, May, du warst einfach grottig!«

Sie drehte sich um und sah den zur Stimme gehörenden Mann an, einen wieselig aussehenden Spießer in Blazer und Slippern, der ganz offensichtlich den Zweck von Socken vergessen hatte. »Es besteht eine gewisse Anmut darin, zu wissen, wann man verloren hat. Was *dir* hätte klar sein müssen, als du mich fragtest, dich zu heiraten.«

Der Mann sank in sich zusammen und setzte eine tapfere Miene auf, während der Raum in Johlen und Gelächter ausbrach. Maya lächelte, als sie zu Ed hinüberging. Bis zu diesem Moment hatte ich seine Anwesenheit komplett vergessen, hatte nicht bemerkt, dass er auf dem Sofa hing und immer besoffener wurde. Er sah sogar noch älter aus als sonst, wie ein Vater, der seine Kinder von der Party abholte und linkisch mit dem Autoschlüssel klimperte.

Unter den Gästen breitete sich eine laut gerufene Forderung aus. »Duett! Duett! Duett!«

Mayas Lächeln schwand. »Ich behalte mir das Recht vor, mich auf meiner eigenen Party nicht zum Affen zu machen.«

»Buuh!«, gab die Menge zurück. Dann: »Schwester! Schwester! Schwester!«

Ich war wieder im Gemeinschaftssaal in Cambridge: das Gebell, die Gemeinheit, die Privilegien. In dem Wissen, dass sie die Architektin meines anstehenden Unglücks war, machte Maya einen nervösen Eindruck. Sie wies mit ihrem Kopf in Richtung des Klaviers, und plötzlich waren wir wieder Kinder.

Zurück und zurück und zurück.

Los, bring es hinter dich, Lily. Damit wir dazugehören.

Ich kämpfte mir den Weg zum Instrument frei. Es war natürlich ein Steinway, und wie alles Kostbare, das Ed gekauft hatte, durfte ich es nicht ohne seine Erlaubnis berühren. Ich hob den polierten Deckel an, und als der Geruch nach Fichten mich umgab, war da ein Augenblick lang fast so etwas wie Ruhe.

»Spiel was Exotisches!«, rief jemand, und alle lachten wieder. Sie wollten Salieri, nicht Mozart, oder etwa nicht? Eine Verkörperung dessen, wer ich war? Ich führte meine Hände zu den Tasten und spielte präzise und makellos »Chopsticks«.

Ich schnorrte mir eine Zigarette und verschwand in den Garten. Einer der Steine auf dem Weg hatte sich gelockert, und als ich mit meinem Fuß gegen ihn stieß, genoss ich seine langsame Bewegung, die mich von dem Zittern ablenkte, das von meinen Beinen Besitz ergriffen hatte. *Fünf Dinge, die ich sehe, höre, fühle … Vier Dinge, die ich sehe, höre, fühle … Drei Dinge …* Hatte Maya wirklich niemandem von mir erzählt? Wegen meines Gesundheitszustands oder aus anderen Gründen?

Die Hintertür wurde hinter mir aufgeschoben. »Schon besetzt«, rief ich.

Eds Stimme kam aus dem Schatten hervor. »Lass dich in meinem eigenen Garten nur nicht von mir stören.«

Ich stöhnte und wendete ihm meinen Rücken zu, und einen Augenblick später hörte ich ihn lachen.

»Maya hat schon recht, weißt du. Du bist wirklich genial. Sogar auf der Party deiner eigenen Schwester schaffst du es, dass sich alles um dich dreht.«

»Vielen Dank auch für die Bloßstellung«, sagte ich.

»Vielleicht stellt sie uns beide bloß.«

Ich hielt inne und zog an der Zigarette. Ging es hier um die Party, das Baby oder worum? Nicht, dass es mich irgendwie interessieren würde, besonders nicht, sollte es mit irgendeiner Art Zweckbündnis zu tun haben. »Ist okay. Ich bin daran gewöhnt«, sagte ich. »Man nennt das, zu einer Familie zu gehören.«

»Will heißen?«

»Oh, keine Ahnung«, sagte ich. »*Warst* du je mit ihr im Krankenhaus?«

»Hat sie dir gesagt, dass sie mich dabeihaben wollte?« Ich hatte nicht damit gerechnet, Hoffnung in seiner Stimme auszumachen, und ich machte den Fehler, ihn anzusehen. Ich fühlte mich fast schlecht, als er sein Gesicht verzog. »Nein, hätte mich auch gewundert«, sagte er.

»Ich nehme mal an, du hast durchaus etwas damit zu tun gehabt.«

»Ja, etwa fünf Minuten lang, was ungefähr so lange ist, wie sie mich dieser Tage erträgt.« Er prostete mit seinem Glas in Richtung der Skyline. »Manchmal komme ich hier raus«, sagte er, »und sehe all die Gebäude, die ich gemacht habe. Man sollte annehmen, ich wäre stolz darauf, richtig? Aber am Ende ist es einfach nur Beton und Stahl. Der ganze wesentliche Scheiß geschieht erst, wenn ich weg bin.« Er lächelte und schüttelte den Kopf in meine Richtung. »Keine Sorge. Ich will kein Mitleid von dir. Es ist sogar das, was ich am meisten an dir mag, Lil – wie du es hinbekommst, so *leer* zu sein. Wie funktioniert das in deinem Liebesleben?«

Er war so nah, dass ich seinen Atem riechen konnte. Ein süßsäuerlicher Hauch, leicht ranzig vor Hunger.

»Irgendwas zwischen warum und geht dich nichts an.«

»Schade. Wir hätten ein gutes Team abgegeben, du und ich.

Selbst jetzt könnte ich zwischen euch wechseln. Ich meine, ihr teilt solche Dinge doch, richtig? Wie den Freund deiner Schwester in Oxford? Böse, verdorbene Lily.«

Er schnellte nach vorn und versuchte, mich zu küssen. Es war eher grausam als lüstern, eine aus der Gelegenheit geborene Aggression, allerdings war er zu betrunken, sodass ich ihn mit meinem Ellenbogen abwehren konnte.

Er torkelte zur Seite, krümmte sich vor Lachen. »Wie du guckst!«, sagte er und zeigte auf mich. »Glaubst du, sie erzählt mir so was nicht?«

Ich trat meine Zigarette mit meinem Schuh aus. »Ich werde jetzt gehen«, sagte ich.

»Gut.« Er kratzte sich an der Augenbraue. »Aber eins noch, bevor du gehst. Du weißt, dass sie dich angelogen hat, oder? Das kleine Erbe von Daddy? Alles ausgedacht! Er hat nicht mal einen Pott hinterlassen, in den man pinkeln könnte.«

Meine Muskeln zuckten, während ich meine Arme verschränkte. »Bist du so eifersüchtig?«, fragte ich.

»Das Geld kam von *uns*, du Dummerchen! Der einzige Grund, weshalb Maya dich aushält, ist, weil du zu zerbrechlich bist, um die Wahrheit zu ertragen. Sie will dein Blut nicht noch mal an ihren Händen haben.«

Ich brauchte einen Moment, um das aufzunehmen, mich ausreichend zu sammeln, um mich ihm nähern zu können. »Ich hoffe, dass sie dich verlassen wird«, sagte ich.

»Nicht, bevor sie dich verlässt. Und das wird es fast schon erträglich machen.«

Ich war beinahe am Ende der Straße, als Maya mich endlich eingeholt hatte. »Hey!«, rief sie. »Lily, warte, hey!« Ich hielt, sah sie aber nicht an. »Warum hast du nicht gesagt, dass du gehst? Und du hast deinen Mantel vergessen.« Sie friemelte ihn um meine Schultern und versuchte den obersten Knopf zuzumachen. »Erinnerst du dich, wie ich das gemacht habe, als du klein warst? Du hast es insgeheim geliebt, wenn ich dich bemuttert habe.«

Sie erschrak, als ich mich von ihr losmachte. Wagte es, verletzt auszusehen. »Hör zu, es tut mir leid. Okay?«

Ich fuhr mit meinen Armen in die Ärmel, strich die Seiten glatt. »Was tut dir leid? Dass du ihnen nie von mir erzählt hast? Oder etwas anderes?«

»Hör zu, es ist nicht so, wie du denkst … Aber es *ist* kompliziert, oder nicht?«

»Meine Schwester zu sein?«

»Den Leuten die Vergangenheit zu erklären. Es ist, als würde man einem Fremden seine Familienfotos zeigen. Es bedeutet dem anderen nichts, und du bist mir wichtiger als das.« Sie blickte über ihre Schulter zurück. Zitterte. »Hör zu, können wir das später besprechen? Ed ist sturzbesoffen, und die nehmen mir das Haus auseinander, wenn ich sie allein lasse.«

»Okay.«

Es würde die ganze Nacht dauern, das zu besprechen: Warum sie so tat, als gäbe es mich nicht, warum sie Dads Armut vor mir geheim gehalten und warum sie wirklich angeboten hatte, mir das Geld für die Musikschule zu geben. Vielleicht war Bluffen doch nicht ihre Stärke.

Sie beugte sich zu mir, umarmte mich und drückte ihre Lippen auf meine Stirn. *Judaskuss*, dachte ich.

ZWÖLF

Sook-Yin
London, November 1966

Sook-Yin betrachtete die Poster im Foyer. Sie mochte es, wie Lawrence von Arabien aussah, mit seinen blauen Augen und dem windgegerbten Gesicht, aber als Julian vom Schalter zurückkam, sagte er, dass sie den Beginn der Vorführung verpasst hatten. »Ich habe Tickets für *Das indiskrete Zimmer*«, sagte er. »Ist ein politisches Drama. Es wird dir gefallen.«

Als sie in dem beinah leeren Kinosaal saßen, wollte Sook-Yin nicht, dass der Film jemals endete. Sie wollte für immer in dieser schwarzen Dunkelheit bleiben, damit die Menschen ihr rotes Gesicht und ihre verletzte Würde nicht sehen würden. Auch wenn ihr Englisch keineswegs perfekt war, wusste sie doch, was *politisch* bedeutete, und das hier war es definitiv nicht.

Sie sah mit einer Mischung aus Entsetzen und Wut zu, wie sich die Geschichte entwickelte, und schaute ab und an zu Julian hinüber. Durch das Flackern des Lichts erleuchtet, zeigte sein Antlitz keinerlei Gefühlsregung, und darüber war sie ebenfalls wütend. Sie wollte die Figur namens Jane retten – unverheiratet und schwanger und allein; sie wollte die Borniertheit aus dem Mann namens Toby herausprügeln. Warum hatte er Jane auf diese Weise behandelt, wo sie doch nichts weiter wollte als Liebe? Und warum hatte Julian angenommen, dass ihr das gefallen würde?

Die Kühle des Abends beruhigte ihre glühende Haut, als sie in die Dunkelheit der Straße traten. Julian lief neben ihr her und betrachtete, ohne ihr Unbehagen zu bemerken, sein Spiegelbild in den schwarz gewordenen Schaufenstern. »Und, was denkst du?«, fragte er.

»Ernsthaft? Ich denke, ist deprimierend.«

»Ja, aber darum ging es doch. Ein ehrlicher Kommentar zur gesellschaftlichen Situation.«

»Aber Toby liebt Jane nur, wenn leicht ist. Er will nur Erfolg. Als er fand heraus, dass sie schwanger, wurde er gemein.«

»Ich glaube nicht, dass das fair ist …«

Sie war sich nicht sicher, ob er scherzte oder nicht. Er hatte es immer gemocht, wenn sie ihre Meinung gesagt hatte, jetzt aber sah er aus wie Michael, wenn er das Spielzeug nicht bekam, das er sich gewünscht hatte. »Tut mir leid, dass ich enttäusche dich«, sagte sie.

»Sei nicht albern. Das hast du nicht. Außerdem wäre es doch langweilig, wenn wir in allem einer Meinung wären.«

Sook-Yin wagte es, ihn anzusehen. Trotz ihres Unbehagens im Kino hatte sie nicht vergessen, worum es heute Abend eigentlich ging. »Ist also okay, wenn wir sprechen über Job?«

»Ah, klar. Fast vergessen. Ich wollte eigentlich heute Nachmittag einige Erkundigungen einholen, aber dann war zu viel los, fürchte ich. Ich bin mir aber sicher, dass es besser so ist. Sie werden eh mit dir reden wollen.«

»Oh! Aber mein Englisch ist nicht gut.«

»Mach dir keine Sorgen. Es wird alles gut gehen. Wenn ich mein Adressbuch nicht zu Hause gelassen hätte, könnte ich dich sogar jetzt mit ins Büro nehmen.« Er schob seinen Ärmel hoch und sah auf die Uhr. »Ich glaube, wir könnten uns aber schon mal vorbereiten. Damit du bereit bist, wenn wir die Telefonate führen.«

»Im Büro vorbereiten?«

»In meiner Wohnung. Es ist erst gegen acht«, sagte er, »und es wird noch mal eine Woche vergehen, bis wir beide wieder Zeit haben.«

Sook-Yin zögerte. Sie wollte den Abend wirklich nicht vergeuden, aber war es klug, mit ihm nach Hause zu gehen? Sie dachte über ah-Mas Warnungen nach, doch dieses Mal wurden sie von anderen Bedrohungen in Schach gehalten: eine weitere Woche, die sie ah-Chor hinhalten müsste, und Julians Annahme, dass sie undankbar sei. Und sie brauchte diesen Job *wirklich*. »Ich denke, ist okay«, sagte sie.

»Das ist die richtige Einstellung, Sook-Yin.« Er pfiff ein Taxi herbei. »Ich wohne nicht weit entfernt.«

Julians Wohnung lag in einem Reihenhaus auf der Gower Street. Selbst unter Berücksichtigung des verblassten Glanzes der Architektur schien es nicht die Wohnung eines Finanziers zu sein, die die Wärme eines hellen Kronleuchters erwarten ließ, die sanft gedämpften Geräusche, welche von dicken Teppichen kündeten. Doch selbst diese geringen Enttäuschungen waren nichts im Vergleich zum Schock, den das Innere in ihr auslöste. Sook-Yin hielt ihren Atem an, als gleich hinter der Eingangstür der schmale, zugemüllte Gang in ein nach Pisse riechendes Treppenhaus mündete, in dem zwielichtige Gestalten in schmuddeligen Mänteln dasaßen und tranken und Zigaretten drehten.

Das Zimmer selbst war kaum besser. Mit seinen tropfenden Wänden und dem Gestank von gebratenem Fett war es sogar noch schlimmer als in den Shanties in Yuen Long. Ihre Mutter hätte einen Anfall bekommen. Und wo waren die Möbel? Ihr

Blick wanderte vom Stuhl neben dem Bett, der eine Lampe und einen glanzlosen silbernen Kessel beherbergte, zum Griff des offen stehenden Fensters, an dem eine Milchflasche traurig an einem Socken nach draußen gehangen worden war.

Julian lehnte sich hinaus, um sie hereinzuziehen. »Mein Kühlschrank ist kaputtgegangen«, sagte er, ohne auch nur eine Spur von Verlegenheit erkennen zu lassen, »und die Läden brauchen zu Weihnachten immer ewig, bis sie was liefern.« Er zeigte in die Ferne. »Aber schau hier, du kannst die Lichter sehen.«

Sie folgte seinem Finger zur Straße, wo zwischen den Dächern der Reihenhäuser Girlanden mit künstlichen Weihnachtskugeln hingen: Stechpalmen, Kerzen und Beeren, die sanft leuchteten und die Adventszeit verkündeten. Julians Augen schienen bei dem Anblick zu strahlen.

»Das ist das eine, was ich immer an London gehasst habe – dass man wegen der ganzen Straßenlichter die Sterne nicht sehen kann, aber Weihnachten lässt alles hoffnungsvoll scheinen. Große Träume, große Pläne, das große Leben …« Er wendete sich ab und klatschte in die Hände. »Okay, aber das Wichtigste zuerst«, sagte er. »Wenn wir diese Freunde von mir beeindrucken wollen, müssen wir erst mal deinen Wortschatz aufpolieren.«

»Was bedeutet das, ›aufpolieren‹?«

»Es heißt, besser zu werden. Sich zu verbessern. Die wichtigste Regel im Leben lautet: so tun als ob.«

Sook-Yins Verdacht, der anfänglich noch vage war, nahm nun eine klarere Form an. Julians Ausdrucksweise mochte anders sein, und doch gab es etwas, das sie an dem Grundgefühl wiedererkannte: Oberschwester Connolly, die ihr nahelegte, sich *zusammenzureißen*, ah-Chors Krönung als Mann der Familie,

Florences Eitelkeit in ihrem Königreich in Swiss Cottage. *Die wichtigste Regel im Leben lautet: so tun als ob.* Alles war Scharade, ein großer Bluff. Das Überraschendste aber war, dass, in dem gleichen Maß, wie diese Menschen sie getäuscht hatten, sie auch sich selbst getäuscht zu haben schienen. War *dies* das Geheimnis der Zugehörigkeit? Ihr Zynismus wandelte sich in Neugier. Vielleicht konnte ihr Julian doch etwas beibringen.

Er schnappte sich ein Notizbuch und einen Stift aus seiner Brieftasche und schrieb eine Liste von Wörtern auf, bevor er sie bat, sich zu ihm auf das Bett zu setzen. Ohne irgendeinen Stuhl im Raum hatte sie keine Wahl, als sich neben ihn zu hocken. »Ich möchte, dass du sie vorliest«, sagte er, »und dann schau, ob du weißt, was sie bedeuten.«

Sie versuchte sich daran, sie laut auszusprechen. »Schuldeneintreibung. Kredit. Zinszahlung. Darlehenszahlung. Profit. Verlust. Ver…«

»*Verbindlichkeiten.*«

Sie stieß ein irritiertes Seufzen aus. »Ich weiß nicht, was das bedeutet.«

»Das ist okay. Nimm dir Zeit. Fang noch mal von vorne an.«

»Schuldeneintreibung … Kredit … Zinszahlung …« Sie erstarrte, als er ihr Haar berührte. »Darlehenszahlung … Profit …«

»Verlust und Verbindlichkeiten.« Er lehnte sich herüber und küsste ihre Wange. »Je häufiger du es sagst, desto natürlicher klingt es.« Sie wendete ihr Gesicht von ihm ab. »Es ist nur ein kleiner Kuss, Sook-Yin.«

»Aber ich nur Freundschaft und Job.«

»Willst du sagen, du hast noch nie einen Freund geküsst?« Sie schloss die Augen und wurde rot. »Ich wette, du hast schon mal davon geträumt.«

»Ich bin gutes Mädchen«, sagte sie.

»Das macht dich nicht zu einem schlechten. Nur wenn du dir Sorgen machst, dann wird es dir nicht gefallen.« Er lehnte sich herüber und küsste sie erneut, und sie drückte ihre Fäuste ins Laken. *Ich bin für meine Familie hier*, sagte sie zu sich selbst. *Ich mache das, damit sie ein besseres Leben haben. Hatte ah-Ma im Krieg nicht weitaus Schlimmeres getan?*

Als ihr die Unausweichlichkeit dessen klar wurde, was geschehen würde, versenkte sie ihre Gedanken in einer Erinnerung: ah-Chor, der eines Sommers auf dem Balkon in ah-Mas Wohnung mit Hei-Fong Bauernhof spielte. Die Sonne, die in Wellenbewegungen über die Dächer wanderte. Ihre Freudenrufe in der warmen Luft. Sie selbst allein hinterm Fenster. *Geh weg, Sook-Yin. Geh weg.* Die Form von ah-Chors Mund am Fenster, die Zähne gebleckt. *Du bist eine Plage, ein Ärgernis, eine Kakerlake. Ah-Fong hat sich für mich entschieden.*

Als es ihnen langweilig geworden war und sie die Wohnung verlassen hatten, versuchte sie das Spiel der beiden für sich fortzuführen, berührte alles, was Hei-Fong berührt hatte, und zündete ein Bündel Stroh unter ah-Mas Kochtopf an. Das Lachen des Windes, als er in die Flammen fuhr und seine Wut in Richtung der Wäscheleine warf; goldumrandete Glutfunken in Schwarz, die aufwärtstreiben und eins werden mit dem wolkenwelligen Himmel. Wenn ihre Mutter nicht vom Markt zurückgekommen wäre, hätte sich die ganze Wohnung in ein flammendes Inferno verwandelt. Sook-Yin erinnerte sich an die Verbrennungen auf ihrer Haut und wie ah-Ma bis ins Mark erschüttert gewesen war. *Hatte sie das alles heraufbeschworen? Hatte sie das gewollt?*

Danach lag sie im Bett, während Julian neben ihr döste. Sie griff nach ihrem Schlüpfer und wischte sich ab. Sie fühlte sich durch ihren inneren Schmerz sehr schwer und wünschte sich, sie könnte sich selbst so klein machen, dass sie durch das Fenster am Bett verschwinden könnte. Wie viele Stufen war sie bis hier oben gestiegen? Wie tief würde sie fallen?

Sie zog sich an und schlich zur Tür.

»Es tut mir leid, dass wir mit dem Lernen nicht fertig geworden sind.«

Als sie sich umschaute, waren seine Augen offen. »Ist okay. Ist gut. Ich gehe jetzt heim.«

»Versprichst du, mich morgen anzurufen?«

»Morgen.«

»Ich mag dich *wirklich*, Sook-Yin.« Er zeigte auf seine Jacke. »Da ist Geld in der Tasche«, sagte er. »Nimm ein Taxi zu Harvey. Ich will nicht, dass dir irgendwas Schlimmes passiert.« Sie nickte und griff sich ein paar Münzen, nicht aus dem Wunsch, ihm zu gefallen, sondern weil sie es als einzige Möglichkeit ansah, die Dinge zu beenden.

DREIZEHN

Lily
London, 1997

23. Tag der Trauer

Wissen verändert die Wahrnehmung von Dingen. In weniger als einer Stunde war Maya zu meiner Gläubigerin und meine Wohnung zu nichts weiter als einer Lagerhalle für Leihgaben geworden. Frühere Gespräche erhielten eine neue Bedeutung: der zottelige Teppich, den sie so verabscheut hatte, die teure Kaffeemaschine, die ich mir als seltene Belohnung gegönnt hatte; Dinge, von denen ich angenommen hatte, dass sie Geschmacksfragen waren, verwandelten sich nun unter meiner erneuten Betrachtung in eine Reihe leichtsinniger Anschaffungen auf Kosten meiner Schwester und ihres Mannes.

Meine ursprüngliche Vermutung, dass Ed mich einfach verarscht hatte, fiel in alarmierender Geschwindigkeit in sich zusammen. War es nicht offensichtlich, dass Dad mittellos verstorben ist? Zwei Kinder, alleinerziehend, ein beschissener Job bei der örtlichen Förderschule, wo er Schulschwänzern englische Literatur beigebracht hat? Er hatte seine Ausbildung spät im Leben absolviert, sich trotz zahlreicher Jobangebote aber immer zu den Abbrechern hingezogen gefühlt, als würde er dadurch, dass er ihnen eine zweite Chance gab und nicht die Augen verschloss vor den fürchterlichen Entbehrungen, die sie durchlebt hatten, irgendwie ein Spiegelbild seiner selbst erkennen. »Den Stadtrat interessiert es nicht mal«, sagte Maya, für ihn wütend werdend, wann immer seine Anträge auf höhere Mittel übergangen wurden. »Die sagen dir im Grunde, dass du es sein lassen und dich selbst retten sollst.«

»Wer ist dann noch da, um zu helfen?«, sagte er darauf stets.

Bei jedem anderen wäre einem das wie ein Gehabe vorgekommen, aber es war nun nicht gerade so, als wären wir auch nur ansatzweise reich gewesen, zumindest nicht so, wie andere es waren, mit ihren Ponys und Urlauben in Malaga, etwas, das ich in der kompromisslosen Selbstbezogenheit der Jugend nicht mal infrage gestellt habe.

Nun aber dachte ich darüber nach, dass Maya und ich dennoch alles hatten, was wir wollten, und das sogar noch vor seiner Krebserkrankung und den Extrageschenken und Zuwendungen, die er mir gab, in seinem Versuch, mich zu retten. Woher sonst, dachte ich damals bloß, dass das Geld herkam, wenn nicht von Dispo, Kreditkarten und Lalaland?

Was mir am meisten wehtat, war, dass Maya die Lüge fortgesetzt hatte. War es etwas, das sie erst kürzlich herausgefunden hatte, oder hatten sie und Dad sich gemeinsam entschieden, eine Verschwörung der beiden Blondschöpfe? Und war ich wütend oder einfach nur eifersüchtig? Gleichviel. Für Dad eine Belastung gewesen zu sein war das eine; diese Erbschaft aber mit meiner Schwester weiterzuführen etwas ganz anderes. Ich hielt sie zurück. Ich war ihr Sumpf. Ich ließ sie Monster sehen. Und trotz ihres Anstrichs guten Mutes, ihres wunderbaren Lächelns und ihrer *Mich-erschüttert-nichts-Haltung* wurde mir plötzlich klar, dass diese Monster sie furchtbar ängstigten.

Am nächsten Morgen wachte ich schweißgebadet auf, mein lästerliches Mundwerk aufgedunsen und sauer vom Speichel, als mir einfiel, dass ich einen Termin bei Fenton hatte. Es schien mir eine gute Idee, ihn zu sehen, wenn auch nur, um ihm zu sagen, dass ich alles falsch gemacht hatte.

Irgendwas fühlte sich an diesem Morgen merkwürdig an mit der Klinik. Sie schien halb leer zu sein, und doch war da ein beunruhigendes Gefühl von Aktivität, die Mitarbeiter hatten sich hinter Glasfenstern versammelt und führten dringliche Gespräche.

Ich war noch nicht mal an der Empfangstheke angekommen, als eine Therapeutin, die ich schon ein paarmal gesehen hatte – eine junge Frau in einem zu engen Sweater und bemüht kunsthandwerklich wirkenden Ohrringen –, zu mir kam. »Sie sind Lily, stimmt's?«, fragte sie. »Ich wurde gebeten, Sie heute zu treffen. Wenn Sie kurz warten könnten, schaue ich nach, ob das Zimmer frei ist.«

Sie verschwand durch eine der Türen und ließ mich an der Rezeption zurück. Als ich Platz nehmen wollte, sah ich den Mann namens Scott in der Ecke sitzen, ging zu ihm hinüber und tippte ihm auf die Schulter. »Hey, wie geht's?«, fragte ich. Sein Gesichtsausdruck verformte sich in etwas, das man als Wiedererkennen deuten konnte. »Was geht hier vor sich«, raunte ich ihm zu.

»Dr. Fenton ist weg«, sagte er.

»Wie meinen Sie das, weg?« Ich stellte mir vor, wie er von irgendeinem Auto an die Wand gedrückt oder von einem Baum auf dem Common erschlagen wurde. Maya hatte schon immer gesagt, ich würde eine groteske Fantasie besitzen.

»Er ist weg, Mann. Er hat die Klinik verlassen.«

Der Aufruhr in meinem Magen drohte nun meinen Darm zu erreichen, ich schlug meine Beine übereinander und löste sie wieder. Mussten die uns über so etwas nicht informieren? »Er kann nicht weg sein. Ich brauche ihn.«

Die junge Frau erschien wieder in der Tür und blickte unsicher zwischen uns beiden hin und her. »Sie können mir nun folgen«, sagte sie. »Wir werden heute in Zimmer drei sein.«

Aber ich wollte nicht in Zimmer drei gehen, und ich wollte auch nicht diese Frau, die kaum fünf Jahre älter war als ich mit ihrem wohlsortierten Leben und ihren *Schaut-mich-an-Ohrringen.* Ich wollte zurück in Dr. Fentons Zimmer, mit seinem Geruch nach Bücherstaub und Anspitzspänen. Wem war mit Reinlichkeit geholfen? Oder einer Übergangslösung?

»Scheiß drauf«, sagte ich und marschierte hinaus.

Ich lief Richtung High Street, als ich Schritte hinter mir vernahm und Scott an meiner Schulter auftauchte. »Alles in Ordnung?«, fragte er.

»Ja. Alles in Ordnung. Verschwinde.« Ich ging weiter, beschleunigte meinen Schritt, bis kurze Zeit später seine Stimme erneut an mein Ohr drang.

»Jemand hat Dr. Fenton gemeldet …«

Als ich anhielt und mich umdrehte, war er so nah, dass ich mit meinem Kopf fast gegen ihn gestoßen wäre. »Er hat einen Typen mit einem Buch beworfen.«

Ich sah ihn zynisch an. »Fenton. Hat ein Buch geworfen. Auf einen Menschen?«

»Ich schwöre«, sagte er. »Die Empfangsdame, die mit der wirklich lauten Stimme? Sie hat gesagt, dass er eine Woche lang in seinem Auto geschlafen habe. Sieht so aus, als hätte seine Alte ihn verlassen.«

Ich hielt inne und versuchte, das alles zu verarbeiten. Es fiel mir schwer, auf diese Weise über Fenton nachzudenken: dass er außerhalb seiner Praxis existierte und ein gewöhnliches, chaotisches Leben führte. Das gefiel mir nicht.

»Für die anderen ist es ein Albtraum, jemand Neues für uns alle zu finden. Du musst noch mal zurück und deinen Namen auf eine Liste setzen.«

»Kommt gar nicht infrage«, sagte ich. »Ich bin raus.« Ich ging wieder los, und dieses Mal hielt er Schritt.

»Warum?«

»Wenn die Irren die Anstalt führen?« Ich lachte. »Ich würde nie einem Verein beitreten, der mich als Mitglied haben will.«

»Jetzt zitierst du mir Marx?«

»Groucho, nicht Karl. Du bist also in Sicherheit.« Um ehrlich zu sein, war ich recht beeindruckt.

»Sind wir nicht alle bereits Mitglieder dieses Vereins?«

»Und jemanden dafür zu bezahlen, das eigene Elend zu untersuchen, der genauso elendig lebt wie man selbst, dürfte die buchstäbliche Definition einer unnützen Ausgabe sein. Wen wundert es da noch, dass die Welt am Arsch ist?«

»Keine Ahnung, mir scheint es zu helfen. Zu wissen, dass ich nicht allein bin.«

»Wir sind alle allein«, sagte ich. Ich warf mir meine Tasche über die Schulter. »Ich mache mich besser auf den Weg. Viel Glück mit deinem Leben und allem.« Ich versuchte, mich an ihm vorbeizuwinden und geriet aus dem Schritt, als er vor mich trat.

»Ich nehme an, du hast keine Lust auf einen Kaffee?«

»Lass mich durch … was, nein … wozu?«

Er zuckte mit den Achseln. »Ich dachte, wir könnten uns etwas unterhalten.«

»Bin keine große Rednerin. Tut mir leid.«

»Der Eindruck drängte sich mir auf.«

Ich hielt an und warf einen verstohlenen Blick auf ihn. Er sah tatsächlich nicht ganz schlecht aus. Durchaus ordentliche Schuhe. Mit Socken. Ich starrte in den Abgrund dieses Nachmittags, und ein wohlbekanntes Gespenst stieg aus ihm empor, um mich heimzusuchen: diese Sehnsucht, die Kontrolle zu übernehmen. Ein Urinstinkt, der automatisch ablief. »Ich kann Cafés nicht ausstehen«, sagte ich. »Aber ich habe vermutlich Kaffee zu Hause.«

Wir sind nie zum Reden gekommen. War ich von Natur aus leichtsinnig? Mag sein. Sex selbst hatte mir nie viel bedeutet, und ich war irgendwann furchtlos geworden, was die Sicherheitsmaßnahmen anging. Vielleicht eine verspätete Reaktion auf den Tod meines Vaters. Oder vielleicht reichte es noch weiter zurück: eine angelernte Fähigkeit, Dinge nur unmittelbar und instinktiv wahrzunehmen. Durch Hitze und Atmung, durch Schweiß und das Empfinden, dass der eigene Körper in Gefahr ist.

Mumma ist fort. Mumma ist fort. Mumma ist fort.

Ich habe mal gelesen, dass Überlebende eines Flugzeugabsturzes das manchmal auch erlebten – endlos viele Arten, wie sie vom normalen Leben enttäuscht wurden –, und wie sie dann den Rest ihrer Tage damit verbrachten, nach der Freude zu suchen, lebendig zu sein. Alles, was ich sicher wusste, war, dass Sex die einzige Handlung war, bei der ich mich – wenn auch nur einen Moment lang – so fühlte, als würde ich existieren.

Am folgenden Morgen jedoch war der Funken Trost, den ich daraus gewonnen hatte, voll und ganz verflogen. Ich starrte in

Scotts Gesicht, das im gnadenlosen Streiflicht des Tages blass auf dem Kissen lag. Was zum Henker hatte ich nur getan?

Die Erinnerungen der Nacht kehrten mit einer schleichenden Furcht zurück: das Wunderwerk seiner Finger auf der Karte meiner Wunden, die freundlichen Worte, meine unbeabsichtigte Hingabe. Ich musste ihn loswerden. Schnell. Ich warf mir über, was ich gerade finden konnte, und stürzte in die Küche, um Kaffee zu machen.

Eine halbe Stunde später schlug ich an die Badezimmertür. Dachte er etwa, das hier würde zu irgendwas führen? Ich spürte es in der Art, wie er mich mit Liebe übergoss, wie seine Hand etwas zu lang auf seiner Kaffeetasse lag, während er mich über den Tisch hinweg anstarrte. Diese Mondaugen. »Ich muss heute arbeiten«, sagte ich.

»Mein Arzt hat mich krankgeschrieben.« Er trug eine gewisse Selbstzufriedenheit zur Schau – ein Kind, das eine Medaille aus Blech hochhielt, stolz darauf, beim Eierlauf Erster geworden zu sein –, die sich in einen feuchten Schmollmund verwandelte.

»Es gibt Menschen, die bleiben nicht gern stehen.« Es mochte grausam klingen, aber das war mir egal. Ich musste Distanz zwischen uns aufbauen. Ja, wir hatten vielleicht etwas gemeinsam, wir waren beide auf unsere eigene Art kaputt, aber sein Spielfeld war nicht das meine.

Ich stand auf und begann, meine Tasse zu spülen. Immer im Kreis mit der Bürste. »Ich muss wirklich los«, sagte ich.

»Sorry, klar.« Er zog sich betont umständlich seine Schuhe an, stellte sicher, dass seine Schnürsenkel ordentlich gleich lang waren, bevor er jene schrecklichen Worte aussprach: »Lass uns zumindest Telefonnummern tauschen.«

Er nahm einen Stift vom Tisch und kritzelte etwas auf einen verwaisten Umschlag. Dann wartete er, dass ich es ihm gleichtat. Warum musste er es hinauszögern? Als ich keine Anstalten dazu unternahm, rieb er sich seinen Nacken. Das hässliche Muttermal würde ich nicht vermissen. Da wuchs ein verficktes Haar drauf.

»Na, jetzt komm ich mir wie ein Arschloch vor«, sagte er. Er drehte sich um und schlich sich aus der Küche. Wenige Sekunden später konnte ich hören, wie die Eingangstür ins Schloss fiel. Er hatte nicht mal den Mumm, sie zuzuknallen.

VIERZEHN

Sook-Yin
London, Januar 1967

Sook-Yin verbrachte die nächsten Wochen damit, über ihren Fehler nachzudenken. Ihre Tage waren durch die Arbeit mit den Kindern ausgefüllt, nachts aber kehrten mit der Dunkelheit die Erinnerungen zurück, die sie wach hielten oder sich wie Unkraut in ihren Träumen breitmachten: nass und dreckig und verwurzelt. Wie konnte sie nur so dumm gewesen sein?

Sie hoffte, dass die Zeit helfen würde, alles hinter sich zu lassen, und fühlte sich mit jedem Tag, an dem sie nichts von Julian hörte, ein bisschen mehr so, als würde eine Last von ihren Schultern genommen. Sie hörte auf, das Telefon angstvoll zu belauern, hörte auf, Rose zu bitten, Anrufe für sie anzunehmen, da ihre Hände gerade in der Spüle waren oder schmutzig vom Gemüseschneiden. Weihnachten kam und verging, und eh sie sich versah, war es Mitte Januar.

Doch gerade als ihre Angst vor dem Telefon nachließ, bemerkte sie ein anderes Problem. Ihre Periode war überfällig. Hinzu kam, dass ihr furchtbar schlecht war. Sie versuchte zu verdrängen, was sie aus ihrer Zeit als Krankenschwester wusste. Sie hatte sich einfach etwas eingefangen, einen Virus. Es war unmöglich, beim ersten Mal schwanger zu werden. War es nicht so? War es nicht so? War es nicht so?

Sie war über der Toilette gebeugt und entlud ein weiteres vergeudetes Frühstück, als Florence an der Tür vorbeikam. »Was stinkt denn hier so?«, rief sie. Sie nahm eine Dose Raumduft vom Schrank und sprühte in die Luft, was dazu führte, dass Sook-Yin erneut brechen musste. »Man könnte meinen, du bist schwanger!«

Sook-Yin begann zu weinen, und Florence hob sie vom Boden und ließ sie auf dem geschlossenen Toilettendeckel Platz nehmen. »Was hast du getan, ah-Yin?«

Sie legte ihre Hände auf ihr Gesicht. »Mr Miller«, sagte sie.

»Du hast mit ihm geschlafen, ohne verlobt zu sein?«

»Ich hatte nicht geplant, dass es passiert.«

»Glaubst du etwa, man kann Suppe in einen zerbrochenen Topf zurückfüllen?« Florence rieb sich ihr Gesicht. »Und wer soll sich nun um die Kinder kümmern?«

Sook-Yins Magen verkrampfte sich panisch. »Bitte wirf mich nicht raus, Je Je. Es muss Ärzte geben, die sich um so etwas kümmern ... Die Frauen helfen, ihre Babys loszuwerden.«

»Bist du wahnsinnig? Wovon du da sprichst, ist streng verboten!«

»Aber was soll ich dann tun?«

Florence ließ sich in die Ecke des Badezimmers auf den Boden sinken und begann mit ihrem Daumennagel Kreise um ihren Mund zu ziehen. »Es *gibt* etwas, fällt mir ein. Meine Freundin Mrs Lim ist eine sehr gute Kräuterfrau. Sie könnte dir wahrscheinlich ein Rezept vorschlagen.« Sook-Yin schaute auf. »Es ist nur leider so, dass ich sie gerade nicht fragen kann.«

»Warum nicht?«

Florence rieb ihren Pantoffel auf dem Teppich hin und her. »Also, da wir eh gerade Geheimnisse austauschen ... Ich habe ein bisschen was von Harveys Geld verloren. Eine Pechsträhne beim Mahjong.«

All die Tage, die sie fort gewesen war – das war es, wohin sie gegangen war? Das Spiel hatte Sook-Yins Kindheit mit einem Schatten überzogen; der spröde klackende Klang der Spielsteine, der durch die Zimmerdecke drang; das Versetzen von Frauen und Häusern; das Blut ihres Vaters auf der Treppe am nächsten Morgen. Sie wünschte, sie könnte sie schütteln! »Warum hast du das getan?«, fragte sie. »Ich hätte dir sagen können, dass das Probleme bringt.«

Florence schnaufte. »Zumindest kann *ich* meinen Fehler korrigieren.« Sie rieb den fahlen Streifen an ihrem Handgelenk, an dem offensichtlich mal etwas gehangen hatte.

»Wo ist dein Armband?«, fragte Sook-Yin. »Dein Hochzeitsgeschenk von Harvey?«

»Es war das letzte Spiel. Ich habe ihm gesagt, dass es beim Juwelier ausgebessert wird.« Sie rieb sich ihr Kinn. »Wenn ich nur mehr Geld hätte. Dann könnte ich zwei Fliegen mit einer Klappe schlagen.«

Es war offensichtlich, worauf sie anspielte, und welche Wahl hatte Sook-Yin? Florence würde nicht lange darüber nachdenken, sie einfach feuern und ihren Job an irgendeinen anderen Flüchtling geben, und wenigstens bestand die Möglichkeit, dass diese Frau ihr wirklich weiterhelfen konnte. »Ich habe etwas gespart«, sagte sie. »Du könntest einen Teil dafür nutzen, um Harveys Geld zu ersetzen, und dein Armband zurückkaufen.«

»Würdest du das wirklich für mich tun?« Florence wandte sich ihr mit einem freundlichen Lächeln zu. »Gib mir einfach genug, damit sie mich wieder zulassen. Ich frage Mrs Lim, und dann ist ein für alle Mal Schluss.«

Sie kam erst um sieben Uhr abends zurück. »Wo bist du gewesen?«, fragte Sook-Yin. »Die Kinder haben mit dem Essen gewartet.«

»Lass das meine Sorge sein«, sagte Florence. »Wir nehmen sie zum Abendessen mit zu *Wimpy*.«

Sook-Yin erhaschte einen Blick auf das Gold an ihrem Handgelenk. »Hast du es gekauft oder zurückgewonnen?«

»Ich habe es gewonnen. Das und noch mehr. Du hättest ihre Gesichter sehen sollen. Nicht mehr lange, und ich bin wieder im Plus.«

Sook-Yins Wangen wurden rot. »Und die andere Sache?«, fragte sie.

»Oh klar, ich habe es angesprochen, aber die Namen waren zu kompliziert, um sie sich zu merken. Pen-ny Roy-al, hieß eines davon.« Die englischen Wörter schlugen wie wilde Wale in ihrem Mund umher.

»Hast du sie nicht gebeten, es aufzuschreiben?«

»Mitten im Spiel? Es war so schon sehr unangenehm, das kann ich dir sagen. Sie hat vermutlich gedacht, ich frage für mich selbst.« Sie streichelte die Mulde in Sook-Yins Armbeuge. »Tut mir leid, Schwester«, sagte sie. »Wenn du mir noch etwas mehr Geld geben kannst, dann verspreche ich dir, sie morgen zu fragen.«

Sook-Yin drückte ihr Gesicht in ihre Hände. Ah-Chor lag falsch, was Florence anging. Sie selbst war die Idiotin gewesen. Immer und ausschließlich sie selbst. »Vergiss es. Egal.«

»Aber was ist mit dem Baby?«, fragte Florence. »Und dem Rest von Harveys Geld?«

»Leg einfach das, was du heute gewonnen hast, zurück, und sag Harvey, dass du alles andere ausgegeben hast. Sag, der Juwelier hat dir zu viel in Rechnung gestellt.«

»Aber er überprüft alles wie ein Geizhals!«

»Dann sag ihm, du hast die Quittung verloren!«

»Willst du also sagen, dass du mir nicht helfen wirst?« Florence setzte sich beleidigt auf. »Nachdem du hier nun fast sechs Monate bei Verpflegung und Gehalt und Dach über dem Kopf gelebt hast?« Sie stand auf und stürmte zur Tür hinaus. »Dein Bruder hatte recht«, sagte sie. »Du bist *wirklich* eine Kakerlake!«

Als Sook-Yin am nächsten Morgen von der Schule heimkam, fand sie Harvey allein in der Küche vor. »Gho-Gho, bist du krank? Warum bist du nicht im Restaurant?«

»Setz dich, ah-Yin«, entgegnete er. Der Tonfall seiner Stimme ließ ihren Mund trocken werden. Hatte er das fehlende Geld bemerkt? Und wenn sie es genau bedachte, wo war eigentlich Florence? Vielleicht war sie geflohen, oder Harvey hatte sie fortgeschickt, und nun war auch sie dran, weil sie Teil des Komplotts gewesen war.

»Soll ich dir vielleicht einen Tee machen?« Sie setzte sich in Bewegung, um den Kessel zu holen.

»In welchem Monat bist du?«

Sie hielt inne und legte ihre Hand auf ihren Bauch. Der war zu flach, als dass er es dadurch hätte bemerken können. »Florence hat es dir erzählt«, sagte sie, und es war nicht mehr nötig, das in eine Frage zu verwandeln. Das war ihre Strafe dafür, dass sie ihr nicht noch mehr Geld gegeben hatte.

»Hast du etwa geglaubt, ich würde das nicht herausfinden? Warum bist du damit nicht zuerst zu mir gekommen?«

»Ich wollte nicht, dass es irgendjemand erfährt. Ich wollte nicht, dass *Florence* es erfährt.«

»Dazu hättest du in die Mongolei ziehen müssen!« Sie tauschten ein schwaches Lächeln aus, ein geteiltes Wissen. »Du hast es

Mr Miller nicht erzählt, nehme ich an?« Sook-Yin schüttelte den Kopf. »Das dachte ich mir. Er war jeden Abend im Restaurant, trank und rauchte und aß, als gäbe es kein Morgen.«

»Bitte sag es ihm nicht, Gho-Gho.«

»Warum nicht? Ist das Baby nicht von ihm?«

Sie gab zunächst keine Antwort. Was immer in ihr war, sie wollte es nicht als Besitz von irgendwem ansehen. Nicht mal als ihren. »Ich kann weggehen«, sagte sie. »Im Krankenhaus haben sie von Kliniken erzählt, in denen Frauen ihre Kinder geheim bekommen. Dann könnte ich es adoptieren lassen.«

»Die Weißen wollen keine Mischlinge.«

Sook-Yin erschrak, als sie sah, wie seine Lippen zitterten. Der sanfte, sorgenvolle Harvey. Was hatte er alles ertragen müssen? Welche Träume hatte er aufgegeben?

»Es besteht die Möglichkeit, dass Mr Miller anders ist. Wir müssen ihm die Gelegenheit geben, darauf zu reagieren.« Er stand auf und ging zum Kühlschrank. »Ich habe *Siu Mai* mitgebracht, und ich möchte, dass du davon isst«, sagte er. »Und hör auf, an die Vergangenheit zu denken. Sonst bringst du dich noch um.«

FÜNFZEHN

Lily
London, 1997

24. Tag der Trauer

Mr Nesbit hatte drei Nachrichten auf meinem Anrufbeantworter hinterlassen. Ich starrte auf das blinkende Licht und hörte sein Drängen, seine Dringlichkeit. Ich war nah daran gewesen, ihm abzusagen. Ich hatte sogar schon meine Rede eingeübt: ein Ausdruck der Dankbarkeit für die Großzügigkeit seines Klienten, aber zugleich meine ultimative Verweigerung, irgendwem etwas schuldig sein zu müssen. Gleichzeitig würde ich mich darauf einstellen, Mayas Angebot anzunehmen.

Ich gebe dir das Geld für die Musikschule.

Wenn wir diese Briefe nie erhalten hätten, wäre der Gedanke ihr je gekommen?

Die ganze Freude dieses Tages war wie weggespült. Wenn Maya über Dad lügen konnte, was hatte sie sonst noch verschwiegen, um mir mein Leben zu erleichtern? Ich musste ihr zeigen, dass ich es allein schaffen konnte. Dass ich Antworten auf die Leere meiner Vergangenheit finden würde. Dass ich nicht mehr länger ihre kranke kleine Schwester war.

Die Reiseagentur auf der Electric Avenue war so überfüllt wie der Strand von Magaluf, jeder versuchte, Last-Minute-Schnäppchen für Orte zu bekommen, an denen die Sonne weniger enttäuschend war. Die Mitarbeiter waren schweißnass und belagert, der Mann, der mich bediente, mürrisch und unverbindlich. Vielleicht stellte ich nicht die richtigen Fragen, oder die Antworten, die ich gab, ergaben keinen Sinn für ihn. Ob mir bewusst sei, dass dies das Jahr der Rückgabe Hongkongs war? Was ich mit meinem mageren Budget zu unternehmen gedachte? Gab es jemanden, bei dem ich bleiben konnte? *Ja. Keine Ahnung. Vielleicht.*

In dem Moment jedoch, als ich ihm meine Kreditkarte überreichte, waren seine Sorgen verpufft. Ich sei schließlich jung, sagte er, und junge Menschen tun verantwortungslose Dinge, und wenn nicht, dann machten sie etwas falsch. Ich glaube nicht, dass es seine Absicht gewesen war, doch als ich an jenem Morgen mit meinem Ticket das Reisebüro verließ, versuchte ich Trost in seinen Worten zu finden.

Ich ging zum Oxfam. Da Babs mich in der Sache mit dem Brief so bestärkt hatte, wollte ich mich bei ihr bedanken, doch sie quittierte die Neuigkeiten mit Schweigen. »Es geht nicht wirklich um das Geld«, sagte ich ihr. »Eher darum, dass ich etwas über Mum herausfinden will. Und man weiß nie, vielleicht stelle ich fest, dass ich gut dorthin passe.«

Babs zupfte an ihren Haarspitzen. »Ich habe ganz vergessen, dir zu sagen«, meinte sie, »diese Tüten, die deine Freundin mitgebracht hat … Die habe ich sofort in die Ecke für die Abholung gestellt – da war nichts Vernünftiges oder Brauchbares darunter. Ziemlich frech, wenn ich ehrlich sein soll.«

»Babs …«

»Es tut mir jetzt nur leid, dass ich dich so darin bestärkt habe. Ich werde dich vermissen, Lily.«

Ich legte meinen Arm um sie und drückte sie an mich. »Sei nicht albern. Ich werde schneller zurück sein, als du denkst.«

»Genau das meine ich«, sagte sie. »Wenn du zurück bist, werde ich dich vermissen.«

Meine Paranoia hinsichtlich Maya klang noch nach, als ich sie nachmittags anrief.

»Ist was passiert? Bist du tot, oder stehst du gerade irgendwo in Flammen?«

»Ähm, noch nicht«, sagte ich.

»In dem Fall musst du mir noch zwei Minuten Zeit geben. Du bist momentan Nummer drei in der Warteschleife.«

Ich hörte das Klicken, als sie mich wieder auf Halten stellte, ihr Geräusch gewohnten Beschäftigtseins verwandelte sich auf neue Weise in meinem Kopf, dass sie die Erwartung hatte, dass ich etwas von ihr wollte und es daher verdient hatte, darauf zu warten. Das erinnerte mich an ein altes Schild an Dads Bürotür, aufgestellt, um uns fernzuhalten, wenn er sich mit dem Kreuzworträtsel im *Guardian* und einer Flasche *Blue Nun* zurückgezogen hatte, um seine geistige Gesundheit zu pflegen: *Ich kann nur eine Person am Tag glücklich machen. Heute ist nicht dein Tag. Morgen sieht es auch nicht gut aus.*

Vielleicht war ich ungerecht. Ich wusste, dass meine Schwester wirklich beschäftigt war und es immer schon gewesen ist, solange ich sie kannte.

Ich hörte *Die vier Jahreszeiten* in Endlosschleife und dachte daran, wie sie Dads Schallplattensammlung alphabetisch sortiert hatte. Es war eine ihrer Obsessionen als Kind, die mit zunehmendem Alter an Komplexität zunahm – vom Künstler über den Titel bis zum Genre –, wie ein bis ins kleinste Detail ausgeklügelter, sich ewig hinziehender Partytrick. Diese Tätigkeit hatte ihr Einlass in das heilige Reich seines Büros verschafft, ein Privileg, das mir immer verwehrt blieb, das sie aber teilte, wenn sie sich danach fühlte und Dad außer Haus war, um zu arbeiten.

»Ist Lindisfarne Prog Rock oder Folk?«, hatte sie gefragt. Das war irgendwann in den 80ern gewesen, während eines schweißtreibenden Halbjahres voller Langeweile. Wir versteckten uns vor einer kleinen Hitzewelle, und alles, was ich wollte, waren kühle Bäder, Stieleis und blonde Haare zu haben, die die Sonne nicht absorbierten.

»Lily? Bist du da?«, fragte sie. *Die vier Jahreszeiten* hörten abrupt auf.

»Was ist eigentlich mit Lindisfarne passiert?«

»Was?«

»Hast du je herausgefunden, wohin sie gehörten?«

Sie schnaubte auf. »Ist das wichtig? Ich muss in ein Meeting.«

»Tut mir leid, ja, geh nur«, sagte ich. »Du brauchst nicht zurückzurufen. Ich wollte dir nur Bescheid geben, dass ich eine Weile weg bin.«

Ihr Ledersitz stieß einen Quietscher des Protests aus. »Nein. Moment mal. Wohin weg?«

»Erinnerst du dich nicht?«, log ich. »Das Retreat auf dem Land … So was wie das, das ich im Krankenhaus gemacht habe. Es war Dr. Fentons Idee. Nichts als Nonnen und im Haushalt helfen und drei Wochen stille Kontemplation. Jedenfalls findet das jetzt statt.«

»Drei Wochen? Aber das ist irre lang. Ich bin mir sicher, dass ich mich erinnern würde.«

»Du wirst dement«, sagte ich. »Wahrscheinlich habe ich *wirklich* kein großes Ding draus gemacht, da sie nicht jeden annehmen, und ich dachte nicht, dass man mich auswählen würde, aber offensichtlich habe ich exzellente Fortschritte gemacht.«

Stille. Sie war nicht überzeugt.

Ich gab noch einen Schuss Beleidigtsein hinzu. »Ich dachte, du wärst etwas glücklicher darüber. Du hast immer gesagt, ich sollte proaktiver sein. Ich gehe vielleicht sogar vor die Tür, um zu joggen.«

»Genau … Nun, das ist natürlich großartig. Sag mir noch mal, wo das Ganze stattfinden soll?«

Ich durchwühlte mein Gehirn nach etwas Ruhigem und Grünen, wo es zudem eine irre Menge Nonnen geben könnte. »Irgendwo in den Cotswolds, glaube ich.« Ich zuckte innerlich zusammen. *Echt jetzt, die verfickten Cotswolds?* »Die geben die Adresse nicht gern raus …«

»Damit man nicht abgelenkt wird, nehme ich an.«

»Ja, genau!«, sagte ich. »Es ist wie eine Freimaurerloge eines Irrenhauses. Sie haben deine Nummer für Notfälle.«

Ich hörte ihren Stift auf dem Papier. »Muss ich da irgendwas für dich bezahlen?« Sie hätte sich wenigstens ein bisschen Mühe geben können, etwas Verachtung in ihre Stimme legen zu können.

»Nein, das ist alles gedeckt, danke. Wird von einem Pharmaunternehmen gesponsert.«

»Uh … Pass auf, dass dir die nichts in die Bohnen rühren.«

»*Soylent Green ist Menschenfleisch.*« Ihr Lachen ließ nach und verstummte dann ganz. »Warte mal, eine Minute, Lils«, sagte sie. Ihre Hand raschelte am Hörer, während sie jemandem zustimmend etwas zuflüsterte. »Verdammte Meetings, tut mir leid. Jedenfalls klingt das alles großartig …« Ihre Gedanken waren schon bei anderen Dingen. Ich war fast durch und sicher gelandet. »Und wir machen das mit dem Geld, wenn du zurück bist, ja? Ich habe den Scheck fertig ausgestellt und so weiter.«

Ich schloss die Augen. »Klar … Das ist toll.«

»Aber du musst mir versprechen, Lils …«

»Was denn?«, fragte ich.

»Also, ich meine, die Cotswolds *sind* hübsch und alles, aber versprich mir, dass du mich anrufst, wenn dir das alles zu viel wird.«

SECHZEHN

Sook-Yin
London, Januar 1967

Die Tage verschwammen zusammenhangslos ineinander; die Morgen verwandelten sich in Nächte, als hätte man Sojasoße auf Wasserfarben vergossen. Wenn Sook-Yin kochte oder mit den Kindern spielte, wenn sie mit ihnen zur Schule ging und zurückkehrte, geschah dies mit der dumpfen Mechanik der Gewohnheit. Die Mission, auf die Harvey sie geschickt hatte, war eine nutzlose Angelegenheit und fühlte sich vor allem erniedrigend an. Wenn Julian seine Handlungen bereut hätte, wenn er Gefühle für sie hätte, hätte er dann nicht versucht, irgendwie Kontakt aufzunehmen? Stattdessen hatte der Hund, so wie sie von Anfang an vermutet hatte, nach dem Ende der Jagd keinerlei Interesse mehr daran, das Kaninchen zu fressen.

Auch wenn es das Grauen ihrer misslichen Lage nicht veränderte, so hatte ihr die Anerkennung ihrer eigenen Dummheit erlaubt, eine Art Schlussstrich in Bezug auf Julian zu ziehen. Harvey hingegen war ein anderer Fall. Sie war zugleich alarmiert wie in Sorge über seine Nachdrücklichkeit. Sich vor sich selbst zu schämen war das eine, die Vorstellung jedoch, dass er versuchte, sie loszuwerden, war, als würde man die ganze Angelegenheit laut aussprechen, so wie ah-Chor an jenem Tag gesprochen hatte, als er ihr sagte, dass sie nach London gehen müsste. *Du bist eine Schande für deine Familie. Niemand will dich hier noch.*

Verstoßen. Verlassen. Abfall.

Zwei Wochen nachdem ihre Schwangerschaft festgestellt worden war, rief Harvey an und bat Florence, die Familie mit ins Restaurant zu bringen. Sollte ihre Verbannung ein öffentliches Spektakel werden? »Hat er gesagt, weshalb?«, fragte Sook-Yin. Sie konnte kaum sprechen, so sehr schnürte die Angst ihr die Kehle zu, heiß und zähflüssig wie Blut.

»Bin ich seine Sekretärin?«, fragte Florence. »Das ist alles, was er mir gesagt hat.«

Als sie allein im Badezimmer stand, erschrak Sook-Yin vor ihrem Spiegelbild. Wie lang war es her, dass sie ihre Haare gewaschen hatte? Seit sie sich bei Licht die Zähne geputzt hatte? Sie ging hinaus zum Treppenabsatz und rief über das Gelände: »Sag ihm, dass wir uns verspäten werden.«

»Wo wart ihr denn?«, fragte Harvey. Seine Dringlichkeit war schon fast eine Aufregung, und Sook-Yin biss sich auf einen Flecken ihres Lippenstifts, zufrieden, dass sie ihn hatte warten lassen. Wenn er entschlossen war, das in einen Kampf zu verwandeln, würde sie als Kriegerin in die Schlacht ziehen.

Sie konnte ihren Schock kaum verbergen, als er sie in die Mitte des Restaurants führte, wo Julian allein an einem Tisch saß.

»Sook-Yin, es ist ewig her«, sagte er. Er stand auf und küsste sie auf beide Wangen, die im Wissen um ihre Erstarrung erneut erröteten.

»Ich habe Hunger!«, jammerte Michael.

»Alles zu seiner Zeit«, sagte Harvey, während er seinen Sohn auf seinen Stuhl schob. »Mr Miller möchte etwas sagen.«

Alle nahmen ihren Platz ein. Als er aufstand und in Richtung des Tisches zu sprechen begann, schien die Hitze ihrer Wangen in seinem Gesicht neu entflammt zu sein. »Bitte vergib mir meine Abwesenheit, Sook-Yin. Ich fürchte, wir waren Opfer eines schrecklichen Missverständnisses. Nachdem wir an jenem Abend gemeinsam im Kino waren, dachte ich, wir hätten vereinbart, dass wir uns bald wieder sprechen, aber dann war da nur Schweigen …«

Er griff blind nach seinem Glas, bevor er bemerkte, dass es bereits leer und er somit gezwungen war, es wieder abzustellen. »Die Wahrheit ist, dass ich nicht sonderlich gut darin bin, meine Gefühle auszudrücken, besonders dann, wenn es scheint, als würde ich abgewiesen. Nenn es britische Zurückhaltung, wenn du magst, eine gewisse Angst davor, als Dummkopf dazustehen, aber als Harvey mir erzählte, was wirklich passiert war, wusste ich, dass ich meine Chance ergreifen musste.« Ihm war die Puste ausgegangen, und er schnappte nach Luft. »Was ich sagen will, ist … Ich liebe dich, und zwar von dem Moment an, als wir uns zum ersten Mal trafen. Du bist außergewöhnlich und schlau und schön, und ich wäre ein Idiot, wenn ich dir das nie sagen würde.«

»Ich kann nicht hören, was er sagt!«, sagte Michael.

Sook-Yin zog den Jungen auf ihren Schoß, mindestens so sehr als Schild zwischen sich und Julian wie auch als Versuch, ihn zu beruhigen. Sie hatte keine Ahnung, was gerade passierte. »Jetzt hören wir alle«, sagte sie, auch wenn ihr Mund so trocken war, dass sie es nur flüstern konnte.

Florence entfuhr ein kleines Schnaufen, als Julian etwas aus seiner Tasche hervorholte und sich auf den Teppich neben ihnen kniete. »Würdest du mir die Ehre erweisen, meine Frau zu werden?«

Sook-Yin betrachtete seine ausgestreckte Hand und die offene Schachtel, die in ihrer Mitte lag. Darin befand sich ein dünnes Band aus Gold, das mit kleinen Diamanten besetzt war. Sein Funkeln im schummrigen Licht wirkte wie ein Regentropfen, der von einem Stern eingefasst war, und sosehr es lediglich eine Illusion war, so verhieß es doch Möglichkeiten: ein Vater für ihr ungeborenes Kind, ein Ehemann, den sie ihrer Familie vorstellen konnte, die Aussicht auf ein eigenständiges Leben. Vielleicht hatte sie sich in ihm geirrt, und das war der Lauf der Dinge.

»Was sagst du?«, fragte er. »Wirst du mir die Gelegenheit geben, mich dir zu beweisen?« Sook-Yin sah zu Harvey und Florence hinüber, zu verängstigt, um irgendwas zu entgegnen. Es gab einerseits das Richtige und andererseits das Einzige, und ihr gingen die Optionen aus, dazwischen zu wählen. Und er hatte gesagt, dass er sie liebte, oder nicht? Sie konnte sich nicht daran erinnern, wann sie diese Worte zuletzt gehört hatte.

Schließlich schluckte sie und nickte. »Okay. Ich heirate dich«, sagte sie.

Eine Stunde nachdem Florence und die Kinder heimgegangen waren, fand sie sich selbst allein am Tisch wieder. Das Restaurant war vollkommen leer, und der Schock durch die plötzlich eingetretene Stille – das Verstummen von Gläsern und Besteck, die geplatzte Blase der Gespräche um sie herum – führte dazu, dass sie sich vergleichsweise ungeordnet vorkam. Gedanken stürzten auf sie ein und konfrontierten sie, und wie in einem Rätselbuch für Kinder versuchte sie Verbindungen zwischen ihnen zu finden: *Mann* und *Frau* und *Ehe*; *Geld* und *Zukunft* und *Sicherheit*; *Bruder* und *Mutter* und … was? Sie konnte diese Zeile nicht zu Ende bringen und fürchtete sich davor, daran zu rütteln;

in Sorge, sie könnte statt *Zuhause* ein leeres Bild vorfinden. War das nicht der eigentliche Grund, weshalb sie hier war?

Sie schüttelte den Gedanken von sich ab. Der Champagner musste ihr zu Kopf gestiegen sein, er betäubte ihre Sinne. Was war Julians Vorschlag anderes als ein Neubeginn, eine Chance, zu beweisen, dass ihre Familie falschlag?

Von der Aussicht auf eine Lösung bestärkt, blickte sie durch die Bar und sah ihn neben Harvey stehen, offensichtlich in einer erhitzten Diskussion vertieft. Erst als Julian aufstand, um auf die Toilette zu gehen, kam Harvey zurück und nahm neben ihr Platz. »Bist du glücklich, ah-Yin?«, fragte er. »Jetzt wird alles gut.«

Plötzlich war da ein Kloß im Hals. Warum hatte er das so gesagt? »Worüber habt ihr gesprochen?«, fragte sie.

»Wann?«

»Ihr beiden dort an der Bar.«

Harvey stieß ein überraschtes Lachen aus. »Nur zwei Männer, die über Geschäftliches gesprochen haben«, sagte er. »Wann wirst du es deiner Familie erzählen?«

Sie wusste, dass es bald sein musste. Mal abgesehen von ihrer Schwangerschaft musste sie unfassbar viel organisieren: Besuche und Kleider und Blumen; einen vernünftigen Wintermantel für ah-Ma und Schuhe, die ihre Zehen verbergen konnten.

»Hat Harvey dir meine Pläne verraten?«

Sook-Yin schüttelte den Kopf, als Julian wieder an ihrer Seite auftauchte.

»Eigentlich haben wir über Hochzeit gesprochen. Meine Mutter war noch nie hier.«

Julian zupfte sich am Ohr. »Das ist eine weite Reise«, sagte er. »Abgesehen davon, sehr teuer. Wäre es dir nicht lieber, wir würden für unser neues Leben sparen?«

Sie stellte sich sein Zimmer in der Gower Street vor, wie ungeeignet es für ihre Familie wäre. »Ja, ich glaube, du hast recht.«

Er küsste sie auf die Stirn. »Mach dir keine Sorgen. Wir schicken ihnen Fotos. Riesengroße, die sie sich aufhängen können.«

Sook-Yin drehte den Ring an ihrem Finger. So oft sie sich diese Dinge auch vorgestellt hatte, schienen sie doch immer weniger platt, weniger *grau* gewesen zu sein. Fotos waren nur für Altare geeignet. Sie stellte sich die Enttäuschung ihrer Mutter vor. »Ich glaube, anders in Hongkong. Bei uns, Hochzeit immer große Feier.«

»Ich verstehe«, sagte er, »aber deine Familie wird im Geiste bei uns sein. Außerdem …« Er lehnte sich herüber und leerte den Rest seines Glases. »Außerdem habe ich das Gefühl, wir befinden uns nicht mehr in Kansas.«

SIEBZEHN

Lily
Hongkong, 1997

29. Tag der Trauer

Der Flughafen Heathrow war ein Angriff auf meine Sinne, ein menschlicher Glücksspielautomat voller Alarmtöne und blinkender Lichter, die von heißen Plastiksitzen umstellt waren. Ich war natürlich zu früh, ein Nachwirken meiner fünftägigen Panik, die ich über die Ungeheuerlichkeit dessen, was ich da tat, entwickelt hatte. Zuvor hatte ich Maya von einer Telefonzelle aus angerufen und ihr gesagt, ich würde sie in drei Wochen wiedersehen, nun aber schielte ich auf die Ausgangsschilder und versuchte dem schmutzigen Sog des Aufzugs, der mich zurück in die Normalität tragen könnte, Widerstand zu leisten.

Sofort nachdem ich an Bord war, nahm ich eine Valium und ließ die ersten Stunden des Flugs vorbeiziehen, bis die Stewardess mich wegen des Essens weckte und ich eine Frühlingsrolle und einen Apfelschnitz vom Plastiktablett nahm. Ich betrachtete meine Mitreisenden. Die meisten waren Chinesen, und die raschen Salven, in denen sie ihre Gespräche führten, klopften vorsichtig am Rand meines Schlafes an, die scharfen Intonationen wie abweichende Höhepunkte innerhalb der Schallwellen. Ich stellte den Bildschirm vor mir an, sah einen Film ohne Kopfhörer und versuchte die Lippen der Schauspieler zu lesen.

Als wir über der Mongolei waren, zog ich die Liste mit Unterkünften hervor, die ich mir in der Brixton Library ausgedruckt hatte, und malte mit meinem Stift einen Kreis um den obersten Eintrag: Chungking Mansions. Die Fotos der Zimmer schienen in Ordnung, und das Beste war, dass ich es mit dem Shuttlebus erreichen konnte.

Es war acht Uhr morgens örtlicher Zeit, als wir den Sinkflug in Richtung des gefahrvollen Streifens der Kai-Tak-Landebahn begannen. Ich griff nach meinen Sitzlehnen, während das Flugzeug wie eine Murmel in einem Trichter am Checkerboard Hill nach rechts drehte, die Dächer der nahen Häuser gerade so überflog und die puppenhausgroßen Miniaturen des Mobiliars in den offenen Fenstern erzittern ließ.

Ein schwerer Dunst, grau wie ein Taubenflügel, hüllte den Morgenhimmel ein, als ich den Menschenmassen durch die Ankunftshalle folgte. Die Glücklicheren unter uns wurden von Familien empfangen, während andere im Glanz ihrer Urlaubsbräune eilig nach einem Transportmittel Ausschau hielten, wobei ihre berucksackten Schritte wie Paukenschläge aus Metallbechern und einer fetten Schicht aus Matten und Regenkleidung erklangen. Warum nur war ich hergekommen? *Atme, um Himmels willen. Reiß dich zusammen.*

Ich beruhigte mich, als ich in den Shuttle gestiegen war und aus den staubverschmierten Fenstern sah, während das klobige Äußere der Flugzeughangars den Aderläufen und der Hektik der städtischen Straßen wich.

Ich hätte mir keine Sorgen machen müssen, mich zu verirren. Als ich in Tsim Sha Tsui ausstieg, war das Hotel einfach unübersehbar. Wenn man den Flughafen Heathrow mit einem Casino vergleichen kann, dann ist Chungking Mansions genau der richtige Ort, um im großen Stil zu verlieren. Es glich eher einer Strandpromenade in Blackpool als einer städtischen Metropole; ein Bienenstock aus Lärm und Geschäftigkeit, in dem Devisen bis hin zu Gucci-Fälschungen und allem, was dazwischenlag, verkauft wurden.

Ich sah von der anderen Straßenseite hinauf zu den schäbigen, zahnlückigen Unterkünften, die wie das Labyrinth eines Gefängnisses aufragten. Verirrte Wäschestücke und auch Menschen hingen aus den abgeblätterten Fenstern, die willkürlich ins Gebäude geschlagen worden waren; Ferienwohnungen in Koexistenz mit Sweatshops, die Wunden ihrer sich wandelnden Nutzungen in das Gesims der Backsteinmauern geschnitzt: *Chak Mei Ivory Factory. Yum Yum Filters.* Dennoch hatte es etwas Verführerisches an sich, eine Medusa, die ihren Sog auf jene wirken ließ, die es wagten, sich in ihre Richtung umzusehen. Von der Reise verschwitzt und erschöpft war ich nicht in der Lage, mich zu beschweren.

Unmittelbar nachdem ich mich dem Eingang näherte, wurde ich von einem Sikh mittleren Alters in einem *Relax, Don't Do It*-T-Shirt angequatscht. »Brauchen Zimmer für Nacht? Guter Preis. Beste Zimmer in Chungking Mansions.«

Ich hielt ihn zunächst für eine Anomalie, einen Reisenden, der sich irgendwann überlegt hatte, hierzubleiben, doch ich lag falsch. Im Innern verbarg sich ein wahrhafter Mikrokosmos immigrantischer Erfahrungen: Kimono-Shops, afrikanische Imbissstände, ein Schneider aus Bangladesch, der sich über das Gerüst eines Anzugs beugte, begleitet von einem Chor aus dampfenden Bügelpressen. »Aufzug da lang«, sagte Guter-Preis.

Wir standen etwa 20 Minuten an, bis die beiden lahmen Aufzüge sich in einem endlosen, verstopften Kreislauf mit Menschen füllten und leerten. Ich blickte hinüber zur Treppe, wo ein Geflecht von Kabeln und Bambuswasserleitungen in beunruhigender Nähe zueinander lagen, während nur wenige Meter von meinen Füßen dicke Schichten undichten Mülls Gestank und Maden auf den Beton sickern ließen. Ungeachtet der brummenden Lichtleisten schien es geradezu unmöglich, eine noch bedrückendere Umgebung zu schaffen. *Ganz wie zu Hause*, dachte ich.

Endlich drückten wir uns in den Aufzug, und ich wurde zu einem Raum in Block C geführt, einer Schnur identischer Türen, die in die Wände des Ganges eingelassen worden waren. »Willkommen zum *Happy Guest House*. Schöner Raum für Sie, Lady.«

Er öffnete die Tür, und ich spähte hinein. Das Adjektiv war ganz offenbar relativ gemeint. Ein Einzelbett nahm den Großteil der Fläche ein, flankiert von Schubkästen und einem kleinen Fernseher und bewacht von einer Toilette und einer improvisierten Dusche ohne Tür. Etwa sechs Fuß darüber auf Höhe des grifflosen Fensters kreuzten sich weitere Kabel und Bambusrohre in einem für die Augen bedenklichen Winkel. Ich hegte den Verdacht, dass es sich um einen absichtlichen Trick handelte, um mir ein teureres Zimmer aufzuschwatzen, doch da ich aufgrund der Wirkung des Valiums in Kombination mit meinem Jetlag etwas langsam war, bedankte ich mich und bezahlte einfach.

Ich döste ein. Als ich aufwachte, war es zwei Uhr nachmittags, und die Straßen dröhnten vom Verkehr. Vom Fenster aus spähte ich hinunter auf den Gehweg, der einen homogenen Strom dunkler Köpfe zeigte und meinen nicht vorhandenen Plan verhöhnte. Höchste Zeit, mir einen Überblick zu verschaffen.

Ich nahm alles, was irgendwie wertvoll war – meinen Pass und meine Reiseschecks, außerdem eine Handvoll Bargeld –, und ging hinunter auf die Straße. Der Smog von zuvor war verglüht, und die Junihitze sank wie eine Mauer herab. Es war noch nicht die Zeit des Monsuns, und die trockene Luft saugte mir den Speichel aus dem Rachen, obwohl ich schwitzte, die Luft wie eine Suppe aus Nelkenöl und Talkum.

Ich folgte dem Tross Richtung Nathan Road durch ein Gewirr der Gerüche von Läden und Imbissen, mein Rachen kratzig vor Hunger und Durst. Der Duft von Schweinetaschen und Ramen lockte mich in ein Café in der Ashley Road, und ich bestellte jeweils eine Portion und eine Cola. Das Lokal war eindeutig eine Oase für westlich geprägte Menschen, und erst als ich meine Rechnung zahlte, begutachtete mich der Kellner genauer. »Philippinerin?«, fragte er. »Aus Taiwan?«

Ich grinste. Auch wenn es kein endgültiger Beleg für mein Aussehen war, war ich zufrieden, dass er dachte, ich gehörte dazu. »Meine Mutter kommt aus Kowloon.«

Mit den Jahren war ich dazu übergegangen, im Präsens darüber zu sprechen, und nutzte es nun automatisch. Für Fremde schien es einfacher zu sein; die Menschen waren empfänglicher für das, was sie erwarteten, als für die Dinge, die möglicherweise richtiger waren.

Mein Stolz war unverdient und von kurzer Dauer, als er begann, einen ganzen Schwall an Kantonesisch über mir auszuschütten. »Sie verstehen nicht?«, entgegnete er meinem Schweigen. Sein harter Gesichtsausdruck war eine Beleidigung und nicht als Frage gemeint, und als ich mit meinem Wechselgeld von dannen schlich, verblieb die Wunde, die er geschlagen hatte, wie ein tiefes Bedauern.

Zwanzig Minuten später war ich in Kowloon Park, meine Muskeln angetrieben von einer urzeitlichen Erinnerung, auch wenn ich wusste, wie unwahrscheinlich es war, dass ich mich erinnerte. Was auch immer mich hierhergeführt hatte, ich war froh darum, und ich wanderte gut zwei Stunden durch die Labyrinthe und menschengeschaffenen Inseln, durch die Voliere mit ihren Hornvögeln und Papageien und vorbei an der Tai-Chi-Ecke neben dem Pavillon, wo Männer und Frauen in Yogahosen ihre verletzliche menschliche Anmut praktizierten.

Die Sonne ging unter, als ich am Pier ankam und die Erscheinung der Stadt abermals verwandelt vorfand, ihre gelegentliche Tristesse war einem einsetzenden Feuerwerk aus Lichtern gewichen, die den Hafen durchzogen. Und da war er schon wieder, dieser Sog von etwas Vertrautem: die Form der Skyline wie ein gedankliches Muster eingeprägt, die Schemen der Dschunken und Sampans, der süßliche Geruch, der vom Wasser kam, alles genau so, wie es in meiner Erinnerung war. Angesichts der Betriebsamkeit, die es auch zu dieser Stunde noch gab, kam mir London vor wie eine kirchentreue Tante, die über ihre reguläre Schlafenszeit hinaus aufgeblieben war, und da begann ich zu begreifen, wie Hei-Fong Lee sein Vermögen gemacht hatte. Schlaf, das wurde mir nun klar, war ein Schimpfwort für Hongkonger.

Chungking Mansions schlief ebenfalls nie, und als ich in die Empfangshalle zurückkam, war es chaotisch und überfüllt wie zuvor, die Schlangen an den Aufzügen sogar noch länger, wenngleich mit einer veränderten Menschenmenge. Die Nacht hatte die Gelegenheitskäufer vertrieben und die Hochstapler und Händler hervorgelockt, Mädchen, die in bunten Miniröcken aus PVC an den Rollläden lehnten und zu vibrierenden Gettoblastern tanzten. Ich war überrascht, meinen Raum bei meiner Rückkehr so vorzufinden, wie ich ihn verlassen hatte.

Ich setzte mich hin und arbeitete einen Plan aus. Ich wollte früh aufstehen und die Straßen erkunden und mich mit ihrem Verlauf und den U-Bahn-Linien der MTR vertraut machen. Ich würde die Fähre ins Zentrum nehmen, später zurückfahren und abends in die Unterkunft zurückkehren, mir zum Abendessen *Samosas* vom Büfett oder ein paar Schalen *Dim Sum* im Einkaufszentrum im Erdgeschoss des Gebäudes besorgen.

Der einzige Fehler an meinem glänzenden Plan war, dass Daniel Lee darin nicht enthalten war, obwohl er der eigentliche Grund gewesen ist, weshalb ich hergekommen war, und während ich an jenem Abend in meinem Zimmer saß, gestand ich mir selbst ein, dass ich Angst hatte. Die Entfernung hatte meinen Schock über Dad nicht verringert, viel schlimmer war jedoch die leise Vermutung, dass noch weitere Offenbarungen auf mich warteten.

Nachdem ich das Licht in meinem Zimmer ausgeschaltet hatte, vernahm ich einen Tumult auf dem Flur. Es begann mit einem leisen Schluchzen, das sich langsam zu einem Geheul steigerte. Ich stand auf, drückte mein Ohr an die Wand und machte dann die Tür einen Spalt weit auf, um hinauszuspähen.

Kaum zwei Meter von meinem Zimmer entfernt lag eine Frau mit dem Gesicht nach unten auf dem Teppich, bis auf ihre Unterwäsche vollkommen nackt. Mein Magen drehte sich um. Ich war noch nie jemand gewesen, der nach Ärger Ausschau hielt. Türen zu wilden Partys habe ich stets hinter mir zugemacht, von Streitereien im Bus habe ich mich entfernt, doch das hier war etwas anderes. Ich trat hinaus und kniete mich neben sie. »Hallo? Bist du okay?«

Sie war noch im Teenageralter. Ihr Kinn war mit älteren Wunden übersät, eine verkrustete Narbe auf einer einst gespaltenen Lippe. Ich zeigte auf mein Zimmer. »Komm rein und lass mich dir helfen.«

Sie schüttelte den Kopf. »Zu gefährlich für dich«, sagte sie. »Besser Mann von unten.«

Sie hatte recht, und ich war erleichtert. Es würden Männer in der Lobby sein, andere *Menschen*. In der Gruppe war man immer sicherer.

Ausnahmsweise hatte ich Glück mit dem Aufzug. Unten flirrte der Flur von der Hitze von Körpern, und ich nahm eine Gruppe von Europäern ins Visier, die vor den heruntergelassenen Rollläden eines Schneiders abhingen. »Eine Frau braucht Hilfe«, sprach ich sie an. »Oben im Flur von Block C.« Sie verschränkten die Arme und wendeten sich von mir ab. »Verstehen Sie nicht, was ich sage? Eine Frau ist verletzt. Bitte helfen Sie mir.«

Ich erkannte Guter-Preis am Eingang des Gebäudes, der rauchte, während er nach Taxis Ausschau hielt, und ich rannte zu ihm. »Erinnern Sie sich an mich?«, fragte ich ihn.

»Ja! Hallo, Block C. Zimmer alles in Ordnung?«

»Ich glaube, eine Frau wurde im Gang überfallen. Können Sie bitte mitkommen und mir helfen?«

»Englische Frau?«, fragte er.

»Chinesisch … oder koreanisch, glaube ich. Ist es wichtig, welche Hautfarbe sie hat?«

Guter-Preis drückte seine Zigarette aus. »Ja, ist es«, sagte er. »Haben Sie Zimmer geschlossen?«

Fuck.

»Kommen Sie. Vielleicht haben Glück.«

Als wir die Treppe hinaufgestiegen waren – Guter-Preis lief in der Dunkelheit rasch und mechanisch –, war es klar, dass das

Glück nicht auf meiner Seite gewesen war. Die Frau war nicht mehr im Korridor, und die Tür zu meinem Zimmer stand offen. Er ging vor, um die Lage zu prüfen, und rief mich dann herein. »Fehlt etwas?«, fragte er.

Ich zog meinen Rucksack hinter dem Duschvorhang hervor, was ich für ein cleveres Versteck gehalten hatte, und drehte ihn auf den Kopf. »Pass, Bargeld, Reiseschecks.« Meine Kniekehlen zitterten, die Angst, mich gleich übergeben zu müssen, nichts im Vergleich zu meiner Dummheit. Es war die älteste Masche der Welt.

»Sie müssen zur Botschaft«, sagte er. »Gehen Sie gleich nach Aufstehen, so früh wie möglich.« Seine Anweisungen hatten etwas Einstudiertes, auch wenn er fast so etwas wie eine Verantwortlichkeit einräumte. »Es ist schrecklich, Block C. Aber Polizei wird nichts machen, verstehen Sie?«

Ich suchte nach etwas, um meine Panik zu beruhigen, und entdeckte eine Fliege, die auf dem Fensterbrett auf dem Rücken lag. *Sechs Beine, sechs Flügel, schwarzer Körper. Die zerborstenen Augen eines Monsters. In London haben wir ebenfalls Fliegen.*

»Soll ich anderes Zimmer suchen? Kostenlos. Kostenlos«, sagte er.

Ich wandte mich ihm zu und war von seiner Freundlichkeit gerührt. »Danke«, sagte ich. »Wenn das möglich ist.«

Guter-Preis stand zu seinem Wort und machte ein Zimmer auf einem anderen Stockwerk ausfindig. Als er fort war, leerte ich meine Taschen. 90 Dollar und nicht mal einen Pass. Ich warf mich aufs Bett und kauerte mich wie ein Fötus ins Kissen, mein Magen ein Netz panischer Knoten. Wie sollte ich nun noch bleiben? Und wie um Himmels willen würde ich heimkommen?

ACHTZEHN

Sook-Yin
London, Januar 1967

Sook-Yin erwachte mit einem pochenden Kopf, erleichtert, dass sie das Haus leer vorfand, als sie die Treppe hinunterrief. Sie erinnerte sich plötzlich, dass es Samstag war, was bedeutete, dass Florence und Harvey mit den Kindern ausgegangen sein mussten. Hatte sie wirklich bis mittags geschlafen? Sie nahm zwei Aspirin und einen Schluck Wasser und zog das Telefon ins Wohnzimmer, um die Nummer ihrer Mutter zu wählen. »Ich habe Neuigkeiten«, sagte sie, als sie sich meldete.

»Hast du einen neuen Job gefunden, ah-Yin?«

»Nein … Ich werde heiraten.« Sie schloss die Augen vor der tiefen Stille, die durch die Leitung kroch. »Er stammt aus einer sehr erfolgreichen Familie. Geschäftsleute«, sagte sie. Geflüsterte Gespräche im Hintergrund, und Sook-Yin strengte sich an, die andere Stimme zu erkennen. »Ist Mrs Chee so spät zu Besuch?«

»Nein, dein Bruder hat mich nach Hause gebracht. Wir haben einen Ausflug in den *Lychee Garden* gemacht … Er will dich sprechen.«

»Okay.« Sook-Yin knibbelte an ihren Lippen und setzte sich ein Lächeln aufs Gesicht, überrascht, ihn lachen zu hören.

»Ah-Ma muss scherzen. Sie sagte, du würdest heiraten?«

»Sein Name ist Julian Miller.«

Die Leichtigkeit in der Stimme ihres Bruders gefror. »Der Mann, der dir einen Job geben wollte?«

»Ja, genau der«, sagte sie.

»Was meinst du damit? Und was für ein Name ist Miller?«

»Das heißt, dass er Engländer ist, ganz offensichtlich.«

»Hör zu, Sook-Yin«, sagte er. »Was willst du hier gerade beweisen?«

Es gab nur zwei Stimmlagen, die ihr Bruder kannte: Entweder war er schroff und spitz wie ein Stock oder wie jetzt offen abfällig, als wollte er einem besonders dummen Kind ein einfaches Problem erklären. »Ich muss dich falsch verstanden haben«, sagte sie. »Da du mich nach London geschickt hast, dachte ich, ich könnte heiraten, wen immer ich will.«

»Und zur Hölle also mit deiner Familie, oder was denkst du dir? Wir haben gezahlt, damit du dich besserst.«

Seine Lautstärke hatte nun ihren normalen Grad erreicht, ihr aber gelang es, ihren Ton ausgeglichen zu halten, im Wissen darum, dass ihn das erzürnen würde. »Mich bessern für wen denn? Ah-Ma und ich waren vollkommen glücklich, aber du hast ihre Haltung gegen mich gekehrt. Du hast ihr gesagt, ich sei eine nichtsnutzige Jungfer in spe.« Sie stellte sich den Ausdruck seines Gesichtes vor, der vom Verrat kündete. Ja, ah-Ma hatte ihr davon erzählt, wer war also jetzt der Dumme?

»Und irgendeinen weißen Köter zu heiraten ist was Besseres? Merkst du wirklich nichts?«, höhnte er. »Selbst in ihrem eigenen Land wollen sie uns kolonisieren! Schau dich nach Männern um, die zu uns gehören.«

Nein. Er lag falsch. Auch wenn Julian manchmal wie ein Politiker sprach, kam er ihr nie bigott vor. Und wann hatte ihr

Bruder seine Meinung geändert? War er nicht selbst *Englischlehrer?* Der schreckliche, rechthaberische ah-Chor, so unbeständig wie ein Grashalm im Wind, der sich in jede Richtung verbog, in der das Wetter ihm vorteilhaft schien. Was machte es schon, dass ihre Verlobung kein Märchen war? Alles, was sie brauchte, war eine Gelegenheit, sich zu beweisen. »Also kommt ihr nicht zu der Hochzeit?«

»Um mir anzusehen, was für eine Verräterin du bist? Willst du es uns in die Nase reiben?« Er hatte den letzten Satz auf Englisch versucht, und diesmal lachte sie laut auf.

»Dann hoffe ich, dass dir die Fotos gefallen werden.« Sie erhob ihr Kinn gegen den Telefonhörer. »Bitte richte ah-Mah aus, dass sie mir einen Cheongsam zusenden soll. Mein Verlobter wird dir das Geld dafür schicken.«

Sook-Yin war noch nicht lange aus dem Bad, als Julian ohne Ankündigung auftauchte und sagte, er habe eine Überraschung für sie. Sie fuhren mit dem Taxi nach Islington und stiegen an einem verlassenen Gebäude an der Ecke der High Street aus. Die Hälfte der Fenster war zugenagelt, die anderen zeigten verwitterte Überbleibsel ihrer vorherigen Nutzer: ein Schild, auf dem *Meaty Bovril* stand, und eine sonnengebleichte Bonbon-Werbung für *Spangles*.

»Was denkst du?«, fragte er.

»Ich denke, warum hast du mich zu einem alten Einkaufsladen geführt?«

»Es ist kein alter Einkaufsladen.« Julian holte einen Schlüsselbund aus seiner Tasche und öffnete die Tür mit dem größten Schlüssel. »Willkommen daheim, Mrs Miller!«

Sie gingen hinein, und er knipste das Licht an, das den düsteren Raum in einen fahlen gelben Schein aus Staubmotten tauchte. Würde Sook-Yin ihre Arme zu den Wänden ausstrecken, wäre die Fläche kaum größer als ihr Zimmer bei Florence. »Wir leben in Laden?«, fragte sie.

»Nein! Wir arbeiten in dem Laden. Wir leben in der Wohnung darüber. Stell dir das Schild vor«, sagte er und fuhr mit seiner ausgestreckten Hand durch die Luft. »Millers. Lebensmittelhandel. Islington.« Als Sook-Yin nicht antwortete, ließ er seine Hand mit der Plötzlichkeit seiner Enttäuschung herabfallen. »Du könntest etwas begeisterter sein.«

»Tut mir leid, ja. Ich eher überrascht. Ich dachte, du glücklich im Büro.«

»Aber dort bin ich nicht mein eigener Chef.«

»Du nicht Chef?«, fragte sie.

Seine Ohrenspitzen liefen rot an. »Nun, nicht von der ganzen Firma, nein … Aber auf diese Weise sind wir selbstständig, niemand kann uns sagen, was wir tun und lassen sollen. Würdest du zur Abwechslung nicht gern mal die Entscheidungen fällen, endlich Verantwortung für unser Leben übernehmen?«

Sook-Yin entfernte einen Staubknäuel vom Fenster. Sie musste zugeben, dass es sich gut anhörte, besonders nach dem Vortrag, den ihr ah-Chor am Morgen gehalten hatte. Wie wohl sein Gesicht aussähe, wenn sie es ihm erzählte: Eigentümerin eines Ladens! Eine echte Geschäftsfrau. Und es ergab Sinn, klein zu beginnen und vorsichtig zu sein. Sie konnte es sich nun sogar vorstellen, wenn sie die Augen zusammenkniff: eine Vase mit roten Blumen auf der Ladentheke, ein paar Girlanden zwischen den Regalen, eine glückliche Katze, um die Kunden hereinzulocken. Harvey hatte sie zu sehr verwöhnt, mehr war es nicht, und sie hatte sich bloß an all den Luxus gewöhnt und darüber vergessen, woher sie stammte.

Sie sah Julian ins Gesicht, voller Hoffnung und Freude und Begeisterung. Sie hatte vielleicht nicht genau von dem geträumt, was sie sich nun geschaffen hatte, doch zumindest hatte er Verantwortung gezeigt und war an ihrer Seite, was mehr war, als sie von ihrer Familie sagen konnte.

NEUNZEHN

Lily
Hongkong, 1997

31. Tag der Trauer

»Wir stellen keine Express-Pässe aus.«

Ich starrte den Mann am Schreibtisch an, während eine neue Welle von Übelkeit in mir aufstieg. Unter anderen Umständen wäre mir das Gebäude der Botschaft mit der glänzenden Fassade aus weißem Stein und einer Kuppel aus türkisfarbenem Glas spektakulär vorgekommen, doch an diesem Morgen war ich um sechs Uhr aufgewacht, da mein nächtlicher Schlaf von einer Panikattacke beendet wurde, und als ich zum Marineamt kam und meinen Koffer durch die Menschenmengen der U-Bahn gezwungen hatte, hatte ich Kopfschmerzen und klebte vor Schweiß.

Von da an wurde es nur noch schlimmer. Trotz meiner frühen Ankunft hatte ich offensichtlich keinerlei Vorsprung an der Schlange, und anders als die beruhigende Illusion des Äußeren des Gebäudes versprach, betrat ich eine Welt des Chaos. Die riesige Empfangshalle war bereits halb voll, meine Präsenz nur ein Kiesel im Meer aus Rucksäcken und auf Schultern getragenen Kleinkindern, weinenden Babys und Rollstühlen und Seufzern und des Schweißgestanks und der Frustration, was meine lang gehegte Überzeugung nochmals zementierte, dass im Elend anderer Leute keinerlei Trost enthalten war.

Nach einer endlosen Wartezeit kam ich an die Reihe und wurde in ein Büro gebracht, wo ich gezwungen war, dem sauertöpfischen Briten, der nun vor mir saß, meine Notlage erneut zu schildern. Ich drückte meine Fingernägel in meine Oberschenkel. »Also was soll ich jetzt tun?«

»Wir können Ihnen ein Ersatzreisedokument ausstellen, das reicht, um Sie zurück nach London zu bringen.« Er griff ein Formular von seinem Tisch und begann es mit steifer Hand auszufüllen.

»Wissen Sie, wie lange das dauert?«

»Ein paar Tage, sobald Sie die Gebühr bezahlt haben. Es kostet 80 Pfund.«

Ich hatte ursprünglich für drei Wochen gebucht. Selbst wenn ich das Geld hätte, um ihn zu bezahlen, würde das bedeuten, dass mir nicht wirklich viel Zeit in Hongkong bleiben würde. »Ich muss meine Bank anrufen«, sagte ich. »Ich werde sie bitten, das Finanzielle zu regeln.«

»Ihnen ist schon klar, dass heute Freitag ist?« Er folgte meinem Blick zum Kalender. Ich hatte vergessen, dass ich aufgrund des Zeitunterschieds einen Tag verloren hatte. »Gibt es jemanden, den Sie in Hongkong anrufen können? Vielleicht einen Freund oder Verwandten in Großbritannien, der Ihnen das Geld in der Zwischenzeit schicken könnte?«

Die offensichtliche Wahl wäre Maya gewesen, aber zwei Tage nach Reiseantritt konnte ich es nicht über mich bringen, sie zu kontaktieren. Ich überlegte, Mummas Familie anzurufen, aber die Adresse war mittlerweile zwei Jahrzehnte alt, die Wahrscheinlichkeit gering, dass sie noch am selben Ort lebten, mal ganz abgesehen von der Frage, ob sie willens wären, mir zu helfen.

Damit blieb nur noch eine Person. Ich wühlte durch meine Tasche und fischte die Visitenkarte von Mr Nesbit hervor. »Wäre es möglich, dort anzurufen?«

Er nahm die Karte und las sie, seine Lippen vor Verwunderung gekräuselt. »Darf ich fragen, woher Sie Mr Lee kennen?«

»Wir haben geschäftlich miteinander zu tun.«

»In dem Fall nehme ich mich der Sache persönlich an.« Er stand auf und zeigte auf das Telefon. »Mit Null können Sie nach draußen telefonieren. Rufen Sie ruhig Ihre Bank an.«

Meine Augen brannten im Luftzug der sich schließenden Tür. Hatte ich Daniel Lees Einfluss unterschätzt?

Ganz wie der Mann vermutet hatte, konnte meine Bank bis nach dem Wochenende wenig tun, und die nächste Panikwelle rollte heran. Würde die Botschaft mir Geld leihen? Kannten die einen Ort, wo ich bleiben könnte?

Ich tigerte durch das Büro. Im Gegensatz zur prachtvollen Fassade war das Zimmer funktional eingerichtet, in einem faden Farbton gehalten und mit einer Alibi-Plastikpflanze ausgestattet. An der Wand hing ein Porträt der Queen, flankiert von örtlichen und der britischen Flagge, und daneben befanden sich diese kunstlosen Darstellungen aller bisherigen britischen Gouverneure, Chris Pattens Foto war darunter das neueste. Es war eine seltsame Vorstellung, dass sich in weniger als einem Monat die gesamte Politik dieses Ortes ändern würde, die Kolonie nur noch ein Eintrag in den Geschichtsbüchern; frisch und neu am Anfang und dann in die Vergangenheit verbannt. Wie würde das für künftige Generationen sein, die es nie anders gekannt haben werden? Für all die Menschen, die zurückgelassen wurden, mit ihren Geschichten, die in Erinnerungen verwurzelt blieben?

Der luftlose Raum war stickig, und mein Schlafmangel holte mich wieder ein, als eine junge Frau durch die Tür kam. Alles an ihr wirkte steif und trocken: die Schatten in ihrem Gesicht im Sonnenlicht, die makellosen Bundfalten ihres schwarzen Kostüms, die kantige Form ihrer Hand, als sie sie ausstreckte und die meine schüttelte. »Entschuldigen Sie bitte Mr Lees Abwesenheit. Er ist heute Morgen leider beschäftigt.« Sie stellte einen Koffer auf den Tisch und öffnete ihn. »Sie haben kleines Problem?«, fragte sie.

»Wie bitte?«

Ihre Lippen wurden schmal. »Es gibt einige sehr schlechte Menschen in Hongkong.« Sie zog einen großen gepolsterten Umschlag hervor. »Darin ist Prepaid-Kreditkarte. Und ein paar Hongkong-Dollar für Kleinigkeiten.«

Ich nahm den Umschlag und sah hinein. Es war unfassbar viel Geld. »Das ist nicht notwendig«, sagte ich. »Ich habe bereits Kontakt mit meiner Bank. Ich brauche nur eine Unterkunft.«

»Mr Lee hat bereits ein Zimmer für Sie reserviert. Ich werde Sie dort hinbringen und es Ihnen zeigen.«

»Es ist kein Problem für mich, zu bleiben, wo ich bin …«

Ihr Lächeln enthielt die Verachtung eines geheimen Wissensvorsprungs. »Chungking Mansions unmöglich. Bitte, jetzt, nehmen Sie Tasche.«

Ein von einem Chauffeur gesteuerter Daimler fuhr uns zurück von der Insel, während die Frau all meine Versuche, Fragen zu stellen, dadurch torpedierte, dass sie die ganze Zeit am Telefon hing. Ich wusste vage, dass es das Konzept von Chauffeuren gab – sie wurden von Soap-Stars und Mitgliedern von Rockbands genutzt, selbst von Ed nahm ich an, dass er ein-, zweimal einen in Anspruch nahm, wenn er irgendeinen Palast in Mayfair errichtete –, aber die Vorstellung kam mir irgendwie obszön vor. Vielleicht lag es daran, dass *Mitarbeiter* als unwichtig angesehen wurden, weshalb ich meine Aufmerksamkeit auf ihn verlagerte. »Was genau macht Mr Lee eigentlich?«

Seine Augen zuckten im Spiegel, schockiert, dass ich ihn angesprochen hatte. »Mr Lee in Finanzbereich.«

»Meinen Sie damit, er arbeitet für eine Bank?«

Er lächelte. »Mr Lee *ist* Bank«, sagte er.

Direkt am Nordufer bogen wir in den aufgehübschten Vorhof eines beeindruckend weißen Hotels ein, das sich im Schatten eines emporragenden Turms desselben Kolonialstils befand, die Einfahrt flankiert von einem Kreis Rolls-Royces. Ein Portier trat hervor und öffnete die Autotür, die Frau legte ihre Hand über ihr Telefon. »Der Empfang erwartet Sie bereits«, sagte sie. Ich starrte sie an und verstand nichts. »Das ist Peninsula Hotel. Sie sind als Gast Mr Lees hier.« Sie zog etwas aus der Tasche des Rücksitzes. »Und hier ist ein Handy. Wichtige Nummern sind bereits drin.« Als ich zögerte, drückte sie es mir halb aggressiv entgegen. »Mr Lee sehr beschäftigt«, sagte sie. »Er braucht nicht noch mehr Probleme.«

Ich hatte weiterhin das Gefühl, auf dem falschen Fuß erwischt worden zu sein, während ich an den Empfang geführt und von einer lächelnden Rezeptionistin begrüßt wurde. »Willkommen, Miss Miller«, sagte sie. »Erlauben Sie bitte dem Portier, Ihren Koffer zu nehmen. Mr Lee ist vor Kurzem angekommen.«

»Mr Lee?«, fragte ich.

»Er ist vor fünf Minuten eingetroffen.« Sie betätigte die Klingel am Tresen und zeigte über meine Schulter. »Er wartet in der Lobby auf Sie.«

ZWANZIG

Sook-Yin
London, Februar 1967

An dem Tag, als Sook-Yin seine Eltern treffen sollte, nahm sie die U-Bahn bis Fulham Broadway. Sie war noch nie mit der District Line gefahren und hatte in Earl's Court einen falschen Abzweig genommen, was dazu führte, dass sie wieder umdrehen musste. Julian wartete bereits am Eingang, und der Glanz seiner frisch geputzten Schuhe wurde von einem Haufen halb gerauchter Zigaretten getrübt. »Ich wünschte, du wärst früher los«, sagte er. »Meine Mutter macht uns Mittagessen.«

Er wartete auf dem Bürgersteig, während sie an einen Zeitungskiosk ging und eine Packung in Zellophan gehüllter Schokolade und einen welken Strauß Chrysanthemen kaufte. »So macht man in China«, sagte sie. »Es bringt Pech, mit leeren Händen zu kommen.«

Julian friemelte an der Innenseite seines Kragens herum. »Ja, übrigens, was das angeht …«, sagte er. »Es ist vielleicht besser, wenn du solche Sachen nicht sagst. Meine Eltern sind etwas altmodisch. Fish and Chips und Ferien in Scarborough. Frauen soll man sehen, nicht hören … Du wirst dich dadurch nicht beleidigt fühlen, oder?«

Nachdem sie Julians liberale Einstellung inzwischen gut kannte, war Sook-Yin etwas überrascht, doch angesichts der Anspannung vor diesem Treffen und ihrer schwierigen Anreise heute Morgen entschied sie, das, *nein*, würde sie nicht. Die Millers waren eine alte englische Familie, und sie heiratete ihren einzigen Sohn. Es war ganz normal, dass er nervös war.

Sie verließen die High Street und bogen in eine halbseiden wirkende Gasse mit Reihenhäusern ein, deren Türschwellen mit Rissen übersät und deren Fenster mit Fischernetzen zugehangen waren. Julian führte sie in einen der Eingänge, wo sie gezwungen war, sich einen Weg durch einen ganzen Friedhof von zerbrochenen Blumentöpfen und gesplitterten Einzelteilen eines umgefallenen Spaliers zu kämpfen. »Meine Eltern leben hier seit vielen Jahren«, sagte er. »Ich habe ihnen angeboten, sie an einen schöneren Ort umzuziehen, aber sie sind stur und wollen nichts davon wissen.« Er lehnte sich zu ihr und wischte ihr über die Lippen, sie wich zurück.

»Das Lippenstift, kein Schmutz«, sagte sie.

Eine ältere Frau in zerfranster Schürze und Pantoffeln öffnete ihnen die Tür. »Entschuldige, dass wir zu spät sind, Ma«, sagte er und küsste sie auf die Wange. »Das ist meine Verlobte, Sook-Yin.«

Er präsentierte Sook-Yin im Türrahmen, als wäre sie ein Preis in einer Quizshow. Und was geschah da gerade mit dem Gesicht seiner Mutter?

Mrs Millers Mund öffnete und schloss sich schweigend wie bei einem Goldfisch, dem klar wird, dass das Aquarium leer ist, bevor sie sich wieder Julian zuwandte.

»Ich verstehe das nicht, mein Lieber«, sagte sie.

Der Geruch von Gemüse, das bis zur vollständigen Kapitulation zerkocht worden war, hing schwer über dem Tisch, als Sook-Yin ihren Teller mit schlaffem Fleisch studierte und zu erraten suchte, welches Tier das mal gewesen sein könnte. Nahezu eine Stunde lang saß sie schweigend da, während ihre Mitsprache im Geschnatter privater Konversation nicht erwünscht war. Sie blickte sich am Tisch um und widerstand der Versuchung, in ein Lachen auszubrechen. Mit seinem roten Gesicht und seinem klobigen Körper glich Julians Vater einer Süßkartoffel.

»Was machen Sie beruflich?«, hob sie an, als er pausierte, um in der Stille aufzustoßen.

»Ich? Ich bin Maurer«, sagte er. Er versuchte mit seinen Fäusten vorzuführen, wie man Ziegel stapelte. »Baue Häuser. Verstehen Sie?«

»Ja, ich verstehe. Wir haben viele Maurer in Hong…« Sie hielt inne und korrigierte sich. »Ja, ich verstehe.«

»Und was machen Sie, Miss?«

»Im Moment bin ich Nanny in Swiss Cottage.«

Sein Vater kaute mit offenem Mund. »Sie müssen ja gedacht haben, das ganz große Los zu ziehen. Einen solch netten jungen Mann wie Julian zu finden.«

»Das habe ich nicht erwartet«, sagte sie.

»Sind Sie nicht dafür hergekommen?«

»Nein, ich bin hier für Arbeit.«

Er nickte. »Vor den Kommunisten in China geflohen.«

Sook-Yin drückte ein Möhrchen an den Rand ihres Tellers und sah zu, wie es dabei zu Matsch wurde. »Eigentlich kommt meine Familie aus Hongkong.«

Er war mit dem knorpeligen Fleischklumpen durch, beförderte den glibbrigen Rest ans Tageslicht und spuckte ihn auf den Tisch. »Wusste nicht, dass da ein Unterschied ist«, sagte er.

Unter der gräulichen Hülle der Tischdecke spürte sie Julians

Fuß an ihren Unterschenkeln. *Lass mich das regeln,* bedeutete das. »Dad, Hongkong war über 100 Jahre lang eine britische Kolonie. Erinnerst du dich? Die Opiumkriege?«

»Niemand mag Klugscheißer, Julian.« Julian schrumpfte auf seinem Stuhl zusammen, während sein Vater mit seinem Messer auf Sook-Yin zeigte. »Wir sind also eigentlich eure Herren.«

Julians Mutter, die schweigend gegessen hatte, erhob sich, als hätte sie jemand mit einem Viehtreiber angestoßen, und begann die Teller zusammenzuräumen. »Zeit für den Nachtisch, würde ich sagen«, verkündete sie.

»Nun, das lief besser als erwartet.«

Julian schien geradezu beschwingt, als sie zurück zur U-Bahn-Station liefen. Sook-Yin ging fünf Schritte vor ihm her, ihre Geschwindigkeit war eher ihrer siedenden Wut geschuldet als der Gefahr der über ihnen dräuenden Regenwolken. Als er sie eingeholt hatte, hielt sie inne und funkelte ihn an. »Warum hast du ihnen nicht von mir erzählt?«

»Wovon redest du um Gottes willen?«

»Ich sehe Gesichter von deinen Eltern. Sie schockiert, als sie sehen, ich Chinesin.«

Sie hatte sie den ganzen Nachmittag über gespürt: ihre starrenden Blicke von der Seite auf ihr Gesicht, und auch ihr Antlitz in den falschen Kristallgläsern, wie Spiegel ihrer Missbilligung. Die fürchterliche Art, wie sein Vater über sie gesprochen hatte. Eine ausländische Freundin war kein Problem, solange sie wieder in ihr beschissenes Land zurückkehrte.

Julian zog die Augenbrauen hoch. »Ich habe dir *gesagt*, dass die beiden Dinosaurier sind. Sie glauben immer noch, sie seien wirklich wichtig – dass das Beste, was ich tun könnte, sei, jede Stunde, die Gott mir schenkt, als Maurer zu placken –, und das alles für was? Um ein Spitzendeckchen auf dem Tisch zu haben?«

»Maurer sein ist nicht das Problem.«

Er lachte. »Ach, Sook-Yin, du musst ihm ja nicht verzeihen. Ich habe es selbst nicht.« Er kratzte sich am Hals. »Als ich jung war, dachte ich immer, dass ich Angst vor ihm habe, bis mir klar wurde, dass ich mich eigentlich für ihn schämte. Ich schämte mich für seine Ignoranz, aber auch dafür, dass er über mich bestimmte und es nichts gab, das ich daran ändern konnte. Er hat diese Macht geliebt. Hat mich tagelang halb ohnmächtig geprügelt. Ist es da ein Wunder, dass ich dem entfliehen wollte?« Sein Gesicht verdunkelte sich in der Erinnerung daran. »Wenn meine Mutter nicht wäre, könnte er meinetwegen verrecken.«

Sook-Yin zuckte zusammen vor der Brutalität, die in seinen Worten aufschien. Sie wusste zwar durchaus, wie sich ah-Mas Pantoffel anfühlte, aber das war stets eher aus Angst denn aus Wut heraus geschehen – wenn sie ihre Finger zu nah an eine Steckdose führte oder das letzte Ei fallen ließ, weil sie nicht vorsichtig genug gewesen war. Es stimmte allerdings, dass Väter anders sein konnten. Dass ah-Ba anders gewesen war. »Ich verstehe«, sagte sie.

Angesichts der Bekundung ihres Mitleids war er besänftigt. »Ich wusste, dass du das würdest. Wir sind zwei Seiten derselben Münze, oder nicht? Wir versuchen beide, unser Leben zu verbessern.« Er strich durch ihr Kleid hindurch über ihren Bauch. »Aber das Beste am Erwachsensein ist, dass es nun in unserer Macht steht, Dinge anders zu machen. Wir müssen uns nicht in unsere Eltern verwandeln.« Er griff in seine Tasche und holte eines der Schokoladenherzen aus der ungeöffneten Schachtel hervor, die sie gekauft hatte.

»Du hast sie gestohlen?« Er hatte das Geschenk ohne Erlaubnis verdorben. Nun würden die Götter sie gewiss bestrafen, so wie sie auch Florence bestraft hatten.

Julian lachte über ihre Entrüstung. »Keine Sorge, ich habe eins für meine Mutter übrig gelassen – eins für jede der beiden Frauen, die ich liebe. Und ich habe es nur für dich getan. Alles, was ich tue, tue ich für dich«, sagte er. »Ich möchte, dass du das immer weißt.«

ZWEIUNDZWANZIG

Lily
Hongkong, 1997

31. Tag der Trauer

Die Lobby des Hotels war genauso Ehrfurcht einflößend wie der ganze Rest. Halb Gewächshaus, halb Ausstellungsfläche eines Museums, schien sie mit ihrer barocken Bestuhlung und den leuchtenden Tischen und ihrer Panoramaaussicht über den Hafen geschaffen, um überblicken zu können und erblickt zu werden. Ich blieb in seinem enormen Eingang stehen, eingeschüchtert von der Größe der hübsch geformten Balustraden und den Decken, die mit geschlängelten Weinreben verziert waren, und war kaum in der Lage, auch nur einen Schritt weitergehen zu können.

»Sie müssen Lily Miller sein«, sagte da eine Stimme. Ich drehte mich in die Richtung, aus der sie kam, und schüttelte die Hand des Mannes, dem sie gehörte.

»Und Sie müssen Daniel Lee sein.« Ich verharrte in seinem Handgriff und verschaffte mir somit Zeit, ihn eingehender betrachten zu können: eine reifende, jungenhafte Attraktivität, die durch einen einfachen Anzug verstärkt wurde. Genug Geld, um seine Privilegien mit Leichtigkeit tragen zu können.

»Es tut mir leid, dass ich es nicht zur Botschaft geschafft habe, aber ich gehe davon aus, dass sich meine Assistentin um Sie gekümmert hat?« Seine Stimme war kräftig wie ein Apfel im Herbst, durch einen amerikanischen Einsprengsel akzentuiert. Also war er nicht in Hongkong aufgewachsen. Er wies zu einem Tisch am Fenster. »Ich habe mir erlaubt, Tee für uns zu bestellen.«

Während der ersten zehn Minuten sprach er nur von sich selbst. Neben der Tatsache, dass er in den Staaten aufgewachsen war, erfuhr ich so, dass er kürzlich seinen 30. Geburtstag gefeiert hat, erst Auszubildender gewesen und nun Nachfolger in der Investmentgesellschaft seines Vaters geworden war. »Ich habe als Laufbursche angefangen«, sagte er. »Ich muss etwa zwölf Jahre alt gewesen sein und konnte es schon damals nicht erwarten, das Unternehmen zu erben, aber mein Vater bestand darauf, dass ich anderen Menschen dienen sollte, so wie er es getan hatte. Ich kam in den Sommerferien in sein Büro und musste mir merken, wie jeder dort seinen Tee trank: Oolong, Lapsang, Gunpowder, ein Spritzer Zitrone oder Honig. Frisch aufgebrüht oder gezogen.«

Ich fragte mich, warum er mir diese Geschichte erzählte. Sollte es mich beruhigen, nahelegen, dass wir irgendwie auf einer Ebene waren, während ich dasaß mit meiner verschmierten Hose und meinem T-Shirt, das gerade genug war, meinen Körper zu verdecken, der mithilfe von Corned Beef großgezogen worden war? Was auch immer es war, es funktionierte nicht, und seine Aufmerksamkeit machte mich nervös.

Als er aber auf die Teekanne zeigte, verstand ich es. Statt einer ritterlichen Geste mir gegenüber erwartete er, dass ich seinen Platz als Laufbursche einnahm und nun *ihn* bediente. Einigermaßen verstimmt, goss ich zwei Tassen ein. »Mein Beileid«, sagte ich, »und ich bin natürlich dankbar, dass Sie mir heute aus der Patsche geholfen haben, aber auch auf die Gefahr hin, dass ich etwas rüde klinge, sollten wir uns vielleicht über den Grund meines Hierseins unterhalten.«

»Ja. Das Testament meines Vaters.«

»Genau das ist es, was ich immer noch nicht verstehe. Warum sollte er mir und Maya irgendwas hinterlassen?«

Bei der Erwähnung des Namens meiner Schwester wanderte sein Blick über meine Schulter, als erwartete er, dass sie jeden Moment erschien. Auch ich wandte mich fast schon um, mein Herz pochte.

Er beäugte die Zitronenscheiben, verneigte sich kurz, als ich die Zange nahm und eine davon in seine Tasse gab. So viel dazu, dass er seine Privilegien mit Leichtigkeit trug. »Ganz ehrlich? Ich habe keine Ahnung«, sagte er, »auch wenn ich weiß, dass mein Vater ein großer Philanthrop war und im Laufe seines Lebens vielen Menschen begegnet ist …« Er zog ein Foto aus seinem Jackett. »Das befand sich unter seinen persönlichen Dingen.«

Ich erschrak, als ich das Bild sah. Es war ein verblasstes Foto von mir und Maya, wie wir chinesische Jacken trugen und rittlings auf einer Löwenstatue saßen. Unser Alter ließ darauf schließen, dass es aufgenommen worden war, als wir in Hongkong gelebt hatten. Das einzige Foto, das ich je gesehen hatte, das uns dort zeigte. Ich drehte es um und las auf Englisch die Notiz *Mei-Hua and Li-Lil Chen*. Er schüttelte den Kopf, als ich es ihm zurückgeben wollte. »Bitte. Sie müssen es behalten«, sagte er.

Mein Mund war plötzlich trocken. Der Tee war dünn, hatte aber eine seltsame Teernote; außerdem drang ekelhaft viel Kardamom durch.

»Wie schmeckt er Ihnen?«

»Köstlich.« Ich stellte die Tasse wieder auf den Unterteller und steckte das Foto in meine Tasche. »Sie wollen also sagen, dass Ihr Vater unsere Mutter gekannt hat?«

Seine Lippen zogen sich zusammen, als er unsere Tassen wieder auffüllte. »Sie sehen anders aus, als ich Sie mir vorgestellt habe.«

»Ach?«

»Ja.« Er berührte seine Nase. »Weitaus … westlicher …«

Ich zwang mich zu einem Lächeln. »Sie dürften die erste Person sein, die das je gesagt hat.«

»Vielleicht kann es nur eine chinesische Person erkennen.«

Nun wusste ich, was ich in seinem Ausdruck gesehen hatte, den Grund, weshalb er mich so aufmerksam ansah. *Angst.* »Sie haben sich gefragt, ob wir verwandt sind«, sagte ich. »Dass meine Mutter und Ihr Vater …« Ich brach fast in ein Lachen aus. Stattdessen ließ ich die Stille über uns hängen, eine Pause, die sich zumindest für mich in düsteres Unbehagen wandelte, das Ausmaß einer Sache nicht vollkommen zu begreifen. Könnte sich ein solch vertracktes Problem als etwas herausstellen, das simpler als die Wahrheit war? »Was denkt Ihre Familie über die Angelegenheit? Über die Verbindung, meine ich. Es handelt sich ja nun um keine kleine Summe.«

Der Winkel zwischen seinen Beinen wurde größer, da er sich seines Reviers wieder sicherer zu werden schien. »Wie schon gesagt, war mein Vater ein großzügiger Mann und hat mehrere ähnlich gelagerte Verfügungen hinterlassen. Die Chinesen nehmen den Tod sehr ernst.«

»Es ist ja auch eine sehr ernste Angelegenheit.«

»Ich meinte damit, wie wichtig es ist, seine Schulden zu tilgen.«

Der Satz landete wie ein Stein zwischen uns, garniert mit dem Gespenst Mayas, die Hände in ihre Hüften gestützt. *Was, wenn er die Person war, die den Wagen gefahren hat?*

»Schulden in Bezug auf Geld oder etwas anderes?«

Er zuckte die Achseln. »Geld, Ärger, Streitigkeiten. Wenn ein Mann sich über Land oder Besitz streitet, wenn er in irgendeiner Weise schlecht über jemanden spricht. Alles muss gelöst werden. Das ist der Grund, weshalb wir das Testament *nach* dem Tod öffnen. So muss sich derjenige, der es geschrieben hat, nicht schämen.«

Wie ist es mit Schuldgefühlen? wollte ich fragen, auch wenn mir diese Logik sicher nicht fremd war – das Bedürfnis, alles am Ende auszuschütten, ohne Angst vor den Folgen: die Menschen, die man schlecht behandelt hat, die Streitigkeiten, wen man geliebt hat, wen man nur vorgegeben hat zu lieben. Es bestand auch die Möglichkeit, dass er es metaphorisch meinte – die symbolische Buße in einer spirituell geprägten Gesellschaft.

»Okay«, sagte ich. »Warum aber bestand er darauf, dass ich nach Kowloon komme?«

Er wandte sich um und sah aus dem Fenster. Die Star Ferry kam in den Hafen zurück, ein Schwall weißer Bänder, der grauen Schaum aufwühlte. »Mein Vater hat diese Insel geliebt«, sagte er. »Er hatte eine lebenslange Zuneigung für ihre Identität. Vielleicht hoffte er, dass es Ihnen genauso geht, wenn Sie herkommen. Dass Sie das Erbe Ihrer Mutter respektieren.«

Eine feuchtwarme Hitze kroch mir ins Gesicht. Wie konnte er es wagen anzunehmen, dass er mich kannte? Es war diese alte Geschichte wie mit Elise: *schwöre deine Gefolgschaft. Beweise dich.* Was es noch schlimmer machte, war, dass ich mich freiwillig für das Ganze gemeldet hatte, und das, obwohl ich eine solch offensichtliche Hochstaplerin war; dass über den Zufall meiner äußeren Erscheinungsformen hinausgehend, über diesen Fußabdruck, der mir im Grund meiner Gene einverpflanzt war, ich nicht die geringste Ahnung hatte, was es bedeutete, Asiatin zu sein.

»Jedenfalls sind Sie ja nun hier«, sagte er, »und das war alles, was mein Vater gewollt hat. Wir benötigen eine notarielle Beurkundung Ihrer Zustimmung, und dann braucht meine Assistentin noch Ihre Bankverbindung.« Er schüttete den Rest seines Tees in sich hinein und bemerkte mit einem schiefen Lächeln, dass ich den meinen noch nicht ausgetrunken hatte. »Bitte bleiben Sie, während wir den Papierkram erledigen. Das Hotel ist ein großartiger Ausgangspunkt, um Hongkong zu erkunden, und es gibt ein paar schöne Dinge zu entdecken.«

Er erhob sich. Ich war entlassen. Das war sogar noch leichter, als Nesbit es mir ausgemalt hatte. Zu einfach. Ich steckte meine Hand in meine Tasche und berührte die Ecke des Fotos. »Würde es Ihnen etwas ausmachen, wenn ich mir ein paar Tage Zeit nehme? Das ist alles sehr viel für mich, und ich meine damit nicht nur das Geld.«

Sein Kiefer bewegte sich in kleinen Kreisen. »Das ist Ihr gutes Recht, Miss Miller, aber es wäre für meine Familie eine große Hilfe, wenn das Ganze rasch abgewickelt werden könnte.«

»Ja. Ich bin mir der Trauerperiode bewusst. Und ich will Ihnen wirklich keine Unannehmlichkeiten bereiten, gerade auch, da Sie so viel für mich getan haben.«

Er drückte seine Schuhe zusammen. »Für mich ist das keine Unannehmlichkeit. Wenn überhaupt, bin ich überrascht. Wenn ich eines über den Westen gelernt habe, dann dass Sie Ihr Leben dort lieber nicht hinterfragen.«

Kurz nachdem er fort war, tauchte einer der weiß behandschuhten, segelmützentragenden Kofferträger auf, um mich zu meinem Zimmer zu geleiten. Und *selbstredend* lag es im »The Tower«. Ich stand an der unverschlossenen Tür, starrte in die Reihe von Zimmern, die ganz Brixton hätte beherbergen oder es zumindest unter all seinem Marmor begraben können. Ich ging rein und sah mich um, am Anfang zu eingeschüchtert, etwas zu berühren: die riesigen Möbelstücke, den Kamin mit seiner aufgefächerten Einfassung, das kupferne Teleskop, das *einfach* so im Fenster stand. In den Chungking Mansions mit Guter-Preis und den anderen Jammergestalten war ich zumindest unsichtbar und an einem zu mir passenden Ort gewesen, aber jetzt machte mich der krasse Gegensatz nervös. Ein Teil von mir wünschte sich, dass Maya ebenfalls hier wäre: die schöne, smarte Maya, deren Anspruchshaltung so leicht wie der Regen niederkam, die das alles mit Fassung tragen und für uns beide sprechen würde, wie sie es immer getan hatte. Hatte man aus ihrer Abwesenheit etwas herausgelesen, oder wurde ich schlicht als ihre Botschafterin angesehen – eine Art Vertreterin chinesisch-britischer Beziehungen – statt als der überforderte Niemand, der ich war?

Solch eine fette Gans liegt nicht auf der Straße herum.

Vielleicht hatte Mumma recht gehabt. Wer würde Fremden eine Million Pfund hinterlassen? Ja, ich wollte das Geld, aber ich wollte auch wissen, womit ein solch überdrehtes Geschenk verbunden war. Ich habe mein Leben lang von außen nach innen geschaut und dabei akzeptiert, dass das, was man mir sagte, Fakten waren, und nun wollte ich die eigentliche Geschichte dahinter erfahren. Wer ist Mumma wirklich gewesen, und welche Beziehung hatte sie zu Hei-Fong Lee?

Ich zog mein Tagebuch aus meiner Tasche. Der einunddreißigste Tag der Trauer, es war also noch Zeit, über die Sache nachzudenken.

Ein paar Tage hier zu verbringen wäre durchaus in Ordnung. Einige Erinnerungen sammeln, um mit ihnen Babs unterhalten zu können. Ich stellte mir vor, was Dr. Fenton sagen würde: Warum machen Sie es sich so schwer? Nach all dem Unglück, das Sie erlebt haben, ist es nur fair, dass Ihnen etwas Gutes widerfährt.

Armer alter Dr. Fenton. In gewisser Weise lag er sicher nicht falsch.

Fast zeitgleich mit dem Moment, da ich diese Erlaubnis zuließ, machte meine Angst etwas anderem Platz – einem Gefühl, das einer Hysterie glich. Ich stand auf und rannte die Länge des Flures entlang, tauchte wie ein Schwan ins Bett, umgeben von der Seide der Decken und Kissen. Ich stellte die Dusche im Badezimmer an und schaute zu, wie das Wasser das makellose Glas verschmutzte, und aß die Hälfte eines goldenen Pfirsichs aus der Obstschale.

»Kannst du mich bereits sehen, Maya?«, sagte ich laut. Wie ein Hund, der eine Laterne anpinkelte.

ZWEIUNDZWANZIG

Sook-Yin
London, Februar 1967

Sook-Yin stand unterhalb des Springbrunnens am Shaftesbury Memorial und wartete auf Peggys Ankunft. Beide hatten sich einen Tag freigenommen und sich zum gemeinsamen Shoppen verabredet, und Sook-Yin hatte sogar schon ein neues Wort gelernt: *Brautausstattung*.

Sie sah die vergoldete Statue empor. Als sie das erste Mal am Piccadilly Circus gewesen war, hatte sie gut 40 Minuten lang staunend dagestanden und parallel die Details in ihrem Reiseführer studiert. Als die Nonnen an der Klosterschule sie vor den Gefahren der Liebe warnen wollten, hatten sie ihnen einmal ein Bild dieser Skulptur in einem vergilbten Zeitungsartikel gezeigt: Darin schoss Eros kunstvoll auf ihre Herzen, lockerte die Glieder und schwächte den Verstand, und ob nun aus Angst, seiner Anziehung zu verfallen, oder einfach überwältigt von der Nacktheit der Figur, hatten sich die Mädchen einem Anfall von Massenohnmacht ergeben.

Als sie nun seine korrodierte Erscheinung und die Vogelscheiße im Becken erblickte, verfluchte sie ihre damalige Naivität. Die Gerissenheit der Nonnen. Diese Figur war noch nicht mal Eros, sondern sein jüngerer Bruder Anteros – der Rächer der Verschmähten –, für den die Macht des ausgerichteten Bogens der Liebe nichts weiter als eine traurige Fehlinterpretation war.

Sie verlagerte ihre Aufmerksamkeit auf die Straße, während immer neue Körper aus der U-Bahn-Station gespuckt wurden. Eine Frau mit Peggys Gesicht, die einen hellblauen Hahnentritt-Mantel trug, winkte von der Verkehrsinsel herüber. Es *war* Peggy, aber was hatte sie mit sich gemacht? Ihre langen blonden Haare waren verschwunden und auf nur wenige Zentimeter länger als ihren Nacken zurechtgestutzt.

»Mir war nach einer Veränderung«, sagte sie, als Sook-Yin die Straße überquert hatte, um ihr entgegenzukommen. »Ich zeige dir das Bild. Du könntest das auch machen, wenn du magst.«

Sook-Yin schüttelte den Kopf. Bei ihr würde es wie eine Bestrafung aussehen.

In Wahrheit jedoch verbarg sich hinter ihrem Schock ein alter Neid. In den kalten Nächten im Schwesternheim hatten die beiden ein Bett geteilt, und manchmal war sie nachts aufgewacht und fand Peggys Haar über ihren eigenen Schultern golden und hell leuchtend im Mondlicht. Sie hatte sich dann vorgestellt, dass es ihre waren. Wie anders das Leben sein musste, wenn man das Privileg hatte, mit pinken oder grünen oder gar keinen Haaren akzeptiert zu werden. Zu wissen, dass die eigene weiße Haut alles regelte.

Eine Stunde lang streiften sie durch Swan & Edgar, bestaunten die Staubsauger von Hoover und die Schnellkochtöpfe und wurden von den Verkäufern in der Parfümerie besprüht, bis Sook-Yin auf Peggys Bitten hin nachgab und sich ein Fläschchen Madame Rochas kaufte. »Jetzt zu den Damenkleidern«, sagte sie. »Ich will für den Empfang so gut wie möglich aussehen.«

Sie wanderten durch die Gänge im ersten Stock, wo Peggy eine Handvoll potenzieller Kandidaten aussuchte: schlichte Outfits in den Farben Elfenbein und Entenei, einen maßgeschneiderten Rock und ein blassgelbes Zwillingskleid, bevor sie sich auf den Weg in Richtung Umkleidekabinen machten. Peggy ließ sich auf einen Hocker fallen. »Und nun zu den schmutzigen Details«, rief sie. »Wie ist Julian wirklich? Normalerweise erzählst du mir alles, aber über ihn weiß ich gerade mal gar nichts. Ist er dünn, ist er fett, hat er eine Glatze? Ich will sicher sein, dass ich das gutheißen kann.«

Sook-Yin runzelte die Stirn, während sie einen Fuß in und einen anderen außerhalb der Strumpfhose hatte. »Warum brauche ich deine Zustimmung?«

»Das ist der Mann, der meine beste Freundin heiratet!«

Was erwartete Peggy, das sie sagen würde? Dass sie tief verunsichert war über den Besuch bei seinen Eltern; dass sie wusste, dass, sosehr diese Verlobung sie auch gerettet hatte, sie dabei schlicht das Beste aus einer schlechten Situation machte, indem sie Pragmatik über Emotionen stellte? Ihr das anzuvertrauen würde nichts verändern. Es würde das Baby nicht verschwinden lassen, auch ihre eigenen Ängste nicht weniger dringlich machen. Außerdem musste sie darüber hinaus an ihre Familie denken, selbst wenn die Geschichte sich zu wiederholen schien. Sie hatte es nie gewagt, ah-Ma direkt zu fragen, aber wenn sie an die Familienfotos dachte, dürfte die Niederkunft ihres Bruders durchaus ähnlich rasch vonstattengegangen sein. Dennoch hatte es gute Jahre gegeben, bevor ihr Vater ihnen den Rücken gekehrt hatte. Mit der Zeit und der richtigen Einstellung war es vielleicht doch möglich, dass Liebe wachsen würde.

Sie hob ihr Kinn dem Spiegel entgegen. »Er sieht wie Filmstar aus«, sagte sie. »Er sehr groß mit blauen Augen und gelbem Haar.«

»Verflixt – und Geld hat er auch? Er klingt zu gut, um wahr zu sein.« Peggy flüsterte in den Vorhang. »Es muss doch *eine Sache* an ihm geben, die du nicht magst. Ist er ein sauschlechter Küsser oder so was?«

Sook-Yin verzog ihr Gesicht, während sie ihren Rock zurechtzog. Das Bündchen saß enger, als sie erwartet hatte. »Der hier nicht gut«, sagte sie.

»Lass mich wenigstens mal sehen.«

»Nein! Ich sage, passt nicht.« Sie hielt den Vorhang geschlossen und verhinderte, dass Peggy die leichte Wölbung sehen konnte, die den Stoff wie eine Faust aufgehen ließ. »Ich probiere lieber den blauen.« Der Reißverschluss verhakte sich, als er ihre Hüften erreichte, und sie fluchte auf Kantonesisch.

Peggy begann nervös zu lachen. »Brauchste Hilfe?«, rief sie.

»Nein, alles okay. Gib mir eine Minute.« Sook-Yin wechselte das Kleid, aber es war mit jedem, das sie anprobierte, dieselbe Geschichte. Und warum fühlte sie diese Unruhe, diese Erschöpfung?

Sie ließ sich auf einen Hocker sinken, während sich eine einzelne Träne ergoss und sich inmitten der Wirbel des Teppichs auflöste. Peggys Schuhe tauchten im Spalt des Vorhangs auf. »Was ist los?«, fragte sie.

»Es ist zu heiß, um Kleider anzuprobieren. Tut mir leid, dass so lang dauert.«

»Es ist nicht zu spät, weißt du.«

Sook-Yin sah zwischen ihren Fingern hindurch. »Nicht zu spät für was?«

»Falls alles zu schnell geht. Ich könnte dir helfen, die Biege zu machen, und dich durch ein Fenster schmuggeln, so wie du mich mal ins Schwesternheim geschmuggelt hast. Weißt du noch? Wir könnten abhauen und stattdessen Spaß haben.«

Sook-Yin schloss ihre Augen, von einer anderen Erinnerung überwältigt: eine Begegnung mit Hei-Fong unter den Orchideenbäumen in den botanischen Gärten Kowloons. Sie hätten eigentlich in der Schule sein sollen, aber es war ein zu heißer Tag für ihre ruhelosen Gemüter, und unter dem Schutz der Äste lockte sie eine freundlichere Zukunft: Immer höher kletterten sie, sahen wie Götter durch die Wolken herab und hielten Händchen, während sie ihr Kindheitslied sangen:

Wonach suchst du, du einsamer Mensch?
Ich suche nach einem Freund.
Dann lass mich dich grüßen, gib mir die Hand.
Ich werd bis zum Abschied dein Freund sein.

Sie waren gleichgesinnte Rebellen, lebten durch ihre Fantasie, wenn ihr Verstand sie im Stich ließ. Was hatte ah-Fong an diesem Tag noch gesagt? *Lass uns fortlaufen, zum Zirkus. Lass uns niemals aufhören, Spaß zu haben.*

Sie zwang sich selbst vom Hocker. »Warum versuchst du immer zurückzuschauen?«, fragte sie. »Wir sind nicht mehr so, wie wir waren.«

»Hör zu, ich wollte doch nur …«

»Ich bin glücklich. Bitte rede nicht weiter.«

Sook-Yin warf sich ihre Kleider wieder über und dann den Vorhang mit Schwung zurück. »Ich nehme das Schwarze«, sagte sie. Sie hielt einen zeltähnlichen Kittel, den sie sich gegriffen hatte, als Peggy nicht zu ihr geschaut hatte, nach draußen.

»Oh Gott, habe ich das wirklich ausgesucht?«

»Das ist schön und nützlich«, antwortete Sook-Yin. »Schwarz kommt nie aus der Mode.«

»Totenhemden auch nicht«, sagte Peggy. Sie befühlte den Stoff und erschrak. »Wie wäre es, wenn wir einen Tee trinken gehen und noch mal wiederkommen – und etwas finden, das mehr nach Marilyn aussieht?«

Sook-Yin starrte ihr Spiegelbild an und wusste, dass die Distanz zwischen ihnen größer war, als es den Anschein hatte. »Aber ich nicht Marilyn«, sagte sie. »Mein Name ist Sook-Yin Chen.«

DREIUNDZWANZIG

Lily
Hongkong, 1997

32. Tag der Trauer

Vor der Tür meines Zimmers sauste eine Armee von Hoover-Staubsaugern über die Teppiche, ihr Dröhnen und Kreischen und Rumpeln verschmolz mit dem feinen Schlag frischer Laken und dem hellen Klirren der Tassen und Löffel, spitz wie ein Pinn im Hirn, wenn man Kater hatte.

Ich machte mich erneut daran, die Suite zu erkunden. Wo sonst könnte ich zehn unterschiedliche Knöpfe drücken, um einen Kaffee zu bekommen, um ein Bad exakt in der richtigen Temperatur einzulassen oder um einen Film in 20 unterschiedlichen Sprachen auszuwählen?

Du darfst dich nicht ablenken lassen.

Ich zog das Foto von mir und Maya hervor und stellte es auf dem Schreibtisch auf. Beweisstück A. Wie ist es in den Besitz Hei-Fong Lees geraten, und – weitaus entscheidender noch – warum hatte er es behalten?

Nachdem ich die Frau an der Rezeption gefragt hatte, nahm ich den Bus zur Bücherei in Ho Man Tin und bat dort, im Zeitungsarchiv recherchieren zu dürfen.

Eine ältere Bibliothekarin blickte mich prüfend über ihre Brille hinweg an. »Englisch oder Chinesisch?«

»Leider Englisch, tut mir leid«, sagte ich und dachte an die Begegnung mit dem Mann im Café. »Es sei denn, es gibt hier jemanden, der übersetzen kann?«

Die Frau griff zum Hörer, und nach einem kurzen Gespräch erschien ein Mann in der Tür hinter ihr. Abgesehen von einem auffälligen Rasurbrand hatte er die gebückte Haltung und den fahlen Teint eines Mannes, der Jahre auf den Knien in einem Keller herumgerutscht war.

»Sie wollen zum Zeitungsarchiv?«

Ich folgte ihm in den hinteren Teil des Gebäudes, wo ein riesiger abgetrennter Bereich eine Ansammlung von Mikrofiche-Geräten bereithielt. »Nach welcher Zeitung suchen Sie genau?«

»Um ehrlich zu sein, weiß ich das nicht so richtig. Ich arbeite an einem Projekt – über Hei-Fong Lee?«

»Den Bankier?« Ich nickte. »Der neueste Artikel ist der Nachruf. *South China Morning Post, Hong Kong Economic.* Die haben vielleicht ein paar Hintergrundinformationen.«

Er ließ mich allein und kam zehn Minuten später mit einem Karton zurück, dann setzten wir uns an eines der Geräte. Er nahm den ersten Azetat-Bogen und hielt ihn gegen das Licht. »Das ist *South China Morning Post*«, sagte er. »Englischsprachige Zeitung.« Er fixierte ihn unter dem Glas, und eine perfekte Miniatur der Titelseite erschien, darunter ein ganzseitiger Artikel, der einen Tag nach Mr Lees Tod veröffentlicht worden war.

»Wow«, sagte ich. »Ein großer Artikel.«

Ich überflog die Seite, aber es fand sich nichts, was ich nicht erwartet hätte: Spalten um Spalten gefüllt mit Geschwall und Mumpitz über einen der »Titanen« des Investmentbankings. Nur der letzte Absatz ließ mich innehalten.

Mr Lee hinterlässt seine Mutter Mrs Jin Lee, seine Frau Mrs Jiao Lee und seinen Sohn Mr Daniel Lee (30), der die Leitung des Unternehmens übernehmen wird.

Ich schrieb die Namen in mein Notizbuch. Wenn Daniel Lee so unwissend war, wie er vorgab, müsste ich vielleicht meine Recherche ausweiten. »Sind die alle so?«, fragte ich. »Folgen die alle der offiziellen Linie, meine ich?«

»Mr Lee sehr beliebt. Immer gespendet für Wohltätigkeit.«

Ich kaute auf meiner Lippe herum. War Mumma ein mildtätiges Projekt? Wir auch?

Dann aber fiel mir etwas anderes ein. »Wie weit reicht das Archiv zurück?«

»Viele, viele Jahrzehnte.«

»Könnte ich nach etwas anderem suchen? Es hat damit nichts zu tun. Ich habe bloß einem Freund einen Gefallen versprochen.«

Ich schrieb das Datum von Mummas Todesurkunde auf und riss dann die Seite aus meinem Notizbuch, um sie ihm zu geben. »Das Ereignis fand an diesem Tag statt.«

»Wonach suche ich?«, fragte er.

»Es geht um einen Verkehrsunfall. Hier in Kowloon.«

»Ich kann nachschauen, aber es könnte etwas dauern. Im Moment ist hier Prüfungszeit. Sehr viel zu tun. Vielleicht lassen Sie Ihre Telefonnummer da, und ich rufe Sie an, wenn ich fertig bin?«

Ich wollte mir eigentlich Castle Peak Road ansehen, hatte aber Mummas Adressbuch im Hotel gelassen. Ich kam gerade zurück, um es zu holen, als das Telefon in meinem Zimmer klingelte. »Miss Miller?«, erklang eine Stimme. »Mr Lee ist an der Rezeption. Er fragt, ob Sie sich zu ihm gesellen könnten.«

Ich legte auf und starrte auf den Hörer. Indem ich mich von Daniel Lees Gnade abhängig gemacht hatte, hatte ich da auch die Verfügung über meine eigene Zeit aufgegeben?

Er begrüßte mich unten am Empfang, ohne Jackett, in Shirt und Hose. Auf seiner Stirn war ein Anflug von Schweiß auszumachen, der der Hitze des Nachmittags geschuldet war. »Ich hoffe, Sie hatten heute einen angenehmeren Abend, Miss Miller.«

»Ja, danke, das Zimmer ist unglaublich. Die Aussicht, das Bett, die Annehmlichkeiten …«

Er spürte, dass ich mein Erstaunen nicht unendlich weiter zum Ausdruck bringen konnte, und zupfte an seinem Ärmel herum. »Nachdem wir gestern miteinander gesprochen haben«, sagte er, »war ich mir nicht sicher, ob ich hinreichend verdeutlicht habe, weshalb die Wünsche meines Vaters so wichtig sind. Sollten Sie heute nichts weiter vorhaben, so hoffe ich, dass Sie mich begleiten.«

Vielleicht war es seine Offenheit, die meine Verärgerung etwas abschwächte, oder aber die Tatsache, dass er ohne seinen Anzug kleiner und jünger aussah, sodass ich mir fast den zwölfjährigen Jungen vorstellen konnte, der er mit seinem Tablett voller Teetassen gewesen war und der unbedingt gefallen wollte. Zumindest konnte ich ihn so weiter befragen. »Ja«, sagte ich. »Geht klar.«

Ein anderer Daimler lief im Leerlauf auf dem Vorplatz, neben dem Fahrer ein überdimensionierter Obstkorb. Darin befanden sich Äpfel so groß wie zwei Fäuste, genoppte Orangen, bedrohlich wirkende Litschis, und alles eingewickelt mit einer

Schleife wie der Hauptpreis einer Krankenhaus-Tombola. Hatte er vor, mich mit einem Picknick zu bezirzen?

Wir verbrachten den Großteil der Fahrt schweigend, auch wenn er die Stille bisweilen durchbrach, indem er den einen oder anderen Ort hervorhob: die pulsierenden Märkte oder emporragenden Anwesen, die in einem endlosen Zug von Balkonen an mir vorbeirasten, der mich zu sehr an zu Hause erinnerte, als dass er mich interessieren konnte.

Wir waren 20 Minuten auf dem Expressway unterwegs, als sich zwischen dem Beton in der Entfernung ein unerklärliches Labyrinth aus den Bäumen erhob. »Was ist dort?«, fragte ich, drehte mich um und drückte meinen Finger gegen das Fenster. Er schien überrascht.

»Die Überreste der alten Walled City. Die Chinesen haben es als militärische Festung errichtet, und es verblieb selbst dann unter ihrem Befehl, als sie die Kontrolle über den Rest Hongkongs aufgaben. Mein Vater ist nicht weit davon entfernt aufgewachsen.«

»Was für ein schöner Ort«, sagte ich.

Seine Schultern quittierten meine Begeisterung mit Ablehnung. Vielleicht hatte ich mich im Ton vergriffen, die Wunde des Kolonialismus ohne Respekt für sein politisches Barometer berührt.

Den Rest der Fahrt über blieb ich still, als wir aber die Schilder erreichten, die Chuk Yuen ankündigten, stieg in mir ein äußerst seltsames Gefühl auf. Es scheint anmaßend, es Déjà-vu zu nennen, aber es wurde immer stärker, während der Wagen an die Seite fuhr und der Fahrer den Obstkorb vom Vordersitz nahm. Ein Name – eine Ansammlung von Worten – blubberte durch meinen Hinterkopf. Erst als wir um die Ecke bogen und uns direkt vor den rechteckigen Steinbögen befanden, fiel es mir wieder ein.

»Das ist Wong Tai Sin, der Tempel der drei Religionen.« Es klang sofort richtig, wie ein Puzzlestück, das seine Stelle selbst findet.

»Kennen Sie den Ort?«, fragte er.

Ich schüttelte den Kopf, halb verängstigt. Maya hatte ihn nie erwähnt. »Ich muss ihn in einem der Reiseführer gesehen haben.«

Der Tempel ragte vor uns empor, das lebendige Rot und Gold seiner Architektur hob sich anachronistisch von der Skyline ab, und zugleich war es eine perfekte Verschmelzung.

In einer Linie mit dem Dach gespannt verstärkten die dickbäuchigen Laternen die Lautstärke der Stimmen, hielten sie gefangen: die Rufe von Verkäufern, die vom Wegrand aus Glückslose verkauften, der Gesang der Gläubigen und Hoffnungsvollen, die sich in scheinbarem Gegensatz miteinander vermengten.

»Wong Tai Sin bedeutet ›Unsterblicher Wong‹«, sagte er, »der göttliche Name von Wong Cho Ping, einem taoistischen Einsiedler, der zu einer Gottheit wurde. Die Menschen kommen her, um ihm ihre Sorgen zu überbringen und ihn um Gefallen für die Seelen ihrer Vorfahren zu bitten. Er ist berühmt dafür, Wünsche zu erfüllen.«

Der Geruch von Weihrauch lag schwer in der Luft, während wir uns dem Altar näherten, an dem ein Sammelsurium an Gläubigen ihre Gaben ausgebreitet hatten: Schachteln mit Pflaumen und Feigen, der salzige Hauch von Brathähnchen, ein ganzes Spanferkel am Spieß, triefend voll glänzender Marinade. Ich war nie ein religiöser Mensch gewesen. Ich hatte vielleicht vier- oder fünfmal eine Kirche betreten – Taufen, Hochzeiten, Kindstaufen –, meistens nicht freiwillig, und betrachtete die Szenerie nun mit einer ähnlichen Distanz, angetrieben eher von touristischer Neugier denn von einem Gefühl spiritueller Zugehörigkeit.

Ich sah zu, wie Daniel Lee am Altar betete, der Rauch schlängelte sich aufwärts und trug seine Stimme hinfort. Daneben schwenkten Männer und Frauen hölzerne Kanister, die mit dem Geräusch von Regen widerhallten, und warfen nummerierte Stöcke auf den Asphalt, um Antworten zu bekommen. »Wir nennen dies *kau chim*«, flüsterte Daniel. »Eine Form buddhistischen Hellsehens. Es bedeutet, ›worum man bittet, wird man bekommen‹.« Er winkte einen der Übersetzer herbei. »Sie müssen Ihren Wunsch nicht auf Chinesisch vortragen. Worauf suchen Sie eine Antwort?«, fragte er.

Ich schüttelte meinen Kopf, so höflich es mir möglich war. »Alles in Ordnung. Das ist nicht ganz mein Ding.« In der Erwartung dessen, dass er mir denselben Respekt erweisen würde wie ich ihm, war ich geschockt, sein gnomhaftes Lächeln zu sehen.

»Ist es Ihr Verstand, der verschlossen ist, oder Ihr Herz?«, fragte er.

Ich hielt Abstand von ihm, während wir weitergingen, machte beim Anblick des Konfuzius-Porträts in der Drei-Heiligen-Halle und vor der Nachbildung der Neun-Drachen-Mauer anerkennende Laute, während ich innerlich vor Wut schnaubte. Warum sollte ich keine rationalen Einwände haben, die nicht in Angst oder Verweigerung wurzelten, als wäre mein eigener Mangel an Glaube oder Offenheit der Grund, weshalb ich nicht dazugehörte?

Wir traten blinzelnd in die sonnendurchfluteten Gärten, wie unbeholfene Teenager nach der Disco, und ich beeilte mich, in die Kühle der steinernen Brücke zu gelangen. Er folgte mir und ließ sich neben mir am Geländer nieder, sah herab in die Schwärze des Lotustümpels, die durch das regenbogenfarbene Aufblitzen von Kois und Sumpfschildkröten unterbrochen wurde.

»Ich wollte Sie nicht beleidigen«, sagte er. »Vorhin, als ich Sie eingeladen habe zu beten.«

»Ich war nicht ganz bereit, in Flammen aufzugehen.«

Er lachte. »Ich dachte, Sie seien nicht religiös …«

»Ich glaube nicht, dass ich das sein muss, um die Hölle zu erleben.«

Er zeichnete mit seinem Finger zwei Buchstaben auf den Stein. »In unserer Sprache nennen wir das *diyu*. Ein irdisches Gefängnis«, sagte er. »Ich vermute, dass die Unterwelt Dantes dem am nächsten kommt – diese unendlichen Stationen mit ihren eigenen Formen der Bestrafung.«

»Welche Art von Bestrafungen?«

»Die Zunge eines Tratschmauls, die auf ewig mit glühenden Gabeln durchbohrt ist, ein gieriger Mann, der gezwungen wird, Eisenspäne zu schlucken.« Er zuckte die Achseln. »Was es halt so gibt.«

»Bezaubernd.«

»Es muss etwas Ernstes sein, dass wir hierherkommen. Indem wir die Wünsche der Toten achten, retten wir ihre Seelen. Wir befreien sie, damit sie in eine bessere Welt übergehen können.«

Das klang alles wie Propaganda für mich. Katholischer Ablasshandel. »Glauben Sie das *wirklich?*«, fragte ich ihn.

»Das war nie eine Frage des Glaubens, sondern eher eine des Gewissens und der Tradition.«

»Und wie ist es mit Menschen, die dagegen aufbegehren? Haben *die* auch einen Platz in Ihrer Hölle?«

Er lächelte. »Was die Menschen übersehen, ist, dass Rebellion nichts mit Individualismus zu tun hat. Ganz gleich, in welche Kostümierung Sie es verkleiden wollen, es ist einfach eine andere Form der Zugehörigkeit – ein Versuch, sich selbst die Welt zu erklären.« Er griff nach einem Stein zu seinen Füßen, warf ihn in den Tümpel und sah den Wellen zu, wie sie sich auf der Oberfläche ausbreiteten. »Sind Sie eine rebellische Person, Miss Miller?«

»Nein. Das glaube ich nicht«, sagte ich.

»Und dennoch sind Sie in die Chungking Mansions gegangen …«

»Das war eher Unwissenheit als irgendwas sonst. Ich hatte keine Ahnung, dass es so düster sein würde.«

»Vielleicht werden wir immer von dem angezogen, wovon wir annehmen, dass wir dazugehören.«

»Was wollen Sie damit sagen?«

»Chungking Mansions ist ein Ort für die verlorenen Seelen«, sagte er. »Dorthin gehen Menschen, die verschwinden wollen.«

ZWEITER TEIL

Mittelstücke

VIERUNDZWANZIG

Sook-Yin
London, September 1972

Julians Bettseite war leer. Sook-Yin drückte ihre Hand in sein Kissen und runzelte die Stirn, als sie feststellte, dass es schon wieder kalt geblieben war. Sie waren nun über fünf Jahre verheiratet, und den gesamten Monat hindurch war es genauso gewesen.

Diese morgendlichen Abwesenheiten schienen sich aus dem Nichts ergeben zu haben, doch wie sie nun im Bett lag, wanderten ihre Gedanken zurück zu einem Gespräch, das die beiden geführt hatten. Sie hatte im Wohnzimmer aufgeräumt, während Julian am Tisch saß und versuchte, die Bücher des Ladens »auszugleichen«. Sie hatte dieses Wort nie gemocht; diese darin lauernde Unsicherheit. »Gibt es Neuigkeiten von deiner Familie?«, fragte er.

Sook-Yin wendete den Besen in ihrer Hand. »Ich habe letzte Woche mit meiner Mutter gesprochen. Sie sagte, alles in Ordnung.« Das war streng genommen keine Lüge, auch wenn sie keine Ahnung hatte, was ihr Bruder gerade trieb. Er hatte seit der Hochzeit nicht mit ihr gesprochen.

»Wie ich geahnt habe«, sagte er. »Ich nehme an, sie können uns kein Geld schicken?«

Sook-Yin schüttelte den Kopf. »Nein. Ich glaube, das unmöglich.« Sie blinzelte über ihre Schulter. »Problem mit Büchern?«

»Überhaupt nicht, das Geschäft boomt. Eigentlich wollte ich unser Lager erweitern. Wachsen.«

»Warum fragst du nicht Harvey um Rat?«

Julian schob seine Unterlippe hervor. »Ach ja, dein toller Harvey. Mit seinen *wunderbaren* chinesischen Restaurants. Ich nehme an, du hättest lieber ihn geheiratet?«

»Warum sagst du so was? Harvey immer gut zu uns. Er hat Hochzeit und alles bezahlt!«

»Und wer die Zeche zahlt …«

Sook-Yin forschte in seinem Gesicht, und eine vertraute Panik, die sie nie ganz verlassen hatte, stieg erneut wie ein verdorbener Dumpling ihren Magen empor. »Bereust du, mich zu heiraten, Julian?«

Er beugte sich vor und drückte ihr Handgelenk. »Sei nicht albern! Ich bin nur kindisch und eifersüchtig, weil ich dich ganz für mich allein haben will.«

War er wirklich eifersüchtig, oder war es etwas anderes? Die Art Bemerkung, die jemand macht, wenn er an den Rändern des Glücks eines anderen steht und die eigene Unzulänglichkeit hinter einer fragilen Fassade der Abneigung versteckt. Sie traute sich jedoch nicht, das laut auszusprechen, zu groß war ihre Angst, dass, wenn sie ihn fragte, er nicht die Antwort geben würde, die sie hören wollte, nämlich dass alles in Ordnung war.

Sie stand auf und ging erneut ins Bad, um ihre Blase zu leeren. Es war zu einer normalen Routine geworden, nun, da ihre zweite Schwangerschaft fast ihren Endpunkt erreicht hatte. Im Nebenraum, der die Größe eines Kleiderschranks einnahm, war Mei-Hua bereits wach und gab ihrer Stofftiersammlung Befehle mit der Verve eines kommunistischen Generals. Sook-

Yin stand in der Tür und hörte zu, sie staunte über die Komplexität ihrer Sätze und zu welch Schwamm sich ihre Tochter entwickelt hatte.

Sie war zu Beginn etwas langsam gewesen; begann erst Monate später als andere Kleinkinder der Krabbelgruppe zu laufen, und mit ihrer Sprache war es noch verzögerter. Tagein, tagaus sah Mei-Hua zu und lachte, wenn Sook-Yin verzweifelt auf sie einredete: ah-Ma, ah-Ba, Po-Po. Julian hingegen war gänzlich unbesorgt. »Sie wird schon sprechen, wenn sie so weit ist«, sagte er.

Es war um ihren zweiten Geburtstag herum, als Mei-Hua neuen festen Schrittes in die Küche kam und ohne Pause auf sie einredete. »Ich bin hungrig. Mach mir jetzt Essen.« Sook-Yin stand an der Spüle und ließ den Teller fallen, den sie gerade noch gehalten hatte, und rief Julian aus dem Laden herbei. Von da an wurde sie *seine* Welt, Sook-Yin an die Seite gedrängt, während die beiden in Geschichten über Burgen und Drachen und Prinzen versanken. Sie wusste, dass sie froh sein sollte, aber dennoch konnte sie nicht anders, als sich zu fragen, was ihre Tochter sonst noch alles vor ihr versteckt gehalten hatte.

Kurz nach zehn überraschte Harvey sie an jenem Morgen mit einem unangekündigten Besuch im Laden. Seit er ein zweites Restaurant eröffnet hatte, um das er sich kümmern musste, war dies ein seltenes Ereignis geworden, und sie kletterte rasch von der Leiter, von der aus sie die Regale auffüllen konnte.

»Schön, dich zu sehen, Gho-Gho!«

Er starrte voll Ehrfurcht auf ihren Bauch. »Wow! Hast du einen Drachen gefressen?«

Sie lachte, während sie ihren Rücken einrenkte. »Ich kann kaum erwarten, dass es vorbei ist.«

»Es muss ein Junge sein, wenn er so lange bleibt.« Er sah sich um und erblickte Mei-Hua, die allein in der Ecke herumwuselte und Dosen in einen kleinen Einkaufsladen einräumte. »Und wie geht es dir, Mei-Hua?«

»Mein Name ist Maya, du Dummkopf!«

Harvey zog die Augenbrauen hoch. »Was soll das heißen, Maya?«, fragte er.

»Das ist natürlich mein Name! Englische Namen für englische Menschen. Das hat die Queen so befohlen«, sagte sie.

Sook-Yin wischte sich den Schweiß von der Stirn. »Der Name war Julians Idee. Er hatte Angst, dass man sie triezen würde, wenn sie in die Schule geht.«

»Was für ein Unfug!«, sagte Harvey. »Mei-Hua ist ein schöner Name. Es ist schließlich auch der Name, mit dem sie geboren wurde.«

Mei-Hua hob warnend ihren Finger. »Kein Chinesisch!«, sagte sie.

»Die hier ist altklug«, flüsterte Harvey. Er spähte in Richtung der Wohnungstür. »Und wo *ist* Papa heute?«

»Er ist Geld verdienen natürlich.«

»Oh! Na, das sind gute Nachrichten.« Harvey zog Sook-Yin zu sich. »Läuft das Geschäft schlecht?«, fragte er.

»Nein, wir hatten viel zu tun.«

»Warum bist du dann allein hier?« Er quittierte ihr Schweigen mit einer abschätzigen Geste. »Julian hatte immer schon ein verdammtes Siebhirn!«

Sie senkte ihren Kopf. »Aber er ist ein guter Arbeiter«, sagte sie. »Und guter Vater für Mei-Hua auch.«

Harvey winkte ab. »Du musst ihn nicht verteidigen, ah-Yin. Die Schuld ist mehr als abbezahlt!«

»Was meinst du? Wessen Schuld?«

Er bückte sich und schob eine Konserve zurecht. »Wie geht es eigentlich deiner Mutter?«

Sook-Yin starrte auf seinen Hinterkopf. Hatte er sie nicht gehört oder einfach das Thema gewechselt? Dennoch drang durch seine Erwähnung von ah-Ma eine andere Sorge in ihre Gedanken. Sie kaute an den Enden ihres Pferdeschwanzes. »Ah-Ma und ich sprechen regelmäßig.«

Harvey erhob sich und lächelte. »Das ist doch gut! Seit wann?«

»Seit Mei-Hua geboren wurde. Sie hat einen Job in der Fabrik gefunden und sendet mir ab und an Geld … Sie hat gesagt, es soll Geheimnis sein. Um ehrlich zu sein, fühle ich mich schlecht deshalb.«

»Nun, deine Mutter ist eine eigenständige Frau, da bin ich mir sicher. Ich finde, dein Bruder braucht das nicht zu wissen.«

Sook-Yin kam ein bisschen näher. Sie wollte sich das Gewissen erleichtern, besonders nach dem Gespräch mit Julian, doch es gab niemanden, dem sie sich sonst hätte anvertrauen können. »Ich meine nicht ah-Chor«, sagte sie. »Ich habe geheim gehalten vor meinem Mann.«

Wenn er überrascht war, versteckte er es gut. »Es geht niemanden etwas an«, sagte er. »Außerdem kann es nicht schaden, wenn du etwas Erspartes hast. Warum nutzt du es nicht, um nach Hause zu reisen? Damit deine Mutter ihr Enkelkind zumindest mal sieht?«

Sook-Yin rieb sich den Bauch. »So kann ich nirgendwo hin. Und es gibt hier so viel zu tun.«

Harvey seufzte. »Ärgere dich nicht darüber, wenn du langsam bist, ah-Yin. Ärgere dich nur, stillzustehen.«

Der Morgen verging in einem zunehmenden Strom von Kunden. Sook-Yin hatte nicht gelogen, denn trotz ihrer ursprünglichen Bedenken war der Laden zu einem überraschenden Erfolg geworden. Ebenfalls keine Lüge war, dass Julian sich hingebungsvoll um das Geschäft kümmerte. Der Zustand der Ladenfläche war weitaus schlimmer gewesen, als sie ursprünglich angenommen hatten – der Keller war von feuchtem Schimmel in Geiselhaft genommen, Holzwürmer im gesamten Gebälk –, doch keiner der beiden hatte sich vor der Arbeit gescheut. Sie dachte eigentlich mit Wärme und Zärtlichkeit an diese Wochen, die Kameradschaft zwischen ihnen war in dieser Zeit nur gestärkt worden; die Augenblicke, wenn sie die Wände strich oder sauber machte und Julian hinter sie trat, ihren stetig wachsenden Kugelbauch streichelte und ihr Ermunterungen zuflüsterte. *Alles wird gut werden.*

Und sie gab zu, dass es das überwiegend auch war, denn Julians Optimismus war ansteckend. Und noch etwas hatte sie überrascht, und zwar wie gut sie offenbar für diese Art Arbeit geschaffen schien. Das Wachstum des Ladens war ihre Leistung gewesen. Wie einst ah-Ma Streichhölzer zu den Eiern verkauft hatte, so hatte Sook-Yin gelernt, einen Bedarf vorauszuahnen, und Julian ermuntert, dementsprechend einzukaufen. Es war ihre Idee gewesen, Süßigkeiten zusammen mit Tabakwaren zu verkaufen, Dosenpfirsiche neben Puddingpulver zu stellen, denn was sie in all den Jahren gelernt hatte, war, dass die schlechten Angewohnheiten eines Menschen selten getrennt voneinander existierten.

Dass sie angesichts von Widerständen im gleichen Takt schwangen, ließ sie der Idee eines zweiten Kindes zustimmen, ein Beleg für die Hingabe an den anderen. Was Schwüre anging –

und in Ermangelung vergleichbarer Erfahrungen –, kam dies dem, was sie sich unter Liebe vorstellte, durchaus am nächsten.

Sie war völlig in diese Träumereien vertieft, als die Klingel über der Tür heftig schellte und drei Männer in den Laden kamen. Sook-Yin war sich sicher, dass sie sie noch nie zuvor gesehen hatte. Sie hätte sich an die geschorenen Köpfe und engen Stiefel erinnert. An die Tätowierungen auf ihren Köpfen und Oberarmen. Ihre Finger fuhren unruhig über die Maschen ihrer Schürze. »Sagen Sie ruhig Bescheid, wenn ich helfen kann«, rief sie.

Die Männer ignorierten sie zunächst, bis der Größte von ihnen zu ihr an die Theke kam. »Wo ist *Mr* Miller heute?«

»Warum? Haben Sie etwas Geschäftliches zu besprechen?«

»Kann sein.«

Ihr Herzschlag setzte kurz aus, als sie die kühle Härte in seinem Ton erkannte, dennoch verschränkte sie ihre Arme und baute sich noch etwas mehr vor ihnen auf. »In dem Fall können Sie auch mit mir sprechen. Ich bin seine Frau.« Ihr fester Blick verlor jedoch seine Kraft, als sie sich nach Mei-Hua umsah, die aufgehört hatte zu spielen und nun die Männer anstarrte. Sook-Yin sprach jetzt in einem scharfen Ton mit ihr. »Maya! Geh hoch in dein Zimmer!«

»Warum?«

»Weil ich es dir sage. Okay?«

Mei-Hua ließ sich Zeit und plusterte ihre Wangen in gespielter Entrüstung auf, bevor sie durch die Tür hinter der Theke verschwand. Erst als die Tür hinter ihr ins Schloss fiel, war Sook-Yin wieder in der Lage, frei zu atmen.

Sie wandte sich erneut den Männern zu. Ohne dass sie es bemerkt hatte, hatten sich die Männer im Laden verteilt und begonnen, Keksschachteln zu öffnen und sich Limonaden zu nehmen, die sie erst schüttelten und dann aufdrehten, sodass sie sich in Fontänen pinkfarbenen Schaums ergossen. Sook-Yin legte ihre Hände auf ihren Bauch, ihre Angst und Wut prallten als verwirrte Lähmung aufeinander. Einzig das Zittern ihres rechten Beins verriet sie. »Worum geht es bitte?«, fragte sie schließlich.

Der Größte griff sich einen Schokoriegel, packte ihn aus, biss hinein und warf dann, was übrig war, auf den Boden. Sook-Yin blickte aus dem Fenster. Wo waren die anderen Kunden? Warum kam niemand von der Straße in den Laden? Sie dachte darüber nach, zu schreien oder sie anzugreifen, aber es war unmöglich, sie alle zu überwältigen.

Sie trat vor die Ladentheke, damit sie ihren dicken Bauch erkennen konnten, und war erleichtert, als der Kleinste unter ihnen seine Stimme erhob. *Lasst gut sein. Lasst gut sein. Das reicht jetzt.*

Der Große starrte ihr ins Gesicht. »Weiße Kerle passen nicht zu Schlitzaugen«, sagte er. Er erwiderte ihren starren Blick, sein Atem roch metallisch und prallte heiß gegen ihre Wange, bevor er den anderen beiden zunickte. Einer nach dem anderen ging Richtung Ausgang, der Letzte warf die Tür so fest zu, dass das Glas im Rahmen schepperte.

Sook-Yin wartete, bis sie die Straße überquert hatten, dann lief sie los, verriegelte die Ladentür und drehte das Schild auf *Geschlossen*. Mei-Hua, die sich am Eingang zur Wohnung versteckt hatte, kam hervor und betrachtete die Verwüstung. »Wer sind die gewesen, Mumma?«, fragte sie. »Warum haben die so ein Chaos gemacht?«

»Niemand. Nichts. Mach dir keine Sorgen.« Sook-Yin beugte sich zu ihr und zog sie an sich heran. Ihr eigener Körper war schweißüberströmt und leer, wie ein geschlachtetes Tier, das ausgeblutet dalag. »Sie Fehler gemacht«, sagte sie. »Dumme Männer haben einfach Fehler gemacht.«

Zwei Stunden lang lief sie auf dem Teppich des Wohnzimmers auf und ab, bis ihre Schuhe Spuren in seinem billigen Flor hinterlassen hatten, der nun so blass und flach wirkte wie ihre Stimmung, aber Julian war noch nicht zurück. Sie ließ ein Bad ein und bereitete das Abendessen für Maya zu, während sie auf ihrem eigenen Teller die sich abkühlenden Formen hin und her schob, bis sie sich zu einer dunklen, wächsern wirkenden Masse verbunden hatten. Was, wenn die Männer ihn gefunden hatten? Wer würde wissen, wie man sie kontaktierte?

Im Verlauf des Abends aber wandelte sich ihre Sorge in Wut. Wie konnte Julian sie so behandeln? Sie griff sich seine Hemden, warf sie auf den Boden und stellte sich Julian darin vor, während sie immer wieder auf ihnen herumtrampelte. Als aber erst neun und dann zehn Uhr verstrichen, kehrte ihre Angst zurück, und sie sammelte die Hemden wieder ein und drückte sie gefaltet an ihre Wange. *Es tut mir leid, ich liebe dich. Es tut mir leid.*

Es war nach Mitternacht, als er schließlich zurückkam und sie ihn über die Kette vor dem Eingang schimpfen hörte. Sie fand ihn an der Wand des Treppenaufgangs gelehnt. Er wedelte mit einem Strauß Blumen. »Für dich, meine wunderbare Frau.«

Sook-Yins Blick wanderte über sein Gesicht. Keine Schnitte, keine Wunden, nichts. »Wo bist du gewesen?«, fragte sie. Sie wich vor dem Tabakgestank in seinem Atem zurück. »Warst du den ganzen Tag im Pub?«

»Nein!«

»Jetzt weiß ich, dass du lügst!« Sie schlug mit ihren Fäusten gegen seine Brust. »Als ich heute Morgen wach wurde, warst du weg! Jeden Morgen du bist weg! Du sagst nicht, warum!«

»Was ist mit dir los?«, fragte er. »Und warum war die Wohnungstür verriegelt?«

Sie sank in einen der Sessel. »Weil heute böse Männer im Laden waren.«

»Was für Männer?« Julian legte seine Blumen auf den Tisch und kniete sich dann auf den Teppich neben ihr. »Beruhige dich und erzähl es mir in Ruhe. Bist du und das Baby in Ordnung? Haben die Maya etwas getan?«

»Ich habe Maya sofort in die Wohnung geschickt.« Ihre Nasenflügel bebten. »Drei große Männer. Zusammen. Sie sagen, sie suchen dich. Was wollen die von dir, Julian?«

Er rieb sich die Stirn. »Ich habe nicht den Hauch einer Ahnung. Die haben dir vermutlich einen Streich gespielt.«

»Was ist Streich?«

»Ein Scherz.«

»Es schien nicht wie Scherz.«

»Du hast dich erschreckt, das ist alles. Wenn sie wiederkommen, kümmere ich mich darum.«

Sook-Yin schüttelte den Kopf. »Aber woher weiß ich, dass du dann da bist? Du sagst mir nie, wohin du gehst.«

Er berührte ihr Kinn. »Von nun an bleibe ich hier«, sagte er. »Ich konnte es dir noch nicht sagen, weil es eine Überraschung sein sollte.«

Sie zog ihren Kopf zurück. »Vielleicht ich habe Überraschung. Vielleicht du kommst zurück, und ich bin tot! Ich immer Arbeit, Arbeit, Arbeit, den ganzen Tag.«

»Nun, ich werde auch arbeiten, arbeiten, arbeiten, den ganzen Tag.« Er lehnte seine Stirn gegen ihre. »Bist du noch mein Mädchen, Mrs Miller? Ich dachte bloß, das würde dir gefallen …« Er zog ein Bündel Geld aus der Jacke. Mehr, als sie je zuvor gesehen hatte.

»Woher hast du das?«, fragte sie.

»Von einem alten Geschäftsfreund. Er hat mir ein paar Investmenttipps gegeben, und heute habe ich mich auszahlen lassen. Bist du denn gar nicht glücklich?«, fragte er.

Sook-Yin kochte still vor sich hin, noch nicht wirklich bereit, ihm zu vergeben. Wer tätigte um sechs Uhr morgens Investitionen? Sie versuchte, das Bild von Florence am Mahjong-Tisch, das sich unaufgefordert in ihren Gedanken breitgemacht hatte, wieder zu vertreiben. Julian würde gewiss nicht so verzweifelt sein. Hatte er ihr nicht erzählt, dass das Geschäft gut lief? Sie seufzte. Sie und Julian, Mei-Hua und das Baby – sie waren alles, was sie in dieser neuen Welt hatte, und sie konnte es sich nicht leisten, auch nur einen davon zu verlieren. »Dann komm ins Bett«, sagte sie.

Sie kam diese Nacht nicht zur Ruhe. Jedes Mal, da sie kurz davor war, einzuschlafen, erschienen die drei Männer vor ihrem geistigen Auge, als hätten sie im Hintergrund gelauert und nur darauf gewartet, dass sie ihre Lider schloss. Sie stand auf, prüfte die Schlösser an der Wohnungstür und ging dann in die Küche, um Tee zu machen.

Sie nahm gerade Milch aus dem Kühlschrank, als sie unten im Laden Glas brechen hörte. Sie stand still und lauschte ins Dunkel, lief dann zurück zu Julian und schüttelte ihn wach. »Ich rieche Rauch!«, rief sie.

Julian setzte sich sofort aufrecht. »Stecke Maya in etwas Warmes und nimm sie mit hinunter ins Erdgeschoss. Öffne nicht die Tür zum Laden.«

»Was ist mit dir?«

»Ich muss ein paar Dinge zusammensuchen. Unsere Pässe, Fotos … das Geld.« Er nahm ihre Hand von seinem Arm. »Ich muss, Sook-Yin«, sagte er. »Geh schon, es wird alles gut.«

Sook-Yin hob Mei-Hua aus ihrem Bett und wickelte sie in eine Jacke. Sie war noch immer zu verschlafen, um sich schnell bewegen zu können, und Sook-Yin war gezwungen, sie zu tragen. Unter ihrem Gewicht schwankend, lief sie die beiden Treppen hinunter ins Erdgeschoss. Die Hintertür war durch die seltene Nutzung schwerfällig, und es brauchte ihre gesamte Kraft, bevor sie sie mit einem Stoß aufstemmen konnte. Mei-Hua wurde durch die Kälte schlagartig wach und rieb sich die Augen. »Was passiert, Mumma?«, fragte sie.

»Es brennt. Wir müssen weg.«

Als sie sicher auf der Straße waren, war der Eingangsbereich des Ladens bereits ein Inferno. Mrs Deep, die den Waschsalon gegenüber betrieb, kam herausgelaufen und bedeckte ihre Ohren mit einem Laken, während die Feuerwehrsirenen wie eine Todesfee heulten. Im Umkreis eines ganzen Kilometers gingen die Lichter an, während die Nachbarn aufstanden, um herauszufinden, was los war. Sie kamen in weißen Nachtgewändern und Shirts nach draußen, die strahlende Hitze der Flammen zog sie vor dem Hintergrund des gewaltigen rauchdurchzogenen Himmels erst an und stieß sie dann wie Magneten wieder ab. Ein Murmeln breitete sich wie eine Welle unter den wartenden Gesichtern aus. *Wo ist Julian? Was macht er nur?*

Minuten schienen zu Stunden zu werden, bevor er aus der Hintertür herausgestolpert kam, hustend und schweißtriefend, während er einen kleinen braunen Koffer hinter sich herzog. Seine Augen wanderten, während er nach seiner Familie Ausschau hielt. »Sind alle gesund? Sook-Yin …?«

Endlich erlöst von ihrer Sorge um seine Sicherheit, nickte Sook-Yin ihm nur zu, während sie wie blind in das zerbrochene Ladenfenster starrte, ihr Kopf und die Szenerie miteinander verschmolzen. Die schwarzen Überreste der Konservendosen waren ihr Körper, der giftige Gestank des Metalls ihr eigener Atem, denn war dieser Ort nicht Teil von ihr? Ihre Hoffnungen, ihre Träume, ihre Schöpfung?

»Ihre Frau steht unter Schock, Mr Miller.« Mrs Deep legte ihren Arm um Sook-Yin, nahm dann ihr Laken und legte es ihr um. »Kommen Sie mit Ihrer Familie mit zu uns.«

Die drei liefen los, als Sook-Yin anhielt und sich krümmte. *Nicht jetzt. Nicht jetzt. Nicht jetzt.* Sie bückte sich, während eine weitere Welle über sie schlug, eine Flüssigkeit schoss auf den Bürgersteig, so plötzlich und kräftig wie ein Monsun, und sie sah Julian mit hilflosen Augen an. »Das Baby kommt«, sagte sie.

FÜNFUNDZWANZIG

Lily
Hongkong, 1997

33. Tag der Trauer

Dad hat mir oft erzählt, dass ich bei einem Brand zur Welt gekommen bin. Er sagte, dass das der Grund für meine Leidenschaft und Empfindsamkeit sei, und, als ich älter war, auch, weshalb ich vom Leben enttäuscht war. Doch mit jedem Tag, den ich in Kowloon verbrachte, bekam ich das Gefühl, dass er sich in einer Sache getäuscht hatte. Ich war nicht enttäuscht, ich hatte lediglich etwas verpasst.

Mit den Dingen aus Mummas Koffer bepackt, nahm ich die U-Bahn nach Cheung Sha Wan. Ich wusste, dass es eher unwahrscheinlich war, doch falls ich meine Großmutter finden konnte, wäre das der erste Schritt, mit meiner Familie in Kontakt zu kommen. Vielleicht würde sie mir sogar etwas über die Lees erzählen.

Das Wohnhaus lag in einer heruntergekommenen Straße etwa zehn Minuten zu Fuß von der Station entfernt. Ich war überrascht, wie leicht ich es gefunden hatte; wie vertraut mir die cremefarbenen Gipswände und seine abblätternden Betonbalkone waren, die bunten Läden, die den Marktplatz umgaben. Und überall der Geruch, an den ich mich erinnerte, aus den Rinnsteinen und den Küchen und den Dächern, berauschend und übersatt im Sonnenlicht: süße Früchte und die Feuchtigkeit rohen Fleisches. *Siehst du*, wollte ich Maya sagen, *ich habe mir das nicht eingebildet. Ich weiß mehr, als du mir je zugestanden hast.*

Im Eingangsbereich des Gebäudes befand sich eine kleine Theke, halb verdeckt durch ein Schiebefenster. Dahinter konnte ich einen Fernseher hören, dieselben fröhlichen, eingängigen Jingles für Mückenspray und Sojamilch, die ich in Endlosschleife schon im Hotel gesehen hatte; die Wörter für *beeil dich* und *lecker,* die ich mir selbst hatte beibringen können. Ich drückte den Klingelknopf, und eine Frau erschien in der Tür im Inneren, einen Heiligenschein aus weißen Strähnen in ihrem schwarzen Haar.

»Ist hier Castle Peak Road?« Ich malte die Hausnummer mit meinen Fingern in die Luft. »Ich suche nach Appartement Nummer 10. Großmutter«, sagte ich. *»Meine Großmutter.«*

»Verstehe nicht«, sagte die Frau.

Ich war nicht überrascht. Mit meinen ungelenken Grimassen und meinem westlichen Akzent klang ich wie ein ausgemusterter Star aus einer 70er-Jahre-Sitcom. Ich holte Mummas Adressbuch hervor und zeigte ihr den Eintrag auf der ersten Seite: *Wing Chan Chen. Appartement 10.*

Die Frau legte ihre Hand vor ihren Mund und verschwand dann blitzschnell in ihrem Appartement. Ich war kurz davor, erneut zu klingeln, als sich der Riegel der innen gelegenen Tür öffnete und eine jüngere Frau hereintrat. »Sie suchen nach Chen Wing Chan?«

»Ja.«

»Dann kommen Sie besser herein«, sagte sie.

Sie bat mich, in einem überladenen, aber gemütlichen Wohnzimmer Platz zu nehmen. Ich kletterte über buddhistischen

Zierrat und Pflanzen, die groß genug für ein Gewächshaus in Kew Gardens waren, bevor ich mich auf einem Korbstuhl niederließ. Die ältere Frau saß mir gegenüber auf dem Sofa, dessen Stoff mit den Jahren in perfekten Rechtecken in Form der Fenster von der Sonne ausgebleicht war, und betrachtete mich mit vorsichtiger Neugier.

»Es tut mir leid, aber Mrs Tams Englisch ist schlecht.« Die jüngere Frau gestikulierte ihrer älteren Begleiterin zu, während sie in der angrenzenden Küche Tee eingoss. »Wir haben nicht oft Reisende zu Besuch.«

»Leben Sie auch in dem Haus?«

»Hmm. In Nummer 16.« Sie trug ein Tablett zum Tisch und langte herüber, um den Fernseher auszuschalten. Das setzte eine Kettenreaktion in Gang, bei der Mrs Tam, die sofort zum Leben erwachte, vor lauter Eifer über ihre Worte stolperte. Die junge Frau hörte zu und übersetzte. »Mrs Tams Mutter war gut mit Wing Chan befreundet, während sie dort gelebt hat.«

»Ist meine Großmutter mittlerweile fortgezogen?«

Die junge Frau neigte ihren Kopf. »Es tut mir so leid«, sagte sie. »Sie ist vor sechs Monaten gestorben, nicht lange nach Mrs Tams Mutter. Wing Chan hatte kurz vor ihrem Tod einen schweren Schlaganfall.«

Ich sank tiefer in meinen Sitz. Erst Mumma, dann Dad, nun unsere Großmutter. Die Neigung unserer Familie zu schlechten Enden war schon einmalig. Ein ungewolltes Bild stieg in mir auf: Maya saß neben Dad in unserem Haus in Brixton und sah ihm dabei zu, wie er an seinem Krebs zugrunde ging, eine defekte, ständig an- und ausgehende Lichterkette. Wie die Aufmerksamkeit, die ich ihm nicht entgegenbringen konnte, da es mir selbst zu schlecht dafür ging. »War am Schluss jemand bei ihr?«

Sie nickte. »Wing Chan hat einen älteren Sohn. Er ist Professor an der Hongkong University. Er hat sein Appartement vor einem Monat verkauft.« Mrs Tam unterbrach erneut. »Bitte vergeben Sie«, sagte die junge Frau, »aber sie fragt, ob sie wirklich die Enkelin seien? Sie sagt, der Sohn habe nämlich keine Kinder.«

Als mir das Missverständnis klar wurde, holte ich Mummas Pass und Ausweis hervor. Mrs Tam hielt beides gegen das Licht, ihre Augen weiteten sich, bevor sie in gehetztem Ton sprach.

»Sie fragt, ob Sie Tochter von Chen Sook-Yin sind? Die Chen Sook-Yin, die gestorben ist?«

»Ja! Wir haben in dem Appartement gelebt, als es passiert ist. Vielleicht erinnert sich Mrs Tam an mich – oder an meine ältere Schwester, Mei-Hua?«

Die beiden Frauen tauschten sich aus. »Mrs Tam hat damals nicht hier gelebt, aber vielleicht erinnern *Sie* sich an ihre Mutter? Ihr Name war Mrs Chee?« Sie zeigte mir ein Foto von der Anrichte über der Konsole, der Rahmen übersät mit den Spuren von verbranntem Weihrauch. Ich schickte das Gesicht der Frau im Schnelldurchlauf durch meinen Kopf und versuchte, den verloren gegangenen Verlauf seiner Linien auszumachen, aber ich war mir nicht sicher.

»Ich *war* damals sehr jung.« Ich drückte meine Hände in meinen Schoß. »Es tut mir leid, fragen zu müssen«, sagte ich, »aber ich nehme an, Sie haben nicht zufällig die Adresse meines Onkels? Es ist sehr wichtig, dass ich ihn erreiche.«

Mrs Tam gab mir Mummas Papiere zurück und ließ die junge Frau etwas auf einem Notizblock notieren. »Der Name Ihres Onkels ist Chen Chor-Kit. Er lebt im Distrikt Wan Chai, auf Hongkong Island. Als er das Appartement Ihrer Großmutter verkauft hat, hat er Mrs Tam für Notfälle seine Adresse hinterlassen.« Sie riss den Zettel aus dem Block und gab ihn mir.

»Danke. Ich kann Ihnen gar nicht sagen, wie sehr Sie mir geholfen haben.«

Als ich aufstand, sprach Mrs Tam erneut, und die junge Frau nickte und verließ das Büro. Ein paar Augenblicke später kam sie zurück und hielt einen Karton in der Hand. »Das ist für Sie«, sagte sie.

»Nein, das kann ich nicht annehmen … wirklich. Sie haben schon so viel für mich getan.«

Sie lächelte. »Das ist kein Geschenk. Als Ihr Onkel das Appartement verkauft hat, bat er Mrs Tam, es für den neuen Bewohner zu entrümpeln. Die Menschen hinterlassen immer ein paar Spuren, aber er kam nie zurück, um sie abzuholen, also können wir Ihnen das mitgeben.«

Im Taxi zurück ins Hotel versuchte ich der unsichtbar aufsteigenden Welle alberner Heulerei und magischen Denkens zu widerstehen. Ich war eine unvoreingenommene und rationale Person; ich wusste, dass mein Timing, den Karton zu bekommen, nichts weiter als ein Zufall war und dass meine Aufregung darüber, was darin enthalten sein könnte, gänzlich mit jenem Tag zusammenhing, als ich und Maya aus der Schule kamen und feststellen mussten, dass Dad das Haus in Brixton leer geräumt hatte. Alles, was Mumma angesammelt hatte – ihre ganze Anstrengung, unser Erbe für uns sichtbar zu machen –, war in wenigen Stunden verschwunden.

»Bei uns ist eingebrochen worden«, hatte ich, dumm wie ich war, zu Maya gesagt und damit das Bild eines Marktes für billige Wächterlöwen aus Gips und Lampenschirme mit Polyesterquaddeln vor meinem geistigen Auge entstehen lassen, als dass mir aufgefallen wäre, dass Fernseher und Stereoanlage unberührt geblieben waren. »Mumma ist weg, Mumma ist weg, Mumma ist weg.«

Das sind nur Dinge, sagte Maya wochenlang in Dauerschleife, während ich untröstlich war. *Dad hat es einfach nicht ertragen, sie anzusehen.* Ich versuchte, Mayas erwachsene Sicht auf die Situation ebenfalls an den Tag zu legen, es aus ihrer beider Perspektive zu betrachten, aber ich konnte mich nur auf das konzentrieren, was wir verloren hatten. Und das war immer noch so.

Man kann einen Menschen auf mehrerlei Weise berauben.

Ich geduldete mich, bis ich wieder auf meinem Zimmer war, und öffnete ihn erst, als ich auf dem Bett saß. Der Karton roch wie Mummas Koffer: nach Alter und Vernachlässigung und Staub und nach den Erinnerungen einer anderen Person. Ganz zuoberst befand sich ein weiteres seidenes Nadelkissen wie jenes in Mayas Haus, nur dass der rote Kürbis hier durchschien und staubig war, die Oberfläche voller Narben, wo einst die Nadeln gesessen hatten. Darunter befanden sich zwei kleine Fotos. Das erste war ein Bild von Mumma, ihr Gesicht im Nachmittagsschatten der weiten Krempe ihres schlaffen Strohhutes. *Lychee Garden* stand auf dem Schild über ihr. Sie muss etwa in meinem Alter gewesen sein, als es entstanden ist, und ich sah die Ähnlichkeit unserer Züge – die gemeinsamen Gene im Bogen ihrer Lippen, die Schrägheit in der Neigung ihrer Augenbraue; ich verstand nun, weshalb mein Vater sich damals erschrak, wenn er mich in meiner Teenager-Zeit mit offenem Mund ansah und keine Ahnung hatte, dass ich es bemerkte.

Das zweite Foto war etwas kurioser. Es war eine Porträtaufnahme von Marilyn Monroe, an den Ecken wellig und mit den Jahren vergilbt.

Für Sook-Yin, in Liebe von Peggy, London, 10. August 1966.

Peggy, Peggy, Peggy … Ich versuchte, dem Namen ein Gesicht zuzuordnen, doch es blieb alles leer. Es kam mir seltsam vor, dass Mumma es aufbewahrt hatte, vielleicht aber bewertete ich das alles auch nur über. Womöglich waren ihre Gründe so einfach, wie es meine hinsichtlich all der Bilder gewesen waren, die mal an meinen Wänden gehangen haben, als ich es noch nicht besser wusste und bevor ich erkannt hatte, was ich alles nicht sein konnte.

Das Nächste, was ich aus dem Karton hervorzog, war ein Stück Papier, das so dünn war, dass ich es zunächst für ein Taschentuch hielt. Ich strich es glatt und hielt es gegen das Licht. Es sah wie eine alte Rechnung aus, die chinesische Handschrift war mit der Zeit verblasst und durch einen matten Kupferfleck markiert. Etwa in der Mitte des Blattes war eine Summe zu erkennen: 10.000 Hongkong Dollars. Wenn die Quittung so alt war, wie sie aussah, wäre das ein kleines Vermögen gewesen. Ich hatte keine Ahnung, was dafür wohl gekauft worden war.

Ich leerte die anderen wahllosen Gegenstände aus – eine Haarspange, ein Essstäbchen aus Ebenholz, eine Schachtel voller Streichhölzer von einem *The Lucky Seven Club,* ihre Köpfe von der Feuchtigkeit des Ortes, an dem sie zu Boden gefallen und vergessen worden sein mussten, in Mitleidenschaft gezogen und glatt gerieben. Für andere wären diese Gegenstände Schrott gewesen, für mich aber waren sie so kostbar wie ein Tagebuch oder Knochen, die man aus der Erde ausgegraben hatte. *Wir waren hier*, sagten sie. *Jemand hatte mal Verwendung für uns*, und ich dankte schweigend Mrs Tam, dass sie das verstanden hatte.

Ich breitete alles auf dem Tisch neben dem Bild von mir und Maya aus und wollte gerade den Karton entsorgen, als mir etwas ins Auge fiel – ein verschlossener Briefumschlag am Boden, ich zog ihn heraus und betrachtete ihn: *An Mr Julian Miller*, Poststempel April 1978. Fünf Monate nach Mummas Tod. Erstaunt drehte ich ihn um und sah einen Vermerk in Dads Handschrift.

Empfänger unbekannt verzogen. An Absender zurücksenden.

Das ergab keinen Sinn. Die Adresse war unsere in Brixton. Ich riss ihn entlang der Perforation auf.

Lieber Julian,

dies ist der fünfte Brief, den ich dir schreibe, aber alle sind ohne Antwort geblieben. Ich habe mehrfach versucht, dir das zu erklären, aber habe immer noch keine Antwort erhalten, und mein Herz ist gebrochen. Es ist schlimm genug, meine Tochter zu verlieren. Nun aber auch noch meine Enkelkinder. Bitte! Schicke mir einen Brief mit einem Bild, damit ich Mei-Hua und Li-Li wiedersehen kann.

Beste Grüße
Chen Wing Chan

Ich las ihn wieder und wieder, während meine Faust gegen das Laken schlug. Ein Brief hätte ja verloren gehen können, aber fünf? Das war unmöglich. Dad hatte sie absichtlich nach Hongkong zurückgeschickt.

All die Jahre und nicht mal ein Brief!

Wie kannst du dir da so sicher sein?

Weil Dad mir gesagt hat, dass sie nicht geschrieben haben.

Maya hatte das also auch geglaubt, sie war genauso Opfer seiner Erzählung, wie ich es war. Was zum Henker hatte er sich dabei gedacht?

Beruhige dich, sagte ich zu mir selbst. Das war nicht der Dad, den ich kannte. Seine Trauer über Mumma war immer spürbar, hatte in den Wänden und Böden unseres Hauses gewohnt, sie war Teil der Luft gewesen. Es war die Art Trauer gewesen, die man nur überleben konnte, wenn man jede Erinnerung an die Person auslöschte. Das *musste* der Grund sein, weshalb er die Briefe zurückgeschickt hatte. Oder vielleicht hatte er es als eine Art bewusst feindseligen Akt angesehen, dass sie uns zurückgeschickt hatten, und sie dafür zur Strafe aus unserem Leben verbannt. *Lieber eine Amputation in Kauf nehmen, als eine Sepsis zu riskieren.*

Zum ersten Mal seit meiner Ankunft in Hongkong verspürte ich ein echtes Bedürfnis, Maya anzurufen, im verzweifelten Wunsch, dass sie dem Ganzen irgendeinen Sinn verleihen konnte, aber ich widerstand diesem Sog. Ich hatte noch nicht den Mut, ihr zu sagen, dass ich hier war, und ich konnte die Erbschaft noch immer nicht erklären.

Nun aber gab es zumindest jemanden, der das konnte.

SECHSUNDZWANZIG

Sook-Yin
London, September 1972

Ihre zweite Tochter brauchte neun Stunden, um in jener Nacht auf die Welt zu kommen, doch während Sook-Yin in dem eiskalten Krankenhaus lag, war jedweder Trost durch die Erleichterung, die Geburt hinter sich zu haben, vom Horror ihrer Begleitumstände überschattet. Alles, wofür sie gearbeitet hatten, war verloren.

Sie verschmähte das Glas Stout, das unangetastet neben ihr auf dem Tisch stand. Sie erinnerte sich, wie sie es nach Mayas Geburt getrunken hatte, an seine Bitterkeit, die sie mit Wonne verspürt hatte. Doch sein ranziger, abgestandener Geruch löste in ihr keinerlei Verlangen aus.

Harvey kam als Erster, um sie zu besuchen. Er lehnte sich über die Krippe und beäugte das schlafende Mädchen mit seinem runzligen, gelbsüchtigen Gesicht und den Fäustchen eng an den Wangen. »Was für ein wunderschönes Baby«, sagte er. »Und schau nur, wie still sie ist! Sie muss das Herz eines Tigers haben!«

Mrs Deep hatte Harvey auf Sook-Yins Anweisung hin angerufen, als die Wehen begonnen hatten. Sie hatte ihm auch von dem Brand erzählt, doch Sook-Yin wusste, dass er es nicht erwähnen würde, da er das frohe Ereignis nicht mit unnötigem Gerede über die Tragödie belasten wollte. Stattdessen zeigte er ihr die Dinge, die er mitgebracht hatte: ein gewebtes Wickeltuch und Hühnchen mit Reis, traditionelle Gaben bei der Geburt eines Babys, damit sie niemals Kälte oder Hunger spüren müssten.

»Jetzt etwas für ah-Ma«, sagte Harvey. Er zog eine Schachtel hervor und zeigte ihr vier pralle Brötchen, deren goldbraune Kruste im fahlen Licht fast saftig wirkte. »Rote Bohnenpaste. Dein Lieblingsessen.«

Sook-Yin nahm eines und biss hinein. Der Geruch, der sie so stark an ihre Kindheit erinnerte, sorgte dafür, dass ihr heiße Tränen in die Augen stiegen. Mit einem Mal verschwanden die Geräusche weinender Babys und der Albtraum des verlorenen Ladens, und an ihre Stelle trat die Aufgehobenheit eines Zuhauses.

Vom Geruch aus demn Schlaf gelockt, ploppten die Augen des Babys auf – *pling, pling* – wie zwei Johannisbeeren. »Iss, iss«, sagte Harvey zu Sook-Yin. »Ich nehme deine Tochter für den Moment.«

Er hob das Baby aus der Krippe, durch die plötzliche Flugbewegung formte sich ihr Mund zu einem ›O‹. Harvey strahlte. »Die hier wird um nichts bitten. Mei-Hua wird sie übervorteilen, wenn du sie lässt. Ein starker Name wird ihr helfen.« Er malte mit seinem Finger auf das Bettlaken. »Ein Li für schön«, sagte er, »und eins für Vernunft und Logik. Schau, wie es aufsteigt, wie Musik! Li-Li.«

»Gho-Gho, das ist perfekt!«

Er sog den Duft ein, der vom Kopf des Babys ausging und von dem Sook-Yin bereits wusste, dass er eine scharfe, süße Koriandernote besaß, ihr Haar so schwarz wie das von Maya goldfarben. »Wer kommt sonst heute noch zu Besuch? Hast du mal was von Peggy gehört?«

Sook-Yin schüttelte den Kopf. Ihre Freundschaft hatte seit dem gemeinsamen Einkaufstrip nachgelassen. Sie waren danach noch eine Zeit lang in Kontakt geblieben – ein Strauß Blumen, als Maya geboren wurde, eine Karte zum ersten Geburtstag und zu Weihnachten –, doch mit der Zeit hatten die Abstände zugenommen, und inzwischen war ein Jahr vergangen, seit sie das letzte Mal miteinander gesprochen hatten.

Harvey nahm die Station in den Blick und verzog das Gesicht. »Es ist völlig barbarisch hier drinnen. Daheim könntest du einen Monat lang schlafen, und Jungfrauen würden deinen Körper waschen und das Aa deiner Tochter abwischen.« Beim Anblick des Glases auf dem Tisch winkte er verächtlich ab. »Man würde dir auch vernünftige Medizin geben. Nicht dieses Zeug, das wie ein Aschenbecher riecht.«

Sook-Yin lachte, denn sie hasste es ebenfalls, hier zu sein. »Ich werde schon noch rauskommen«, sagte sie, bevor sie sich daran erinnerte, wohin sie zurückkehren würde, und ihr Lächeln löste sich auf wie Zucker.

Harvey knackte seine Fingerknöchel. »Dieses dunkle Gewässer durchqueren wir, wenn es so weit ist.«

Es war gegen Ende der Besuchszeit, und sie driftete in einen erholsamen Schlaf, als Julian neben ihr auftauchte. Sook-Yin blickte zur Tür, die noch immer schwang. »Wo ist Maya?«, fragte sie.

»Ich habe sie bei meiner Mutter gelassen.« Er hielt ihre aus Enttäuschung gerunzelte Stirn für ein Zeichen der Wut. »Sie ist müde, Sook-Yin«, fauchte er. »Wir sind alle müde und überarbeitet.«

Sie krallte sich in das Laken zwischen ihren Fingern. Vielleicht würde er es gern sehen, dass sie aufstand und die Station fegte, um sich nützlich zu machen. »Neuigkeiten von der Polizei?«, fragte sie stattdessen.

»Sie versuchen noch immer herauszufinden, was passiert ist.«

Sie lehnte sich zurück und schloss die Augen. »Es wird lange dauern, bis der Laden wieder öffnen kann.«

»Darüber wollte ich mit dir sprechen, Sook-Yin. Vielleicht sollten wir einen Neustart wagen? In eine ganz andere Gegend ziehen?«

Sie öffnete die Augen und setzte sich aufrecht hin. »Glaubst du, Geschäft war nicht gut? Zusammen machen wir besser.«

Julian kniff sich den Nasenrücken. »Hör zu, ich wollte dich nicht beunruhigen, aber die Polizei glaubt, es sei ein rassistischer Anschlag gewesen.«

Sook-Yins Kinnlade fiel herunter. »Was meinst du mit rassistischer Anschlag? Wir sind schon seit fünf Jahren dort! Mrs Deep hat Wäscherei gegenüber und nie solche Probleme erlebt.«

»Das ist aber etwas anderes, oder?«, meinte er. »Sie hat jemanden geheiratet, dessen Herkunft sie teilt.«

Weiße Kerle passen nicht zu Schlitzaugen.

Schlitzaugen. Wie hatte sie das nicht begreifen können?

»Mach dir keine Sorgen, wir werden es ihnen schon zeigen. Die beste Rache ist es, erfolgreich zu sein, und es wird uns woanders besser gehen.«

Sook-Yin wandte sich ab. »Du meinst, einen Ort, wo man jemanden wie mich verstecken kann?«

Er griff nach ihrem Bein unter der Decke. »Jetzt werd nicht gefühlsduslig. Wir müssen schließlich auch an Maya denken.«

»Weil sie als ›eine von euch‹ durchgeht?«

Julian war stolz auf seine Rolle als ihr Retter; er hatte Sook-Yin als moralisches Schutzschild unter den immigrantischen Gesichtern Islingtons durch die Straßen paradiert, doch in dem Augenblick, da es zu Schwierigkeiten kam, schien sein erster Instinkt Rückzug zu sein.

Er rieb sich den Rand seines Kragens. »Du kannst es ihr nicht übel nehmen, dass sie dazugehören will. Ich will das Utopia wie jeder andere auch, aber wenn das der einzige Weg ist, ihr echte Chancen zu eröffnen …«

Sook-Yin sah auf ihr Baby mit den Mandelaugen und der Stupsnase und den schwarzen Haaren. »Und was ist mit dieser Tochter?«, fragte sie.

SIEBENUNDZWANZIG

Lily
Hongkong, 1997

34. Tag der Trauer

Ich nahm die Fähre hinüber zur Insel und folgte dann der Karte nach Wan Chai. Anders als die Offenheit von Castle Peak Road gab es hektische Sicherheitsmaßnahmen rund um den Appartementblock meines Onkels, Kameras waren auf die moderne Fassade ausgerichtet, und ein gelber Wachposten überblickte den Parkplatz. Was sollte ich am besten sagen, wenn man mich befragen würde?

Ich war etwa zehn Minuten dort, als ein kleiner Datsun einen Parkplatz anfuhr und eine Frau mit Overall ausstieg, die einen Eimer mit Putzutensilien mit sich trug. Ich folgte ihr zum Eingang, wo sie die Tür mit einer Schlüsselkarte öffnete und sie dann für mich offen hielt. »*Ngoy, sin*«, sagte ich, *danke*.

Ich verharrte in der klinisch reinen Lobby. Zwei große Aufzüge nahmen den Großteil einer Wand ein, während an der anderen eine Armada an Briefkästen hing, einer für jedes Appartement. Ich wartete darauf, dass die Frau verschwand, und folgte dann der Reihe von Zahlen, bis ich die meines Onkels gefunden hatte. Mein Magen rumpelte. Vielleicht wäre es besser gewesen, mich vorher anzukündigen.

Ich nahm meinen Notizblock und einen Stift hervor. *Lieber Onkel Chor*, schrieb ich. *Es tut mir leid, dich damit zu behelligen …*

Zu entschuldigend. Maya hätte sich niemals so unterwürfig gegeben. Ich begann den Brief erneut, als sich eine der Aufzugtüren öffnete und ein junges Mädchen auf Rollerskates herausfuhr. Ich schätzte sie auf etwa 13, sie trug eine schlichte Schürze, ihre Haare wurden von einem *Hello-Kitty*-Haarband zurückgehalten. Sie nahm mehrere Schlüsselanhänger aus ihrer Tasche, jeder von ihnen mit einem farbigen Zeichen versehen, und begann einige der Briefkästen zu leeren. Als sie jenen Onkel Chors erreichte, stellte ich mich vor sie. »Ist das die Post für Chen Chor-Kit?«, fragte ich sie.

Sie schwang herum und starrte mich an. »Warum? Was geht Sie das an?« Ihr klar akzentuiertes Englisch war makellos.

»Mein Name ist Lily Miller. Ich bin eine Art Freundin der Familie.«

»Warum haben Sie nicht geklingelt?«

Ich kratzte mich am Kopf. »Ich wollte ihn wohl überraschen. Weißt du, ob er heute zu Hause ist?«

Sie begutachtete mich, während sie auf ihrem Kaugummi herumkaute. Dann lächelte sie. »Folgen Sie mir«, sagte sie.

Wir fuhren mit dem Aufzug in den 14. Stock, und sie rollte nach vorn zu einer Tür, die am Ende des Ganges angelehnt stand. *»Suk-Suk!«*, rief sie am Eingang und sah dann zurück und verneigte sich vor mir. »Nun kommen Sie schon rein«, sagte sie.

Onkel Chor muss um die 60 gewesen sein, seine Haare grau meliert zwischen dem ganzen Schwarz, auch wenn sein Körper voller Spannung und muskulös war. Ich grub in meinem Gedächtnis nach einer Spur seines Gesichtes oder einer irgendwie gelagerten Ähnlichkeit mit Mumma. Ich fand nichts.

Er hörte zu, während ich in der Küche erzählte. Zunächst offenbarte ich nur das Wichtigste: dass Dad gestorben war und ich nach Kowloon gekommen sei, um meine Neugier über unser kulturelles Erbe zu befriedigen. »Ich habe die Wohnung in Castle Peak Road besucht«, sagte ich.

Sein Körper wandte sich mir überrascht zu. »Das Appartement ist vor einem Monat verkauft worden.«

»Ja, das hat mir Mrs Tam erzählt. Es tut mir leid.«

»Sprechen Sie also inzwischen Kantonesisch?«

»Da war eine Lady, die für mich übersetzt hat.«

Er nickte und ließ dabei erkennen, dass es das war, was er erwartet hatte. »Sie sind ziemlich fleißig gewesen, Miss Miller.«

»Nun, ich habe einiges aufzuholen.« Ich wies auf die Tür. »Das junge Mädchen, ist sie verwandt?« Ich wusste bereits, dass er keine Kinder hatte, aber mich interessierte, was er dazu sagen würde, besonders da das Gespräch seltsam verlief.

»Feng Mian ist meine Patentochter«, sagte er. »Ihre Familie ist zurück nach Peking gezogen, aber sie haben ihr erlaubt, ihre Ausbildung hier zu beenden.«

»Hat sie schon eine Idee, was sie machen will?«

»Sie hat mal etwas von Jura erzählt.«

»Oh. Wie Maya«, sagte ich, und fügte dann mit nur einem leisen Hauch Hinterlist hinzu, »sie hat ihren Abschluss in Oxford gemacht.«

Er zog eine Augenbraue hoch, als wäre die Erstaunlichkeit des Ganzen immens, ihm aber nicht vollkommen unangenehm. »Sehr beeindruckend.«

»Ich habe Musik studiert. In Cambridge.«

Er hielt kurz inne, um das zu verarbeiten. »Ich nehme an, Ihre Schwester ist sehr erfolgreich?«

Ich lachte über die Selbstverständlichkeit. Selbst hier übertraf mich die liebe Maya. »Oh ja. Und stinkreich.« Er erlaubte sich ein Lächeln, und durch diesen positiv verlaufenden Versuch ermutigt, wagte ich mich weiter vor. »Onkel, es *gibt* noch einen weiteren Grund, weshalb ich hier bin. Sagt Ihnen der Name Hei-Fong Lee etwas?«

»Der Bankier?«, fragte er.

»Ja. Ich frage mich, ob es eine Verbindung zu unserer Familie gibt. Besonders hinsichtlich meiner Mutter, meine ich.«

»Das halte ich für sehr unwahrscheinlich. Trotz meiner weitreichenden Verbindungen ist mir der Mann nie persönlich begegnet.« Er legte seine Hände auf den Tisch. »Vergeben Sie mir, wenn ich offen spreche, aber meine Schwester ist seit zwei Jahrzehnten tot. Worum geht es genau?«

Ich hielt inne. »Okay, das wird nun etwas seltsam klingen, aber Mr Lee hat mich und Maya in seinem Testament erwähnt. Er hat uns ein kleines Vermögen hinterlassen.«

Ich sah den Schock hinter seinem starren Lächeln. »Gratulation«, sagte er.

»Ja, aber dieses Geschenk … Es ist vollkommen rätselhaft, und da Sie ja nun mal Teil der Familie sind, hatte ich gehofft, dass Sie vielleicht wissen, weshalb er das getan hat.«

Er zuckte in einer Geste der Kapitulation mit den Schultern. »Tut mir leid, ich wünschte, ich könnte Ihnen helfen, aber ich habe wirklich keine Ahnung.«

»Okay, ich verstehe. Schade.« Ich nahm das Handy, das Daniel Lee mir gegeben hatte, notierte meine Nummer auf dem Notizblock aus dem Hotel und fügte meine Zimmernummer dazu. »Hier können Sie mich erreichen, wenn Ihnen noch etwas einfällt.«

Er warf einen kurzen Blick auf den Schriftzug auf dem Zettel. »Gratulation«, sagte er erneut. Er wuselte an der Spüle herum und verhinderte so die Fortsetzung unseres Gesprächs. Also nicht der beste Moment, um ihn zu den Briefen zu befragen.

Ich fasste jedoch Mut und ging auf ihn zu. »Onkel, ich weiß, dass mein Kommen Sie schockiert haben muss, aber ich würde *wirklich gern* mit Ihnen in Kontakt bleiben. Es wäre schade, wenn wir das nach all den Jahren nicht hinbekämen. Ich nehme an, dass Sie wunderbare Geschichten über meine Mum wissen.«

Er wusch seine Hände und trocknete sie mit ausgeglichenen, sorgsamen Bewegungen ab. »Es stimmt, dass Sie mich überrascht haben, Miss Miller. Wenn ich vielleicht darüber nachdenken dürfte.«

»Ja … Tun Sie das bitte«, sagte ich.

Es gab sonst nichts, was ich sagen *könnte*. Ich ließ ihn in der Küche stehen, verharrte aber im Flur, um tief durchzuatmen. Erst als ich mich an der Eingangstür umdrehte, bemerkte ich, dass das junge Mädchen aus dem Aufzug mich aus einer Ecke heraus beobachtet hatte.

ACHTUNDZWANZIG

Sook-Yin
London, Oktober 1972

Vier Wochen nach dem Brand im Laden lebten sie noch immer bei Julians Eltern. Zuerst hatte Harvey sie eingeladen, nach Swiss Cottage zu kommen, doch Julian wollte das nicht. Er behauptete, dass Maya das Essen dort nicht mochte und dass Rose und Michael nun in einem Alter waren, da sie empfindlich seien, was ihr Eigentum anging, und sie sich kein bisschen darüber freuen würden, ein Baby in ihrer Nähe zu haben. Ein Indiz für diese Behauptungen schien es nicht zu geben, aber von den Ansprüchen eines Neugeborenen erschöpft, gab Sook-Yin letztlich nach.

Die Situation hatte sie krank gemacht. Sein Elternhaus war heillos überfüllt, und ihr Bauch war durch das abendliche Essen von Fleisch und Kartoffeln weich und wabblig geworden. Sie hätte liebend gern für sie gekocht, aber sie hatten keinerlei Lust auf ihr *Mu-Shu*-Schweinefleisch oder ihre süßen und würzigen Soßen. »Ein verdammter Albtraum«, sagte sein Vater. »Da hänge ich eine Woche über der Toilette.«

Und dann kam es zu einem weiteren Knall. Julian hatte keine Versicherung für den Laden abgeschlossen – ein Missverständnis in den Bedingungen des Mietvertrags, wie er sagte –, und das bedeutete, dass sie ihre Verluste nicht erstattet bekommen würden. An der Oberfläche behielt Sook-Yin ihren stoischen Blick, doch insgeheim raufte sie sich die Haare und verfluchte seine Unachtsamkeit und auch ihre eigene Dummheit. Wenn sie nur darauf bestanden hätte, ebenfalls Einsicht in die Geschäftsbücher zu bekommen, dann wäre die Situation vielleicht eine andere.

»Das ist nicht dein Fehler«, sagte ihr Harvey, als sie ihn anrief und ihm die Neuigkeit erzählte.

»Aber ich hätte mir die Papiere selbst ansehen sollen.«

»Bei *deiner* Ausbildung?«

Sook-Yin drückte ihre Fingernägel in die Tischkante. Zu wissen, dass Harvey es gut meinte, die sanfte Art, wie er immer mit ihr sprach, erniedrigte ihre Schuldgefühle zu einem Schamgefühl, das weitaus schlimmer war, als wenn sie mit ihrem Bruder sprach.

»Ich nehme an, er will, dass ich ihn da raushaue?«

Sie war unangenehm berührt von der Schärfe seiner Frage. Julian war ein Träumer, aber er war kein schlechter Mann, und seine Beständigkeit verdiente Anerkennung. Harveys Worte übertraten eine Grenze. Die Stiche, die sie durch die Dummheit ihres Ehemannes spürte, ihre verzweifelten Sorgen über das prekäre Schicksal ihrer Familie, waren einzig die ihren. »Keineswegs«, sagte sie. »Wir haben genug Ersparnisse. Ich habe dich nur angerufen, um dir zu sagen, dass wir einen Neuanfang unternehmen.«

Harvey antwortete zunächst nicht, und sie war froh, dass sie ihn für den Moment zum Schweigen gebracht hatte. »Ich verstehe«, sagte er schließlich. »Nun, ich hoffe, es ist nicht allzu bald. Ich wollte dich um einen Gefallen bitten.« Sie wartete ab. »Florence möchte ihre Mutter besuchen, aber sie wird immer so nervös, wenn sie fliegen muss, und es wäre mir lieber, wenn sie in Begleitung reist. Ich würde für eure Tickets bezahlen. Nimm die Mädchen mit, und macht doch in der Zeit einen Urlaub.«

Sook-Yin spürte, wie ihr der Vorteil entglitt. Nach all der Freundlichkeit, die Harvey ihr im Laufe der Zeit entgegengebracht hatte, konnte sie ihn jetzt nicht ernsthaft enttäuschen. Gleichzeitig aber war sie von dem Angebot überrollt. Florence war bereits dreimal zu Hause gewesen und hatte nie eine Aufsichtsperson gebraucht, was sollte nun plötzlich anders sein? »Ich weiß nicht, Gho-Gho«, sagte sie. »Die Kinder sind noch zu jung, um zu fliegen.«

»Aber deine Mutter würde sich sehr freuen, sie zu sehen. Du warst nicht daheim, seit du hergekommen bist.«

»Vielleicht. Ich werde darüber nachdenken.«

Er ließ die Stille sich ausbreiten. »Wir machen auch einen Neuanfang«, sagte er dann. »Wir planen, ins Ausland zu ziehen.«

»Ihr verlasst London?« Der Boden wackelte unter Sook-Yins Füßen, ihre Wut war vergessen. Harvey war noch viel eher ein Bruder für sie als ah-Chor: Er hatte sie eingekleidet und versorgt, er hatte ihr gezeigt, was eine Familie neben Blut noch bedeutete. Es wäre ihr lieber, er würde sie tausendfach zurechtweisen, als dass er diese Worte sprach.

»Ich habe die Möglichkeit, in Australien zu arbeiten. Ich habe bereits meine Firma verkauft.«

Er musste also schon seit Monaten gewusst haben, dass sie fortgehen würden. »Was ist mit Florence und den Kindern?«

»Ich bin mir sicher, dass die Kinder sich daran gewöhnen werden. Und Florence geht da hin, wohin man ihr sagt, dass sie gehen soll.«

Ihr Atem stockte, als sie Harveys Tonfall hörte. War das die Konsequenz aus Florences Glücksspiel? Wie schlimm musste es sein, wenn sie alle nach Australien auswandern mussten? So schlimm, dass er die Firma verkaufen musste? »Macht dich das wirklich glücklich?«, fragte sie.

»Glück heißt, aus seinen Fehlern zu lernen.« Die Stille hing schwer über ihnen. »Sparst du immer noch das Geld von deiner Mutter?«

»Ein bisschen, wenn ich kann. Hier und da.« Warum fragte er das? Sie bereute es nun, mit ihm über Julians Investitionen gesprochen zu haben – das vermutlich einzige Risiko, das er eingegangen war. Es war nicht fair, ihn mit Florence zu vergleichen, und außerdem lag das alles in der Vergangenheit.

»Selbst ein bisschen ist gut«, sagte er. »Wer weiß schon, wann man sonst auf der Straße endet und betteln muss?« Sein Versuch, heiterer zu klingen, schlug fehl. »Lässt du mich also ein Ticket für dich kaufen?«

»Das klingt, als wäre es das letzte Mal, dass ich dich sehen würde.«

»Sei nicht albern. Wir bleiben in Kontakt.«

Es war wieder wie mit Peggy. Hei-Fong. Ein Brief hier, eine Postkarte dort. Der Abstand dazwischen würde sich mit den Jahren vergrößern.

Dennoch kämpfte ihre Sehnsucht gegen Harveys doppeltes Spiel. Wovon sonst hatte sie all die vergangenen Jahre geträumt als davon, ihre Mutter wiederzusehen? Und wie sonst könnte sie je die Kosten dafür rechtfertigen? »Danke dir, Gho-Gho«, sagte sie. »Ich werde mit Julian darüber reden.«

Sie legte auf und begann zu weinen. Sie fragte sich, ob er trotz ihres Bravados und des Chaos hinter den Wohnzimmerwänden ihren Schmerz durch das Telefon wahrgenommen hatte.

NEUNUNDZWANZIG

Lily
Hongkong, 1997

34. Tag der Trauer

Ich musste die Sache mit Onkel Chor besser angehen. Auch wenn ich bezüglich Hei-Fong Lee auf Granit bei ihm biss, gab es doch einiges, was er mir über Mumma erzählen konnte. Außerdem könnte es sein, dass er mich irgendwann akzeptieren würde. Ich stellte mir vor, wie wir gemeinsam in Cheung Sha Wan zu Abend aßen, während er mir die Orte seiner Kindheit zeigte. *Das sind die Straßen, in denen wir gespielt haben; hier sind wir zur Schule gegangen; diese Träume haben wir uns ausgemalt.* Im Augenblick aber war alles sehr unausgegoren – ich öffnete einen Sarg in die Vergangenheit und rief Geister zum Leben, die er glaubte, vergessen zu haben. Um ehrlich zu sein, konnte ich nachempfinden, wie es ihm damit gehen musste.

Ich war gerade auf dem Weg zum Mittagessen nach draußen, als das Telefon klingelte. »Miss Miller, hier ist die Rezeption«, sagte die Frau. »Ich habe einen Anruf von außerhalb, den ich Ihnen durchstellen kann.«

Sie hätte mir mitgeteilt, wenn es sich um Daniel Lee handeln würde, und abgesehen vom Rest seiner Familie wusste niemand, dass ich hier war, mit Ausnahme Onkel Chors. Vielleicht hatte er Zeit gehabt, meinen Besuch zu verarbeiten, und wollte den Kontakt doch. Der Hörer klickte, und es dröhnte in meinen Ohren.

»Ist da Lily Miller?«, sagte eine Stimme. Sie war weiblich – sehr hoch und mir nicht bekannt.

»Ähm, ja, wer ist da?«, fragte ich.

»Ich bin Feng Mian, erinnern Sie sich? Heute Morgen bei Ihrem Onkel.«

»Oh, ist alles in Ordnung?« Ich machte mir Sorgen, dass er durch mich vielleicht einen Herzanfall bekommen hatte.

»Ja, es geht ihm gut, aber ich kam nicht umhin, Ihr Gespräch mitzuhören.« Sie hielt inne. »Soll ich Ihnen etwas sagen?«

Ich lachte nervös. »Was denn?«

»Ich kann hier nicht so leicht sprechen. Können wir uns in Causeway Bay treffen?«

»Wo?«

»Ausgang C der U-Bahn-Station. Chor-Kit ist heute Nachmittag Tennis spielen, aber es wäre sicherer, wenn wir uns nicht im Appartement verabreden.« Als ich zögerte, wurde ihr Ton dringlicher. »Wollen Sie meine Hilfe oder nicht?«

»Doch, klar«, sagte ich. »Okay.« Im Hintergrund hörte ich, wie Onkel Chor ihren Namen rief, und sie senkte ihre Stimme.

»Ich muss los«, sagte sie. »Bis um halb vier.«

Ich wollte mich gerade verabschieden, als ich das Freizeichen hörte und merkte, dass sie bereits aufgelegt hatte.

Ich ging los und machte mich auf den Weg nach Central, bevor ich auf die Island Line wechselte. Ich kam etwas zu früh in Causeway Bay an und ging zu Ausgang C, wo Feng Mian mich treffen wollte.

Die Gehwege und Treppen waren überfüllt; Förderbänder mit Ameisen in Maßanzügen rückten alle drei Minuten noch enger zusammen, wenn ein neuer Zug einfuhr und seine Passagiere mit dem stechenden Gestank von Elektrizität ausspie. Ich stand in einer Lücke am Eingang, und meine Sorge, dass ich sie verpassen könnte, zerstob in nichts, als sie schließlich auftauchte. Das kleine Schulmädchen war von einer lippenstiftverzierten Lolita in voller Montur samt Kniestrümpfen und Minirock in Geiselhaft genommen worden. Das Einzige, was geblieben war, waren die Rollerskates. »Du siehst anders aus«, sagte ich.

Sie hakte ihren Arm unter den meinen. »Danke. Lass uns Bubble Tea trinken gehen.«

Vor einem Café setzte sich Feng Mian auf den Bürgersteig und wechselte in ein Paar Converse. »Ich kann die dadrin nicht tragen«, sagte sie und deutete auf die Rollschuhe. »Die sind hier arschig wegen des Bodens.«

Im Café bestellte sie unsere Getränke – Kaffee für mich, milchiges Zuckerwasser für sie – in einem kurz angebundenen, harschen Kantonesisch, bevor wir uns in eine der leeren Sitzecken hockten. Sie beobachtete mich über ihren Strohhalm. »Ich wusste gleich, dass ihr verwandt seid, weißt du. Trotz des albernen Namens, den du mir genannt hast.«

Ich lachte protestierend. »Das ist mein *echter* Name«, sagte ich.

»Nicht der, mit dem du geboren wurdest.« Sie zuckte mit den Achseln. »Ich werde meinen auch ändern, wenn ich alt genug bin. In Patricia. Das werde ich mit Patty abkürzen.«

»Wie Peppermint Patty von den *Peanuts*?«

Sie rollte die Augen. »Ja, genau so.« Ihr Finger fuhr den Rand des Plastikbechers entlang. »Na, dann erzähl mal, *Lily Chen* … Ist dein Onkel Chor je cool gewesen?«

Ich lächelte. »Ich war zu jung damals, um das zu wissen, wobei meine Schwester sich vermutlich erinnern kann.«

»Ach ja, deine wunderbare, erfolgreiche Schwester. Ich habe auch so eine.«

»Lebt sie mit dir in deinem Appartement?«

»Äh, nein. Sie ist jetzt 20. Sie ist zurück nach Peking zu unseren Eltern gezogen.«

»Sie müssen meinem Onkel ja sehr vertrauen. Ich meine, da du allein mit ihm lebst.«

Sie lächelte. »Warum auch nicht?«, entgegnete sie. »Chor-Kit macht immer, was man ihm sagt. Außerdem konnten es meine Eltern gar nicht erwarten, mich loszuwerden.«

Alle Jugendlichen kannten sich bestens mit Entrüstung aus. Diese nahm sie ebenso natürlich in Besitz wie ihr neuer Hormoncocktail und war in der Themenauswahl ihrer Schlachten fast ebenso willkürlich: Ausgangssperren nach zehn Uhr abends, Bad-Hair-Days, kein Gemüse essen wollen. Wie war Maya in dem Alter gewesen? All dieses Herumschleichen mit Jungs, die nach Tweed und Wrigley's stanken und Alkoholatem durch den Briefkastenschlitz pusteten. Und schau sie dir jetzt an. Ich wollte Feng Mian all das sagen; dass im Vergleich damit, was von vornherein feststand, ihr Kampf ebenso wenig Sinn ergab. »Es wird alles gut werden«, sagte ich stattdessen. »Schwestern und Eltern und das ganze Zeug.« Schlimm genug, dass es bevormundend war, schlimmer noch war, dass es falsch klang, und es überraschte mich kein bisschen, dass sie mich beleidigt anblickte.

»Sag jetzt nicht, dass manche Dinge dich nicht ankotzen. Ist das nicht der Grund, weshalb du hier bist?«

Ich beobachtete den Abstand zwischen meinen Fingern. *War ich angekotzt?* Ich heftete das für später ab. »Wolltest du mir nicht etwas erzählen?«

Sie zuckte mit den Achseln. »Dir was sagen, dich was fragen«, sagte sie. »Was ist der große Skandal in deiner Familie?«

Das war es also, was sie gewollt hatte. Mich unter einem falschen Vorwand herlocken für die vage Aussicht darauf, etwas Klatsch zu erfahren. »Mir war nicht bewusst, dass es einen Skandal *gibt*.«

»Ich hatte einen anderen Eindruck, als du weggingst. Chor-Kit war ziemlich wütend. Er öffnete Schubladen und warf Zeug durch die Gegend. Und dann noch das, was er über deine Mutter gesagt hat.«

Ich starrte sie an. »Was denn?«

»Ich bin mir nicht sicher, wie man das übersetzen soll. Etwas wie ›Hellraiser‹, vielleicht.«

»Wie bitte?« Ich fing fast an zu lachen.

»Und jetzt wird dir all das Geld hinterlassen? Das klingt ziemlich zwielichtig, wenn du mich fragst.«

Sie hatte also *wirklich* zugehört. Ich rührte im Bodensatz meines Kaffees. Einerseits würde das sein zögerliches Verhalten erklären, aber es könnte genauso gut von etwas anderem stammen; es könnte die Übertreibung eines kindlichen Verstands sein, verzweifelt auf der Suche nach dem nächsten Kick, dem nächsten Skandal. Ihr makelloses Englisch war davon durchdrungen – geschliffen durch den eifrigen Konsum einer ganzen Generation von westlichen Fernseh- und Kinofilmen.

»Ich mag deine Jacke«, sagte sie dann. Zufrieden damit, dass ihre Bombe tatsächlich geplatzt war, war ihr Interesse an mir vorhersehbarerweise weitergewandert. Ich sah an mir selbst herunter. Es war etwas, das ich im Wohltätigkeitsladen mitgenommen hatte; eine ziemlich ramponierte Lederjacke, von der Maya behauptet hatte, dass sie mich aussehen ließ wie Doyle aus der

Serie *The Professionals*. »Meine Schwester sagt, es sei schwer, in China coole Sachen zu kriegen. Nicht, dass meine Eltern es ihr überhaupt erlauben würden.«

So keimte in mir der rücksichtslose Same zu einer Idee. »Ich tausche sie mit dir«, sagte ich. Ihre Augen verrieten ihre Freude, auch unter dem Glanz ihrer Vorsicht. »Wofür?«

»Meine Zeit in Hongkong ist begrenzt, und ich muss mehr über meine Mutter und ihre Verbindung zu Hei-Fong Lee erfahren. Onkel Chor könnte Fotos oder Briefe haben, aber wenn er wirklich so wütend ist, wie du sagst, ist es unwahrscheinlich, dass er sie mir gibt. Du könntest mir helfen, danach zu suchen.«

Sie runzelte die Stirn. »Ich weiß nicht … Er ist sehr vorsichtig.«

Ich musterte ihr Outfit – die darin zum Vorschein kommende bewusst angelegte Täuschung. »Etwas sagt mir, dass du das hinkriegst«, sagte ich.

Auf dem Weg zurück zur Station liefen wir die Lockhart Road entlang, als sie an einem unauffälligen, kleinen Eingang hielt, der halb verborgen zwischen einer Boutique und einer Apotheke lag. »Ich muss kurz was besorgen. Kommst du mit?«

Ich folgte ihr ein gekacheltes Treppenhaus hinauf, die dunklen Wände waren voller Zeitungen und Magazine in Plastikhüllen. Sie waren alle auf Chinesisch bis auf eines: ein englischsprachiges Hardcover von *Wilde Schwäne*. »Was ist das für ein Ort?«, fragte ich.

Sie hielt auf einer der Stufen und sagte: »Ein Buchladen.«

Wir gingen in ein Atelier im ersten Stock. Das hier war eine waschechte Bibliothek, halb so breit wie das ganze Gebäude, und mit vergilbten Regalen und behelfsmäßigen Arbeitsflächen vollgestopft. Ich schlenderte durch ihre Regalreihen, ließ meinen

Finger über Hunderte von Buchrücken wandern, deren Inhalte in einer Sprache verfasst waren, die ich nicht verstand, und suchte meinen Weg durch enge Ecken, in denen verstaubte Akademiker und junge Leute gleichermaßen wie Flipperkugeln um Platz rangen.

Feng Mian war verschwunden. Ich tauchte unter der Säule eines Bücherregals wieder auf und fand sie in einem engen Querschiff stehen, scheinbar vertieft in einer großen hölzernen Pinnwand. Ich nahm an, dass sie Werbeanzeigen las, aber sie nahm ein Stück Papier aus der Tasche und versteckte es hinter der Postkarte vom Großen Vorsitzenden Mao. Was zum Henker tat sie da?

Sie drehte sich um und lief zurück zum Schalter, und da ich sah, dass sie durch den Verkäufer abgelenkt war, folgte ich ihrem Weg zur Tafel. Ich zog den Zettel hervor und faltete ihn auf. Er war hastig auf Chinesisch geschrieben, mit einem roten Liebesherz als PS. Ich lächelte, als ich ihn zurücklegte, von Neuem beschämt durch meine aufdringliche Neugier. Wie viele Stunden hatte ich in den 80ern damit verbracht, für Jungen, die nicht mal wussten, dass es mich gab, Mixed Tapes auf dem Boden meines Schlafzimmers zu erstellen?

Als wir zurück auf der Straße waren, zog Feng Mian ihre Skates wieder an. »Danke für den Kaffee«, sagte ich. »Und dafür, dass du mir mit Onkel Chor helfen willst.«

Sie hob ihre Hand. »Erst die Jacke«, sagte sie. Ich schlüpfte heraus und gab sie ihr. »Bist du sicher, dass ich das tun soll?«

»Warum nicht?«

»Nun, du weißt, was man sagt.« Sie stand da und winkelte ihre Knöchel an, um zu prüfen, ob die Riemen korrekt saßen. »Vorsicht mit dem, was du dir wünschst.«

DREISSIG

Sook-Yin
London, Dezember 1972

Zu Sook-Yins großer Überraschung schien Julian erfreut über die Aussicht, dass sie in ihre Heimat fahren würde, und ein paar Tage später gab es weitere gute Nachrichten: Er hatte nicht nur einen neuen Job gefunden, sondern auch einen neuen Ort, an dem die Familie leben konnte – ein Haus mit drei Schlafzimmern in Brixton, das einen eigenen privaten Garten hatte. »Ich werde Zeit haben, alles einzurichten«, sagte er. »Außerdem brauchst du seit Monaten schon eine Auszeit.«

Angesichts des Ausmaßes seines Enthusiasmus spürte sie eine Panik in sich aufsteigen. »Aber du wirst Weihnachten ganz allein sein. Harvey hat gesagt, es dauert sechs Wochen.«

»Ich werde mich also beschäftigt halten müssen«, sagte er. »Du wirst das hier nicht wiedererkennen, wenn du zurück bist.«

Insgeheim hoffte sie, dass das stimmte, denn das Haus war eine Bruchbude, dessen dünne Wände und viktorianische Fenster dem erbarmungslosen Londoner Wetter, das kalt durch die Ritzen und Löcher drang, nichts entgegensetzen konnten. In den Fußleisten wuchs Löwenzahn. Die Mäuse waren fett und zahlreich. Und bei zehn Pfund und sieben Pence die Woche war die Miete sogar höher, als sie für den Laden gewesen war. Doch die erleichternde Aussicht, Fulham verlassen zu können, hatte sie überzeugt. Hinzu kam das Wissen um ihre geheimen Ersparnisse und der Puffer aus Julians Investitionen.

Zwei Wochen später am Flughafen jedoch, als Sook-Yin die Flugzeuge auf dem Rollfeld erblickte, verflog ihre Vorfreude. Wie konnte solch ein Ding vom Boden abheben und darüber hinaus in der Luft bleiben? »Du bist ja noch jungfräulich«, lachte Florence, als sie die Feuchtigkeit unter Sook-Yins Armbeugen aufblühen sah. »Nächstes Mal solltest du vielleicht doch wieder Schiff fahren.«

Die Attraktion des Fliegens schien ihr schwer nachzuvollziehen. Die Geschwindigkeit war natürlich ein Vorteil, aber mit gerade mal einem Finger Abstand zwischen dem eigenen Sitz und dem nächsten und dem Gestank der nahe liegenden Toiletten fühlte es sich ungefähr so komfortabel an wie eine Zwangsjacke. Erst bei Sonnenaufgang – blasse Zitrone mit einigen Streifen Zinnoberrot –, als sie die Nähe der Flügel zu den Wolken sehen konnte, hob sich ihr Herz bei dem Gedanken, sie alle zu treffen, berauscht vom Adrenalinschub und der Aussicht darauf, ah-Ma wiederzusehen.

Florences Vater wartete bereits im Ankunftsbereich, ah-Chor hingegen war nirgends zu sehen. Nach einer halben Stunde hatte Mr Ho Mitleid mit ihnen. »Ich kann euch nach Cheung Sha Wan fahren«, sagte er. »Das ist nicht weit von uns weg.«

Florence fächelte sich unzufrieden Luft ins Gesicht. »Cheung Sha Wan liegt auf der anderen Seite der Stadt, und ich bin bereits verschwitzt und vollkommen fertig. Muss das wirklich sein?«

Sook-Yin erkannte die Erwartung in ihrem Gesicht. Wie üblich stellte sie nicht wirklich eine Frage, sondern gestattete es Sook-Yin eher, selbst zu der offensichtlichen Schlussfolgerung zu kommen: dass dadurch, dass Harvey für ihre Tickets gezahlt hatte, sie etwas schuldig war. »Wir kommen klar«, sagte sie. »Ich bin mir sicher, mein Bruder wird jede Minute auftauchen.«

Dem Chaos des Terminals überlassen, versuchte Sook-Yin die Zeit zu vertreiben, indem sie mit Maya ein Spiel erfand. Sie studierten die Gesichter der Menschen in ihrer Nähe und versuchten sie in Familien aufzuteilen, die Oma mit ihrem Gepäckwagen voller Geschenke, die auf eine Frau mit einer Gruppe von Kindern zulief; der dünne Ehemann, der bereits nach seinen Zigaretten griff, während er auf seine Frau zuschlenderte.

Sook-Yins Blick blieb an einem Geschäftsmann hängen. Was wäre, wenn sie Hei-Fong am Flughafen sehen würde, der von einem seiner Geschäftstreffen zurückkam? Würde sie ihn ignorieren, beschimpfen oder ihn umarmen? Sie schüttelte sich sein Gesicht aus ihren Gedanken, der plötzliche Überfall einer Erinnerung an ihn ließ sie erröten. »Was für eine alberne Idee«, sagte sie. »Ich würde ihn vermutlich nicht mal erkennen.«

»Wen erkennen?«, fragte Maya.

Hatte Sook-Yin laut auf Englisch gesprochen? Sie war schon zu lange von zu Hause fort! »Mein Fehler«, antwortete sie. »Habe Mann für jemanden gehalten, den ich kenne.«

Ah-Chor erschien erst eine weitere Stunde später. *Er hat sich in unseren Vater verwandelt*, dachte Sook-Yin, während ihre Genervtheit einer Erleichterung wich. Seine drahtige Statur hatte sich ausgefüllt, seine gebräunte Kopfhaut war nun im Scheitel seines schütter gewordenen Haars sichtbar. Ihre Überraschung war keineswegs einseitig, sie hatten sich seit sechs Jahren nicht gesehen.

»Du bist endlich eine Frau geworden«, sagte er. Er bückte sich und sah Maya wie eine neue Tierart im Zoo an, dann schielte er in Sook-Yins Tragetuch. »Und was bist du für ein kleines *Gwei Mui*?«

Von der Reise und dem Warten erschöpft, fiel es Sook-Yin schwer, ihre Verärgerung im Zaum zu halten. Wie konnte er es wagen, so von ihrem Kind zu sprechen? »Ihr Name ist Li-Li«, sagte sie. Maya zupfte am Saum ihres Rocks.

»Was ist ein *Gooey Moy*, Mumma?«

Ah-Chor lachte und streichelte ihr blondes Haar. »Es bedeutet, dass sie ein *Ghost Girl* ist, ein Geistermädchen aus dem Westen«, sagte er auf Englisch.

»Ein Lebewesen, das weder das eine noch das andere ist.«

Ihr Herz stand für einen kleinen Moment still, als sie das Appartement erreichten und feststellten, dass ah-Ma nicht zu Hause war. »Sonntags spielt sie Badminton«, sagte ah-Chor. Er ließ ihren Koffer in der Küche fallen und gähnte. »Und freitags um zehn Tischtennis.«

Die schiere Präsenz dieser Details, dieser simplen, unbedeutenden Freuden, verletzten sie mehr als die Abwesenheit ihrer Mutter; die Vorstellung, dass ah-Mas Leben einfach ohne sie weitergegangen war, während sie in London Heimweh gehabt hatte.

Zumindest die Zimmer waren unverändert. Da war noch dasselbe abgewetzte Sofa, an das sie sich erinnerte, der Saum verblasst, das Linoleum, das hinaus bis an den Rand der Terrasse reichte, löchrig geworden. Von der ihr unbekannten Umgebung zum Verstummen gebracht, stand Maya mit einem Arm herabhängend neben ihr, der andere war wie an Sook-Yins Ärmel festgetackert, ihr Blick verunsichert. »Hier bin ich aufgewachsen«, sagte Sook-Yin. Sie erinnerte sich an die langen Nächte, die sie mit rumorendem Magen in ihrem Zimmer verbracht und allein gespielt hatte, oder später, in Furcht vor der Arbeit des kommenden Tages, bei der sie die Böden reicherer Frauen putzen und sich in ihre Kindheit zurückwünschen würde. Sie war froh, dass sie nun, da sie Kinder hatte, diese späte Einsicht einer Dankbarkeit weitergeben konnte. Froh, dass ihre Kinder die Chance auf ein besseres Leben hatten.

Von der Verheißung einer verschlossenen Tür verführt, riss Maya sich endlich los und begann, jedes Zimmer zu erkunden. Sie spähte in Schubladen und inspizierte Ornamente. Sie hielt ihre Finger an ihre Nase. »Dieses Land riecht seltsam«, sagte sie.

»Das ist der Geruch meiner Erinnerungen.« Sook-Yin stellte das Schloss des Sideboards wieder richtig, enttäuscht von der Reaktion ihrer Tochter. »Dieses Haus ist wie eine Geschichtsstunde.«

Sie warf die Balkontüren auf, und die Hitze und die Geräusche des Nachmittags stürmten mit einer mächtigen Welle herein. »Sind die Hühner weg?«, fragte sie ah-Chor, während sie hinaustrat und sich umsah. Sie hatte sich auf ihre dürren Beinchen gefreut und wollte das Kleid ihrer Federn küssen.

»Die sind vor Jahren gebraten und gegessen worden. Man kann mit Eiern nichts mehr verdienen. Jeder geht in den Supermarkt.«

»Hat das etwas mit der Revolution zu tun?« Sook-Yin hatte die Ereignisse im Radio verfolgt, seit es zu Unruhen in Peking gekommen war. Sie hatte von den »Vier Alten« gehört, die Mao versucht hatte zu überkommen: alte Ideen, alte Kultur und Gebräuche. Alte Angewohnheiten.

Ah-Chor schnaufte. »Dein Körper mag sich verändert haben, kleine Schwester, aber dein Kopf ist so leer wie immer. Verstehst du nicht, dass wir in Hongkong beschützt werden?«

Beschützt durch wen, fragte sie sich. Je mehr sie den Debatten gefolgt war, desto klarer war ihr geworden, dass Großbritannien sich genauso bedeckt gab, was seine Interessen anging, wie China es tat. Das Schicksal war wankelmütig und hatte ein kurzes Gedächtnis, fast so kurz wie das ihres Bruders mit seinen neuen Klamotten und seinem Auto und seinem Lehrstuhl. Hatte er nicht einst so getan, als wäre er kein Lehrer? Wie schnell er seine Ansichten erneut veränderte, nun, da er annahm, dass er in Sicherheit lebte.

Ah-Chor schwenkte seine Autoschlüssel. »Ah-Ma wird erst spät zurückkommen, und ich habe noch viel eigene Arbeit zu erledigen. Ihr könnt genauso gut schlafen gehen, bis sie zurück ist.«

Sie erwachte vom Geräusch laufenden Wassers, und als sie aufstand und nachsehen wollte, fand sie ah-Ma in der Küche arbeitend vor, sie wusch ein paar Radieschen und sprach mit Maya auf Kantonesisch. »Ma-Ma! Warum hast du mich nicht geweckt?« Sook-Yin lief zu ihr und bedeckte sie mit Küssen.

»*Aiya!* Du erstickst mich ja noch!« Ihre Mutter wandte sich aus ihrer Umarmung. »Siehst du nicht, dass ich Abendessen mache?«

»Aber ich freue mich so, dich zu sehen!«

»Na gut. Dann lass dich mal ansehen.« Ah-Ma trat einen Schritt zurück und begutachtete sie mit einer Armlänge Abstand. »Du hast den Körper einer Mutter entwickelt. Wir haben jetzt denselben weichen Bauch, auch wenn du noch immer den Hals einer Giraffe hast.«

Sook-Yin lachte. »Waren wir nicht immer gleich?«, fragte sie. »Mir ist es noch klarer geworden, seit ich weggegangen bin.« Sie hielt inne und verschluckte den Rest ihrer Worte. Niemand wollte ein Kind, das sich beschwerte. »Wie dem auch sei, wir sind nun wieder zusammen.«

Ah-Ma murmelte etwas in sich hinein. *Wieder zusammen, aber anders.* War es das?

Maya zog am Bein ihrer Großmutter und zeigte auf das bereitgelegte Sieb. »Die hier ist herrisch!«, rief ihre Mutter, während sie ihr half, das Gemüse trocken zu schleudern. »Und wo hast du das Baby versteckt?«

Sook-Yin holte Li-Li aus dem Schlafzimmer und brachte sie in die Küche. Ah-Ma nahm das Kind in die Arme. »So gelb wie ein Bambusstock!«, sagte sie. »Und Haare so schwarz wie eine Krähe. Bist du sicher, dass er von deinem Ehemann ist?«

Sook-Yin senkte den Blick und lief rot an. Obwohl sie wusste, dass es nur ein Scherz war, hatte sie ihre Mutter nie zuvor auf diese Weise sprechen gehört, wie in einem geheimen Club, dem sie nicht angehören wollte. Sie wollte ihre ah-Ma von damals zurück, jene ah-Ma mit ihren geflüsterten Warnungen und abschreckenden Märchen, die dazu geführt hatten, dass Sook-Yin in ihren Bauch zurückkriechen wollte. *Erzähl mir noch mal von den japanischen Soldaten. Haben die wirklich Leute in der Jungenschule aufgehängt? Haben sie das wirklich mit den schönen Frauen gemacht?*

Sie war noch ein Kind gewesen, als der Krieg sie erreicht hatte: klein genug, um sich zu verstecken, wenn die Bomben fielen, noch nicht interessant genug, um als Konkubine verschleppt zu werden. Sie war einst stolz auf ihre Unschuld gewesen. Aber nun, da sie dort in der Küche standen – endlich als zwei Mütter vereint –, da sagte ihr etwas, dass diese Zeit endgültig vorbei war.

EINUNDDREISSIG

Lily
Hongkong, 1997

35. Tag der Trauer

Da ich mich bei Mrs Tam für den Karton bedanken wollte, machte ich mich früh auf den Weg nach Tsim Sha Tsui und suchte eine der Bäckereien auf. Zu dieser Zeit war der Geruch berauschend, die Luft schwer mit einem Staub aus Mehl und der Wärme von Vanille und Rosenblüten erfüllt. Als ich mein Gesicht an die Scheibe drückte, hatte ich ein seltsames Déjà-vu, dasselbe, das ich an dem Tag, als ich den Tempel besuchte, im Kowloon-Park gespürt hatte. Diese Erinnerungen zu entheddern, war mühsam. Als würde man ein Stück Musik komponieren, nur um festzustellen, dass man es vor Jahren schon mal gehört hatte. Waren es nun die *meinen* oder doch Mayas?

Ich trat ein und stellte mir eine Auswahl zusammen – aufgebackene Brötchen mit gesalzenem Eigelb; Teigtaschen mit Schmalzkrusten und süßes Gebäck mit Wintermelone –, dann rief ich mir ein Taxi nach Cheung Sha Wan.

Nun, da ich fast eine Woche in der Stadt verbracht hatte, begann ich damit, mich nach Orten auf Kantonesisch zu erkundigen, statt einfach auf der Karte darauf zu zeigen, und die Fahrer reagierten, indem sie mir weniger in Rechnung stellten, meinen New-Territories-Akzent ignorierten und stattdessen lächelten und zustimmend nickten.

Der Markt war bereits zum Leben erwacht, die engen Wege von Händlern überschwemmt und das gefährliche Gebiet mit Bambus-Sonnenschirmen übersät, da der Tag heute wieder sehr heiß werden würde.

Durch die offene Tür erspähte ich Mrs Tam hinter dem Schalterfenster. Ich versuchte mir, ihre Mutter, Mrs Chee, neben meiner Großmutter sitzend vorzustellen, ihre über Jahre tiefer gewordene Freundschaft – die gemeinsamen Geheimnisse, der Tratsch, das Lachen –, doch das Bild entzog sich mir noch immer.

Mrs Tam erblickte mich und begann zu grinsen. »Ein Moment! Ein Moment!«, rief sie. Ich hörte den Bolzen der Tür zur Seite gleiten, und dann erschien sie und rannte an mir vorbei zu der Treppe und kam ein paar Augenblicke später mit der jungen Frau wieder, die ich bei ihr im Appartement getroffen hatte. »Hey! Herein!«, sagte sie. Sie versuchte ein Paar Flipflops anzuziehen, während sie alles daransetzte, dem Geplapper von Mrs Tam zu folgen. »Sie sagt, dass sie an Sie gedacht hat, also müssen die Götter Sie wieder hergeführt haben.«

Ich lachte und zeigte ihnen meine Schachtel. »Das haben sie! Und sie haben mich mit Kuchen geschickt.«

In der nächsten Stunde brachte ich sie auf den neuesten Stand und erzählte, was bei dem Besuch bei meinem Onkel Chor geschehen war und was Feng Mian mir hinterher erzählt hatte. Mrs Tam hörte zu, ihr Anblick verfinsterte sich, bis sie zu sprechen begann, und die junge Frau übersetzte. »Sie sagt, Ihr Onkel redet Unsinn. Aus dem, was ihre Mutter ihr erzählt hat, war Sook-Yin eine sehr gute Tochter. Es war Chor-Kit, der unzufrieden war.«

»Unzufrieden womit?«, fragte ich.

Sie wurde rot, und ihr Kopf sank herab. Es war klar, dass sie schon darüber gesprochen hatten. »Die Tatsache, dass Ihre Mutter jemanden aus dem Westen geheiratet hat. Ihr Bruder hielt das für gegen unsere Kultur gerichtet.«

»Gwei Mui, Gwei Mui!«, sagte Mrs Tam.

Ich blickte zwischen den beiden hin und her. »Ich verstehe das nicht«, sagte ich.

Die junge Frau seufzte. »Das war etwas, das Ihr Onkel gesagt hat, wenn er Sie ansprach. Es ist eine Art Beleidigung. Eine alberne Bezeichnung. Auf Englisch könnte man es mit *Ghost Girl* übersetzen. Es bedeutet, dass Sie wie ein Geist sind, dass Sie nicht hierhergehören.«

Tränen machten sich hinter meinen Augen bemerkbar, ich blinzelte sie fort. Ich wusste nun durch den Brief meiner Großmutter, dass nicht sie es gewesen war, die uns zurück nach London geschickt hatte. Demnach musste es letztlich Onkel Chor gewesen sein? War das der Grund, weshalb er so zurückhaltend gewesen war bei meinem Besuch, warum er sich danach so bedroht zu fühlen schien?

Mrs Tam legte ihre Hand auf meinen Arm. »Machen Sie sich keine Sorgen«, sagte sie auf Englisch, bevor sie wieder mit der Frau sprach.

»Ihre Po-Po liegt auf dem Friedhof St. Raphael. Hier in Cheung Sha Wan.«

»Meine Po-Po?«

»So sagen wir hier Großmutter. Vielleicht möchten Sie sie besuchen.«

Etwas zerrte am Anker meiner Erinnerung. Ma-Ma, Ba-Ba, Po-Po.

»Das würde ich wirklich gern«, sagte ich. »Kann ich das von hier aus zu Fuß erreichen?«

Sie runzelte die Stirn. »Das ist ein schwieriger Ort, aber Mrs Tam sagt, sie wird Sie hinführen. Zu Fuß etwa 30 Minuten?«

»Ich will keine Unannehmlichkeiten bereiten …«, setzte ich an.

»Nein! Sie will unbedingt. Sie wird morgen ihren Bruder besuchen und kann Sie vielleicht nie wiedersehen. Sie sagt, dass es sehr wichtig ist, die Vorfahren nicht zu vergessen.«

Der Nachmittag war brütend heiß, als ich mich mit Mrs Tam auf den Weg zum Friedhof machte. Ohne die Vorzüge eines Gesprächs schien die Reise zunächst weitaus langwieriger, doch nach einer Weile fanden wir einen guten Rhythmus miteinander, Mrs Tam hielt von Zeit zu Zeit, um etwas zu erläutern oder auf eine Sehenswürdigkeit hinzuweisen, woraufhin ich nickte und dankbar lächelte. Ich begab mich in einen der Eckläden und kaufte Blumen und zwei Becher Eistee, den wir in angenehmer Zugewandtheit tranken.

Unser Vorankommen gestaltete sich wieder anstrengender, als wir den Anfang eines steilen Hanges erreichten. Oben wurde es wieder flacher, und uns eröffnete sich die Sicht auf eine hohe Mauer aus Pflastersteinen, die sehr alt wirkte und in deren Mitte eine riesige Tür eingelassen war.

Ich war nicht darauf vorbereitet, was mich erwartete. Der Friedhof ähnelte einem antiken Amphitheater: eine überhöhte Reihe von konzentrischen Halbkreisen, in denen Tausende von Grabsteinen verteilt waren. Die Uneinsichtigkeit seiner Grenzen schockierte mich, die Anlage erstreckte sich über einen immensen Landstrich, der viel größer war, als es von außen den Anschein hatte. Und so sehr ich von der Anordnung des Friedhofs überwältigt war, so sehr war ich es auch von der Geräuschkulisse. Es waren Hunderte von Menschen hier: Sie zündeten Räucherstäbchen an, sangen ihre Gebete, redeten und aßen und sangen in einer ungewohnt feierlichen Stimmung. Außerdem war auch ein ganzer Zoo aus Wildtieren auszumachen: wilde Katzen und exotische Vögel, die fusselige Nonchalance eines großen Makaken, der einen weggeworfenen Pfirsich aß.

Statt Jahreszahlen und Daten, an die ich gewohnt war, befanden sich auf vielen der Grabsteine Fotos, die die Gesichter der Verstorbenen in verschiedenen Lebensphasen zeigten. Ich hielt an der Statue eines Hasen, der aus einem blassrosa Seifenstein geschnitzt worden war und auf dem das Bild eines Jungen von etwa vier Jahren zu sehen war. Sein Körper war bleich und dünn, die Schlichtheit seiner Shorts und sein dünnes Shirt schienen Abbitte für die Schönheit seines Schreins zu leisten, wie eine überfällige Entschuldigung. Eine ausgelöste Schuld.

Mrs Tam war bereits weit vor mir und streifte in gleichmäßigen, sicheren Schritten die Vorsprünge entlang, als würde sie mit jeder Bewegung ihrer Füße eine Karte in ihrem Gedächtnis vervollkommnen. *Bämm, bämm, bämm.* Ich beeilte mich, hatte aber Schwierigkeiten mitzuhalten, meine Schuhe rutschten über das nasse Moos.

In der Nähe der höchsten Erhöhung hielt sie schließlich an und zeigte auf etwas. Der Stein, der vor uns aufragte, war enorm und noch makellos in seiner Neuheit, die Buchstaben waren in matten, vergoldeten Lettern gehalten. Das Bild auf dem Foto versetzte mir einen Schreck. Trotz der Falten und dem Schwall grauer Haare war sie fast eine Kopie von Mumma. Und dennoch war da noch mehr. Ich erkannte sie.

»Po-Po«, sagte Mrs Tam. Sie beugte sich hinüber und berührte den Stein, und dann nahm sie mich an die Hand und wiederholte das Ganze. »Po-Po.«

»Hai-ya«, sagte ich, *ja*. Ich legte die Blumen nieder, die ich gekauft hatte. »Hallo, Po-Po.« Ich spürte den Schatten ihrer Nähe, von einer Person, die ich kannte und doch auch nie gekannt hatte, von der vergangenen Zeit und wie viel davon ich vergeudet hatte. Die Ungerechtigkeit dessen, dass Mummas Asche von Onkel Chor nach England zurückgeschickt worden war, ergriff mich. Sie hätte hier bei *ihrer* Mutter liegen sollen und nicht unter irgendeiner Eiche verstreut, ausgeschüttet und ungeliebt von ihrer Familie.

In dem Moment, als ich meine Hand auf den Stein legte, war ich mir endgültig sicher, dass ich immer ein Teil hiervon gewesen bin; einer Linie, die über das hinausging, was ich mir vorgestellt oder auch nur erlaubt hatte, mir auszumalen; dass ich nicht die Hälfte von etwas war, sondern beides.

Meine Erinnerungen waren all die Zeit richtig gewesen.

ZWEIUNDDREISSIG

Sook-Yin
Hongkong, Dezember 1972

Sook-Yin war bereits zwei Wochen zurück in Kowloon, bevor sie ihren Bruder wiedersah. Gemeinsam mit ah-Ma und den Kindern trafen sie sich in einem Restaurant im Zentrum der Stadt, und diesmal hatte er jemanden mitgebracht – eine Förderin des Colleges, an dem er nun unterrichtete.

Sie war eine dieser prätentiösen Frauen: jene Art, die ihre Kaschmirkleidung herunterspielte – *Das kleine Ding? So ein alter Fetzen!* – und die sich ihr Haar zweimal die Woche von einem Fremden waschen ließ. Wenige Minuten nachdem wir uns hingesetzt hatten, prahlte sie bereits damit, ein Appartement gekauft zu haben.

»Die Pendelei ist so viel einfacher vom Zentrum aus.« Sie schlüpfte aus ihrem extravaganten Pelzmantel – offensichtlich zu heiß für den Winter in Hongkong – und beförderte ihn nachdrücklich aus unserer Reichweite. »Aber wenn ich ehrlich bin, wäre mir Happy Valley lieber.«

»Ich habe gehört, dass das Zentrum inzwischen sehr teuer ist.«

Die Frau zog an ihrem Ohrring. »Ich hab die Kohle verdient, da kann ich sie auch ausgeben. Ich habe Chor-Kit gesagt, er soll sich unbedingt auch dort eine Wohnung suchen.«

»Wenn er es sich leisten kann, sollte er das vielleicht. Besonders dann, wenn da noch ein Zimmer für unsere Mutter ist.«

Ah-Chor gab einen empörten Laut von sich. »Ah-Ma ist glücklich in Cheung Sha Wan«, sagte er. »Wenn die Menschen älter werden, ist ihnen das, was sie kennen, lieber.«

»Wenn *sie* alt ist, was genau bist du denn dann?«

Sook-Yin spürte, dass ihr jemand ins Bein zwickte. »Dein Bruder hat recht«, sagte ah-Ma und wendete ihr Lächeln der Frau zu. »Meinem Sohn würde es im Zentrum noch besser gehen.«

»Wie Yin und Yang«, murmelte Sook-Yin.

Die Frau schien es nicht gehört zu haben, zu sehr war sie in ihr Gähnen vertieft, während sie sich am Tisch umsah. »Zu wem gehören diese Kinder?«, fragte sie, als hätte sie ein unbeaufsichtigtes Gepäckstück gefunden.

»Das sind die Nichten von Chor-Kit. Meine Älteste, Mei-Hua, und Li-Li.«

Maya starrte die Frau ohne ein Lächeln an. »Ich will Butter Chicken und Sojasoße und Reis.«

Sook-Yin sah zu ihrem Bruder. »Ja, lasst uns essen«, sagte sie. »Also wenn sonst niemand mehr erwartet wird.«

Sie hatte die Worte gerade erst gesprochen, da stand ah-Chor auf und zeigte über ihre Schulter. »Alle miteinander! Ihr erinnert euch an Hei-Fong.«

Sook-Yin verschluckte sich fast an ihrem Tee. All die Jahre der Erinnerung hatten ihn nun wieder Wirklichkeit werden lassen. Sie sah sich um und starrte. Dieselben Augen, dasselbe Lächeln, dasselbe Gesicht. *Er ist kein bisschen älter geworden*, dachte sie, bevor sie laut aussprach: »Du bist ja *wirklich* zurück aus Amerika.«

Hei-Fong berührte sein Herz und zeigte auf sie. »Da hat jemand ein langes Gedächtnis«, sagte er. »Ja, ich habe doch noch gelernt, mich zu benehmen.«

»Er hat noch weit mehr erreicht«, sagte ah-Chor. »Er hat einen großartigen Job bei der Bank.«

»Wenn dem so ist, dann nur dank Chor-Kit.« Hei-Fong wandte sich um und lächelte Sook-Yin an. »Ich musste einfach kommen, als er mir erzählte, dass du wieder hier bist.«

Ah-Chors Kollegin fächelte sich Luft zu. Sie schien beleidigt, dass Hei-Fong sie nicht beachtet hatte, und als er in ihre Richtung sah, zog sie sofort den Stuhl neben sich hervor. Als er sich neben Maya setzte, war Sook-Yin nicht sicher, wer nun glücklicher war, sie selbst oder ihr liebeskranker Bruder.

Hei-Fong streckte seine Hand zu Lily aus. »Welch schöne Mädchen«, sagte er.

Ah-Chor lachte verächtlich. »Sie hat endlich was gefunden, in dem sie gut ist.«

»Spricht man so von seiner Schwester?« Hei-Fong strich über ah-Chors Arm, wenn auch mit der Sanftheit eines Scherzes, und beugte dann seinen Kopf herüber und flüsterte ihr zu. »Weißt du noch, als ich dich an den Haaren gezogen habe?«

»Ja, du warst ein echter Barbar.« Diesmal trat ah-Ma sie unterm Tisch auf den Fuß. Hei-Fong lachte.

»Ich habe sogar eine Frau gefunden, die ich in meine Höhle schleppen konnte. Wir haben inzwischen einen kleinen Sohn, Daniel. Er muss etwa so alt sein wie deine Älteste.« Im Augenwinkel konnte Sook-Yin erkennen, wie die Frau in sich zusammensank.

»Er ist so forsch wie sein Vater«, sagte ah-Chor und genoss die wiedergewonnene Aufmerksamkeit seiner Begleiterin. »Du musst *ihn* auch nach Amerika schicken.«

»Du klingst wie meine Frau, Chor-Kit.« Hei-Fong zündete sich eine Zigarette an. »Ich habe immer schon gesagt, dass es sich auszahlt, kämpferisch zu sein. Würdest du dem zustimmen, Sook-Yin?«

Sie blickte in die Richtung ihres Bruders. »Ich muss sagen, dass ich dem durchaus zustimme. Wer hilft einem schon außer man selbst?« Sie nahm einen Schluck von ihrem Tee. »Ich nehme an, du weißt, dass wir inzwischen in London leben?«

»Ja, aber nicht dank deines Bruders. Und gefällt es dir dort drüben?«

»Oh, es ist okay«, sagte sie. »Und nicht so kalt, wie die Leute es sich vorstellen.«

Das gemeinsame Essen verlief angenehm, bis Hei-Fong darauf bestand, sie nach Hause zu begleiten. Sie fuhren gemeinsam im Taxi, Sook-Yin blickte aus dem Fenster, um seinem bohrenden Blick zu entgehen.

»Ah-Ma«, sagte sie schließlich. »Was ist das für eine Geschichte zwischen ah-Chor und dieser Frau?«

Ihre Mutter strich sich über den Hals. »Er ist ein bisschen verknallt, glaube ich, und sie genießt es, ihn wie einen Affen tanzen zu lassen. Ich fürchte aber, dass sie ihm das Herz brechen wird.«

»Wenn er denn überhaupt ein Herz hat.«

»*Aiya!* Still jetzt, ah-Yin. Dein Bruder ist nicht so schlimm. Denk an all die Dinge, die er für dich getan hat.«

Hatte ah-Chor ihr Denken so stark manipuliert? Sie drückte ihren Rücken tief in den Sitz und ließ den Rest der Fahrt schweigend über sich ergehen. Erst als sie in das Appartement zurückkamen, beschwingt durch das Glas Wein und Li-Lis Dösen hinter ihr, wurde ihre Stimmung wieder sanfter. Es war wohl nur natürlich, dass ihr Bruder auch Bedürfnisse hatte, und wer konnte schon sagen, was im Herzen eines Mannes los war? Vielleicht sind auch Monster manchmal einsam.

Sook-Yin brachte Li-Li ins Bett und entschuldigte sich dann, um Julian anzurufen. Er rief sie stets zu einer bestimmten Uhrzeit an und war begierig, mit Maya zu sprechen, aber es war schon spät, und sie hatten ihn vermutlich verpasst. Sie wusste, dass er morgen anrufen würde, doch sie war noch immer sauer über ah-Mas Kommentare und wollte wissen, wie es mit der Renovierung voranging.

Sie setzte sich mit dem Telefon aufs Bett, öffnete das Adressbuch und fuhr mit ihrem Zeigefinger die Einträge entlang. Sie wählte die Nummer stets sorgfältig und war erschrocken, als sie die Stimme einer Frau vernahm. »Entschuldigung, ich glaube, ich habe mich verwählt.«

»Oh! Die Verbindung ist fürchterlich. Wen, sagten Sie, wollen Sie sprechen?«

»Kein Problem, war ein Fehler«, sagte sie. Der Wein musste ihr zu Kopf gestiegen sein. »Ich suche nach Julian Miller.«

»Julian, sagen Sie? Moment, Liebes.« Sie rief Julians Namen im Hintergrund und kam dann mit einem entschuldigenden Ton wieder an den Hörer. »Er kann mich nicht hören, er kocht gerade. Wer, soll ich sagen, hat angerufen?«

Sook-Yin rieb sich ihre Schläfen. »Ja, aber entschuldigen Sie bitte, wer sind Sie?«

Die Frau antwortete zunächst nicht, doch ihre Stimme wurde schroffer und genervter. »Hier ist Marie«, sagte sie. »Seine Freundin.«

Sook-Yin ließ den Hörer sinken, während das Schweinefleisch, das sie zum Abendessen hatte, warm und sauer in ihrer Speiseröhre hochstieg.

»Hallo? Hallo? Sind Sie noch da?«

Sie legte den Hörer wieder ans Ohr. »Ja, ich bin hier«, sagte sie. »Ist mein Fehler. Ich habe falsch angerufen.«

Sie legte den Hörer wieder auf die Gabel, als Maya ins Zimmer kam. »Kann ich mit Daddy sprechen?«, fragte sie.

»Tut mir leid. Daddy ist nicht zu Hause.«

»Aber ich habe dich mit jemandem reden hören.«

»Schlafanzug an, Mei-Hua«, sagte sie. »Ich komme gleich und lese dir etwas vor.«

Maya schleppte sich betont langsam davon, doch unmittelbar danach war da ein Klopfen an der Tür, und Hei-Fong steckte seinen Kopf herein. Konnte man sie nicht fünf Minuten in Ruhe lassen? »Ich werde gleich gehen«, sagte er. Er zog die Stirn kraus, als er ihren Gesichtsausdruck sah. »Ist alles in Ordnung, ah-Yin?«

Sie zuckte ob der Koseform ihres Namens zusammen und zupfte ihr Kleid zurecht. »Ja, alles in Ordnung. Warum fragst du?«

»Dein Gesicht ... Du siehst etwas aufgewühlt aus.«

Sook-Yin stand auf und knotete ihr Haar in einer einzigen aggressiven Bewegung zusammen. »Da täuschst du dich«, sagte sie. Sie drängte sich an ihm vorbei ins Wohnzimmer und öffnete die Türen zum Balkon, doch auch dort empfing sie nur ein Schwall derselben Luft, die Stimme der Frau wie das Brummen eines Insekts. *Marie, Marie, Marie.*

Weißer Name, weiße Stimme, weißes Gesicht.

Aber das ist etwas anderes ... Sie hat jemanden geheiratet, dessen Herkunft sie teilt.

Du wirst das hier nicht wiedererkennen, wenn du zurück bist.

»Es war schön, dich zu sehen«, sagte Hei-Fong.

Sie antwortete, ohne sich umzusehen. »Danke dir. Ja. Ebenso.«

Sie hörte das Schloss der Vordertür, während der Gestank der Fischdärme von den Rinnsteinen nach oben stieg, der süßfaule Geruch vergammelter Früchte. Wie jedes Kind in Hongkong hatte sie gelernt, die Uhrzeit anhand des Geruchs zu erkennen, aber es brachte ihr gerade nichts, zu wissen, dass die Sonne bereits untergegangen war.

DREIUNDDREISSIG

Lily
Hongkong, 1997

35. Tag der Trauer

Der Besuch des Friedhofs hatte mich verändert. Nicht nur begann ich zu verstehen, woher ich kam, durch die Neuigkeiten über Onkel Chor wusste ich auch, was die sich wiederholende Kreisbewegung der Geschichte bedeutete.

Ghost Girl. Geistermädchen.

Wie ein Fehler im Muster eines Stoffes, der sich unendlich fortsetzte. Ich und Mumma waren uns ähnlicher, als ich je gedacht hatte. Wann war dieser Punkt gekommen, an dem wir beide nicht mehr dazugehörten?

Ich wusste, dass ich nicht unglücklich auf die Welt gekommen war. Selbst nach Mummas Tod kann ich mich an Zeiten unsichtbarer Freude erinnern, ganze Zeitspannen, in denen ich mich als Teil einer Familie empfand. Die Wochen in Scarborough, Fish and Chips am Strand und mit Oma und Opa und ihren Krampfadern und verknoteten Taschentüchern auf dem See Paddelboot fahren. Ich hatte nie über ihre Komplizenschaft nachgedacht und angenommen, dass Trauer eine universelle Stille war. *Mütter haben tot zu sein und nicht gehört zu werden.*

Und in alldem gab es Maya, und das half immens. Sie brachte mir bei, meine Schnürsenkel zu binden, korrigierte meine modischen Fehler nur mit einem halben Augenrollen, war geduldig mit mir, wenn ich magenkrank war und fast zwei Wochen lang auf dem kurzen Weg zwischen Badezimmer und Eimer eingesperrt leben musste. Dad war immer fürchterlich bei Dingen, die den Körper betrafen, die schmutzigen Details von Kacke und Kotze, während es Maya stets gelang, ruhig zu bleiben und sich der menschlichen Fehlbarkeit bewusst zu sein.

Das war auch nicht auf ihr Wissen über Biologie beschränkt. Sie war in der elften Klasse, als ich in die Schule kam, und bereits gut geschult in der Grausamkeit anderer. Zu dick, zu dünn, dicke Brillengläser. Wenn sie einen treffen wollten, gab es immer einen Weg. Maya jedoch blieb stets unberührbar. Sie war das weiße Mädchen, dessen Mutter gestorben war, diese unüberschreitbare Grenze von Moralität und Mitgefühl, und zunächst spielte sie dieses Blatt zum Vorteil von uns beiden aus. Sie warf zu meiner Verteidigung Steine, schlug zurück, wenn jemand auf unsere Unterschiede hinwies. *Ja, das ist meine Schwester, na und? Schau doch mal selbst in den Spiegel!*

Mumma Maya. Meine Ersatzmama. Mein Karaoke-Song.

Doch so blieb es nicht.

Es ist so leicht, diese Dinge überzubewerten – so wie Jahre ineinanderfließen, ihre Ränder verlieren können –, aber wie bei Onkel Chor und seinen Ansichten zu Mummas Ehe gab es auch einen Anfangspunkt von Mayas Verrat.

Es war das Jahr, in dem sie die Schule wechselte, als sich alles veränderte. Es gab neue Freundschaften und Jungen, um die sie sich kümmern musste, Tratsch, den sie keinesfalls verpassen durfte, und mit einem Mal wurde ich zu einem Risiko. »Ignorier die doch einfach«, sagte sie immer. »Ich habe zu viel zu tun, um herumzulaufen und dich nach Hause zu begleiten.« Ihre Entschuldigungen wurden zu einem gewohnten Ritual, denn sie hatte etwas gelernt, das ich nicht bemerkt hatte, und das war das Folgende: Man lebte sicherer, wenn man zur Mehrheit gehörte.

Dad stimmte ihr da natürlich zu. »Warum versuchst du nicht, dich anzupassen? Sie werden jemand anderen finden, den sie quälen können, wenn du ihnen deine Schwächen nicht zeigst.«

Ich begann mich zu fragen, was meine Schwächen waren, und musste nicht sonderlich lang suchen, um das herauszufinden. Es steckte in jedem Witz über Reisfelder und Rikschas, in den Komödien im abendlichen Fernsehen, in denen unfähige Immigranten wieder zur Schule gehen mussten, um »ordentliches« Englisch zu lernen, es steckte im Wutausbruch Deborah Kerrs gegen Yul Brynner in *Der König und ich*.

Ching, Chang, Chong
Glatze mit Fasson
Ching, Chang, Chong
Chinese im Karton

Inmitten der austauschbaren Gene meiner Klassenkameraden wurde meine Schwäche zu einer Infektion, die nur behandelt werden konnte, indem man ihre Existenz leugnete. Ich suchte in den Straßen und auf den Seiten der Magazine nach westlichen Frauen, die wie ich mit dem Zufall von Monolid-Augen oder mit einem Mund auf die Welt gekommen waren, der zu klein für ihr Gesicht war, deren kohlrabenschwarze Haare nur dann eine andere Farbe annahmen, wenn man sie großzügig in Peroxid tauchte und auch dann nur Fanta-Orange wurden. Währenddessen schwebte Maya erst durch die Schulzeit und dann mit ihrem blonden Haar und grünen Augen und weißen Freunden durch Oxford. Ich sah sie wie Jahreszeiten kommen und gehen, ihr in den Hintern kneifen und sie begehren, sie wollten, was immer sie eben hatte.

Ich brachte einem von ihnen eine Weile lang Klavierspielen bei. Ich erinnere mich an die Wärme seiner Finger auf den Tasten, wie sich unsere Körper wie ein perfektes C ineinanderfügten, an den Druck seines Kusses, der wie ein Pedal wirkte. Erst hielt er mich zusammen, dann nahm er mich auseinander.

Tut mir leid. Ich habe einen Fehler gemacht. Du bist eigentlich nicht wirklich mein Typ.

Das war der Moment, in dem mir der wahre Ursprung meiner Eifersucht bewusst wurde. Es waren nicht Mayas kluger Kopf oder ihre Haare oder ihre Freunde, sondern ihre lebenslange Sicherheit, dass sie immer dazugehören würde.

Ich war zurück in meinem Zimmer im Hotel, als jemand an die Tür klopfte, und ich sah Daniel Lee im Gang stehen. Wir hatten seit dem Tag im Tempel nicht mehr miteinander gesprochen, als unser Auseinandergehen schon etwas mehr als nur unangenehm war. Unter meiner Genervtheit saß auch ein panisches Würgen. Was, wenn er seine Meinung geändert und die Papiere bereits sortiert hatte und gekommen war, um mich aus dem Gebäude zu geleiten?

»Hi, störe ich?« Seine Hände steckten tief in seinen Taschen, seine Schuhe kämpften mit dem Teppich, bis seine Fasern wie gebürstete Hundehaare aufrecht standen.

»Waren wir verabredet?«, fragte ich.

»Keineswegs. Ich hatte nur das Gefühl, dass ich nicht ganz willkommen bin.«

Ich zeigte über meine Schulter in die Suite. »Sie sind mehr als großzügig, Mr Lee.«

»Ich wollte Sie zum Abendessen einladen«, sagte er.

Ich atmete aus – nur zum Teil aus Erleichterung. Ich würde mir wohl erneut den Vortrag anhören müssen. Der letzte Countdown vor dem D-Day. »Hören Sie, ich verstehe«, setzte ich an, »und sobald ich meine Karte wiederhabe …«

»Nehmen Sie Ihren Mantel mit«, sagte er und wies in Richtung des Fensters. »Das Wetter wird umschlagen.«

Er gab dem Fahrer den Rest der Nacht frei, und die ungewohnte Konzentration, die er für die Steuerung des Wagens benötigte, diente als willkommenes Hindernis für weitere Gespräche. War mir recht. Wir kamen schließlich in einem Restaurant in der Hung Hom Bay an, das überraschend klein und unauffällig war. Ich erkannte jedoch, dass er schon mal da gewesen sein musste, durch die Art, wie der Besitzer sofort herauskam und ihn begrüßte und mich umgehend auf Kantonesisch ansprach. Sich meiner Verlegenheit genaustens bewusst, bestellte Daniel Lee für uns beide und orderte noch eine Flasche Rotwein dazu. »Danke Ihnen. Erneut«, sagte ich, als wir schließlich allein auf der Terrasse saßen.

»Ich weiß ja schon, was hier gut ist.«

Als der Kellner mit dem Wein kam, bedeckte er sein Glas mit seiner Hand. »Machen Sie sich Sorgen ums Fahren?«, fragte ich.

»Während der Trauer sollte man nicht trinken.«

»Bitte, nehmen Sie auch etwas«, sagte ich. »Ich verspreche, es nicht Ihrer Mutter zu verraten.« Ich merkte sofort, wie krass das klang, als würde man einem ehemaligen Raucher vorschlagen, *nur diese eine* zu rauchen. »Entschuldigen Sie, das war scheußlich von mir.«

Er griff nach der Flasche und füllte sein Glas, als hätte er nur auf meine Erlaubnis gewartet. Ein Vampir, der über die Schwelle trat. »Es ist eher meine Großmutter, über die Sie sich Sorgen machen sollten.«

»Vierzehn Tage. Ich zähle mit.«

»Ich spreche nicht über die Erbschaft. Aus irgendeinem Grund mag sie Sie. Das heute Abend war *ihre* Idee.«

»Sie meinen, Sie sind hier, um Buße zu tun?« Ich stieß mein Glas gegen das seine. »Auf Ihre Großmutter dann!«, sagte ich. »Denn die ist offenbar ein harter Hund.«

Als das Essen kam, kostete ich von allem: vom stinkenden Tofu, von den fermentierten Eingeweiden, der Schale mit Nudelbrühe mit ihren unidentifizierbaren, aufgeschäumten Einlagen. Auf der Suche nach einer Verbindung zu Hongkong schien Essen ein nahe liegender Pfad. Es stopfte die Lücken, die ich nicht mit Sprache füllen konnte, und mit jedem Bissen von etwas Neuem stellte ich mir vor, mich selbst mit Mumma zu füllen, eine Brücke der Erinnerung zu ihr zu errichten, ein Dumpling oder Entenfuß nach dem anderen.

Daniel Lee nickte zufrieden. »Ich bin beeindruckt von Ihrem Mut«, sagte er.

Anders als bei meinen Versuchen mit dem Kardamom-Tee.

Ich zuckte die Schultern. »Ich bin im Zeitalter von Spam aufgewachsen. Wir haben das Augenhöhlen und Ohrenhöhlen genannt und … Na ja, egal, vergessen Sie's.« Ich stoppte meinen Redefluss mit einem Won Ton, und er wartete, bis ich es heruntergeschluckt hatte.

»Genießen Sie Ihren Aufenthalt in Hongkong?«

»Ja, es ist großartig«, sagte ich.

Nach meinem Besuch in Wan Chai war ich am Morgen zur Überführung der Canal Road gelaufen, da ich mich an etwas erinnerte, das ich im Reiseführer gelesen hatte. Ich hatte die Zeit des Jingzhe verpasst, das »Erwachen der Insekten«, wenn der Ort am belebtesten ist, doch selbst jetzt noch herrschte ein Gewusel aus Pendlern in ihren Anzügen und dem Wirbel der Läden und Marktstände.

Dieser Ort war die Heimat der *Villain Beaters*, einer Gruppe asiatischer Rentner, die für 50 Dollar pro Nummer einen ganzen Haufen kräftiger Flüche auf die eigenen Feinde ausschütteten. Man konnte ihre Gesänge aus 50 Metern Entfernung hören. *Da siu yan! Da siu yan!*, riefen sie. *Nieder mit den bösen Leuten!*

Der Rauch der Räucherstäbchen hing trocken in der Luft und trennte sich von den Abgasen des Verkehrs, um den Blick auf die improvisierten Altäre freizugeben. Einige der Schlangen waren wahnsinnig lang: Hausfrauen und Männer mit Aktenkoffern, die Stapel von Fotos, Dokumenten oder Papieren in den Händen hielten. Bisweilen ein Stoffstück. Sie nahmen auf Plastikstühlen Platz, und die alten Frauen griffen sich die Objekte – das gebrauchte Taschentuch eines Verflossenen etwa oder die Gehaltsabrechnung eines rachsüchtigen Angestellten, sogar ein Foto von Jiang Zemin, dem Politiker – und schlugen dann mit den Absätzen ihrer Schuhe auf sie ein, die Schläge knallten wie bittere Trommelwirbel.

Ihre Gebete enthielten etwas Brutales, den albtraumhaften Rhythmus eines Lieds, das mich in meine Kindheit zurücktrug. Maya hatte das gern gesungen.

Schlag deine kleine Hand,
Dein Glück hat kein' Bestand.
Schlag dein kleines Aug',
Bald schon bist du tot.

Als die Frauen fertig waren, blieben nur noch Fragmente übrig, die sie in einem Papiertiger anzündeten. Ich sah zu, wie sie in dem Behälter brannten, das goldene Glänzen ihrer flackernden Glut wie Pulsschläge der Düsternis.

»Wirklich großartig«, sagte ich erneut. »Nicht zuletzt deshalb, weil ich mich diesmal daran erinnern werde.«

Daniel Lee hob fragend seine Augenbraue. »Sie sind nicht zum ersten Mal hier?«

»Das wussten Sie nicht?«, fragte ich. Ich legte meine Essstäbchen zur Seite und zog die Stirn kraus. »Wir sind hierhergekommen, als ich vier war. Ich, meine Schwester und meine Eltern. Wir wären vermutlich auch geblieben – wenn meine Mutter nicht gestorben wäre.« Ich wischte mir meinen Mund mit einer Serviette. »Sie starb bei einem Verkehrsunfall mit Fahrerflucht. In Kowloon.«

Ihm fiel die Kinnlade runter. »Das tut mir sehr leid. Das wusste ich nicht ... Jetzt verstehe ich, weshalb Sie die Erbschaft angezweifelt haben.«

Ich ließ einen Löffel durch eine Schale mit Essen gleiten. »Das Foto, das Sie mir gegeben haben«, sagte ich. »Sind Sie sich sicher, dass Ihr Vater sie nie erwähnt hat? Oder vielleicht hat Ihre Mutter später etwas gesagt?«

»Sie sagt nicht mehr viel, seit er gestorben ist. Sie schaut auch kaum auf die Geschäftspapiere. Und wie ich schon gesagt habe, war mein Vater ein großzügiger Mann. Er und Ihre Mutter könnten sich flüchtig begegnet sein.« Er nahm einen großen Schluck aus seinem Glas. »Haben Sie nie mit *Ihrem* Vater darüber gesprochen?«

»Der ist auch tot. Und davor nur Fragmente und Bruchstücke. Ich glaube, er war ein bisschen wie Ihre Mum. Um ehrlich zu sein, hat er nie aufgehört zu trauern und irgendwie neu anzufangen – zu leben, verstehen Sie?«

»Aber Sie waren so jung. Das ist hart.«

Ich nahm ein Lauern wahr, das als Interesse kaschiert war, und schon war die millersche Verteidigung aktiviert: *Aufrecht sitzen. Geradeaus schauen. Deine Schwäche verbergen.* »Ach, es ging uns gut«, sagte ich. »Unser Dad war alles in allem ziemlich brillant. Maya ging schließlich nach Oxford und so weiter.«

»Sehr schön. Und Sie?«

»Ich habe ein bisschen Musik in Cambridge studiert, allerdings habe ich abgebrochen.«

Er lächelte. »Ihre Form der jugendlichen Rebellion?«

»Ja«, sagte ich. »Irgendwie so.«

Wir sprachen noch zwei weitere Stunden miteinander und tauschten – durch eine zweite Flasche Wein befeuert – kleine, wohlausgesuchte Anekdoten aus. Ich erzählte ihm von meinen Plänen, eine Musikschule zu gründen, und erfuhr von seinem geschickten Umgang mit Straßentricks, die sein Onkel ihm beigebracht hatte, als er ein kleiner Junge war, um seine Antennen für die Geschäftswelt zu schärfen: *Die Katze im Sack, Kümmelblättchen.* Er steckte wirklich voller Überraschungen.

Etwas abseits von der Hitze des Restaurants war der blaue Himmel wolkenlos und zeigte einen ockerfarbenen Mond, der die Luft mit einer seltsamen Frische erfüllte. Er war nun definitiv zu betrunken, um noch zu fahren, und wir ließen das Auto am Straßenrand zurück und begaben uns auf die Suche nach einem Taxi. »Sie werden morgen bei der Arbeit einen Kater haben, Mr Lee«, sagte ich.

Er hob seinen Zeigefinger in meine Richtung. »Mr Lee war der Name meines Vaters. Für meine Freunde bin ich Daniel.«

»Oh. Ist es das, was wir jetzt sind?«

»Und ich nenne dich Li-Li.« Er dirigierte ein unsichtbares Orchester. »Deine Mutter hat dein Schicksal vorherbestimmt. Das ist ein sehr musikalischer Name.« Er winkte ein vorbeifahrendes Taxi herbei, und als ich mich sicher im Inneren befand, schloss er die Tür hinter mir.

»Teilen wir uns das Taxi nicht?«, fragte ich durch das Fenster.

»Leider sind wir in unterschiedliche Richtungen unterwegs.«

»Nun, deine Großmutter kann zufrieden mit dir sein. Sag ihr, ich hatte eine gute Zeit.« Ich winkte, als das Taxi losfuhr, und war mir ziemlich sicher, dass das keine Lüge war.

VIERUNDDREISSIG

Sook-Yin
Hongkong, Januar 1973

Seit ihrem Anruf in London stellte sich Sook-Yin jeden Tag das Gespräch vor, das sie mit Julian führen würde. Sie hatte ihn nach diesem Abend nicht wieder angerufen, und auch er hatte keinen Versuch unternommen, sie zu erreichen. Ein wechselseitiges Wartespiel.

Im Gegensatz zu diesem Schweigen wurden ihre Fantasien in den Details immer lebhafter: Streitereien, bei denen sie ihn anflehte, bei ihr zu bleiben, ihr Gesicht blass und verletzlich wie ein hungriges Gespenst, mit ausgestreckten Armen; andere, bei denen sie manisch oder mordlüstern war. Weitaus häufiger jedoch nahm es die Form eines simplen Gesprächs an, in dem sie ihn fragte, ob er sie verlassen würde, und er antwortete mit einem Ja oder Nein. Es spielte keine Rolle, welches der beiden Worte er wählte, wohin ihre Stimmung an diesem oder jenem Tag schwenken würde, denn die Tat war ja nun mal bereits begangen, was nahelegte, dass die Antwort ohnehin unwichtig war.

Zumindest hatte Kowloon ihr Ablenkungen beschert. Die überraschendste davon war, dass Hei-Fong sie weiterhin besuchen kam, manchmal in Begleitung von ah-Chor, doch immer häufiger auch allein.

Sie war gerade dabei, für den Rückflug nach London zu packen, als er wiederkam. »Einen letzten Ausflug«, sagte er. »Deine Mutter passt gern auf die Kinder auf.«

Sie fuhren den Expressway entlang, und Hei-Fongs Stimmung war ungewohnt düster, als er aufs Lenkrad klopfte und es dann fest umschloss. »Ich kann es nicht fassen, dass du fortgehst«, sagte er schließlich. »Wo wir uns gerade erst wiedergefunden haben.«

Sook-Yin spitzte ihre Lippen, konnte sich aber nur zu einer schwachen Zurechtweisung durchringen. »Uns wiedergefunden? Du redest, als wärst du ein Single.«

»Darf ich dich nicht als ein alter Freund schätzen?«

Ihre Wangen glühten mit dem Scharlachrot der Sitze um die Wette, so erschrocken war sie davon, wie entblößt ihre Eitelkeit dalag.

»Es ist dennoch schade«, sagte er, »dass man nicht weiß, was man braucht, bis es sich zeigt.«

Da lachte sie. »Kein Wunder, dass du Bankier geworden bist, ah-Fong. Du hast all die Worte und Worte und immer wieder Worte. Und wohin fährst du mich eigentlich?«

»Als ich meiner Mutter erzählte, dass du wieder in Kowloon warst, sagte sie, dass sie dich unbedingt wiedersehen möchte. Sie ist sehr aufgebracht, dass du nicht früher gekommen bist.«

Sook-Yin saß nun aufrecht am Fenster. Sie hatte nicht auf den Weg geachtet, aber jetzt erkannte sie den Schatten in der Ferne, schief und grau wie eine Krankheit. »Deine Eltern leben noch in der Walled City?«

Hei-Fong lächelte. »Verdammt, ich lag richtig mit deinem Gedächtnis!«

»Ich hatte gedacht …«, setzte sie an.

»Ich weiß, aber was soll man machen?«

Augenblicklich, da sie in den Vorhof einbogen, umringte eine Gruppe von Kindern das Auto, 100 dreckige Finger tippten auf das heiße Dach, während sie um das Recht rangen, es bewachen zu dürfen.

Hei-Fong stieg aus und öffnete die Tür. »Keine Delle, nicht mal ein Kratzer«, warnte er einen älteren Jungen, während er ihm eine Handvoll Dollar in die Hand drückte. »Du weißt, was dir blüht, wenn doch.«

Sook-Yin beobachtete den Austausch mit großem Interesse und sah ah-Fong ganz deutlich in diesem Alter: mit abgewetzter Kleidung und einem entschlossenen Gesicht auf demselben Vorplatz rangelnd. Er hatte ihr seine Ersparnisse in einem Glas auf dem Regal gezeigt – das dicke Glas war gewellt und trüb, jedes erreichte Ziel mit einer Schleife markiert –, bis ihr mit den Jahren schließlich klar wurde, dass er nicht vorhatte, das Geld auf dieselbe Weise auszugeben wie die anderen Jungen, sondern es lediglich als eine Art Beleg seiner Tätigkeit behielt.

Sie stieg aus und nahm die Gegend in Augenschein. Sie hatten sie immer die Stadt der Dunkelheit genannt, 300 winzige Appartements auf weniger als drei Hektar gezwängt. Ah-Ma hatte ihr verboten, dorthin zu gehen, nachdem ah-Chor in den Treppenhäusern mehr als einmal verloren gegangen war; albtraumhafte Legenden über die dunklen Labyrinthe, in denen man über eine Stunde herumwandern konnte, ohne das Tageslicht zu sehen oder die Erde zu berühren. Geschichten über Dinge, die er dort gesehen hatte, namenlos und überwältigend für ein Kind, was ihr jedoch später als Opiumhöhlen und Prostituierte, Gangs und Wettbüros bewusst geworden war.

Ein Streifen seltenen Tageslichts fiel herein und löste sich auf wie der Schatten einer Sonnenuhr, als Hei-Fong sie durch einen der Eingänge führte. In der Dunkelheit stiegen die Erinnerungen in Sook-Yin wieder auf. Die Hitze stand für den Schweiß von Geld und Sex; jemandes Klopfen war das *tap, tap* der Opiumpfeife, sein blauer Rauch Wolken in einer unechten Nacht; ein faulendes Stück Mango das Fleisch eines Fingers. Blick senken, auf die eigenen Schritte achten … Erinnerst du dich an ah-Chor? Tagelang hatte er nichts sehen können.

Hei-Fong navigierte mit Leichtigkeit durch die Treppengeländer, langsam entfaltete sich das Gebäude in Pfützen schwefelhaltigen Lichts und zaghaften Rissen in den Türen. Sie kamen an Männern vorbei, die in Ecken in Würfelspiele vertieft waren, ihr Geplapper hob und senkte sich mit ihrem Würfelglück; auf einem der Absätze bekam ein Junge einen Haarschnitt verpasst. Der Gestank der Wet Markets drang aus den unteren Stockwerken hoch, ihr kupfernes Aroma nach Blut und Meer mischte sich mit jenem der Stärke kochenden Reises. Immer höher kletterten sie, und je höher sie kamen, desto höher stieg ihr Adrenalinpegel, bis sie etwas sehr Seltsames feststellte. Es war nicht so sehr Angst, was sie fühlte, sondern Lebendigkeit, denselben Kick, den sie als Kind verspürt hatte, wenn sie Comics in ihrer Bibel versteckte, Knoblauch auf die Stühle der Nonnen rieb oder die Bäume im Kowloon-Park erklomm. Was war in all den Jahren mit ihr geschehen? Wieso hatte sie es zugelassen, all das zu vergessen?

Nach der Düsternis der Korridore wirkte das Appartement seiner Eltern offen und sauber. Vereinzelte Lampenschirme schmückten den Raum, unterstützt durch ein zur Straße hin gelegenes Fenster, das durch die Musselinvorhänge gelb leuchtete.

Jin Lee kam aus der winzigen Küche hervor und grüßte Sook-Yin wie eine Mutter. »Wow! Wie toll du aussiehst!« Sie wirbelte sie herum und begutachtete sie. »Sehr londonisch, sehr londinisch!«, sagte sie. »Und wie geht es deiner ah-Ma dieser Tage?«

»Sehr kowloonisch«, sagte Sook-Yin.

Hei-Fong rief in eines der anderen Zimmer, und schließlich kam eine junge Frau hervor, die einen Jungen auf dem Arm hatte. Ihre dünnen Schultern wurden nach unten gezogen, er war noch größer als Mei-Hua.

»Ah-Jiao, das ist Chor-Kits Schwester. Sie ist den ganzen Weg von London hergekommen.«

Seine Frau setzte zu einem Lächeln an, doch der Junge strampelte erneut, und sie wendete sich Hei-Fong verärgert zu. »Er war schon den ganzen Morgen so«, sagte sie. »Siehst du, wie er mein neues Kleid schmutzig gemacht hat?«

»Dann setz ihn ab, und lass ihn laufen! Er ist ja nun kein Baby mehr.«

Tränen schossen in Jiaos Augen, und Sook-Yin schnalzte mitfühlend mit der Zunge. *Männer würden diese Bürde niemals verstehen.* Sie bot an, das Kind auf den Arm zu nehmen, und setzte ihn dann auf dem Teppich in den Schatten. »Ich glaube, er mag die Hitze nicht«, sagte sie. »Meine Tochter ist genauso.«

Jiao blickte herab zu ihrem Sohn, der nun mit einem verschmitzt wirkenden Gesichtsausdruck mit den Troddeln an Sook-Yins Schuhen spielte. »Sie haben ebenfalls Kinder?«

»Mei-Hua und Li-Li, ja.«

»Schon zwei?«, sagte sie, wobei die Nachricht sie zu beruhigen schien. »Ist das nicht sehr anstrengend?«

Jin schob sich zwischen die beiden und klatschte in die Hände. »Mütter, Kinder, Ehemänner! Das Geheimnis zu alldem ist Essen.«

Umgeben von der Wärme des Raumes fühlte sich Sook-Yin glücklicher als lange zuvor. Wie anders es hier war als bei Julians Eltern, mit ihren klaren Regeln, wo etwas hingehörte, und *Schuhe-Ausziehen*-Befehlen. Hier saßen sie zu dritt auf dem Sofa, die Essstäbchen klackten beim Reden, und beugten sich gemeinsam über Schüsseln voller Essen: Reis und Regenbogenforelle und *Choy Sum* in Knoblauch gebraten, Bittermelone mit Shrimps und *Char Siu*. Sie drehte sich um und lächelte Jin an. »Dein Zuhause ist genauso hübsch, wie ich es in Erinnerung habe. Glaubst du, dass du für immer bleibst?«

Jin nickte, während sie an einem Sojakeim lutschte. »Ba-Ba spricht manchmal davon, umzuziehen, aber man kann eine Heimat nicht mit Geld erwerben.« Hei-Fong blickte in ihre Richtung, seine Augenbrauen schienen sagen zu wollen: *Siehst du, wie ich gesagt habe.* »Außerdem würde ah-Fong es vermissen, wenn er nicht mehr herkommen könnte.«

»Du meinst, er würde seine alten, zwielichtigen Freunde vermissen!«

»Genau! Auch im Anzug bleibt ein Schlitzohr ein Schlitzohr. Ich wäre nicht überrascht, wenn er selbst eines Tages zurückziehen würde.«

»Ich hoffe, dass es nicht so kommt«, sagte Jiao, während ihre Stäbchen gegeneinanderschlugen. »Ich rechne eines Tages fest mit einer Villa …«

»Und ich bin mir sicher, dass ihr sie bekommt«, sagte Sook-Yin. »Ich meinte nur, dass das Geld ihn wohl nicht verändern wird.« Sie lächelte. »Du hättest sehen sollen, wie er in der Schule gewesen ist. Unser ah-Fong, ein vorbildlicher Stipendiat!«

Hei-Fong öffnete seinen Mund in gespielter Empörung. »Du musst gerade reden!«, sagte er. »Wen haben sie damals immer nachsitzen lassen, weil sie die Nationalhymne nicht gekannt hat?«

»Ich kannte sie«, protestierte Sook-Yin. »Es war nur so, dass ich nicht einverstanden mit ihr war.«

Jiao lugte unbehaglich unter ihren Wimpern hervor. Es machte keinen Spaß, von privaten Scherzen ausgeschlossen zu werden, und Sook-Yin neigte entschuldigend ihr Haupt. »Wir kannten einander nicht *so* gut«, sagte sie. »Ich berufe mich eher auf das, was mein Bruder mir erzählt hat.«

»*Jetzt* verleugnet sie mich«, sagte Hei-Fong. »Aber sobald ich reich und berühmt bin …«

»Dann wird deine Frau dich zurechtstutzen …« Sook-Yin sah ihn streng an und hob ihr Glas. »Auf deine glückliche Familie«, sagte sie.

»Auf glückliche Familien«, sagten sie gemeinsam, und ihre Gläser klirrten und brachen das Licht.

Der Himmel war in einen lila Dunst getaucht, als Sook-Yin die fortgeschrittene Zeit bemerkte, und sie waren gezwungen, den Heimweg anzutreten. Zurück im Wagen saß sie still, während der letzte Mond, den sie in Kowloon aufgehen sehen würde, langsam durch die tiefer werdenden Schatten stieg.

»Hat dir das Essen nicht geschmeckt, oder was war los?«

Sie war überrascht vom Ton seiner Stimme. »Ganz und gar nicht! Alles war köstlich. Und deine Mutter ist so wunderbar, wie ich sie in Erinnerung habe.«

»Warum dann das traurige Gesicht?«

»Ich dachte an meine Heimreise nach London. Ich würde mir fast wünschen, noch mal per Schiff zu fahren.«

»Und sechs Wochen herumschippern?«

Ja. Einfach schippern und nachdenken.

Sie zog ihren Lippenbalsam aus der Tasche und ließ sich Zeit, ihn aufzutragen. »Hast du Jiao in den Staaten getroffen?«

Er schüttelte den Kopf. »Meine Mutter hätte die Frauen in Chicago gehasst. Unsere Väter haben uns einander vorgestellt, als sie Manager in der Textilfabrik waren.«

»Meinst du, wie eine geschäftliche Vereinbarung?«

»Warum klingst du so überrascht? Die Hälfte aller Ehen in Hongkong sind genauso.«

»Keine Ahnung«, sagte sie. »Du warst nie jemand, der sich an die Regeln gehalten hat.«

Hei-Fong zuckte die Schultern. »Rebellion ist der Luxus der Jugend. Ich hatte meinen Spaß in Amerika. Jetzt ist es Zeit, für die Familie Opfer zu bringen.«

Sook-Yin schaute stirnrunzelnd in ihren Schoß. Seit seiner Wiederkehr in ihr Leben konnte sie nicht umhin, auch die gemeinsamen Erinnerungen erneut zu besichtigen: die Versprechen, gemeinsam zu fliehen, die sie sich einander gegeben hatten, der letzte Brief, den er ihr je geschickt hatte – *Vergiss mich nicht, Sook-Yin, ich werde wiederkommen und dich finden.* Sie verstand, dass die Zeit die Dinge verändert hatte, aber sah er ihr Leben in London auf diese Weise? Als hätte sie zu viel Spaß gehabt beim Erwachsenwerden? Einen Moment lang hasste sie ihn zutiefst. »Das kann ja wohl kaum ein sonderliches Opfer sein. Jiao ist eine sehr schöne Frau.«

»Hältst du mich wirklich für so oberflächlich?« Hei-Fong zog seine Augen zusammen. Er lächelte, doch seine Stimme klang verletzt.

»Ich weiß, dass Schönheit nützlich ist. Wenn du eine Frau wärst, wärst du ein Dummkopf, das abzustreiten.«

»Aber das war nie wichtig für mich. Ob Mann, ob Frau, es macht die Menschen faul, wohingegen jene, die nicht so viel Glück hatten, besonders hart arbeiten müssen, um zu überleben. Es hält uns auf Trab, glaubst du nicht?«

»Danke für das Kompliment«, sagte sie.

Er lachte. »Ach, komm schon, ich scherze doch nur. Und ich würde mich entschuldigen, wenn ich glauben würde, dass es dich geärgert hätte, aber ich denke, dass du besser bist als das.«

»Selbst alte Freunde mögen Komplimente …«

Er seufzte. »Na gut«, sagte er. »Hier ist mein Kompliment an dich. Geh nicht zurück nach London. Bleib in Kowloon, und nimm einen Job bei der Bank an. Bau dir hier ein Leben mit deinen Kindern auf.«

Sook-Yin verdrehte die Augen. »Du hast den Kopf in den Wolken, ah-Fong! Hat dir deine Mutter Wein ins Wasser gemischt?«

»Ich meine das vollkommen ernst«, sagte er. »Du hast Fähigkeiten, die hier gebraucht werden. Du warst immer schon auf den Punkt und ohne Furcht, und dein Englisch ist inzwischen exzellent. Ich gebe dir gern eine Empfehlung.«

»Vergisst du nicht, dass ich verheiratet bin?«

Er hüstelte. »Aber du würdest lieber das Schiff nehmen, um später zu ihm zurückzukommen? Lass mich dir eine Frage stellen«, sagte er dann. »Erinnerst du dich an das Feuer bei deiner Mutter? An den Tag, als du den Kochtopf in Brand gesteckt hast? Ich war an jenem Morgen mit Chor-Kit dort. Wir waren draußen auf dem Balkon und spielten Bauernhof, und du hast immer wieder gefragt, ob du mitspielen darfst.«

Sook-Yin errötete. Die Erinnerung, an die sie in jener Nacht in der Gower Street gedacht hatte, als sie versuchte, sich selbst vor Julian zu schützen. Von allen Dingen, die er hätte ansprechen können! »Ich habe keine Ahnung, wovon du redest …«

Hei-Fong blickte sie schräg von der Seite an. »Jedenfalls ist der Punkt der Geschichte der: Ich wusste, dass du das Feuer legen würdest. Ich konnte die Sehnsucht danach in deinen Augen erkennen. Es ist derselbe Blick, den du jetzt hast. Du sagst ständig, dass du Zugehörigkeit suchst, aber du wirst es nicht tun, wenn dich niemand dazu auffordert. Gut, dann mache ich das eben. Komm zurück.«

Sie verschränkte ihre Arme. Ah-Fong hatte vielleicht viele Talente, aber die Zeit zurückzudrehen, gehörte nicht dazu. Wie leicht war es, Ratschläge zu geben, wenn es schon zu spät war. »Du hast mich missverstanden«, sagte sie. »Ich bin nur hergekommen, um tolle Ferien zu verbringen. Ich habe in London Dinge zu erledigen.«

»Was denn, deinem Bruder etwas zu beweisen? So tun, als mache es dir nichts aus, dass er dich fortgeschickt hat?«

Sie spürte, wie Wut in ihr aufstieg. Er ruinierte die Zeit, die sie noch zusammen hatten. Warum ließ er nicht locker? »Du kennst ihn besser als jeder andere. Tu nicht so, als würde er es nicht genießen, wenn ich betteln würde.«

Hei-Fong seufzte. »Bedeutet es nichts, dass *ich* dich bewundere?«

Zumindest versuchte er nicht mehr, es abzustreiten. »Vergiss meinen Bruder«, sagte sie. »Vielleicht muss ich mir auch selbst etwas beweisen.«

Er umgriff das Lenkrad nun fester. »Na gut. Es ist deine Entscheidung. Versprich mir nur bitte, dass du keine Märtyrerin sein wirst.«

Sie nickte, doch innerlich hatte sie sich entschieden; in Wahrheit wusste sie es seit dem Tag des Telefonats. Ah-Chor, Julian, England. Wenn die Welt einen Kampf wollte, sollte sie ihn bekommen, aber die Dinge würden von nun an anders laufen.

FÜNFUNDDREISSIG

Lily
Hongkong, 1997

36. Tag der Trauer

Die ungewöhnliche Kälte, die auf Hung Hom heruntergekommen war, hatte nun ganz Kowloon erreicht. Am Morgen nach dem Abendessen mit Daniel war ich zu verkatert, um irgendwas anderes zu tun, als ein Schmerzmittel einzunehmen und durch einen Kaffee zu schlafwandeln, doch als sich der Mittag vorwurfsvoll näherte, zwang ich mich in die Dusche.

Ich ging noch mal die Gegenstände im Karton von Mrs Tam durch. Ich begann meine Vereinbarung mit Feng Mian zu bereuen. Es ging nicht nur darum, die Erwartungen nicht zu hochzudrehen, sondern wie Maya hatte sie ein Talent für Verstellung gezeigt, ein Talent, das nur selten ohne Hinterlist einherging, und ich wünschte, ich wäre umsichtiger vorgegangen. Es wäre weitaus besser gewesen, Onkel Chor wieder aufzusuchen und seine Seite der Geschichte anzuhören. Wie bei Namen galt auch hier, dass da immer mehr ist, als der äußere Schein preisgibt.

Ich nahm noch einmal die Rechnung in die Hand, und diesmal entdeckte ich ein Datum: 10. August 1977 – das war zu der Zeit, als wir hier gelebt hatten. Was, wenn Mumma das Geld ausgegeben hatte? Ein Teil von mir mochte die Idee, sich eine Frau vorzustellen – ein Produkt bescheidener Herkunft –, die die

Kühnheit aufbrachte, ihr ganzes Vermögen zu verprassen: 10.000 für ein einzelnes Kleid oder einen überdrehten, extravaganten Hut, für den es nie einen Anlass geben würde, um ihn tragen zu können. Protziger Zierrat. War das möglicherweise etwas, worüber Onkel Chor wütend gewesen war? Und jetzt hatte uns Hei-Fong so ein Vermögen hinterlassen. Ein solches Karma hätte jeden erzürnen können.

Ich fuhr noch einmal in die Bibliothek von Kowloon. Das mit der Zeit der Examensprüfungen war nicht übertrieben. Von den Anstrengungen und der Sonne mit roten Wangen versehen, breiteten sich Unmengen junger Leute mit Büchern und Notizblöcken wie eine Flüssigkeit über die Tische aus oder standen als Piere mit ihren Schultern an die Regale gelehnt, überall kratzten Stifte übers Papier. In einer Ecke trommelte ein Junge mit Kopfhörern einen unhörbaren Beat: *tssst-da, tssst-da, tssst-da, tssst-da.* Es war Sommer, und die Prüfungen lauerten.

Ich wurde wieder in den hinteren Bereich geführt, wo der Mann, der mir beim ersten Mal geholfen hatte, in einstudierter Routine zwischen den Maschinen hin- und herlief: Mikrofilmfolien suchen und einscannen und aknegeplagten Teenagern einbläuen, dass sie ihre Finger vom Glas und ihre Getränke in ihren Taschen lassen sollten. Ich lief hinüber und hob meine Hand.

»Oh, hi!«, sagte er und zog dann seine Stirn in Falten. »Ich glaube, man hat Sie fälschlicherweise angerufen. Ich hatte noch keine Gelegenheit, nachzusehen.«

»Eigentlich bin ich hergekommen, damit Sie mir bei etwas anderem helfen. Mir war nicht klar, wie beschäftigt Sie sind.«

»Das ist okay. Eine Minute.« Er bat einen seiner Kollegen, ihn zu vertreten, und zeigte auf einen einzelnen Stuhl am Fenster, auf den ich mich niederließ. Dann zog ich die Rechnung hervor.

»Können Sie mir dazu etwas sagen? Ich nehme an, es ist eine Art Quittung.«

Er nahm ihn mit ins Licht und begutachtete den Zettel genau. »Ja, ist Quittung. Für Schulden. Ein Schuldschein.«

»Schulden?«

»Woher haben Sie das, wenn ich fragen darf?«

Ich zögerte. »Das war in einem Karton mit Zeug … unter den Dingen für meine Recherche. Ich nehme an, es ist nichts …«

»Für Ihr Projekt? Jetzt ergibt es Sinn. Das ist ausgestellt auf Hei-Fong Lee.«

Meine Nackenhaare stellten sich auf. »Sind Sie sicher?«

Er zeigte darauf. »Diese Buchstaben: Lee, Hei-Fong. Familienname immer zuerst.« Er strich die Ecken des Zettels glatt. »Und da oben ist die Adresse. Irgendwo in Kowloon Walled City.« Er sah mich über seine Brillenränder an. »Es sieht aus wie Spielschulden.«

Die Überreste der alten Walled City. Derselbe Ort, den Daniel mir an jenem Morgen auf dem Weg zum Tempel gezeigt hatte. *Mein Vater ist nicht weit davon entfernt aufgewachsen.*

»Wie kann ich da hinkommen?«

»Gibt es nicht mehr. Das ist jetzt Kowloon Walled City Park. Hier, wenn Sie kurz warten, zeige ich Ihnen.«

Er ließ mich allein und kam mit einem Buch zurück. »Als die Briten Hongkong gepachtet haben, weigerte China, Gebiet aufzugeben. Erst wurde eine militärische Festung, aber mit der Zeit, nach Zerstörung, kamen Flüchtlinge und haben es aufgebaut. Nach den Gesetzen des Feng-Shui ist Ort sehr segensreich – zeigt nach Süden und überblickt Wasser. Sie haben Hunderte Appartements gebaut, sehr nah, aber es gab keine Gesetze oder Regeln. Niemand ist dort zu Besuch hin – keine Ärzte, keine Zahnärzte, nichts … Also begannen die Leute, sich selbst auszubilden, haben versucht, eigene Gemeinschaft aufzubauen.«

Er blätterte durch die Seiten und zeigte mir ein Foto. Es sah aus wie ein Siedlungsgebiet auf Crack; eine Ansammlung von baufälligen Appartements ohne irgendeine verbindende Identität.

»Die meisten Familien waren arm und gut, aber dann sind sehr schnell böse Menschen hinzugezogen.«

»Was meinen Sie mit bösen Menschen?«

»Drogenhändler … Prostituierte … Gangs … Haben Sie von den Triaden gehört?« Ich nickte. »Viele Triaden in Kowloon Walled City. Menschen sagen, dass die Wolken am Himmel aus Opium bestanden. Selbst die Ratten dort waren high.«

»Wann wurde es abgerissen?«

»Die Regierung hatte es 1987 geplant, aber viele Einwohner sind bis '92 dortgeblieben. Sie haben erst zwei Jahre später abgerissen.« Er tippte auf das Datum des Schuldscheins. »Dieses Dokument lange vor dieser Zeit. Wichtiges Stück Sozialgeschichte.«

Mein Mund war so klebrig wie Eis. Vielleicht waren wir nicht die einzige Familie mit Geheimnissen. Was zum Henker lag in Hei-Fong Lees Vergangenheit verborgen, und warum befand sich dieser Schuldschein im Appartement meiner Großmutter? »Und Sie sind sich absolut sicher?«, fragte ich ihn. »Das hier bezieht sich auf *Mr Lees* Schulden?«

»Mr Lee und noch dieser andere Mann.« Er ließ seinen Finger über eine Reihe von Buchstaben fahren. »Mr Zhu Li an, Mi Le.«

DRITTER TEIL

Enden

SECHSUNDDREISSIG

Sook-Yin
London, März 1977

Sook-Yin zog die Klarsichtfolie vom Teller und stellte das letzte ihrer Mitbringsel auf den Tisch. Beim letzten halbjährlich stattfindenden Spendenmarathon war ihr *Ma Lai Go* bereits der Hit der Schule gewesen, doch diese Ostern hatte sie sich selbst übertroffen. Nicht nur hatte sie den nun legendären Sponge Cake wieder dabei, sie hatte auch mehrere Bleche mit Kokosnuss-Rollen, glänzende Brötchen mit roter Bohnenpaste und einen klebrigsüßen Stapel gelber *Sachima* mitgebracht.

Der Vikar, der damit beschäftigt war, durch die Kirchenhalle zu schreiten, hielt mit großen Augen bei ihr an. »Meine Güte, Mrs Miller«, sagte er. »Gott muss Ihre Hände gesegnet haben, als er Sie erschaffen hat.« Er erhaschte einen Hauch der Terrine am nächsten Stand, von dem ein tiefer, blutiger Geruch nach Ochsenschwanz ausging. »Und Mrs Johnson, Sie haben wieder Ihren Stew gemacht …«

Sie warteten, bis er bei der Tombola war, bevor beide in Kichern ausbrachen. »Was für ein Idiot«, sagte Sook-Yin. Es war ihr Lieblingswort geworden und eines, das sie nun ohne Vorbehalt nutzte, wann immer sie an Julian dachte. *Idiot, Idiot, Idiot.*

In den vier Jahren, seit sie aus Kowloon zurückgekehrt war, waren ihr die Erinnerungen und Einzelheiten immer präsent geblieben; ein Gütesiegel, das erkannte sie jetzt, sowohl des Traumas als auch des Triumphs, die sie erlebt hatte.

Julian hatte damals am Flughafen auf sie gewartet, sein Gesicht so blass wie eine Totenmaske, als sie aus dem Chaos des Ankunftsbereichs hervorkamen. »Wirst du mich verlassen?«, fragte er, und sofort schwand ihr Schwindel und wurde durch etwas ersetzt, von dem sie damals annahm, dass es Erleichterung war, wovon sie jedoch zwischenzeitlich wusste, dass es sich um Macht handelte.

»Ich muss nachdenken«, sagte sie ihm.

Und das tat sie wirklich, sie ließ ihn zappeln. Sie hatte nie eindeutig herausgefunden, was in diesen fürchterlichen Wochen zwischen seinem Auffliegen und ihrer Rückkehr geschehen war, nur das, was das Haus in Brixton ihr zeigte. Es steckte etwas Verzweifeltes in seinen frisch gestrichenen Wänden und seinem bescheidenen, aber gemütlichen Mobiliar, auch in dem üppigen Essen, das er anlässlich ihrer Rückkehr zubereitet hatte. Nichts von alldem war sonderlich gut ausgeführt gewesen, aber die Mühe, die er sich gegeben hatte, verriet ihr eine Menge, und Sook-Yin hatte schließlich eingelenkt. »Die Dinge werden ab sofort anders laufen«, sagte sie und wiederholte so das Versprechen, das sie sich an ihrem letzten Tag in Kowloon gegeben hatte, und er antwortete einfach nur mit Ja.

Doch wie so oft bei Verletzungen aus der Vergangenheit war es auch hier so, der geschlossene Frieden war fragil, gestützt nicht nur von Maya und Lily, sondern auch von dem unausgesprochenen Wissen, dass die Familie auf sich selbst gestellt war. Harvey und Florence waren nach Sydney ausgewandert, und nach einem Sturm von Postkarten und Fotos – *hier sind wir vor der berühmten Oper; heute sind wir im Zoo und halten Koalas im*

Arm – und einer Handvoll Ferngespräche war es in etwa so, als wären sie in die Antarktis gezogen.

Die einzige Ausnahme war Hei-Fong, der ihr fortwährend Briefe schickte. Er stieg in der Bank in immer wichtigere Positionen auf; Ambitionen, die ihn, wie er schrieb, aufgrund ihres Versprechens, keine Märtyrerin zu werden, beflügelten.

Nicht gewillt, sich geschlagen zu geben, sagte Sook-Yin ihren Anflügen von Selbstmitleid den Kampf an, indem sie sich auf die Einrichtung ihres Hauses konzentrierte und es mit extravagantem asiatischem Schnickschnack füllte, den sie in den hintersten Winkeln von Antiquitätenläden oder in den touristischen Ramschbuden in Chinatown fand: aus Plastik geformte Fischer am Rumpf eines Sampans, eine Rolle roter Seide, die sie in Vorhänge verwandelte, Gemälde mit Wasserschäden, die Weiden und Drachen zeigten und die in ihrem Kontrast mit ihrer Stimmung zu korrespondieren schienen. Manchmal, in dunkleren Momenten, fragte sie sich, ob sie einfach nur die Illusion einer Authentizität erschuf – so wie die in den Gefrierkühltruhen der Supermärkte aufploppenden Fertiggerichte wie »Spare Ribs« und »Chicken Chow Mein«, die mit Abbildungen schlitzäugiger Chinesen verziert waren. Ja, es gab in Brixton durchaus unterschiedliche Gesichter, verschiedene Hautfarben, aber niemand verstand *ihre* Erfahrung, und Kowloon fühlte sich noch weiter entfernt an als je zuvor. Dennoch waren heute bei der Spendenaktion ihre Kuchen die ersten, die ausverkauft waren – dieses Jahr zehn Pence für zwei Stück! –, was Sook-Yin den seltenen Trost spendete, dass sie etwas hatte, was die Leute wollten.

Mrs Johnson zeigte auf die Uhr, während Sook-Yin die Krümel von ihrem Tisch wischte. »Lass das ruhig«, sagte sie. »Musst du nicht zurück zu Julian?«

Sook-Yin hatte vergessen, dass er diese Woche Nachtschicht hatte, noch etwas, worauf sie bestanden hatte, und wovon sie annahm, dass es ihm am schwersten fiel – ein festes Gehalt durch einen festen Job. Sie konnte nicht mehr mithalten, wie viele Stellen er gekündigt hatte, und hatte ihm ein Ultimatum gestellt: Er könnte seine Freiheit *oder* seine Familie haben, nicht beides. Risiken einzugehen war etwas, das sich nur ein alleinstehender Mann leisten konnte, und es war nun an der Zeit, Verantwortung zu übernehmen.

Sie aß mit den Mädchen allein zu Abend, als plötzlich die Lichter im ganzen Haus ausgingen. Zunächst blieb Sook-Yin ungerührt. Stromausfälle waren seit einiger Zeit nichts Ungewöhnliches, und sie hatte es für die Kinder in ein Spiel verwandelt, ihre Körper bildeten eine Kette in der Dunkelheit, während sie nach Kerzen und Streichhölzern suchten. »Noch ein Abendessen bei Kerzenschein«, sagte sie ihnen und warf ihnen Küsse zu. »Sehr romantisch. Wie im Restaurant.«

Maya streckte ihren Hals zum Fenster heraus, von dem aus man die Hinterhöfe und -gärten überblicken konnte. »Mrs Johnson hat Strom«, sagte sie. Sie nahm sich Lily und öffnete die Hintertür, was eisige Abendluft hereinließ, während sie auf die Straße hinausgingen, um die anderen Häuser anzusehen. »Nein … ja … ja!«

Sook-Yin trat ebenfalls hinaus und rief sie zurück. »Kommt rein, ich versuche es noch mal.«

Sie ging in den Flur und drückte den Lichtschalter, erst an und dann aus und dann wieder an. Nichts. »Maya, hol eine Taschenlampe und bring Li-Li ins Bad. Putzt euch die Zähne, und dann ab ins Bett.«

Sie nahm sich eine der Kerzen vom Tisch und machte sich auf den Weg in den Keller. Dort fand sie den Sicherungskasten und leuchtete mit ihrer Kerze hinein, drückte den roten Schalter vor und zurück, doch das Haus blieb dunkel. Sie seufzte. Es wäre möglich, die Nacht mit den Kindern bei Mrs Johnson zu verbringen, doch es wäre besser, die Mädchen ins Bett zu schicken und sich bei Tageslicht mit der Angelegenheit zu befassen.

Sie ging zurück in die Küche, um eine zweite Taschenlampe zu holen, falls Julian früher nach Hause käme, doch als sie versuchte, die Schublade zu öffnen, fand sie diese blockiert. Sie ruckelte so lange daran herum, bis sie ihre Hand in den Spalt schieben konnte, spürte einen Stapel Papier weit hinten verklemmt und lockerte ihn mit ihren Fingern. Briefumschläge. Die rote Schrift leuchtete hell im Kerzenschein. *Erinnerung, Mahnung, Letzte Mahnung.* Sie waren alle ungeöffnet.

Sie setzte sich mit den Kuverts an den Tisch, schnitt sie nach und nach oben auf und zog die innenliegenden Briefe hervor. Die meisten stammten von den Stromwerken – eine Reihe unbezahlter Rechnungen, die in der Drohung kulminierten, dass der Strom abgestellt werden würde. Die anderen Briefe waren von der Hausverwaltung: Miete fällig, Miete überfällig, Letzte Mahnung, doch war es der letzte Brief, der ihr Herz aussetzen ließ. *BENACHRICHTIGUNG ÜBER DIE BEVORSTEHENDE ZWANGSRÄUMUNG.*

Sook-Yin griff sich den Ordner mit den Mietunterlagen und blätterte panisch darin herum. Jeden Sonntag hatte sie Julian Geld gegeben, seit Wochen aber fanden sich keinerlei Eintragungen mehr. Wo war das Geld hin?

Ihre Kerze warf ein mattes Flackern in die Küche. Die neuen Kacheln und der neue Ofen starrten sie vorwurfsvoll an, wie auch die Kleider für Li-Li und Maya immer noch ungetragen am Wäscheständer hingen, die glänzenden schwarzen Schuhe noch immer in ihren *Freeman, Hardy & Willis*-Schachteln. Sie hatte Julian gesagt, dass es etwas extravagant sei, doch er wollte ihre strahlenden Gesichter sehen, die Befriedigung spüren, die es ihm verlieh, sie seinen Eltern vorzuführen, wenn sie zum sonntäglichen Mittagessen kamen.

Idiot, Idiot, Idiot.

Sie erschrak, als das Telefon klingelte, aber sie konnte sich nicht vom Tisch erheben. Was, wenn es noch mehr Leute gab, die Geld verlangten? Und was würde geschehen, wenn sie nicht ans Telefon ging? Würden böse Männer mit kahlen Köpfen, Fäusten und engen Stiefeln zu ihrem Haus ausgesandt? Sie stand auf und prüfte Fenster und Türen, ihr urzeitlicher Instinkt übertrumpfte jedwede Logik. Sie schnupperte nach Rauch.

»Mumma, soll ich rangehen?« Mayas Stimme drang vom Zwischenflur herab, und bevor Sook-Yin sie aufhalten konnte, war sie bereits über die Verlängerung drangegangen. »Mit wem möchten Sie sprechen?«, fragte sie.

Sook-Yin eilte ins Wohnzimmer und griff sich einen weiteren Hörer. »Maya, alles gut. Ich bin dran.«

»Aber wer ist es, Mumma?«, fragte sie und sprach noch immer in den Hörer.

»Mei-Hua Miller, leg sofort auf!« Der Hörer fiel mit einem dumpfen Geräusch. »Hallo?«

»Wieso schreibst du mir nie zurück?« Sook-Yin fuhr sich mit einer Hand durch die Haare. Zumindest kein Gerichtsvollzieher. »Hat dein Mann meine Briefe versteckt?«

Die Ironie war fast überwältigend. »Ich war einfach nur beschäftigt«, sagte sie. »Rufst du nur an, um mich zu ärgern, ah-Fong? Es muss ein Uhr morgens bei euch sein.«

Er lachte. »Ich rufe an, damit du mir nicht einfach ausweichen kannst. Was ist eigentlich mit Mei-Hua los? Sie klingt inzwischen sehr erwachsen.«

»Daniel bestimmt auch.«

»Er wird bald elf. Er ist schon seit vier Jahren in den USA.«

»Ja. Ich habe das in deinen Briefen gelesen. Ich nehme an, ah-Jiao freut sich.«

Sie lauschte seinem schweren Schweigen.

»Und wie ist es mit dir? Wie geht es Julian?«

»Er hat derzeit oft Nachtschicht.«

»Oh. Als was arbeitet er noch mal?«

»Lagerarbeiter.« Sie sagte das Wort auf Englisch, weil sie nicht genau wusste, wie man es übersetzte. »In einer Fabrik.«

»Hast du mir nicht erzählt, er habe studiert?«

Sie nagte an der Spitze ihres Fingerknöchels. »Ja, aber die wirtschaftliche Situation ist derzeit schwierig. Ich bin mir sicher, dass es nicht für immer ist. Jetzt, da die Mädchen älter sind, werde ich vielleicht selbst nach einem Job Ausschau halten.« Die Idee war ihr gerade erst gekommen, aber nun wurde ihr klar, dass sie viel Sinn ergab.

»Und wer kümmert sich um die Kinder?«, fragte er.

»Ich werde die Nachbarn um Hilfe bitten. Nicht jeder kann sich eine Nanny leisten!« Das hatte sie brüsker ausgesprochen als beabsichtigt, und sie hörte, wie er Luft holte.

»Was ist los?«, fragte er.

»Nichts. Was meinst du damit?«

»Komm schon, ah-Yin. Ich bin's.«

Sook-Yin griff sich einen Stuhl. Sie war nie eine Person gewesen, die über ihre Sorgen sprach, doch angesichts Hei-Fongs Wissen im Finanzbereich war es vielleicht klug, ihn um Tipps zu fragen. »Du erzählst davon aber nichts ah-Ma weiter?«, sagte sie.

»Okay. Ich werde nichts verraten, aber du musst mir rasch alles erzählen, denn das macht mir nun Angst.«

»Ich brauche Rat in Geldangelegenheiten.«

»Okay …«

»Ich will das Beste aus meinen Ersparnissen machen.«

»Sind du und Julian in Schwierigkeiten?« Er hielt inne. »Vergib mir, ah-Yin«, sagte er, »aber wenn Menschen Geld auf der hohen Kante haben, klingen sie normalerweise nicht so besorgt.«

Sook-Yin schloss ihre Augen. In der Dunkelheit des Wohnzimmers fühlte sie sich, als würde sie eine Beichte ablegen. »Wir sind etwas hinterher mit der Miete.«

»Sag mir, wie viel, und ich schick's dir.«

»Das ist nicht, worum ich bitten will«, sagte sie.

»Ich kann einer Frau nicht beibringen, wie man fischt, wenn sie nicht mal eine Angel hat.«

Sie hörte die Enttäuschung in seiner Stimme. Warum hatte sie nicht ihren Mund halten können? »Wir *haben* eine Angel, ah-Fong. Alles ist in Ordnung.« Sie drehte ihren Kopf und schrie etwas in Richtung Treppe. »Ich muss los«, sagte sie. »Die Kinder rufen nach mir. Bitte richte unseren Müttern liebe Grüße von mir aus.«

Sie legte auf und vergrub ihr Gesicht in ihren Händen. Maya und Li-Li waren vermutlich bereits eingeschlafen, und ihre Haut glühte erneut durch die Lüge, doch konnte sie seine Freundlichkeit nicht länger ertragen. Oder sein Mitleid. Was immer es auch sein mochte.

SIEBENUNDDREISSIG

Lily
Hongkong, 1997

37. Tag der Trauer

Es kommt ein Punkt, an dem man zu weit gegangen ist; wenn der Weg zurück länger ist als die Strecke, die man noch vor sich hat.

Hatte ich die ganze Zeit am falschen Ort gesucht? Ich hatte versucht, eine Verbindung zwischen Hei-Fong und Mumma zu finden, und überhaupt nicht in Betracht gezogen, dass es eine zu Dad geben könnte, doch auch das ergab keinen Sinn, und das machte mir Sorgen, nicht nur wegen der naheliegenden Aspekte – den Gefahren und Risiken der Walled City –, sondern auch weil ich die Leichtsinnigkeit, auf die das Glücksspiel hindeutete, mit der Person in Einklang bringen musste, die ich zu kennen geglaubt hatte. Die Idee schien mir zu abgedreht. Dad hätte nicht mal einen Polizisten nach der Uhrzeit gefragt oder auch nur Ananas auf seine Pizza gelegt. Er war der Ein-Glas-warme-Milch-und-vor-zehn-Uhr-ins-Bett-geh-Mann. Wenn er mit den Lees etwas zu tun gehabt hätte, dann nur, weil er irgendwie hereingelegt worden war, ein Opfer eines elaborierten Schneeballsystems oder einer jener Straßenbetrügereien. Nein. Es war, wie ich nach Mayas Täuschung zunächst vermutet hatte: *Wir* waren es gewesen, die ihn mittellos haben werden lassen.

Beispielsweise unsere Samstage im Bon Marché in Brixton: Dad unter dem Gewicht unserer Wünsche ächzend, während wir Kleiderbügel um Kleiderbügel in seine Hände drückten. »Das Herz begehrt nun mal, was es begehrt«, pflegte er zu jedem hübschen Kleid zu sagen, das wir uns wünschten, zu jedem Paar Schuhe, das uns den Kopf verdrehte, ohne auch nur eine Sekunde über den Nutzen dieser Sachen nachzudenken oder darüber, was der Kauf für ihn bedeuten könnte.

»Siehst du nicht, dass es ihn glücklich macht?«, fragte Maya, während wir in den Umkleidekabinen schwitzten und uns gegenseitig anrempelten. Wir unternahmen diese Ausflüge, weil wir ihn liebten, es half ihm in seiner Trauer, wenn er uns verwöhnte; ein verworrenes und komplexes Schuldgefühl, das ich niemals ganz abschütteln konnte. Wie bei der Beziehung, die ich nun mit Maya führte, wusste ich nicht mehr, wer da eigentlich wem half, wer wen verletzte, so war es nun einmal gewesen.

Ich widerstand meinem Impuls, Daniel dazu zu befragen. Abgesehen davon, dass es ihn schwer beleidigen würde, was genau wollte ich ihm eigentlich vorwerfen? Er war selbst noch ein Kind zu der Zeit gewesen, und es war wohl kaum etwas, das sein Vater mit ihm geteilt hätte. Abgesehen davon war er zu der Zeit in den USA gewesen. Ich konnte außerdem falschliegen, und das alles war nur ein Fehler, eine Anomalie, die mit sonst nichts in irgendeiner Weise verbunden war. Ich musste vorsichtig vorgehen. Und ich durfte nicht ständig im Kreis denken.

Es war noch dunkel, als ich aufstand. Sogar noch zu früh für die Fähre, und anstelle ihres gewohnten Ratterns war da nichts als eine glasige Stille auf der Oberfläche des Wassers am Hafen.

Ich ging hinunter, um spazieren zu gehen, doch als ich an der Lobby vorbeikam, fiel mir im hinteren Bereich erneut das Klavier ins Auge. Ich hatte es schon am Tag meiner Ankunft bemerkt, aber nie den Mut aufgebracht, es auszuprobieren. Ich sah auf die Uhr an der Wand. Fünf Uhr morgens, niemand war zu sehen.

Ich pflanzte mich auf den Hocker. Die Tasten waren unter meinen Fingern warm geworden, der süße Geruch des Rosenholzes wirkte beruhigend. Um sanft zu beginnen, spielte ich ein paar Tonleitern. Dann kamen mir Schumanns *Kinderszenen* in den Sinn: seine bittersüßen Kindheitsminiaturen, die mal verspielt daherkamen und mal mit Angst versetzt waren. Ich wanderte weiter in eine Liszt-Sonate – ein plump beeindruckendes Partystück – und dann Rachmaninows *Morceaux de Fantaisie*. Ich spielte weiter und weiter. Ich spielte für Maya und Dad und all die anderen, die an mir gezweifelt hatten. Ich spielte eine Entschuldigung an Mumma und an –

Scott.

Sein Name landete gänzlich unerwartet auf meinen Lippen, grün-zitronig scharf und mit Bedauern, während ich an unsere letzte Begegnung dachte. Ihre sinnlose Grausamkeit. Erst jetzt mit dem Luxus zeitlicher Distanz war ich gezwungen, mich meinem Verhalten zu stellen; mein fortwährendes Bedürfnis, wenigstens ein einziges Mal diejenige zu sein, die zurückwies.

Ich würde ihn anrufen, wenn ich zurück war.

Das Leben ist verdammt noch mal einfach zu kurz.

Ein Geräusch ließ mich herumfahren. An einem der Tische saß eine ältere chinesische Frau, die ihren Tee umrührte, der Löffel klonkte gegen das Porzellan. Ich stand auf und stieß den Hocker zurück und nickte nur vage in ihre Richtung.

»Danke, das hat mir gefallen«, rief sie. Ich wurde durch die Klarheit ihres Englischs überrascht, da es in einem seltsamen Gegensatz zu ihrem Alter zu stehen schien.

»Das sollte eigentlich niemand hören.«

»Ja, das habe ich bemerkt«, sagte sie. »Allerdings bin ich immer hier, also sind vielleicht eher Sie der Eindringling.« In ihrem Ton war etwas Spielerisches, ein halbes Lächeln zeichnete sich auf ihren Lippen ab. Sie nahm ihre Tasse hoch und winkte mit ihr in meine Richtung. »First Flush«, sagte sie. »Müssen Sie probieren.«

Ich überraschte mich selbst, indem ich mich setzte. Auf dem Tablett entdeckte ich eine extra Tasse und gehorchte ihrem Handwink, uns beiden einzugießen. »Sind Sie hier auch zu Gast?«

»Sie sind mir bereits aufgefallen«, sagte sie. »Ich komme schon seit Jahren hierher, daher bemerke ich es, wenn etwas aus dem Rahmen fällt.«

Ich neigte meinen Kopf Richtung Fenster. »In dem Fall müssen Sie hier so manche Veränderung beobachtet haben. Und zweifellos wird sich noch vieles ändern.«

Sie folgte meinem Blick. »Wenn der Wind der Veränderung weht, baut der eine Mauern und der andere Windmühlen.«

»Und zu wem gehören Sie?«, fragte ich.

»Meine Zukunft ist eine Sache der Vergangenheit. Sie sollten dazu die Jungen befragen.«

»Es herrscht definitiv eine gewisse Stimmung … wegen der Rückgabe.«

Ich hatte sie auf der Fähre und in den Straßen gespürt, an der Art, wie Gespräche verstummten, an den nervösen Blicken auf den Baustellen und den gelben Kränen, die überall in der Stadt wie Gottesanbeterinnen in den Himmel ragten. Auch auf meinen Spaziergängen hatte ich immer häufiger Flugblätter entdeckt, die in den Bürgersteig getreten oder auf Pfähle und Mülltonnen geklebt worden waren, inmitten von Werbeanzeigen für Gold. Zeichentrickfäuste. Ausrufezeichen.

»Rückgabe, Rückkehr … Verrat. Ich habe schon viele Bezeichnungen dafür gehört.«

Ich lehnte mich zu ihr hinüber. »Aber das ist es, was ich nicht verstehe. Hongkong wurde mit Gewalt eingenommen. Es ist nicht so, als hätten die Leute damals eine Wahl gehabt.«

Sie stieß ein wissendes Lachen hervor. »Der Tod ist der große Zaubertrick der Geschichte. Erinnerungen können verloren gehen.«

»Es erkennt also gerade niemand den Stock an der Möhre?«

Sie schüttelte den Kopf. »Niemand hält Hongkong für perfekt. Es ist einfach eine Frage dessen, an was sich alle gewöhnt haben. Was sie zwischenzeitlich geworden sind. Schauen Sie sich um«, sagte sie. »Selbst ein Bettler in Kowloon wird seine Straßenecke verteidigen. Und außerdem, wer weiß, was China im Schilde führt? Ausbeutung kennt keine Nationalität.«

»Sie scheinen nicht allzu beunruhigt.«

»Wie gesagt, ich bin nicht die richtige Person für diese Frage. Ich habe den Schutz des Alters und des Geldes, und in meiner letzten Nacht werde ich auf Kantonesisch träumen. Nicht jeder wird so viel Glück haben.«

Es lag etwas Tröstliches in ihrer Präsenz. Ich hatte Situationen wie diese stets vermieden: in zufällige Gespräche verwickelt zu werden, schicksalhafte Begegnungen. Ich trug es fast wie einen Orden stolz mit mir herum, lieber gefasst am Seitenrand zu stehen, während andere unvorsichtig wurden in ihren

Vertraulichkeiten. Das hatte besonders in meiner Studienzeit gegolten, in der sich all die konspirativen Gespräche zwischen Frauen zumindest meiner Kenntnis nach immer als substanzlose Erfahrung herausstellten. Nun jedoch hatte ich wie schon bei Mrs Tam nicht einen Augenblick gezögert, mich hinzusetzen, als wäre die Einladung, mit einer Fremden Tee zu trinken, die normalste Sache der Welt. War ich dabei, mich zu verändern, oder gehörte ich dazu? Oder lag es schlicht daran, dass sie unwiderstehlich war?

»Ihr Englisch ist beeindruckend«, sagte ich. »Ich hoffe, das klingt nicht herablassend.«

»Ich habe es gelernt, nachdem mein Mann gestorben ist. Die jüngeren Mitglieder meiner Familie haben es alle gesprochen, und Einsamkeit kann einen sehr verletzlich machen. Es ist ganz hilfreich, darüber im Bilde zu sein, ob andere über einen reden.«

Ich lachte. »Ich weiß, wie sich das anfühlt …«

»Sind Sie hier, um ein Konzert zu geben?«, fragte sie.

»Nein, nichts dergleichen. Ich glaube, ich bin hergekommen, um mir selbst etwas zu beweisen. Um Frieden zu finden.« Ich nahm einen großen Schluck Tee. »Das hat allerdings nicht wirklich funktioniert. Vielleicht wäre ich besser nach Indien gefahren, wie alle anderen das tun.«

Teils um ihrem fragenden Blick zu entgehen, ließ ich meine Augen zur Kette um ihren Hals wandern. Es ging etwas Magisches von ihr aus: die goldene Miniatur eines fliegenden Vogels, eingefasst in ein Bett aus blauem Achat, ganz anders als die Jade, die ich bisher gesehen hatte. »Ich mag Ihre Halskette«, sagte ich.

»Ja, ich habe gesehen, dass sie Ihnen aufgefallen ist. Zum Leidwesen meiner Familie ist es das Einzige, was ich noch trage. Sie haben es aufgegeben, mir Schmuck zu schenken.«

»Das kann ich gut verstehen. Sie ist wunderschön!«

»Freut mich, dass sie Ihnen gefällt«, sagte sie. Sie streckte ihre Beine mit einem Gähnen aus. »Nun, ich werde besser mal gehen. Es ist ein Sturm angekündigt.«

»Was für ein Pech für das Feuerwerk.«

»Pech für uns alle«, sagte sie.

Ich stand auf und bot ihr meinen Arm, und sie griff nach ihm und hievte sich hoch, auch wenn sie so leicht war wie eine Kirschblüte. »Es war wunderbar, Sie kennenzulernen.«

»Ich denke, wir sehen uns bestimmt wieder.«

»Ich werde bald im Flugzeug nach London sitzen.«

Sie nickte. »In dem Fall bin ich froh, Ihnen gelauscht zu haben.« Sie tätschelte meinen Arm. »Sie spielen mit einem tiefem Schmerz«, sagte sie. »Achten Sie auf Ihr Herz.«

ACHTUNDDREISSIG

Sook-Yin
London, April 1977

In den folgenden drei Wochen bewarb sich Sook-Yin auf zwölf Stellen – ohne Erfolg. Sie durchkämmte Läden und Büros, saß am Küchentisch und antwortete als Mrs S. Miller auf Stellenanzeigen auf den letzten Seiten des *Evening Standard*, wobei ihre Hand zitterte und sich vor Anstrengung verkrampfte. Ein Vorstellungsgespräch zu bekommen war kein Problem gewesen, doch sobald man ihr Gesicht sah, sagte man ihr, dass die Stelle vergeben sei. Sie wusste, dass das gelogen war. Sie hatte die anderen Frauen im Wartezimmer gesehen, blond und im Maxirock, mit ihren gepflegten Fingernägeln und afghanischen Mänteln. Mit ihrer cremefarbenen Haut.

Die Wirtschaft steckt in der Krise.

Es ist Jim Callaghan, der die Bücher frisiert.

Englische Jobs den Engländern.

»Ich hab genug«, sagte sie zu Julian nach einer weiteren unnützen Busfahrt, einer weiteren Blase an ihrer Ferse, die sie durch das Tragen der billigen, für die Bank geeigneten Schuhe bekam, die ihr zu eng waren. »Niemand will mich hier.«

Julian, der mit Lily auf dem Sofa kuschelte und über eine Kindersendung lachte, schaute herüber. »Es wird sich was ergeben, das weiß ich. Die haben nur noch nicht erkannt, wie brillant du bist.«

»Ich hätte in Kowloon bleiben sollen.«

Er zog die Stirn kraus. »Aber wie hätte ich dir denn dann begegnen sollen? Mein Leben wäre sehr trist verlaufen.«

»Ich meine damals, als ich zu Besuch war. Da hatte ich ein gutes Jobangebot.«

»Oh, wirklich? Und als was genau?«

»Durch einen Freund meines Bruders, Hei-Fong. Er arbeitet jetzt in einer großen Bank in Hongkong.«

»Ein Job in einer Bank?« Julian schob Lily auf das Sofa. »Glaubst du, er würde dich noch annehmen?«

»Wozu soll ich darüber nachdenken? Jetzt sitzen wir in London fest.«

»Aber wie wäre es, wenn wir dort hinziehen? Für Florence und Harvey hat es funktioniert, und du beschwerst dich immer wieder, dass ich deine Familie nie getroffen habe. Ich könnte mich um ein Arbeitsvisum bewerben … Ich könnte … Ich könnte … Ich könnte …«

Sein Mund war schneller als seine Gedanken, dieses nervöse Zucken seiner Finger und das rasende Flackern seiner Augen, alles wie damals mit dem Laden.

»Und wie sollen wir hinkommen, Julian? Was machen wir mit dem Haus?«

»Das ist doch bloß Geld«, sagte er.

Sook-Yin ballte ihre Fäuste. Am Tag, nachdem sie die Rechnungen in den roten Umschlägen gefunden hatte, war sie früh aufgestanden und hatte den Großteil ihrer Ersparnisse dafür genutzt, die Rückstände auszugleichen, und gleich noch einen Monat Miete im Voraus gezahlt. Sie hatte dies heimlich getan, in dem verzweifelten Versuch, die Flutwelle an Ängsten einzudämmen, doch jetzt sprudelte ihre Frustration aus ihr hervor.

»Bekommen wir deshalb diese Briefe?«, sagte sie. »Stromwerk stellt Licht ab? Vermieter wirft uns raus?« Sie stampfte zur Schublade und zog die Briefe hervor. »Hier! Roter Brief … roter Brief … letzte Mahnung vor Rauswurf …«

Julians Blick wirkte wirr. »Niemand zahlt seine Rechnungen rechtzeitig.«

»*Ich* zahle sie, damit wir Dach über Kopf behalten. In Hongkong kommt man für so etwas ins Gefängnis!«

»Na, was für ein Glück, dass wir in England leben.« Es brauchte einen Augenblick, bis er verstanden hatte, was sie gesagt hatte. »Was meinst du damit, dass du sie bezahlt hast? Woher hattest du das Geld?«

Da war es geschehen. Sook-Yin zerknüllte die Briefe in ihrer Hand. »Ich habe vom Haushaltsgeld gespart. Zur Seite gelegt für Notfall.« Sie faltete ihre Arme zusammen. »Ist es nicht egal? Wenn du Gehalt richtig nutzen würdest, müsste ich mir keine Sorgen machen.«

»Mein Gehalt? Viel Glück damit.« Er deutete mit seiner Hand auf das Zimmer. »Dir ist schon klar, dass es kein günstiger Ort ist, an dem wir leben? Ich habe uns hier eingemietet, um dich glücklich zu machen, doch wir kommen kaum über die Runden, Sook-Yin. Du aber lehnst dich einfach zurück und genießt die Vorzüge und machst dir *darüber* keine Sorgen.«

Sook-Yin blickte auf den Teppich. Er hatte recht, sie hätte besser aufpassen sollen, besonders nach der Sache mit der fehlenden Versicherung für den Laden. Dennoch hatte sie nicht um all die Annehmlichkeiten gebeten. Das war alles Julians Entscheidung gewesen. »Warum also gibst du so viel aus? Kaufst mir neuen Ofen für die Küche? Kaufst neue Schuhe für Maya und Li-Li?«

»Weil Maya neue Schuhe brauchte. Und man kann nicht der einen was geben und der anderen nicht.«

»Aber das ist doch Unfug«, sagte sie. »Als ich aufwuchs, habe ich Schuhe meines Bruders getragen.«

Julian drehte seinen Kopf zum Fernseher und beendete mit dieser Geste die Angelegenheit. »Ja, das erzählst du öfter, Sook-Yin, aber wir sind nicht im Krieg, meine Liebe. Es gibt keinen Grund, dich ständig selbst zu bestrafen.«

Nachdem sie die Mädchen an diesem Abend ins Bett gebracht und ihnen Geschichten von Prinzessinnen mit Happy Ends vorgelesen hatte, setzte sie sich an den Tisch und weinte. Anders als Julian, der seinen Kopf in den Wolken hatte, musste sie sich mit der Wirklichkeit der Welt auseinandersetzen, einen Weg finden, wo es keinen gab. Und das war das Problem: Sie konnte den genauen Augenblick benennen, an dem sie zugelassen hatte, dass die Dinge in die falsche Richtung liefen. Als sie am Hafen auf dem Schiff stand. Wie wäre ihr Leben verlaufen, wenn sie sich gegen ah-Chor durchgesetzt hätte? Es fühlte sich selbstbezogen und grausam an, darüber nachzudenken, denn sie liebte Maya und Li-Li wie ihr eigenes Leben, doch sie konnte nicht anders, als sich auszumalen, was vielleicht gewesen wäre. Ein anderes Leben mit jemand anderem. Nun war Kowloon wieder in ihren Gedanken, und ihre dauernde Sehnsucht gerann zu grausamem Spott. Es war nicht zu ändern.

Es sei denn …

Aus Angst, dass sie ihre Meinung ändern könnte, lief sie los und hob den Telefonhörer ab. »Ich bin's«, sagte sie, als er sich meldete. »Ja, mir geht es gut, aber vergiss das mal. Ich muss dich fragen, ob ich dir vertrauen kann.«

NEUNUNDDREISSIG

Lily
Hongkong, 1997

37. Tag der Trauer

Ich war so konzentriert darauf gewesen, Dinge über Mumma herauszufinden, dass ich mich mit den Einzelheiten der Rückgabe gar nicht beschäftigt hatte. Ich war mir noch immer nicht sicher, was ich davon halten sollte. Als Engländerin – was immer das auch heißen mochte – war ich in der Sprache des Imperialismus aufgewachsen: rot gefärbte Gebiete auf den Karten im Klassenzimmer, risselige Filme über die Gefahren der »Anderen«, tief verankerte, aber scheußliche Vorurteile. Wenn Hongkong also Ähnlichem ausgesetzt gewesen war, darin bestärkt, an seine Abgetrenntheit zu glauben, war es da überraschend, dass es nervös war? Hatten die Briten die Stadt zu dem gemacht, was sie war, oder einfach nur ein Monster nach ihrem Ebenbild erschaffen, die Genetik des Ortes so stark verändert, dass er nun weder dem einen noch dem anderen glich?

Meine Bankkarte war endlich angekommen. Ich plante, Onkel Chor erneut zu besuchen, aber es war noch zu früh, um ihn anzurufen, also entschied ich mich dazu, Victoria Peak zu besuchen. Zur Abwechslung könnte ich mein eigenes Geld benutzen und die Unabhängigkeit spüren, die ich eigentlich hatte haben wollen, als ich herkam, und außerdem hatte ich die Stadt bisher noch kaum erkundet. Sollte die Grenze zu Shenzhen je aufgehoben werden, würde ich sonst niemals wissen, wie sich das Davor vom Danach unterschied.

In der Seilbahn war die Luft vom Schweiß der Touristen bereits durchzogen, die wie eine Herde zum Gipfel strömten, und als wir oben angekommen waren, hatte ich genug von den überdimensionierten Linsen und Baseballkappen und lief in die Gegenrichtung über die Findlay Road zum etwas ruhigeren Löwenpavillon.

Selbst an einem Tag wie diesem, mit dem fahlen Sonnenlicht und einem wenig einladenden Dunst, war die Aussicht von der Pagode unglaublich. Wenn man von den uralten Balkonen herabsah, wirkte das V des sich vor mir ausbreitenden Panoramas wie die Hände eines Riesen, der die Stadt umarmt, die Berge in der Ferne als majestätisch emporragende Warnung, dass wir trotz all des Rambazambas, das wir Menschen verursachten, niemals mehr als nur Mieter sein würden.

Ich lehnte mich vor und spähte über die Brüstung, wo die Seiten der Klippe in einem schwindelerregenden senkrechten Winkel abfielen. Man kann die Gastürme, Brücken und Einkaufszentren getrost beiseitelassen, dies war der Ort aller Orte: Es waren die letzten fünfhundert Meter zur Herrlichkeit gewesen, und alles war wunderschön.

»Lady, bitte, Foto machen?«

Ein junger Mann hielt mir seine Kamera entgegen und positionierte sich dann auf dem Balkon. Ich hob den Sucher auf Höhe meiner Augen und zoomte in sein rundliches Gesicht, das übersät war mit schuppigem Flaum.

Mit Ausnahme des Fotos von Daniel hatte ich nie Bilder von uns in Hongkong gesehen. Auch nicht viele in London, wenn ich darüber nachdachte. Weihnachten und Geburtstage vielleicht,

Maya immer in der Bildmitte, ich stets mit abgeschnittener Hand oder zerteiltem Schuh. Ein halbes Gesicht.

Ich drückte den Auslöser und wollte die Kamera gerade zurückgeben, als ich meine Meinung änderte. »Moment! Noch eins!«, sagte ich. »Schauen Sie diesmal in die Landschaft.« Er lächelte und signalisierte *Daumen hoch*, und als er sich umdrehte, schoss ich das Foto. Ich stellte mir vor, wie er sie vom Fotostudio abholen und sie eilig durchsehen würde, um nach jenen zu suchen, mit denen er seine Freunde beeindrucken konnte. *Ich war in Hongkong.* Und dann würde er zu meinem Bild kommen – mein windumwehtes Gesicht mit gerunzelter Stirn –, und seine Augenbrauen würden sich vor Verwirrung zusammenschieben. *Was zum Henker,* würde er sagen. Und dann würde er sich an mich erinnern.

Ich war gerade mit der Tram zurückgekehrt, als ich einen Anruf aus der Bibliothek bekam, in dem mir mitgeteilt wurde, dass die Informationen, nach denen ich mich erkundigt hatte, bereitgestellt waren. Auch nach dem Schock meines letzten Besuchs blieb es wichtig zu erfahren, was sie gefunden hatten. Onkel Chor würde warten müssen.

»Oh, hi! Sie sind es!«, sagte der Mann, als ich am Schalter vorstellig wurde. »Sie sind nun fast schon eine Einheimische.« Ich folgte ihm nach hinten, und er zeigte auf das letzte freie Lesegerät. »Setzen Sie sich, bitte. Ich bringe Ihnen alles herüber.«

Es dauerte etwas, bis er zurückkam, ein frischer Film von Schweiß und Stress auf seinem Gesicht. »Verzeihen Sie«, sagte er. »Es ist immer noch viel zu tun. Wie läuft Ihre Recherche?«

»Nicht sonderlich gut, um ehrlich zu sein.« Ich nickte in Richtung des Kartons. »Aber ich sehe, Sie haben etwas gefunden.«

»Nur bisschen«, sagte er. Er legte eine der Folien auf das Glas. »Ich habe nach Datum gesucht, das Sie mir gegeben haben, aber in der größten Zeitung Hongkongs nichts. Bis ich einen Tag später versucht habe …«

Er richtete die Seite eines lokalen Käseblatts aus und schob die Ansicht auf eine winzige Spalte. »Kleine Meldung«, sagte er. Er kniff die Augen zusammen, während er übersetzte. »Frau bei einem Unfall am 19. Oktober ums Leben gekommen. Das Opfer, 33 Jahre alt, hat als Angestellte bei der Dah Sing Bank im Schalterbereich gearbeitet.« Er lehnte sich zurück. »Das alles, was ich finden konnte.«

»Kein Name für das Opfer?«

»Nein, aber das ist nicht ungewöhnlich. Viele Unfälle in Kowloon. Journalisten berichten nur.«

Es hatte etwas Seelenloses: ein Leben auf drei gedruckte Zeilen reduziert. Und unheimlich war, dass es in der Nähe der Nathan Road und damit nah an den Chungking Mansions passiert war. Wenn dieser Artikel wirklich von Mumma berichtete, dann war ich an dem Unfallort vermutlich bereits vorbeigelaufen. Ich bekam einen Kloß im Hals. »Diese Dah Sing Bank«, setzte ich an, »gibt es die noch in Kowloon?«

Er lachte. »Es ist eine der größten. Viele Filialen überall in der Stadt.« Er tippte sich an die Stirn. »Erinnern Sie sich, als Sie mich nach Hei-Fong Lee gefragt haben?«

»Ja?«

»Lustiger Zufall«, sagte er. »Dah Sing war die Bank, bei der er angefangen hat.«

Er nahm die Folie vom Lesegerät und legte eine andere auf. »Ich habe noch etwas für Ihren Freund gefunden. Hier ein Artikel mit dem Datum, das Sie mir gegeben haben. Dieser stammt aus der *Oriental Daily News*. Die Todesanzeigen für Oktober. ›In liebender Erinnerung an Chen Sook-Yin, 24. Februar 1944 – 13. Oktober 1977. Geliebte Mutter und Tochter. Sie hinterlässt ihre Töchter Mei-Hua und Li-Li Chen. Auf ewig in unseren Herzen.‹« Er wendete sich mir zu. »Die Dame war auch 33. Dasselbe Alter und dasselbe Datum wie der Unfall, ich glaube also, dass es dieselbe Person ist.«

Ich drückte meine Finger gegeneinander. Mummas Name. *Unsere* Namen. Diese Dah Sing Bank musste die Verbindung zwischen den beiden sein.

»Da ist noch etwas sehr Interessantes.« Er lehnte sich mit einem lebhaften Gesichtsausdruck herüber. »Zunächst sah es wie eine normale Todesanzeige aus …«

»Nur dass da kein Ehemann erwähnt wird?«

»Nein, das meine ich nicht.« Er vergrößerte die Stelle und zeigte auf eine Ansammlung von Zeichen. »Diese Formulierung ist ungewöhnlich«, sagte er. »Nicht das übliche Wort für ›sterben‹. Das ist eher …« Er hatte Mühe, die richtige Übersetzung zu finden. »Wie würde man sagen? Empathisch?«

Ich runzelte die Stirn. »Vielleicht spezifisch?«

»Ja, genau! Spezifisch.« Er wiederholte murmelnd das Wort, erleichtert, den Klang zu hören.

»Was meinen Sie damit?«, fragte ich.

»Dieses Wort …« Er kratzte sich den Kopf. »Das Wort bedeutet eher so wie ›geopfert‹.«

VIERZIG

Sook-Yin
Hongkong, Mai 1977

Sook-Yin durchsuchte den Inhalt des Umschlags: vier One-Way-Tickets nach Kowloon neben einem Überweisungsbeleg der Dah Sing Bank über eine großzügige Summe auf ihr Konto. Es war nicht so, als würde sie mit dem Zirkus davonlaufen, aber es war dennoch eine Flucht, und sie wurde ihr von dem einen Menschen ermöglicht, der sie niemals vergessen hatte. Es war ihr schwergefallen, die Worte am Telefon auszusprechen – *Ich zahle es dir zurück, sobald ich kann. Das verspreche ich, ah-Fong, versprochen.*

Er hatte aber nur mit einem einzigen Wort geantwortet: *komm.*

Er hatte das Jobangebot erneuert, und nach einem Besuch in Mayas Schule war sogar der Direktor offen für die Idee. »Das Experiment wird ihr wunderbar bekommen«, sagte er. »Sie ist längst weiter als ihre Klassenkameraden und wird nur ein paar Monate verpassen.«

Es ging tatsächlich um sechs Monate, einschließlich der Sommerferien. Sechs Monate, um ihrer Familie zu beweisen, dass sie es verdiente, wieder bei ihnen zu sein.

Sie war sich noch immer unsicher, wie es Julian ergehen würde, mit seinem merkwürdigen Gaumen und seinem »kränklichen Magen« und angesichts der Tatsache, dass er *nie weiter als bis Schottland gekommen* war. Sie stellte sich vor, dass er wie Großmütter mit ihren Sonnenschirmen herumlaufen und vor der Mittagssonne zwischen Hummer und Rote-Bohnen-Eis Zuflucht suchen würde, und über dieses Bild musste sie lachen, ein kleiner Augenblick Erleichterung in all ihrer Sorge. Dennoch gab es Grenzen, zu was eine Person fähig war, und sie vermochte es nicht, Julian einzuschätzen. Seine Motivation war so anders als ihre, als sie damals nach London gekommen war. Für ihn war es eher Urlaub als Exil, ein Neuanfang, um seinen Abdruck in die Welt zu setzen, wenn es das war, wozu er sich entscheiden würde, und wenn nicht, konnte er jederzeit heimkehren. Sie wusste, dass nur sie selbst, nun zusätzlich beschwert mit der Bürde des Kredits und dem Gewicht der Erwartungen ihrer Familie, die grundlegende Abwegigkeit einer freien Entscheidung verstand.

Als ihr Flugzeug in Kowloon landete, war es ein Uhr mittags, und die Maisonne wütete bereits erbarmungslos. Die Luft über dem Rollfeld von Kai Tak flirrte und erweckte den Eindruck, als sei es mit kostbaren Juwelen besetzt, statt mit dem eigentlich vorhandenen Öl und Schmutz. Als Sook-Yin mit den Kindern die Flugzeugtreppe hinabstieg, erinnerte sie sich an ein altes Bild aus ihrer Schulzeit: wie sie in Erdkunde oder Chemie irgendeinen Stein in der Hand hielt und von seiner Schönheit völlig angetan war. *Narrengold*, hatte Schwester Catherine das genannt. Eindrucksvoll, woran man sich erinnerte.

Die Reise hatte sie noch etwas anderes gelehrt: Julian war keine sonderlich belastbare Person. Am Flughafen Heathrow war seine Aufregung geradezu begeistert gewesen, als er fröhlich und unübersehbar in seinem brandneuen Anzug und mit seinem britischen Pass winkend durch das Gate der Abflughalle schritt. Im Flugzeug jedoch änderte sich alles. Er war den ganzen Flug über ängstlich und unruhig, weinerlich und nach ihrer Schulter greifend, sobald kleine Luftlöcher oder Turbulenzen auftraten, lehnte alle Speisen ab, die er nicht kannte, und übergab sich, als er beim Anflug auf den Landeplatz der Insel die geringe Distanz zu den Dächern erblickte. Es war, als hätte sie ein drittes Kind adoptiert, und als die Motoren endlich stoppten, spürte sie den Wunsch, ihn zu erwürgen.

Ah-Chor hatte angekündigt, dass er sie im Ankunftsbereich treffen würde, doch als sie schließlich durch den Zoll waren und ihre Koffer beim Kampf ums Gepäckband gefunden hatten, war es Hei-Fong, der hinter den Absperrungen auf sie wartete. Er hob sie mit der Umarmung eines Bären in die Luft und wuschelte den Kindern durchs Haar, bevor er Julian die Hand entgegenstreckte. »Das Wetter ist anders hier«, sagte er ihm, während er sich Julians Schweiß von der Hand wischte. »Ich hoffe, dass Sie sich daran gewöhnen.«

Sook-Yin blickte sich am Terminal um.

»Mein Bruder hat es nicht geschafft?«, fragte sie.

Hei-Fong nahm ihr den Koffer ab. »Meine Limousine ist besser für Gepäck geeignet. Sie warten alle zu Hause.«

In der klimatisierten Umgebung des Autos erholte sich Julian rasch. Sook-Yin bemerkte, wie sich sein Rücken entspannte, sein Kinn aufrichtete, während er zum Fenster hinausblickte und die verklebten Shirts der Fahrrad fahrenden Männer beobachtete und der Frauen, die sich an den Bushaltestellen Luft zuwedelten. Sie konnte den Soundtrack, der in seinem Kopf ablief, hören, all die Songs, die er in London mitgesungen hatte: Frank Sinatra,

Elvis Presley, Perry Como. Ein König, der auf die Bedeutungslosigkeit der anderen herabsah.

Das Einzige, was sie nicht erwartet hatte, war seine Reaktion, als sie in der Wohnung ankamen. Seine Mundwinkel sanken herab, als er die abblätternde Farbe erblickte, den Schimmel, der die Fenster einrahmte, und die Abwässer, die von den Märkten durch die Rinnsale der Straßen flossen. Was hatte er erwartet? Seine eigenen Eltern hatten nicht gerade in einem Palast gelebt!

Als sie aber oben angekommen waren, beeilte er sich, ah-Ma und ihren Bruder zu begrüßen, seine Stimme wandelte sich in ein freudiges Crescendo im Wissen um die Aufmerksamkeit anderer. Ihre Mutter stand am Rand und lauschte mit regloser Miene, während Sook-Yin übersetzte. *Sie versucht, ein Gefühl für ihn zu bekommen. Für die Realität unserer Ehe.* Sobald die Begrüßungen abgeschlossen waren, versorgte ah-Ma die Kinder mit Süßigkeiten und schickte sie zum Spielen auf den Balkon. »Die Erwachsenen müssen reden«, sagte sie.

»Nun, wie gefällt Ihnen Hongkong, Mr Miller?«, fragte ah-Chor. Sook-Yin schnalzte mit der Zunge. Nicht mal ein kurzer Augenblick zum Durchatmen! »Erster Eindruck?«, fügte er hinzu.

Julian platzierte sich halb auf dem Sofa und schlug seine Beine übereinander. »Mein erster Eindruck wäre, dass du mich Julian nennen solltest. Mein zweiter ist, dass eure Stadt exquisit ist.«

»Ich muss gestehen«, sagte ah-Chor, »wir waren sehr überrascht, als wir hörten, dass Sie auch kommen.«

»Aber ich wollte schon immer mal nach Hongkong.«

»Also doch hier, um Urlaub zu machen? Es ist nur, dass ich gehört habe, Sie bemühen sich um eine Arbeitserlaubnis.«

Sook-Yin blickte zwischen ah-Ma und Hei-Fong hin und her. Sie hatte es den beiden vertraulich erzählt im beiderseitigen Wissen, dass noch nichts entschieden war. Wer von ihnen hatte es ihrem Bruder gesteckt?

»Ja, ich habe mich um eine Arbeitserlaubnis beworben«, sagte Julian. »Kann ja nicht schaden, den eigenen Horizont zu erweitern.«

Ah-Chor schob seine Lippen hervor. »Das ist sehr mutig, wenn es auf Ihre Kosten geht. In eine andere Kultur zu wechseln, meine ich.«

»›Wie ein Gewinner denken.‹ So lautet mein Motto. Außerdem hatte Sook-Yin Heimweh, und ein Mann ist nur so glücklich wie seine Familie.«

»Da sind wir uns einig, Mr Miller.« Auf der Stirn meines Bruders hatte sich etwas Schweiß gebildet, er holte ein sauberes Taschentuch hervor und wischte mit langsamen, bewussten Bewegungen erst das Gesicht und dann seine Ohren ab. »Hei-Fong hat mir erzählt, dass Sie studiert haben.«

»Englisch. An der Durham University.«

»Das ist sehr beeindruckend, muss ich sagen. Sie haben vermutlich Abschlusszeugnisse?«

Sook-Yin zog ihre Augen zusammen. Trotz all der Jahre, die sie weit von ihm entfernt gelebt hatte, kannte sie ihren Bruder nur allzu gut. Er nutzte Worte so, wie Jäger Fallen aufstellen, versteckte sie unter Blumen und süßen Kräutern, in der Erwartung, dass sich kleinere Tiere ihren Hals brechen. *Ah-Ma, du bist eine solch kluge Frau. Warum lässt du zu, dass Sook-Yin dich ausnutzt? Sie ist eine nichtsnutzige alte Jungfer in spe.* »Wird das ein Interview oder was?«, fragte sie.

Ah-Chor hob seine Hand und deutete ihr an, dass sie schweigen solle. »Vergeben Sie mir bitte all die Fragen, Mr Miller. Es ist nur so, dass ich ein paar ältere Schüler habe, die einen privaten

Tutor gebrauchen könnten, und als ich erfuhr, dass Sie nach Arbeit suchen, dachte ich, dass Sie das vielleicht interessieren könnte. Es wäre zunächst nur auf Probe, bis wir Ihre Referenzen geprüft haben.«

Julian konnte kaum ein Wort hervorbringen, so groß war das Grinsen auf seinem Gesicht. »Ich hatte nicht gedacht, dass es so schnell gehen würde, aber ich kann meine Zeugnisse sofort anfordern.« Er lehnte sich zu ihr hinüber und kniff Sook-Yin ins Knie. »Hab ich's dir nicht gesagt?«, sagte er.

»Hervorragend«, sagte ah-Chor. »Ich werde mich gleich erkundigen.«

Hei-Fong stand mit einem Mal auf, die Stuhlbeine kratzten auf dem Linoleum. »Es tut mir leid, aber ich muss mich entschuldigen. Ich habe noch ein Meeting, das meine Anwesenheit erfordert.« Er lehnte sich herüber und schüttelte Julians Hand. »Ich bin mir sicher, dass wir uns bald schon wiedersehen.«

Sook-Yin sah ihm nach, wie er fortging. Vielleicht lag es am Licht, aber als er das Appartement verließ, hätte sie schwören können, dass er die Stirn in Falten gezogen hatte.

Als sie später in ihrem alten Zimmer lagen und die Kinder neben ihnen auf dem Boden schliefen, ging sie das Gespräch noch mal durch. Julians Jetlag hatte ihn bereits niedergestreckt, und er war in der brütenden Hitze immer wieder eingenickt, seit ah-Chor gegangen war. Sie seufzte, und seine Augen öffneten sich.

»Worüber denkst du nach?«

»Ich dachte, du würdest schlafen.«

»Das versuche ich, aber dein Kopf ist so laut.«

Sook-Yin sah ihn an. »Vorsicht mit meinem Bruder«, sagte sie. »Vorsicht bei allem, was er anbietet.«

»Warum sagst du das? Er schien doch ganz freundlich zu mir.«

»Ja, aber nicht immer nette Person.« Sie stützte sich auf ihre Ellenbogen. »Ich erzähle dir Geschichte«, sagte sie. »Als ich klein war, wurde ich sehr krank. Und Arzt sagte, dass ich ah-Chors Urin trinken muss. Jeden Tag hat er in eine Flasche gepinkelt und gelacht, während er mir beim Trinken zusah. Als es mir besser ging, sagte er zu mir, ›Ich habe dich gerettet. Jetzt gehört dein Leben mir. Das hast du davon.‹«

Julian runzelte die Stirn. »Wie alt warst du, als das passiert ist?«

»Sechs oder vielleicht sieben.«

»Du musst dich falsch erinnern.«

»Nein! Ah-Ma wird dem zustimmen. Darum ich vertraue ah-Chor nicht. Er wollte mich nie um sich haben. Er war es, der mich nach England schicken wollte.«

Julian entfuhr ein zynisches Lachen. »Kinder sagen doch so etwas dauernd. Denk an Maya. Sie liebt es, Menschen zu schockieren. Ich würde wetten, wenn du ihn darauf ansprichst, könnte er sich nicht mal daran erinnern.«

Sook-Yin lehnte sich zurück. »Wozu brauchst du ah-Chors Job, wenn ich für Hei-Fong arbeiten kann? Das ist doch unsere Vereinbarung.«

»Ach, *darum* geht es dir eigentlich …«

»Nein! Ich erzähle bloß von ah-Chor.«

An der Oberfläche war das wirklich ihre Absicht gewesen. Doch je mehr Sook-Yin darüber nachdachte, desto klarer wurde ihr, in was für ein Wirrwarr sie sich begeben hatte. Zum einen wusste Julian nichts von dem Darlehen. Als er sich nach dem Geld erkundigt hatte, sagte sie ihm, dass sie Schmuck verkauft hatte, den sie von ah-Ma bekommen hatte, als sie das erste Mal nach London gekommen war. Wie sollte sie das Geld je zurückbezahlen, wenn sie kein eigenes Gehalt hatte? Aber er hatte durchaus recht, was den zweiten Punkt anging. Nach all den Jahren der Kindererziehung hatte sie sich darauf gefreut, einer anderen Arbeit nachgehen zu können. »Hei-Fongs Bank wird viel besser zahlen.«

»Ja, da bin ich mir sicher.« Julian sortierte sein Kissen mit der Faust um: *pap, pap, pap.* »Du hättest mir durchaus sagen können, dass er in dich verschossen ist.«

Sook-Yin starrte ihn an. »Warum redest du Unfug?«

»Ich habe es ihm am Flughafen angesehen. Es war sehr deutlich, dass er sich gewünscht hatte, dass ich nicht gekommen wäre.«

Sie spürte, wie ihr Gesicht in der Dunkelheit rot anlief. »Hei-Fong ist ein alter Freund aus der Schulzeit. Außerdem ist er verheiratet und hat Kind.«

»Seit wann hätte *das* je irgendwen aufgehalten?«

Sook-Yin stieß ein trockenes, bitteres Lachen hervor. »Das ist der erste ehrliche Satz, den du sprichst.«

Das ließ ihn verstummen. Er griff ihre Hand und drückte sie sanft. »Habe ich dir nicht gesagt, wie leid es mir tut? Wie leid mir alles getan hat?«

Sie zog ihre Hand zurück. »Wir reden nicht noch mal darüber. Jetzt ist Neubeginn, okay?«

Er nickte. »Ja, okay. Aber es muss ein Neustart für alle sein. Einschließlich deines armen, alten Bruders.«

»Ich verspreche, ich versuche.«

»Gutes Mädchen, und denke immer daran, dass ich dich liebe.«

Er drehte sich um, und innerhalb weniger Minuten vertiefte sich seine Atmung in sein gewohntes Schnarchen. Sook-Yin starrte zum Ventilator hinauf, der sich an der Decke drehte. Sie hatte nicht gelogen, dass sie ihr Bestes gab, doch Julian war naiv. Er hatte bisher schließlich nur ein Leben gelebt, während sie schon so viele gelebt hatte.

EINUNDVIERZIG

Lily
Hongkong, 1997

37. Tag der Trauer

Sacrifice
/ˈsakrɪfʌɪs/ *Nomen*
1. eine Handlung, bei der ein Tier oder eine Person geschlachtet oder ein Besitz als eine Gabe an eine Gottheit überreicht wird
2. Verzicht auf (etwas Wertvolles) zugunsten anderer Erwägungen

Ich sah wieder ins Wörterbuch im Regal auf meinem Zimmer. Die Wörter schwarz auf weiß zu sehen – die scheinbare Kluft zwischen den Definitionen – hatte die Sache nicht klarer werden lassen. Vielleicht hatte sich der Mann getäuscht, oder vielleicht war »Sacrifice« eine Art geflügeltes Wort. Interpretationssache. Poetische Freiheit.

Ich wusste, dass es nichts spezifisch Chinesisches sein konnte. Geschichte und Politik hatten mich das gelehrt. Der Tod schuf ein universelles Bedürfnis nach einer bestimmten Wahrheit: *geliebter Vater, hingebungsvolle Tochter* – jene geschönten Inschriften, die wir als ihr Vermächtnis in der Welt aufgehängt haben und statt der chaotischen Wäsche, die von ihrem Leben übrig blieb, nach außen trugen. Und es war nicht mal ausschließlich zu ihrem Wohl, sondern in der Hoffnung auf all die Dinge, die wir dabei erben würden. Als Nachkommen von Helden.

Ich habe darüber in letzter Zeit viel nachgedacht. In jener Nacht mit Daniel in dem Restaurant war ich nicht ganz ehrlich gewesen, was Dad anging. Die meisten Menschen wussten ohnehin, dass es eine Schutzbehauptung war – diese Vorstellung, dass die eigenen Eltern einen vorbehaltlos liebten. Es war eher ein unausgesprochenes Grundprinzip, wie jenes, dass man sich gesund ernähren oder nicht rauchen sollte, die Verinnerlichung unserer schamvollen Impulse, bis sie zu einer emotionalen Waffe wurden: das Augenrollen, wenn sie denken, dass man nicht hinschaut – *puff, peng!* –, das etwas zu laute Stöhnen, sobald man den Raum verlässt – *bumm, kablumm*. Das war die andere Wahrheit über Dad, und jede Geste, ob nun beabsichtigt oder nicht, hatte sein Ziel in mir, als wäre meine physische Ähnlichkeit mit Mumma eine ständige Erinnerung nicht nur an seine Trauer, sondern auch an seine eigenen Selbstvorwürfe, sie nicht gerettet haben zu können.

Ein paar Monate nachdem er das Haus in Brixton leer geräumt hatte, war es in einer Abwesenheit von Farbe wiedergeboren worden; das Tränken der Wände und Möbel in einem schlaffen Beige- und Cremeton, dessen Düsternis ihm nur noch mehr Tiefe verlieh. *Bitte streich es*, wollten wir sagen, streiche es blau oder orange oder grün. Einfach irgendeine Farbe, und sei wieder unser Dad.

Er sagte stets, dass es die Dinge einfacher machen würde, doch als ich älter wurde, begann ich den Verdacht zu hegen, dass diese Einfachheit, von der er sprach, eher von seiner Angst zeugte, uns zu enttäuschen. Die übertriebenen Einkaufstouren waren Teil dieser Beweisführung, aber es gab noch weitere

Zeichen: die Art und Weise, wie er sonntagvormittags bei der Wahl des Films im ABC-Kino und bei der Frage, wo wir danach essen gehen sollten, stets uns die Wahl überließ, als erleichterte ihn das Wissen darüber, dass wir so niemanden außer uns selbst verantwortlich machen konnten.

Wenn *wie der Vater, so die Tochter* zutraf, dann war mein eigener Rückzug auf ähnliche, wenn auch gegenteilige Weise vorhergesagt, durch meine kleinen, albernen Zuwiderhandlungen aus Rebellion: die schwarz gestrichenen Wände meines Zimmers, die Dad tolerierte, indem er vorgab, sie zu ignorieren, die aber bei meiner ersten Rückkehr aus Cambridge von noch mehr Magnolia überdeckt worden waren. Die Ausführung war – ganz wie meine eigene Darbietung – halbherzig, einknickend fast, sodass ich nachts, als ich im Bett lag, die Pinselstriche der dunklen Farbe darunter erkennen konnte. Ich schabte mit meinen Fingernägeln am abblätternden Rand, ein armseliger Versuch, ihn zu provozieren. Nach meinem endgültigen Absturz, als ich schließlich aus dem Krankenhaus heimkam, wandelte sich meine Form des Vandalismus in eine Art Spott. Ich hatte das Schlimmste versucht und war gescheitert. Ich beschränkte mich fortan darauf, mit dem Gesicht zum Fenster zu schlafen, bis ich mich der Schwärze ergeben und auch den Willen verloren hatte, irgendeine Entscheidung zu treffen, sogar diejenige, am Leben zu bleiben.

Erschöpft von den Ereignissen des Tages fiel ich in einen leichten, unruhigen Schlaf. Wie so oft in letzter Zeit war dieser gestört durch Träume von Mumma, von Geistermädchen, die im Äther schwebten, und Drachen, die aus Lotustümpeln hervorschnellten, während in der Ferne, totenliedgleich, eine Uhr schlug. Als ich im Schlaf zuckte, klingelte das Telefon.

»Es tut mir leid, Sie zu stören, Miss Miller.« Es war eine der Rezeptionistinnen am Empfang. »Wir haben einen dringenden Anruf für Sie, soll ich ihn durchstellen?«

Ich setzte mich aufrecht und sagte, ohne nachzudenken: »Ja.« Erst in der darauffolgenden Pause geriet ich in Panik. Wer würde so spät anrufen? Was, wenn Maya mich gefunden hätte? Vielleicht hatte sie durch Nesbit von meiner Reise erfahren?

»Hallo? Li-Li? Bist du da?«

Ich schwang meine Beine aus dem Bett. »Feng Mian – bist du das?«, fragte ich.

»Ja, ich brauche deine Hilfe.«

»Was ist passiert?« Ich musste mich anstrengen, um zu verstehen, was sie sagte, konnte aber nur die letzte Silbe des Wortes ausmachen – *Vong* oder *Pong* oder etwas in der Art –, das vom Lärm des Verkehrs überdeckt wurde. »Langsamer, ich kann dich so nicht verstehen.«

»Freunde … Wir haben uns getroffen … getrennt. Kein Portemonnaie … Alle sind auseinander …«

»Okay, ich verstehe«, sagte ich. »Soll ich Onkel Chor für dich anrufen?«

»Nein!« Die Panik kehrte in ihre Stimme zurück. »Er ist heute Abend ausgegangen. Ich habe ihm gesagt … ich lerne … im Haus einer Freundin.«

Jesus.

»Warte«, sagte ich. Ich stolperte durch die Gegend, um den Lichtschalter zu finden, und griff nach einem Stift. »Sag mir noch mal, wo du genau bist.«

»Mong Kok. Das ist etwa 15 Minuten von Tsim Sha Tsui. Nimm das rote Taxi Richtung Nachtmarkt. Ich werde vor dem McDonald's in der Argyle Street sein.«

ZWEIUNDVIERZIG

Sook-Yin
Hongkong, Juni 1977

In England heißt das einfach Förderschule.«

Julian richtete seinen Kragen im Spiegel, während Sook-Yin auf der Ecke des gemeinsamen Bettes saß und durch einen Gedichtband blätterte. Sie ließ ihre Finger durch die zahlreichen Lesezeichen gleiten, die zwischen den Seiten hervorlugten, und versuchte, die Verse zu lesen, die markiert waren. *Thee* und *thou* und *thine*. Warum gab es im Englischen so viele Worte für dieselbe Sache? Und was für eine Art Name war *Bysshe*? Das klang wie das Geräusch, wenn jemand was fallen ließ.

»Kannst du mir kurz helfen, bitte?«

Sie legte das Buch ab und erhob sich, stellte sicher, dass der oberste Knopf an seinem Hemd korrekt zugeknöpft war und der Knoten seiner Krawatte richtig saß. Sie hatte dieses Hemd nie zuvor gesehen – weiß mit lila Punkten. Scheußlich.

»Wie sehe ich aus?«, fragte er.

»Warum ziehst du dich immer so warm an? Im Sommer U-Bahn in Hongkong wie Glutofen.«

»Ja, aber sehe ich *gut* aus?« Er runzelte die Stirn, als er ihren Gesichtsausdruck sah. »Du schaust nicht mal hin, Sook-Yin.«

Sie warf ihm einen beiläufigen Blick zu. »Ja, sehr gut aussehend«, sagte sie.

Julian seufzte. »Ich weiß, dass du immer noch zornig bist«, sagte er. »Aber wir haben das doch besprochen, oder nicht? Jemand muss mit den Kindern zu Hause bleiben.«

Zu Hause. Er hatte diesen lächerlichen Lehrerjob seit gerade mal einem Monat, und schon hielt er sich für einen Einheimischen. Es lag eine neue Leichtigkeit in seiner Stimme, und dass er nicht mehr gebückt ging, ließ ihn größer erscheinen.

»Selbst ah-Ma stimmt mir zu.«

Wen wundert's, dachte sie. Jedes Mal, wenn er seinen Lohn bekam, machte er ein großes Buhei daraus, die Miete zu bezahlen – »Das ist für *dich*, ah-Ma, dafür, dass du uns bei dir wohnen lässt« –, und Sook-Yins Finger kribbelten dann. Sie musste die erste Rate an Hei-Fong noch bezahlen, wusste aber nicht, wie sie das erklären sollte.

Sie verschränkte ihre Arme. »Nenn sie nicht ah-Ma. Auf Kantonesisch heißt sie *Ngoi Mou*. Die Mutter deiner Frau.«

Julian verpasste ihrer Stirn einen Kuss, als legte er ein Ei darauf ab. *Plopp*. »Hab einen tollen Tag«, sagte er.

»Er gibt sein Bestes«, sagte ah-Ma, während sie mit den Kindern im Wohnzimmer Erbsen puhlte. »Und dein Bruder hat ihm einen großen Gefallen getan. Hast du die Briefe gesehen, die er bekommen hat?«

Sook-Yin biss sich auf die Lippen. Ja, sie hatte die Briefe gesehen – er hatte sie geradezu in eine Ausstellung verwandelt und sie auf dem Sideboard ausgebreitet, sodass sie sie finden würde, wenn sie vom Einkaufen heimkam: *Mr Miller hat Wei-Weis Leben verändert! Endlich sehen wir für unser Kind eine Zukunft! Was für ein talentierter, warmherziger Mann!* Sook-Yin hatte genickt und gelächelt, seinen Arm ermutigend gestreichelt, während sie sich fragte, ob sein Kopf vor lauter Stolz überhaupt noch durch die Tür passte. Was die Eltern wohl sagen würden, wenn sie seine verstreut herumliegende Wäsche sehen würden, wenn sie riechen würden, was er im Badezimmer hinterlässt? Und die Geschenke! Gute Güte, die Geschenke! Die Kinder hatten noch nie so viel Schokolade gesehen.

Sie riss am Saum einer Erbsenschote. »Ah-Chor hat nur die Melodie gewechselt.«

Ihre Mutter machte *tsss*. »Du warst schon als Kind so. Immer warst du darauf aus, ihn in Schwierigkeiten zu bringen. Du und dieser üble Hei-Fong.«

Sook-Yin stellte die Schüssel ab und starrte sie mit offenem Mund an. »Es war gänzlich umgekehrt, falls du dich erinnern magst. Du hast ihn selbst in deinen Briefen kritisiert. ›Ah-Chor ist so herrisch und geheimnistuerisch.‹« Und wo war eigentlich Hei-Fong? Sie hatte ihn seit dem Tag ihrer Ankunft nicht mehr gesehen. Es schien, als hätte er sie vergessen.

Sie ging hinaus auf den Balkon, der Beton brannte durch die Sohlen der Sandalen, und die Hitze entflammte die Zündschnur ihrer Wut endgültig. Sie wusste, dass es leicht war, auf ihre Mutter wütend zu sein, dass es der Weg des geringsten Widerstands war, im Vergleich zu der Komplexität, die ihre Gefühlswelt verdient hätte, die für Sook-Yin aber zu schmerzhaft war, um sie zu durchdenken.

Die Wahrheit war, dass sie ah-Mas Fügsamkeit bisweilen verabscheute, ihren mangelnden Kampfgeist; die Art, wie sie den Mantel ihrer Geschichte weiterhin trug – der Niedergang von Kowloon und ihrer Ehe –, mit ihrem gebeugten Rücken, ihren absichtsvoll ramponierten Händen; all das nicht nur, weil sie nicht vergessen wollte, sondern weil sie Angst davor hatte, es vergessen zu können. Oft erkannte sie bei ihrer Mutter eine Überraschtheit, die Art, wie sie Sook-Yin ansah, als wollte sie sagen: *Wer hat dich denn erzogen? Ich habe dir nicht beigebracht, so viel vom Leben zu erwarten.* Und vielleicht war das wahr: Vielleicht war es, seit sie fort war, so, dass Sook-Yin begonnen hatte, etwas anderes zu wollen, etwas Besseres; und die Urteile anderer infrage zu stellen.

Warum konnte sie sich also nicht richtig für Julian freuen? In London war es noch das gewesen, was sie sich von ihm am meisten gewünscht hatte – dass er einen festen Job bekäme und seine Fehler eingestand. Es bestand wenig Zweifel daran, dass er seine Berufung gefunden hatte, und im tiefsten Inneren war sie durchaus stolz auf ihn. War es also eher Frustration über ihre eigene Erstarrung, oder war es der Umstand, dass sie sich nicht mehr überlegen fühlen konnte? Die Vorstellung dieser Gemeinheit versetzte ihr fast einen ebenso schmerzenden Stich wie ihre Entfremdung. Selbst ihr Mann fühlte sich hier stärker zu Hause, als hätte sie sich in der Zeit, in der sie abwesend war – beides zugleich, sichtbar wie unsichtbar – aus der Fähigkeit herausgeredet, irgendwo dazugehören zu können.

DREIUNDVIERZIG

Lily
Hongkong, 1997

38. Tag der Trauer

Es war nach Mitternacht, als ich in Mong Kok ankam. Trotz der fortgeschrittenen Stunde war es hier sogar noch belebter als auf der Nathan Road, die ausladenden Bürgersteige voller Nachtclubs und mit von den Lichtkegeln des Marktes beleuchteten Spätimbissen.

Dieses Mal konnte sie Feng Mian nicht übersehen. Sie trug ihren seltsamen Kawaii-Fummel und war mit einem Fuß gegen die Scheibe des McDonald's gestützt, selbstbewusst in der Gewissheit, gerettet zu werden.

Das Taxi hielt an der Seite, und sie kletterte hinein, bellte dem Fahrer ihre Adresse zu, während sie sich in den Sitz neben mir fläzte. »Hast du mir nichts zu sagen?«, fragte ich, während wir südwärts in den Verkehr eintauchten. Sie roch nach Bier und Zigaretten.

»Danke?« Sie holte ein Feuchttuch und einen Spiegel aus ihrem Rucksack und machte sich an ihrem Make-up zu schaffen. Es war in der Hitze verlaufen, und sie hatte schwarze Ringe um die Augen, ihre Lippen waren jokerhaft verschmiert.

»Du weißt, was ich meine«, sagte ich. »Onkel Chor geht mal eine Nacht aus, und schon büxt du aus und gehst in irgendeinen Nachtclub? Wie alt bist du überhaupt, 13?«

Sie starrte mich über ihren Spiegel hinweg an. »Ich bin eigentlich fast 16. Und hältst du mich echt für so ein Klischee?«

»*Alle* Teenager sind Klischees«, sagte ich.

Sie wischte kräftig ihren Mundwinkel, um Zeit zu gewinnen. »Das ist der einzige Ort, wo wir uns treffen können.«

»Du und dein Freund, meinst du?« Sie sah auf – in ihrem Gesicht stand ein Fragezeichen. Zu spät, es zurückzunehmen. »Ich habe in der Lockhart Road dein Zettelchen gelesen. Das hätte ich nicht tun sollen. Tut mir leid.«

Sie hatte nur die Hälfte ihres Gesichts gereinigt, und das gab ihr das gespenstische Aussehen von etwas Vergänglichem, das sich mitten in der Verwandlungsphase befand. Sie lehnte sich zum Bereich des Fahrers vor und schob die Trennwand zu. »Konntest du es lesen?«

»Nein. Es war bloß … Was du am Schluss geschrieben hast.«

»Ich habe keinen Freund«, sagte sie.

Ich zuckte die Schultern. »Es geht mich nichts an.« Ich konnte es mir nicht leisten, mich auf ihre Mätzchen einzulassen. Mir lief ohnehin schon die Zeit davon. »Und mach dir keinen Kopf, was die andere Angelegenheit angeht. Ich werde doch selbst mit Onkel Chor sprechen. Es besteht keine Notwendigkeit, dass du in Schwierigkeiten gerätst.«

»Als würde ich das nicht ohnehin früher oder später …«

»Ich werde dich nicht verraten … Das habe ich auch mit meiner Schwester nie gemacht.«

»Ja. Das glaube ich dir.« Sie knäulte das Feuchttuch zwischen ihren Fingern zusammen. »Ich war heute Abend bei einem Treffen. Es ging um den ersten Juli.«

»Um den Ersten? Also die Rückgabe?« Ich wendete mich ihr zu.

»Wir nennen es eine kollektive Aktion«, sagte sie. »Ich bin seit einem Jahr Teil davon. Wir haben uns immer im Buchladen getroffen, bis einige der Jungs geschnappt worden sind.«

»Was meinst du damit? Geschnappt weswegen?«

Sie machte mit ihren Fingern Anführungszeichen in die Luft. »›Anstiftung zu einer nicht genehmigten Versammlung. Begehung von Straftaten des zivilen Ungehorsams.‹ Was immer der Polizei so eingefallen ist. Daher treffen wir uns nun in Clubs. Damit die Leute denken, wir seien bloß idiotische Kids.«

Ich kassierte einen stechenden Blick. »Was habt ihr vor?«, fragte ich.

»Wir planen eine Protestveranstaltung. Demonstrationen waren hier immer legal, aber nun ist Peking sehr nervös. Wir können den Buchladen nur für Nachrichten nutzen, und wir schreiben sie immer verschlüsselt.«

Ich machte den Fehler, mit den Augen zu rollen. »Na, dann ist ja alles in Ordnung.«

Sie reagierte ziemlich gereizt. »Ist dir die Demokratie egal?«, fragte sie. »Sobald China seine Krallen in Hongkong versenkt hat, muss es uns gar nichts mehr versprechen, scheiß auf die Grundrechte. Was soll *Ein Land, zwei Systeme* überhaupt bedeuten?«

Meine Hände flatterten in meinem Schoß umher. »Okay, ich verstehe«, sagte ich. »Du wirst aber überhaupt nichts ändern, wenn man dich als Minderjährige beim Trinken verhaftet. Bin mir sicher, dass Onkel Chor das toll finden würde.«

»Verstehst du nicht, dass es genau darum geht?«, fragte sie. »Es wäre genau das, was er erwarten würde. Ich würde sogar sagen, es wäre ihm lieber. Ein böses Mädchen kann er verstehen. Ein *gefährliches* würde ihn zutiefst verängstigen.«

Hellraiser. Ich versuchte Mumma aus meinen Gedanken zu vertreiben. »Hör zu, ich weiß, dass Onkel Chor nerven kann, aber ich bin mir sicher, dass er versteht, wie wichtig Debatten sind.«

Sie lachte. »Du kennst ihn *wirklich* nicht, oder? Er trägt immer die richtige Maske. Weißt du, was meine Schwester mir erzählt hat? Sie hat gehört, dass er während der Kulturrevolution, als die Rotarmisten die Intellektuellen aufgeknüpft haben, so getan hat, als wäre er ein Fischer. Warum sonst, glaubst du, vertrauen meine Eltern ihm? Wenn er von unseren Versammlungen Wind kriegen würde, wäre ich mit dem nächsten Flug zurück in Peking.«

»Wäre das wirklich so schlimm?«

»Jetzt weiß ich *wirklich*, dass du mit Chor-Kit verwandt bist …« Sie meinte das nicht als Kompliment. »Es geht um unsere Rechte als Bevölkerung Hongkongs. Redefreiheit. Unsere eigene Sprache. Nicht sofort zu sagen, ›Wie hoch?‹, wenn China uns befiehlt zu springen.« Sie sah mich böse an. »Gerade du solltest das verstehen.«

Ich rieb mir die Schläfen. »Was genau ist denn heute Abend passiert? Wie bist du von den anderen getrennt worden?«

»Jemand muss seine Leute ausgeschickt haben, um uns auszuspionieren. Ich meine nicht Polizei oder so – ich meine einfach Leute, die an unserem Tisch mitlauschen und so tun, als würden sie Getränke verschütten … so was …«

»Aber hast du nicht selbst gesagt, dass die Menschen dauernd protestieren?«

»Das hier ist nicht *London*«, entgegnete sie. »Sagt dir der Platz des Himmlischen Friedens noch was?«

Wir müssen sichtbar sein, Lily. Für die gute Sache kämpfen.

»Und was ist dann passiert?«

»Einer von ihnen hat Streit mit uns angefangen. Er hat gesagt, wir würden China verraten, und als die Stimmung sich zuspitzte, haben wir beschlossen, uns aufzuteilen. Ich habe erst später gemerkt, dass meine Tasche weg war.«

Eine Erinnerung an Chungking Mansions stieg in mir auf. »Vielleicht waren sie auf Geld aus.«

»Wie auch immer, ist nicht weiter wichtig. Aber mein Ausweis war in der Tasche.«

»Mist.« Ich lehnte meinen Kopf gegen die Fensterscheibe. Um *so was* hatte ich mich nun nicht gerade beworben. »Und warum hast du *mich* angerufen?«, fragte ich. »Warum erzählst du mir das alles, wenn du auch einen Freund hättest anrufen können?«

»Du bist gekommen und hast mich aufgefischt, oder nicht?« Ich zog meine Augenbraue hoch. »Weil du ganz in Ordnung zu sein scheinst? Weil du Hei-Fongs Geld nicht genommen hast?«

Ich lachte. »Vielleicht mache ich das noch«, sagte ich. »Ich habe noch elf Tage, um die Papiere zu unterzeichnen.«

»Wenn du dir so sicher wärst, hättest du es längst getan.« Sie sah mich triumphierend an. »Aber du machst dir immer noch Sorgen, was dich das kosten könnte.«

VIERUNDVIERZIG

Sook-Yin
Hongkong, Juli 1977

Es waren nun zehn Wochen vergangen, seit sie in Kowloon angekommen waren, doch abgesehen von der Aussicht und der Hitze hätte Sook-Yin auch in London sein können. Ihre eigentliche Absicht hinter ihrer Rückkehr – ihrer Familie zu beweisen, dass sie wertvoll war – wurde wie eh und je erdrückt unter dem Joch von Kochen und Putzen. Selbst ah-Mas Job in der Fabrik schien sie zu verspotten.

Sie bereitete gerade das Abendessen zu, als Julian zurückkam. »Du brauchst mich nicht einzuplanen«, sagte er. »Ich gehe heute aus.« Sie hatte bereits angefangen aufzutischen, der Reis lag schon in einer Kelle über der Schüssel.

»Was soll das heißen?«, fragte sie.

Die Tür klingelte, bevor er antworten konnte, doch als sie Hei-Fongs Stimme im Wohnzimmer vernahm, kippte sie den Reis zurück und eilte hinaus.

»Wie geht es dir, ah-Yin?«, fragte er.

Sie war zunächst zu durcheinander, um zu antworten. »Was machst du hier?«, entgegnete sie.

Hei-Fong sah zu Boden, seine Lippen nahmen eine aufmüpfige Form an. »Männerabend«, sagte er. »Ich habe gehört, dein Mann braucht etwas Aufmunterung.«

Sie spürte etwas Distanziertes in seinem Ton und hoffte, dass es Verlegenheit war. »Ich höre zum ersten Mal davon«, sagte sie. »Wird das jetzt eine regelmäßige Veranstaltung?«

»Glaube nicht«, sagte Hei-Fong. »Aber mach dir keine Sorgen. Ich werde mich gut um ihn kümmern.«

Sie lag bis zwei Uhr morgens wach, in ihren Gedanken kochte eine Suppe aus völliger Verwirrung. Sie hatte angenommen, Hei-Fong sei beschäftigt gewesen – sie konnte die Entschuldigungen, die sie für ihn erfunden hatte, nicht mal mehr zählen –, nun jedoch stellte sich die Frage: War er die ganze Zeit über Teil des Szenarios gewesen? Und hatte Julian schlecht über sie geredet? Sie hatte es in seinen allabendlichen Seufzern wahrgenommen – ein Zeichen dafür, dass er daran litt, Geduld für sie aufbringen zu müssen. Er musste gewusst haben, dass sie das am meisten verletzen würde.

Als seine Seite am Morgen noch immer leer war, stand sie voller Panik auf und ging ins Wohnzimmer. Sie fand Julian dort schlafend vor, wo er auf das Sofa gefallen war, die Luft vom Alkohol stickig und sauer, die Hose bis zu den Knien heruntergezogen. Ihre Fäuste drehten kleine Kreise über ihre Hüften. Sie wollte ihm eine Bratpfanne überziehen! Stattdessen weckte sie die Kinder auf und zog sie an, ermahnte sie, leiser zu sein, als sie nervös lachten, während sie auf Zehenspitzen die Wohnung verließen.

Mrs Chee war am Empfangsfenster und las eines ihrer Klatschmagazine. »Wohin seid ihr so früh unterwegs?«

»Wir wollen etwas über den Markt gehen.«

»In dem Fall würde ich gern mitkommen«, sagte sie. »Hier ist um diese Zeit nie was los.«

Sook-Yin blieb, solange sie konnte, auf dem Markt, befühlte die Früchte und begutachtete das Gemüse an jedem Stand, an dem sie vorbeikamen. »Sie müssen ja was Besonderes vorbereiten«, sagte Mrs Chee.

»So ähnlich.« Sie hielt am *Lung-so-tong*-Stand und beobachtete zusammen mit Maya und Li-Li staunend, wie der Mann die heißen Zuckerfäden zusammenfügte. Das hatte sie schon als Kind gemacht, in Vorfreude darauf, wie sie auf ihrer Zunge prickeln würden, knisternd und weich zugleich. Sie verbannte Hei-Fong aus ihren Erinnerungen. »Drachenbart«, sagte sie, nahm einen langen Zuckerfaden und ließ ihn in Streifen von ihrem Kinn herabhängen. »Alle Mädchen sollten lernen, Drachen zu sein.«

Mrs Chee bedeckte peinlich berührt ihr Gesicht. *»Aiya, juk sai!«*, rief sie.

Sook-Yin drehte sich um und blinzelte zu den Ladenfronten. »Wo ist der Army-&-Navy-Laden? Ich wollte Siu Je besuchen und sie bitten, mir ein Kleid zu machen.«

»Siu Je? Die Arme ist vor vier Jahren gestorben! Hier war ihr Laden, erinnerst du dich?«

Sie zeigte auf die Praxis des Kräuterarztes. Sook-Yin starrte auf den Vorsprung an der Tür und versuchte, sich das alte hölzerne Schild in Erinnerung zu rufen. Sie war nie dazu gekommen, die Fotos zu schicken.

Mrs Chee rieb sich die Schienbeine. »Meine Beine sind müde, ah-Yin. Wir sind bestimmt zehnmal über den Markt gelaufen.«

Sook-Yin sah auf ihre Uhr. Sie waren nun fast zwei Stunden unterwegs, lang genug, damit Julian aufgewacht sein und sich panisch fragen würde, wo sie sein könnten. »Ja. Wir können nun zurückgehen«, sagte sie.

Sie waren gerade über die Hing Wah Road gekommen, als eine alte Frau sie vom Anblick Mayas völlig verzückt auf dem Bürgersteig anhielt. Sie streckte ihre Hand aus und berührte ihr goldenes Haar. *»Ho leng, ho leng«*, sagte sie.

Sook-Yin drehte sich um und lächelte die Kinder an. »Diese Lady meint, ihr seid schön.« Maya streckte ihre Brust heraus. »Ich glaube, sie hat mit mir gesprochen.«

Die Frau nickte bestätigend. »Die Tochter Ihres Arbeitgebers?«, fragte sie.

»Nein. Sie ist meine Tochter.«

Die Frau runzelte die Stirn und zeigte auf Lily. »Und die hier?«

»Auch. Beide. Es sind Schwestern.« Sook-Yin erkannte das Missverständnis. »Ihr Vater ist Engländer«, erklärte sie.

Mrs Chee zog sie am Arm. »Lass uns gehen, ah-Yin«, sagte sie. »Ich kenne ihr Gesicht. Sie ist kein netter Mensch.«

Sook-Yin verstand es nicht, bis die alte Frau vor sie trat und sie anspie. »Banane!«, rief sie ihr ins Gesicht. »Nur außen gelb. Du solltest dich schämen.«

Sook-Yin sah schockiert auf die klebrige grüne Masse auf ihren Sandalen, ihre Atmung ungleichmäßig und hastig.

Banane.

Zu gelb für die Männer in England und nun zu weiß für die Menschen daheim. War es das? Ihre Fäuste ballten sich, ihre Beine wollten der Frau folgen, die in einem der Marktstände verschwunden war. Mrs Chee lief ihr nach. »Lass es, bitte«, sagte sie. »Nicht vor den Kindern.«

Maya kam zu ihnen, ihr Gesichtsausdruck eine Mischung aus Verwirrung und Fragezeichen. »Was hat sie zu dir gesagt, Mumma?«

»Nichts. Sie war eine dumme alte Rassistin.«

»Ja. Aber was hat sie *gesagt?* Au, du tust mir weh! Stopp!«

Sook-Yin sah auf ihre Finger, die wie eine Zwinge um Mayas Arm festsaßen. Bestürzt ließ sie sofort los. »Tut mir leid! War Versehen.«

»Das hast du mit Absicht gemacht!«, rief Maya. »Ich werde Daddy sagen, dass du das gemacht hast, und ich hoffe, er wird dich dafür hauen, du dumme Chin-Chin-Chinafrau!«

Sook-Yin konnte nicht sicher sagen, was danach geschah. Sie sah nur ihre Hand auf Mayas Bein und das Geräusch eines Schlags. »Dann erzählst du ihm auch das, ja?«

Der Markt füllte sich mit Mayas Geschrei. Sook-Yin ließ sie auf der Straße stehen, nahm Lily an die Hand und ging los. An der Ecke blickte sie über ihre Schulter und sah Maya kurze Zeit später hinter ihnen herlaufen, heftige Schluchzer wie Spinnweben in ihrem Hals verwickelt, während sie um Atem rang. Als sie beim Appartement angekommen waren, spürte Sook-Yin noch immer das Echo in ihrer Hand; ein Stich nicht des Schmerzes, sondern der Befriedigung.

FÜNFUNDVIERZIG

Lily
Hongkong, 1997

39. Tag der Trauer

Ich kam an der Promenade an und machte Dehnübungen. Eigentlich wollte ich Onkel Chor noch mal aufsuchen, doch angesichts dessen, was mit Feng Mian geschehen war, hatte ich entschieden, zunächst etwas Gras über die Sache wachsen zu lassen.

Versuche, joggen zu gehen; hör auf, dich in Spiegeln unter die Lupe zu nehmen; übe es, Gespräche mit anderen zu führen. Ich fragte mich, ob Maya meine Fortschritte begrüßen würde. Eineinhalb von drei war gar nicht schlecht.

Ich konzentrierte mich auf meine Atmung an der frischen Luft, auf das Geräusch meiner Füße auf dem Beton, darauf, keinen Herzinfarkt zu bekommen, aber ich war gerade mal über den Pier hinaus, als ich Seitenstechen bekam und mich setzen musste. Scheiß drauf. Ich ging in die Hocke, um wieder zu Atem zu kommen, und entdeckte eine fette dunkle Wolke am Horizont. Das war ja mal wieder typisch.

Der Regen fiel zunächst warm und vereinzelt, war aber nur ein müdes Vorspiel für den Moment, da der Himmel aufriss. Bis ich zum Hotel zurückgehumpelt war, war ich vollkommen durchnässt. Ich hatte es gerade an den Empfang geschafft, als ich bemerkte, dass die Rezeptionistin in meine Richtung nickte und eine junge Frau zu mir herüberkam.

»Miss Lily Miller?«, fragte sie. »Ich wollte Sie fragen, ob wir kurz etwas besprechen können.«

Der Gong des Aufzugs ertönte, und ich musste zur Seite treten, als ein ungestümer Trupp Australier, der seine Rucksäcke in Richtung Eingang jonglierte, sich wie ein nasser Fleck auf den Teppich ergoss. Die Aufzugstüren schlossen sich wieder.

»Geht ganz schnell«, sagte sie.

Meine Verlegenheit wandelte sich in Verärgerung, als meine nassen Beine gegen den Empfangstresen stießen. Wer würde einen auf diese Weise überfallen, ohne ihm vorher eine heiße Dusche und einen Kleiderwechsel zu gönnen? Jemand mit einer Mission, ganz offensichtlich.

Ich betrachtete ihr Profil, während sie mit dem Kellner sprach. Am Aufzug war ich zu überrascht gewesen, um zu bemerken, was für eine besondere Schönheit sie war: makellose Haut, die Anmut einer Schwalbe, ein perfekter Hals in einem seidenen Pullover …

»200 Dollar pro Tasse, aber keinen Narcissus Oolong Tea.« Der Kellner war verschwunden, und sie starrte mich an. Sogar ihr Stirnrunzeln war wunderschön. »Ich komme sofort auf den Punkt, Miss Miller. Mein Name ist Felicia Yuen, ich bin eine Freundin von Mr Lees Familie. Ich wurde gebeten, Sie aufzusuchen.«

»Wegen der Unterschreibung der Papiere?«, fragte ich.

»Nicht wirklich.« Sie friemelte am Band ihrer Rolex herum. »In letzter Zeit ist Mr Lee nicht ganz er selbst. Er hat eine Reihe von großen Geschäften auf dem Tisch, und seine Kollegen sind besorgt, dass er abgelenkt sein könnte.«

Mein Gehirn ratterte. Ich nehme an, seine Mutter hatte ihn an jenem Tag verkatert vorgefunden und nun ihren in Chiffon gekleideten Pitbull geschickt, um mich zu begutachten, ihre kleine persönliche Auftragskillerin. Da hatte ich ihr mit meiner verschwitzten Jogginghose und dem durchsichtigen Top eine tolle Vorlage geliefert. »Sein Vater ist vor Kurzem gestorben.«

»Ja. Und es ist eine Tragödie. Aber der Tod war nicht ganz unerwartet, also glaube ich nicht, dass das der Grund sein kann.«

»Sie wären überrascht«, sagte ich.

»Verzeihen Sie bitte, wenn ich offen spreche, aber er ist erst seit Ihrer Ankunft so.«

Ich gab mich empört. »Ich wüsste nicht, wie das zusammenhängen soll. Wir haben uns kaum gesprochen, seit ich nach Kowloon gekommen bin.«

»Würden Sie sagen, dass es nicht zutrifft, dass man Sie irgendwie retten muss?«

Der Kellner kam mit dem Tee, und sie nahm den Deckel von der Kanne und rührte ihn um. Gerade lang genug, dass ihre Bemerkung zu mir vordringen konnte. Sie hob ihre Augenbraue und gab sich voller Sympathie. »Diese schreckliche Begebenheit in Chungking Mansions.«

»Ja. Den Vorfall gab's«, sagte ich. »Ich hatte durchaus angeboten, woanders unterzukommen, doch seine Assistentin hat darauf bestanden.«

Sie schüttelte den Kopf. »Hongkong ist ein komplizierter Ort für unerfahrene Neuankömmlinge. Besonders bei geschäftlichen Dingen ist es gut, wenn man seine Interessen schützt.«

Ich lächelte. »Also *hat* Daniel ein wachsames Auge auf mich gerichtet?«

Bei der Erwähnung seines Namens verzog sich ihr Mund, und sie war nicht schnell genug, ihre Contenance angesichts meiner offenkundigen Unverfrorenheit wiederherzustellen.

»Keineswegs«, sagte sie. »Mein Verlobter ist kein sonderlich komplizierter Mensch.«

Eine Ameisenkolonie krabbelte heiß meinen Nacken hinauf, während sie selbstzufrieden grinste. Das hatte er also für sich behalten, was?

»Bitte glauben Sie mir, Miss Miller … Die Hotelkosten machen uns keinerlei Sorgen. Allerdings neigt sich die Zeit der Trauer bald ihrem Ende entgegen, und es ist unser sehnlichster Wunsch, dass Sie die Dokumente unterzeichnen.« Nachdrücklich nahm sie meine Kleidung in Augenschein. »Ich bin mir sicher, dass das Geld der einzige Grund ist, weshalb Sie hergekommen sind, und wir würden die Dinge gern möglichst rasch regeln.« Sie nahm einen Schluck ihres Tees, dessen bernsteinerne Färbung den goldenen Teint ihres Gesichts spiegelte.

»Nicht wirklich«, sagte ich.

»Wie bitte?«

»Meine Schwester möchte das Geld nicht. Sie wollte auch nicht, dass ich hierherkomme, aber meine Neugier hat überwogen.«

»Welche Absicht verfolgen Sie dann, wenn ich fragen darf?«

Ich lehnte mich zu ihr hinüber. »Mr Lee hat uns ein sehr großzügiges Geschenk hinterlassen, ohne eine Erklärung mitzugeben. Und während das Geld durchaus schön wäre, sind es seine Beweggründe, nach denen ich suche, weniger Ihre Erlaubnis.«

Sie stellte ihre Tasse ab, ihr Gesicht hatte mit einem Mal einen Anflug von Vernunft. »Sie wollen die Verbindung zu Ihrer Mutter in Erfahrung bringen?«

»Ja. Genau.« Die Heftigkeit in ihrem Ton war verflogen, und ich musste nun einräumen, dass ich sie falsch eingeschätzt hatte, besonders da Daniel ebenso im Dunkeln tappte wie sie.

»Jetzt verstehe ich. Für einige der anderen, die ebenfalls bedacht wurden, war das auch von Bedeutung.« Sie schnippte eine unsichtbare Fluse von ihrem Rock. »Es ist das Natürlichste auf der Welt, dass wir glauben wollen, dass unsere Vorfahren wichtig gewesen sind. Dass wir dieses Erbe in ihrem Namen weitertragen.« Sie legte ihre Stirn in Falten. »Leider kann ich mich nicht entsinnen, dass Hei-Fong sie je erwähnt hat. Es ist sogar so, dass die anderen ähnlich enttäuscht gewesen sind und nun wünschten, sie hätten sich mit ihrer Fantasie begnügt.« Sie sagte etwas auf Kantonesisch. »Das verstehen Sie nicht«, sagte sie. »Ich habe Ihnen eine alte chinesische Redewendung gesagt. ›Wenn ein Mann lang genug ein Loch gräbt, wird unweigerlich ein Grab daraus.‹« Sie stand auf, öffnete ihre Handtasche und legte einen 500-Dollar-Schein auf den Unterteller. »Genießen Sie den Rest Ihres Urlaubs, Miss Miller.«

SECHSUNDVIERZIG

Sook-Yin
Hongkong, Juli 1977

Drei Tage nach dem Ereignis auf dem Markt kam Sook-Yin zurück von einem Ausflug nach Mong Kok und fand Maya und Li-Li auf der Treppe. Maya hing kopfüber vom Geländer, ihr Haar strich über die Oberfläche des Steinbodens, während Li-Li ihr Litschis zu essen gab.

»Was macht ihr denn da? Ausspucken! Willst du, dass aus deinem Kopf ein Baum wächst?«

Lily kicherte, während Maya die Treppenstufen herunterhüpfte. Unten angekommen, öffnete sie den Mund und legte die vier kleinen Steinchen, die vor Spucke glitzerten, in die Hand ihrer Mutter.

»Und wo ist eure Po-Po geblieben?«

Maya zeigte auf das Empfangsfenster. »Dadrinnen.«

Die Seitentür ging auf, und Mrs Chee steckte ihren Kopf heraus. »Es tut mir leid, Sook-Yin«, sagte sie. »Ich wollte die beiden nicht warten lassen, aber deine Mutter war sehr aufgeregt.«

»Warum? Ist etwas passiert?«

Mrs Chee zeigte nach oben. »Vielleicht solltest du mal mit deinem Mann sprechen.«

Sook-Yin zögerte. Es war erst vier Uhr nachmittags, und er sollte noch auf der Arbeit sein. »Bitte schau so lang nach den Kindern«, sagte sie.

Sie hörte es schon, bevor sie die Zwischenstufen erreichte: Gelächter, hoch und albern, unterbrochen durch Julians Stimme.

»… zu dem Zeitpunkt war der arme Shelley schon ziemlich desillusioniert, und das hat er zum Ausdruck gebracht, indem er Spensers Metrik veränderte, um dessen eigene Unvollkommenheit vorzuführen:

Ach! Weder Hoffnung hab noch Heil,
Noch Seelenfried' ich, Ruh' ringsum,
Noch was den Reichtum übersteigt,
Vom Weisen grübelnd einst gefunden –
Er beging bekränzt mit innerm Ruhm –,
Noch Ruf, noch Kraft, noch Zeit, noch Liebe …

Sook-Yin stieß die Tür zum Appartement auf. Schulmädchen waren wie Blüten im Raum verteilt, ihre parfümierten Körper lehnten nach vorn gebeugt auf Stühlen oder lagen auf Kissen auf dem Boden, ihre Köpfe allesamt Julian zugewandt. »Was machst du da?«, fragte sie.

Er kam zu ihr herüber und legte seine Hand auf ihre Schulter. »Liebling, ich unterrichte«, flüsterte er ihr zu.

»Warum unterrichtest du nicht in Schule?« Sie funkelte die Mädchen an. »Meine Mutter ist sehr wütend.«

»Ich habe versucht, es ah-Ma zu erklären …«

»Was hast du erklärt?«, fragte sie. »Das ist ein Haus, kein Bordell! Du hast sie sehr beschämt!«

Eines der Mädchen erhob sich und sprach auf Englisch zu ihr. »Wissen Sie nicht, dass er heute Morgen verletzt worden ist?«

Julian hob seine Hand. »Danke dir, Grace, aber das ist schon okay …«

In ihrer Wut hatte Sook-Yin es tatsächlich nicht bemerkt, nun aber sah sie es. Sein linkes Auge war blutunterlaufen und geschwollen, und er hatte einen tiefen, verkrusteten Schnitt auf seiner Unterlippe. »Wie ist das passiert?«, fragte sie.

»Ich habe heute Morgen in der Schule einen Eindringling überwältigt. Einer der Sanitäter hat mir die Lippe versorgt und mir gesagt, ich solle direkt nach Hause gehen, aber ich hatte ein schlechtes Gewissen, die Schüler im Stich zu lassen.«

»Und du meinst, da ist besser, sie hierherzubringen?«

»Mr Miller Held«, sagte das Mädchen.

»Mr Miller *ist ein* Held«, korrigierte er. »Auch wenn ich eigentlich keiner bin.« Er schüttelte den Kopf. »Ich hätte mir mehr Mühe geben sollen, es deiner Mutter zu erklären, aber sie ist Hals über Kopf aufgebrochen.«

Sook-Yin schnappte nach Luft. Sie war nicht nur wütend, sondern verängstigt. Bald schon würden auch andere Mieter von der Arbeit zurückkommen und sich über den Lärm aus der Wohnung wundern. Dass ah-Ma sich schämte, war schlimm genug, aber schlimmer noch war ihre Enttäuschung. Sie hatte ihr Haus für ihre Familie geöffnet und würde ihnen vorwerfen, dass sie ihre Großzügigkeit ausnutzten. Doch warum sollte Julian das interessieren? Es war nicht die Anerkennung *seiner* Mutter, die auf dem Spiel stand. »Du musst die Mädchen loswerden«, sagte sie.

Julians Augen weiteten sich. »Hast du nicht gehört, was ich gesagt habe? Um Himmels willen, sei doch vernünftig, Sook-Yin …«

Als er keinerlei Anstalten machte, sich in Bewegung zu setzen, nahm Sook-Yin die Taschen und Mäntel der Mädchen und warf sie die Treppe hinab. »Auf Wiedersehen, Wiedersehen, Wiedersehen. Hier ist nicht Schule«, sagte sie. »Ihr wollt Examen bestehen? Lernt mehr.«

Die Mädchen trotteten hinaus, um ihre Habseligkeiten einzusammeln, kurz nur nickten sie Julian zu, der verdutzt am Eingang der Küche stand. Sobald sie allein waren, explodierte er. »Wolltest du mich erniedrigen?«, fragte er.

»Tut mir leid.« Sie legte ihre Arme übereinander. »Vielleicht sollte ich mich stärker bemühen zu erklären.«

Sein Gesicht lief rot an wie ein Räucherschinken. »Du bist nicht mehr logisch, wenn du wütend bist.«

»Was mich wütend macht, bist du! Du kommst her und trampelst über unsere Kultur wie Herrscher über Hongkong. Verführst alle Frauen.«

»Ist dir klar, wie geistesgestört du gerade klingst?« Sie zog die Stirn kraus, da sie das Wort nicht kannte. »Verrückt, plemplem, durchgeknallt.« Er drückte seinen Finger an seine Schläfe und schnappte sich dann Schlüssel und Jacke.

»Wo gehst du hin?«, fragte sie.

»Mich hoffentlich mit Hei-Fong betrinken.«

Ihre Kehle schnürte sich zu. »Warum triffst du dich immer mit Hei-Fong?«

»Keine Ahnung«, sagte er. »Vielleicht weil er mir dabei hilft, dich zu verstehen. Denn Gott weiß, *mir* ist es unmöglich.«

Sook-Yin saß auf einem Hocker im Wohnzimmer und cremte ah-Mas Füße ein, während sie gemeinsam fernsahen. Ihre Mutter war erst zornig gewesen – *im eigenen Haus wie eine Fremde gefühlt!* –, doch die Abbitte durch die Massage wirkte, wie auch die

Blumen und die Schachtel mit Puddingtörtchen, die Sook-Yin vom Markt mitgebracht hatte. Das war es wert, wieder Frieden zu schließen, und während sie nun ohne Julian dasaßen, war sie überrascht, wie ruhig sie sich fühlte. Wie glückselig nah an der Vergangenheit.

Das Telefon im Schlafzimmer klingelte. »Maya, geh du ran«, sagte sie. Maya sah nicht von ihrem Buch auf. »Aber ich verstehe nie, was die sagen!«

»Sag einfach ›*wai?*‹, und höre zu. Meine Hände zu glitschig, um dranzugehen.«

Maya trottete grummelnd aus dem Zimmer. »Hallo?«, sagte sie mit trotziger Stimme. Einen Augenblick später rief sie durch die Tür. »Es ist Onkel Hei-Hei. Für dich.«

Als Sook-Yin den Telefonhörer in die Hand nahm, lachte er. »Jetzt bin ich also Onkel Hei-Hei?«

»Du solltest froh sein, dass sie dich leiden kann.« Sie schubste die Tür mit ihrem Fuß zu und senkte ihre Stimme. »Warum rufst du überhaupt an? Ist Julian schon betrunken?«

»Julian?«

»Er sagte, er wolle dich treffen.«

Hei-Fong zögerte. »Nein … Ich konnte dann doch nicht. Ich glaube, er ist mit einem meiner Kollegen losgezogen. Nun bin ich gerade fertig und hatte eigentlich gehofft, dass *wir* uns treffen könnten. Ich habe dich seit deiner Ankunft nicht richtig gesehen.«

»Ich hatte den Eindruck, du weichst mir aus.«

»Sei nicht so, ah-Yin! Ich kann es seit Wochen kaum erwarten, dich zu sehen. Es war derzeit nur nicht leicht, das ist alles.«

»Verstehe.«

»Komm schon, lass mich dich zum Essen einladen. Es gibt da ein wirklich tolles Restaurant.«

»Du bist zu spät. Ich habe schon gegessen …«

»Muss ich wirklich erst betteln?«

Nach der ganzen Rumtreiberei mit Julian hatte er nichts Besseres verdient. Sie legte ihre Lippenstifte auf die Ankleide. »Du kannst mich vielleicht zu einem Nachtisch einladen.«

»Das klingt schon besser«, sagte er. »Beeil dich und bring die Kinder ins Bett. Ich treffe dich in einer halben Stunde draußen.«

Sook-Yin wartete an der Straßenecke, überzeugt davon, dass das Wetter ihr böse mitspielte. Sie konnte nicht erneut auf die Toilette müssen. Sie wollte nur einen Kaffee mit einem alten Freund trinken – der kaum noch ein Komma im Satz ihres Lebens war –, warum also musste sie ihre Blase weiter strapazieren, weiter von einem Fuß auf den anderen treten wie Lily nach zu viel Sojamilch? Und warum war sie nicht ehrlich zu ah-Ma gewesen? »Ich gehe kurz spazieren«, hatte sie gesagt, nachdem sie die Kinder zu Bett gebracht hatte. Sie war sich bewusst, dass sie die Geschichte absichtlich verändert hatte, so wie sie die Mädchen an diesem Abend bei ihrer Gutenachtgeschichte ebenfalls ein wenig zu kurz kommen ließ.

»Wo ist denn die Mitte abgeblieben?«, fragte Maya, als sie beim Happy End angekommen war.

»Ist besser so. Heute Abend nichts Trauriges.«

Li-Li sah sie über die Decke an. »Singst du uns noch in den Schlaf?«

»Nicht so lang, heute Abend. Okay?« Sook-Yin streichelte ihr über den Kopf und sang.

Ich bin eine Welle
im mystischen Strom
von der Willkür des Wassers gelenkt.
Also träum ich, ich wär
wie die arme Welle, frei,
wenn die wilden Fluten sich legen.

Erst als sie ihren Mantel angezogen hatte, nagte die Unehrlichkeit ihres Verhaltens an ihr. Sie war nicht geübt in der Kunst des Ansprüchestellens. »Ich muss noch mal zum Supermarkt«, sagte sie. »Gibt es etwas, das du brauchst?«

»Wenn es noch warme *Char Siu Baos* gibt, bring mir einen mit.« Ihre Mutter drehte sich mit erhobener Augenbraue um. »Aber nur, wenn du sowieso dran vorbeikommst.«

Sogar über das Geräusch der sich schließenden Fensterläden hinweg hatte sie seinen schlendernden Gang erkannt. »Du riechst so gut!«, sagte er, als er sich gegen ihre Schulter lehnte, um sie zu umarmen. Sook-Yin ließ ihre Arme an ihrer Seite baumeln.

»Ich glaube, meine Mutter hat eine neue Seife gekauft.«

Auch das war eine Lüge. Nachdem die Schulmädchen die Wohnung verlassen hatten, hatte sie eine Flasche Parfüm auf einem der Sofakissen gefunden. Sie hatte es nicht benutzen wollen, aber aus Neugier hatte sie den Deckel geöffnet: Honig, Wassermelone, Jugend.

»Sie sollte noch zehn weitere davon kaufen. Der Duft steht dir.«

Er fuhr sie zu einem Ort, an dem sie nie zuvor gewesen war, zu einem kleinen Café in Lai Chi Kok, wo er einen Kaffee und einen Teller Mondkuchen bestellte, der direkt aus dem Ofen kam. Sie hatte noch nie welchen abseits des Mondfestes im Herbst gesehen. Sook-Yin schloss ihre Augen und atmete tief ein. Der Geruch gehörte in die Schachtel mit ihren Kindheitserinnerungen. Sorgenfrei. Glücklicher. Ohne Ehemann.

Hei-Fong aß mit ungezügeltem Appetit und lächelte sie mit offenem Mund an. »Erinnerst du dich an die Zeit …«, sagte er, und jede Geschichte, die er erzählte, war funkensprühend: als einmal im heißesten Sommer aller Zeiten die Sprinkleranlagen losgingen; die Kuh, die den Zug entgleisen ließ; als ah-Chor sich auf der Fähre in die Hose gemacht hatte und ah-Ma gezwungen gewesen war, ihn stinkend und mit einem vom Heulen hochroten Gesicht nach Hause zu bringen. Sook-Yin erinnerte sich an alles, und irgendwann flehte sie ihn an, aufzuhören, da ihr Körper vor Lachen wehtat.

»Mein Bauch platzt noch deinetwegen«, sagte sie. Sie wedelte mit ihrer Hand vor ihrer Nase. »Und dann musst du mich wie ah-Chor nach Hause bringen.«

Er berührte ihre Fingerspitzen. »Es ist schön, dich lachen zu sehen. Du scheinst dieser Tage immer so traurig.«

»Ich mag, wie es hier eingerichtet ist.«

Sie wendete ihren Körper ab und tat so, als würde sie die Weidenkörbe und getrockneten Seesterne in den Regalen begutachten; sie ließ ihre Finger über die karierte Tischdecke tanzen. Hei-Fong folgte ihrem Blick. »Hah. Ganz schön gemütlich, nicht wahr? Du solltest Julian eines Tages mitbringen.«

Sook-Yin wischte sich den Mund mit der Serviette, der Zauber des Vergessens war aufgehoben. »Gehst du hier mit deiner Frau hin?«

Seine Lippen zuckten. »Hin und wieder. In der Anfangszeit.«

Der Kellner kam wieder und füllte ihre Kaffeetassen erneut,

und sie versuchte sofort von ihrem zu trinken, verbrannte sich aber lediglich ihre Lippen. »Jetzt bist du sauer«, sagte Hei-Fong. »Du hast dieses Gesicht schon als kleines Mädchen gemacht. Hey … weißt du noch …?« Er lachte, aber als sie nicht antwortete, nahm er einen verirrten Krümel von seinem Teller und rollte ihn zwischen seinen Fingern hin und her. »Wie geht es Julian derzeit?«

»Du siehst ihn häufiger als ich.« Sie betrachtete ihn genau und verengte ihren Blick. »Was hat mein Bruder vor?«

»Keine Ahnung, was du meinst.«

»All dieses Zeug mit dem Job in der Schule. Dass er sich krummmacht, nett zu ihm zu sein.«

»Es schien wie eine anständige Geste.«

Warum verteidigte er ihn immer noch? Hatte er vergessen, wie grausam er gewesen war – wie er Hei-Fongs Leben zu einer Qual gemacht hatte? Chor-Kit, der zur Schule stapfte und ah-Fong im Staub zurückließ. *Der stinkende dreckige Hei-Fong, seine Mutter stinkt nach Fischdärmen und Gammelfleisch. Hinter den Mauern leben nur Bauern.*

»Nicht, wenn sie von ah-Chor kommt«, sagte sie jetzt. »Er war von Anfang an gegen meine Ehe.«

»Vielleicht hatte er nicht erwartet, dass Julian es so ernst meint.«

Sook-Yin sah überrascht auf. »Das Unterrichten oder mit mir zusammen zu sein?«

Er nahm einen Schluck seines Kaffees. »Ich kann nicht für Chor-Kit sprechen«, murmelte er.

Sook-Yin sah ihn einen Moment lang still an. »Hat dir Julian erzählt, dass er heute in einen Kampf verwickelt war?«

»Wie bitte?«

»Es gab einen Eindringling in der Schule.«

»Hat jemand die Polizei gerufen?«

»Keine Ahnung, aber ich würde mir keine Sorgen machen. Es ging ihm gut genug, heute Abend was trinken zu gehen.« Sie presste ihren Finger in einen Schmierfleck auf dem Tischtuch. »Wohin nimmst du ihn mit?«, fragte sie. »Was macht ihr, wenn ihr zusammen seid?«

Er zuckte die Schultern. »Dein Mann mag seinen Brandy, nicht wahr? Kostspielige englische Angewohnheit.«

Sook-Yin zwirbelte ihre Haarspitzen. »Du bekommst dein Geld«, sagte sie. »Habe ich dir in London nicht mein Wort darauf gegeben?«

»Ah-Yin, du hast mich falsch verstanden …«

»Und wenn du mir den Job gegeben hättest, den du mir versprochen hast, könnten wir dir alles viel schneller zurückzahlen.«

Hei-Fong wippte mit seinem Bein. »Das würde überhaupt nicht seltsam aussehen … Du und ich, wie wir beide zusammen arbeiten.«

»Jetzt klingst du wie Julian.«

»Ein Mann wird schnell eifersüchtig.«

»Eifersüchtig auf was?« Sie war es leid, dass er in Rätseln sprach. »Warum hast du es mir dann angeboten?«

»Weil ich gehofft hatte, du würdest alleine kommen!«

Sook-Yin setzte sich zurück und funkelte ihn an. Hatte Julian recht gehabt, was den Tag am Flughafen anging? Und sollte sie nun glücklich oder traurig darüber sein?

Er senkte seinen Kopf. »Warum denkst du denn, habe ich dich heute Abend hergebeten? Warum glaubst du, war ich nicht in der Lage, dich zu treffen?«

Ihr Herz klopfte wild unter ihrem Kleid. Das konnte nicht

wahr sein. Unmöglich. »Sprich weiter …«, brachte sie schließlich hervor.

Hei-Fong ergriff ihre Hand. »Ich finde, Julian sollte mehr Zeit mit dir zu Hause verbringen … Du solltest ihm eine gute Ehefrau sein, Sook-Yin.«

Die Schwindelgefühle verließen sie. Anstatt zu fallen, war sie definitiv aufgeschlagen. So fest, als ob der Stuhl ein Felsen gewesen wäre. »Eine gute Ehefrau sein?«, wiederholte sie.

»Zeig ihm, dass sein Einsatz sich lohnt.«

Sie zog ihre Hand zurück und passte ihre Stimme an, bis sie klar und leer klang. »Ja, du hast recht«, sagte sie. »Er ist schließlich nur hergekommen, um mich glücklich zu machen.« Sie sah auf die Uhr. »Es wird spät, ah-Fong. Er wird sicher bald daheim sein.«

»Einen letzten Kaffee?«, fragte er.

»Nein, danke dir. Ich habe genug. Kannst du mich nach Hause bringen?«

Die Rückfahrt war still und allzu lang, das Auto nicht so bequem, wie sie zunächst gedacht hatte. Sie waren fast an der Castle Peak Road, als sie sich an ah-Mas Bitte erinnerte. »Du kannst mich hier rauslassen«, sagte sie. »Ich muss noch zum Supermarkt.«

All die warmen *Char Siu Baos* waren ausverkauft. Nur die Übrigbleibsel des Morgens waren noch da, ihre verhärteten Oberflächen von den Fingern anderer in Mitleidenschaft gezogen. Der Mann an der Theke beobachtete, wie sie sich umsah. »Halber Preis, jetzt alles billig«, sagte er.

Sie sah ihr Spiegelbild in der dunklen Scheibe. Das erbarmungslose Licht hatte die Farbe ihrer Haut ausgesaugt, und sie sah sich selbst den Kopf schütteln, ihr Gesicht so kalt und blau wie der Rest von ihr.

SIEBENUNDVIERZIG

Lily
Hongkong, 1997

39. Tag der Trauer

Ich tröstete mich mit der Minibar des Hotels; zappte durchs Fernsehprogramm. Ich landete bei irgendeiner Naturdoku, und eine Weile lang ließ ich mich mitreißen: eine dunkle Wolke Piranhas leerte ein Becken in Venezuela; eine Schar von Bussarden machte sich über Aas her; ein Salzwasserkrokodil, das einen Waran verschlang. Konnte irgendetwas dem Lauf der Natur entgehen?

Vielleicht war Miss Yuen von Wut getrieben – ihre Skepsis mir und Daniel gegenüber unbegründet und rein zufällig –, vielleicht aber steckte mehr dahinter. Was, wenn die Familie mich beschatten ließ, weil sie wusste, dass ich die Verbindung zwischen Hei-Fong und Dad gefunden hatte, und nun befürchtete, dass ich seine zweifelhafte Vergangenheit publik machen würde? Wie mächtig waren die Lees in Wirklichkeit?

Es gab auch eine andere, einfachere Erklärung, die sich in der Art und Weise offenbarte, wie sie mich angeschaut hatte. Abscheu. Ich hatte nichts getan, um dieses Geld zu verdienen, zog nun aber die Dinge unnötig in die Länge, indem ich auf ihre Kosten herumlungerte. Wenn ich mich wirklich um Mumma sorgte, warum hatte ich dann so lange gebraucht, um hierherzukommen, warum hatte ich Maya oder Dad nicht zur Rede gestellt, ihr Schweigen in Zweifel gezogen? Weil ich ein Nichtsnutz war. Ein Schmarotzer. Ein undankbarer Parasit. Eine morbide, rührselige Lily, für die sich alles um sie dreht. Ich hätte mutig sein sollen, als es darauf ankam. Beweisen, dass ich gut sein kann.

Mein Blick fiel auf den Nachttisch und das glänzende Laminat neben dem Telefon.

Geben Sie zunächst die internationale Vorwahl ein, z. B. 001+1 für die Vereinigten Staaten oder 001+44 für das Vereinigte Königreich. Wenn Sie weitere Hilfe benötigen, wählen Sie bitte die 0 für die Rezeption.

Ich drückte auf das Licht am Wecker. Es war bald sechs Uhr abends, was in London fast elf Uhr morgens bedeutete. Ich stand auf, holte mein Adressbuch und einen weiteren kleinen Wodka und nahm den Hörer ab. Ich wählte die Nummer auf dem abgerissenen Briefumschlag.

Vier Dinge, die ich sehe, höre, fühle, drei Dinge, die ich sehe, höre, fühle …

»Hey, ist da Scott?«, fragte ich. Ich setzte mich auf und schaltete den Fernseher stumm. »Hier ist Lily … Lily Miller, erinnerst du dich? Wir waren früher bei Dr. Fenton in Clapham.«

»Ja, ich erinnere mich«, sagte er. Ich hörte ihm zu, als er zögerte, und stellte mir vor, wie er sich unsere gemeinsame Nacht in Erinnerung rief oder – noch schlimmer – den Morgen danach. Hatte er irgendwie geahnt, dass ich auf die Knie gegangen bin, um meine Wäsche von seinem Geruch zu befreien und die Tassen und die Duschwanne zu bleichen? Als ob ich ihn nicht schon genug beleidigt hätte. *Es gibt Menschen, die bleiben nicht gern stehen.* Die Tatsache, dass er noch nicht aufgelegt hatte, bewies schon, dass er der bessere Mensch war.

»Ich rufe nur an, um mich zu entschuldigen und … ja. Das war's eigentlich«, sagte ich.

»Alles klar.« Es war schwierig, seinen Tonfall zu deuten, als ob meine Fähigkeit, ihn zu verstehen, in der Zeit, seit ich London verlassen hatte, wie so viele andere Dinge in der Übersetzung verloren gegangen war. »Nun, nichts für ungut und so.«

Ich prustete los, was ihn dann doch ebenfalls zum Lachen brachte, auch wenn er es eigentlich nicht als Scherz gemeint hatte. »Okay, okay«, sagte er. »Wie geht es dir, Lily Miller?«

Ich atmete tief durch. »Mir geht es gut. Was wohl heißt, dass ich zumindest lebendig bin.«

Als ich die Worte laut ausgesprochen hörte, wurde mir klar, dass ich den Moment kleingemacht hatte, einfach nur aus der Macht der Gewohnheit. Weniger als zwei Wochen war es her, dass ich komplett zurückgezogen in meiner Wohnung lebte, mein Tagebuch ein weißer Ozean, der nur durch Ausflüge in die Klinik und meine Schichten im Wohltätigkeitsladen unterbrochen war. Nein! Ich war weitaus mehr als lediglich lebendig, ich stellte mich den Dingen. »Rate mal, wo ich bin«, sagte ich. Ich sah aus dem Fenster. Die Sonne hatte sich in den Wolken verloren, doch die Lichter der Wolkenkratzer leuchteten so hell wie Glühwürmchen. »Ich bin bloß in Hongkong.« Ich hörte die erstaunte Ehrfurcht in meiner Stimme, als wäre ich Teil des Wunders.

»Du meinst Hongkong wie in China, Hongkong?«

Er war erstaunt, wie weit ein *Ghost Girl* reisen konnte.

»Ist eine bizarre Geschichte«, sagte ich. »Irgendein Fremder hat mir einen Riesenberg Geld hinterlassen.«

»Du machst Witze …«

»Die reine Wahrheit, ich schwöre bei Gott.«

»Und jetzt … Bist du da in Ferien? Scheiße, man, das freut mich für dich, Lily.«

»Nicht ganz«, sagte ich und kniff das Laken zwischen meinen Fingern.

Frag bitte. Lass mich dir mehr darüber erzählen.

»Im Grunde läuft es für mich derzeit auch nicht schlecht.«

Der Moment war vorbei. »Ach wirklich?«

»Die haben mir endlich einen neuen Therapeuten verpasst. Der ist ganz okay. Ich mag ihn sogar.«

»Nun, das ist gut«, sagte ich. »Vielleicht sollte ich auch wieder hingehen. Ich vermisse das schräge Geplänkel.«

»Weiß nicht, was Groucho dazu sagen würde …«

Ich lachte. »Hey, immerhin, du erinnerst dich … Jedenfalls dachte ich mir, ich könnte dich auf einen Drink einladen, wenn ich zurück bin. Ich führe dich auf einen Happen aus. Das ganze Programm. Ich bin dieser Tage ein Tipptopp-Gesprächspartner.«

»Ja, klar. Vielleicht.« Seine Hard-to-get-Nummer machte mich fertig. »Die Sache ist die, irgendwie ist es so, also, ich treffe mich momentan mit jemandem.«

»Oha.« Ich ließ das einen Moment sacken. *Jemanden treffen.* Uff. Wer würde das heutzutage noch *so* sagen? »Wow. Wie schön für dich«, sagte ich.

»Vielleicht ist das *meine* seltsame Geschichte. Sie geht zum selben Therapeuten wie ich, und wir sind uns ständig wiederbegegnet, weißt du, in der Klinik und so? Und dann haben wir eines Tages miteinander geredet und sind ein paarmal Kaffee trinken gegangen …«

Ich setzte meinen Wodka an, während er weiterplapperte. Stürzte auch den Rest hinunter.

»… und sie redet wirklich gern, weißt du? Über unsere Probleme und so …«

»Klingt klasse«, sagte ich. Jesus Christus. Erschieß mich doch einfach. Bei meinem Glück singt der gleich noch *Kumbaya*.

Ich ließ die leere Flasche in meiner Hand herumrollen und knallte sie dann auf den Tisch. »Warte mal, Scott«, sagte ich. »Da klopft jemand an die Tür.«

»Okay, klar, natürlich. Tut mir leid. Ich labere mal wieder vor mich hin.«

Ich erschrak über die Niedergeschlagenheit in seiner Stimme. Verabscheute mich selbst. »Nein, ich meine das ernst, klingt super.«

»Wirklich?«

»Klar doch. Sei nicht albern.«

»Danke. Das ist nett von dir, Lily … Du solltest aber vermutlich mal nachsehen, wer da klopft …«

»Genau«, sagte ich. »Ach, und Scott?«

»Ja?«

Ich drückte die Narben auf meinen Beinen.

… eine Sache, die ich schmecken kann …

»Alles wird wunderbar werden.«

Ich hing auf und brach auf dem Bett zusammen, bevor ich zurück zur Minibar stolperte und mir die restlichen Wodkaflaschen griff. Ich drehte die Lautstärke des Fernsehers hoch. Die Doku über Raubtiere war vorbei, nun lief eine, die davon handelte, Krebs zu besiegen. Auf dem Schirm sah man einen Mann in Dads Alter. Wegen der Chemo waren seine Haare ausgefallen, er lobte die Vorteile einer Ernährung mit rohen Karotten und Rote-Bete-Saft.

Mumma, Po-Po, Scott. Ich, die ich versuchte, eine bessere Person zu sein; überhaupt eine Person zu sein. Ich war immer zu spät. Zu spät.

Ich prostete mit meiner Flasche der Luft zu. »*Plus ça change* …«, sagte ich.

ACHTUNDVIERZIG

Sook-Yin
Hongkong, August 1977

Ein Sturm braute sich über der Stadt zusammen. Seit mindestens drei Tagen stand die drückende Hitze kurz davor, sich zu ergeben, und die Schäfchenwolken wirkten wie eine Ansammlung von Blutergüssen. Nur noch ein Schubs, und der Himmel würde sich öffnen.

Sook-Yin schwitzte, als sie in der Küche stand, Fische ausnahm und ihre Innereien durch Koriander, Knoblauch und Ingwer ersetzte. Ihre Finger wurden schmutzig. Eine gute Ehefrau zu sein, hatte sie auf Trab gehalten, wenngleich die Früchte ihrer Arbeit fragwürdig gewesen waren. Was auch immer sie zu kochen schien, wie sehr sie sich auch bemühte, Julian aß stets auf genau dieselbe Weise: hastig, abwesend, mit sich selbst beschäftigt. Und noch etwas hatte sich verändert: Seine abendlichen Ausflüge waren von Widerwillen und einem müden Schulterzucken geprägt, wenn er tonlos die Wohnung verließ. Zuerst hatte sie eine Affäre vermutet, doch war alles das für etwas, das so neu gewesen wäre, ziemlich freudlos. Sie hatte aufgehört zu fragen, ob er sich mit Hei-Fong traf, und fürchtete, dass ihre Eifersucht nicht mehr der Grund war. Julian war von etwas anderem erobert worden.

Idiot, Idiot, Idiot.

»Was riecht hier so gut?« Ah-Ma betrat die Küche und zog Lily an ihrer Hand hinterher.

»Das liegt daran, dass Mammi wie Wassermelone riecht!«

»Alberne Li-Li!«, sagte ah-Ma. »Das ist Fischgeruch!«

Sook-Yin lächelte. Ihr jüngstes Kind konnte sie ständig mit ihren Beobachtungen überraschen. »Das Englisch deiner Po-Po wird immer besser«, sagte sie.

»Ja, aber ihre Nase ist alt.«

Ah-Ma gab Lily einen spielerischen Klaps auf den Po und beugte sich dann vor, um die Theke zu untersuchen. »Du hast Forellen gekauft?«, sagte sie auf Kantonesisch. »Teuer. Warum nicht Rotbarsch?«

»Forelle ist Julians Lieblingsfisch.«

»Wird er denn überhaupt so lange bleiben, um sie zu probieren? Er scheint es in letzter Zeit immer so eilig zu haben.«

Sogar ah-Ma hatte das bemerkt. Sook-Yin versuchte, mit ruhiger Stimme zu sprechen. »Du weißt ja, wie es ist, wenn man Unterricht gibt. Ich bin sicher, ah-Chor hat es dir schon oft erzählt.«

»Ah-Li, geh und schau etwas fern mit deiner Schwester.« Ah-Ma schubste Lily in Richtung des Wohnzimmers und schloss dann die Tür. Sie sagte zunächst nichts, sondern blieb einfach stehen und knetete ihre Finger.

»Stimmt etwas nicht?«, fragte Sook-Yin.

»Es ist mir etwas unangenehm, ah-Yin. Ich wollte es erst nicht erwähnen, aber dein Mann hat die Miete vergessen, und du weißt ja, wo ihr nun alle hier seid …«

Sook-Yin legte den Löffel weg. »Warum hast du ihm nicht sofort Bescheid gesagt?«

»Wie du schon sagtest, er ist immer so beschäftigt. Ich bin sicher, er hat es einfach vergessen.«

»Natürlich, das wird es sein.« Sook-Yin streifte ihre Schürze ab. »Ich gehe sofort los und hole es. Das Geld für diese Woche, ja?« Ah-Ma scharrte mit den Füßen und hielt drei Finger hoch. »Er hat dir seit drei Wochen nichts gezahlt?«

»Ah-Yin, wenn es finanziell eng ist …«

»Ma-Ma, das ist nur ein Versehen.« Sie deutete auf den Herd. »Wenn es finanziell eng wäre, würde ich dann Forelle kaufen?«

Im Schlafzimmer holte sie den Koffer aus dem Schrank hervor, ihr Herz pochte. *Bitte, lass es noch da sein.* Sie stieß einen Seufzer der Erleichterung aus, als ihre Hand den kleinen Stapel Bargeld ertastete, den sie im Laufe der letzten Wochen in der Fütterung versteckt hatte. Zum Glück hatte sie auf Haushaltsgeld bestanden. Sie hatte es genutzt, um einen Teil des Kredits zurückzuzahlen, aber jetzt würde kaum noch etwas übrig bleiben. Sie klaubte genug für die Miete zusammen, steckte den Rest zurück in den Koffer und stopfte ihn hinter ihre Mäntel.

»Es tut mir leid, Ma-Ma«, sagte sie mit tauben Fingern, während sie ihr das Geld reichte. »Er ist manchmal fürchterlich vergesslich.«

»Natürlich, er arbeitet schließlich hart.« Ihre Mutter griff nach ihrer Hand. »Du bist eine gute Tochter, ah-Yin.«

Sie brauchte frische Luft. Der versprochene Regen hatte seine Meinung geändert, mit schweren Schritten schleppte sie sich durch die stehende Hitze. Über das Geld würden sie später reden.

In den Lebensmittelgeschäften am Straßenrand kaufte sie Eier und eine einzelne Zigarette. Die Angewohnheit hatte sie noch nie gereizt, sie hatte den Geruch an Julian immer gehasst, und davor schon an Peggy, doch jetzt löste das Rauchen eine soghafte Anziehungskraft auf Sook-Yin aus. Sie bat an einem der Stände um Feuer und freute sich über das Missfallen des Mannes, schaffte aber nur ein paar Züge an der Ecke, würgte an dem Geschmack und dem Rauch und warf den Rest in den Rinnstein. Selbst ihre Auflehnung war in diesen Tagen belanglos, ein Instinkt, der einzig dafür geschaffen schien, ihr selbst zu schaden.

Kurz vor der Wohnung sah sie ein junges Mädchen in der Nähe des Eingangs stehen. Die Vorlaute, die bei ah-Ma gewesen war. Sie richtete sich auf, als sich Sook-Yin näherte, und stieß sich mit dem Fuß an der Wand ab wie eine Schwimmerin. »Ich nehme an, Sie erinnern sich nicht an mich?«, sagte sie. »Ihr Mann unterrichtet mich drüben in der Förderschule. Ich wollte fragen, ob ich mit ihm sprechen kann.«

Sook-Yin sah auf die Uhr. »Kann das nicht warten, bis du ihn im Unterricht siehst?«

»Er kommt also definitiv wieder?«

»Was redest du denn da? Warum sollte er nicht wiederkommen?«

»Aber es sind nun fast vier Wochen«, sagte sie. »Seit der Eindringling ihn angegriffen hat, meine ich. Und wir fragen uns, ob es ihm gut geht.«

Das unbehagliche Gefühl, das Sook-Yin in ihrem Magen verspürte, drohte die Speiseröhre hochzusteigen. »Stimmt«, antwortete sie. »Meinem Mann geht es nicht ganz so gut.«

»Ich wusste doch, dass er sich nur nichts anmerken ließ!« Die Sorge in ihrem Gesicht war lächerlich. »Wir wollten die anderen Lehrer fragen, aber an dem Tag, als wir in Ihrer Wohnung waren, hat er uns gesagt, wir sollen die Schule nicht damit behelligen.«

»Das hat er gesagt?«

»Für den Fall, dass es ihrer Untersuchung in die Quere kommt.«

Sook-Yin angelte in ihrer Tasche nach dem Schlüssel. »Da hat er recht«, sagte sie. »Es ist eine ernste Angelegenheit. Wir kümmern uns darum.«

Das Mädchen zog einen Umschlag aus ihrer Tasche und verströmte einen Hauch Parfüm zwischen ihnen. »Die ganze Klasse hat ihm etwas gemacht … Kann ich ihm das zumindest übergeben?«

»Nein. Ich sorge dafür, dass er es bekommt.« Sook-Yin schnappte sich den Umschlag aus ihrer Hand. »Geh jetzt besser nach Hause«, sagte sie, während sie die Tür mit ihrer Hüfte aufstieß. »Bevor die Schule erfährt, dass du hier warst.«

Sook-Yin eilte ins Schlafzimmer. Wenn Julian nicht auf der Arbeit gewesen war, wo dann? Sie tigerte durch das Zimmer, durchwühlte einzeln herumfliegende Socken und die T-Shirts, die von den Kindern auf den Boden geworfen worden waren, bis sie eine seiner Hosen fand. Sie leerte die Taschen aus und erntete eine staubige Kaskade aus Taschentüchern und U-Bahn-Tickets. Sie prüfte die Daten der Stempel. Sie waren an aufeinanderfolgenden Tagen abgestempelt und passten zu seiner üblichen Routine. Warum aber sollte das Mädchen lügen?

Grace.

Der andächtige Klang auf Julians Lippen. Die verträumten Schulmädchenaugen.

Eigentlich bin ich kein Held.

War sie gekommen, um Sook-Yin zu verhöhnen? Sie riss den Umschlag auf, den sie dem Mädchen abgenommen hatte, wappnete sich gegen die Worte, gegen das sentimentale Geplapper von Liebesherzen und Küssen. Im Innern aber fand sie eine im

Laden gekaufte Karte, die auf der Vorderseite billige Blumen zeigte, und öffnete sie hastig. Botschaften auf Englisch waren darauf verteilt, jede in einer anderen Handschrift.

An den besten Lehrer, den wir je hatten …
Mr Miller, wir vermissen Sie, kommen Sie zurück!
Lassen Sie uns jetzt nicht im Stich!

Sie ließ die Karte auf den Boden fallen und verdeckte sie mit ihrem Fuß, als ihre Mutter überraschend in der Tür stand.

»Was machst du da?«, fragte ah-Ma.

Sook-Yin fuhr sich mit ihrer Hand durchs Haar. »Ich dachte, ich fange mal mit der Wäsche an. Die Kinder sind derzeit so unordentlich.« Sie folgte ihrem Blick zum überquellenden Mülleimer. »Darum kümmere ich mich auch«, sagte sie.

Sie wartete, bis ihre Mutter fort war, und leerte dann den Mülleimer auf dem Boden aus. Unter den Taschentüchern und weggeworfenen Zeitungen waren noch ein U-Bahn-Ticket und der Bon vom Laden für Zigaretten sowie eine Flasche Wasser. Darunter befand sich ein gefaltetes Stück Papier, sie griff und entfaltete es.

Sie dachte zunächst, es handele sich um eine weitere Quittung, bis sie oben die Adresse erkannte und eine darunter notierte Zahl sah: 10.000 Hongkong Dollars. Ihr Magen drehte sich um, als sie sah, dass da Julians Name stand, in einer schlampigen Handschrift mit phonetischen Buchstaben – *Mr Zhu Li an, Mi Le* –, doch erst als sie den zweiten Namen erkannte, überwältigte sie ihre Übelkeit schließlich. Sie übergab sich in den leeren Mülleimer, still und rasch wie ein Hund.

NEUNUNDVIERZIG

Lily
Hongkong, 1997

40. Tag der Trauer

Die Morgenzeitung lag an meiner Tür. Seit meinem ersten Ausflug zur Bücherei hatte ich um die *South China Morning Post* gebeten, damit ich den Ereignissen auf Englisch folgen konnte. Die Berichterstattung zur Rückgabe erfolgte relativ stetig, doch in der letzten Woche hatte sie merklich zugenommen, der Schwebezustand der Kolonie war nun fast eine perfekte Parallele zu dem meinen.

Der Artikel auf der ersten Seite behauptete, dass sich Hongkonger in Scharen in Richtung Australien, Kanada und Großbritannien absetzten, aus Angst vor den anstehenden Veränderungen. Migration an sich war nichts Neues, aber die hohen Zahlen waren schon sehr auffällig. Es wurden Vergleiche zu den frühen 90ern und den Nachwehen der Ereignisse am Platz des Himmlischen Friedens gezogen.

Der reine Wunsch jedoch war nur ein Teil des Problems. Ganz gleich, wie viele Menschen fortgehen wollten, lediglich ein Bruchteil konnte sich diesen Schritt auch leisten – die mittlere Generation mit gutem, regelmäßigem Einkommen. Der Rest hatte keine andere Wahl, als zu bleiben und abzuwarten, wie *Ein Land, zwei Systeme* im Alltag aussehen würde. Die Frau in der Lobby hatte da schon recht gehabt.

Beim Lesen der Meinungsseiten schlief ich ein und wachte eine Stunde später durch ein leises Rumoren am Hafen auf. Der Lärm zunächst war abgehackt und entfernt, so, wie die Luft vor einem Gewitter knistert und raschelt, doch als ich aus dem Fenster sah, war der Himmel blau und mit freundlich wirkenden Wolken versetzt.

Ich trat hinaus auf den Balkon und sah zwei Helikopter der Navy über die Spitze der Insel fliegen. Es war eine Eskorte für die königliche Jacht *Britannia*, die in den Hafen segelte und von einer Flotte lokaler Boote flankiert war. Der Union Jack flatterte im Wind. Im turbulenten Kielwasser des Schiffes schaukelten die Sampans wie übergroße Bojen im Meer.

Der Konvoi verlangsamte sich und kam zum Stillstand, und ich ging zurück ins Haus, schaltete den Fernseher ein und so lange herum, bis ich die Nachrichten gefunden hatte. Ich zappte zwischen den Sendern hin und her: Prinz Charles als Gesandter der Königin; der Exekutivrat von Hongkong tritt zu seiner letzten Sitzung zusammen; 2000 Soldaten der Volksbefreiungsarmee sollen eingesetzt werden, um Unruhen zu verhindern. Tung Chee-hwa, der Nachfolger von Chris Patten, hatte bereits ein Gesetz zur Einschränkung der Demonstrationsfreiheit auf den Weg gebracht, das am 30. um Mitternacht in Kraft treten sollte. Selbst *wenn* Feng Mian ihr Vorhaben realisieren könnte, würde sie das Risiko wirklich eingehen?

Mein Handy klingelte. Ich erkannte die Nummer auf dem Display nicht, und es war keine, die Daniel eingespeichert hatte. Ich drückte auf *Annehmen*.

»Hallo?«

»Guten Morgen, ah-Li«, sagte eine Stimme. Zuerst konnte ich sie nicht einordnen, doch dann …

»Bist du das, Onkel Chor?«, fragte ich.

»Ich hoffe, ich habe dich nicht geweckt.«

»Nein. Ich bin schon eine Weile auf.« Ich schloss die Balkontür. »Wie geht es dir? Ist alles in Ordnung?«

»Oh ja. Alles in Ordnung.« Ich wartete. »Verzeih mir, ah-Li«, sagte er, »aber ich glaube, es gab ein Missverständnis. Möchtest du heute Nachmittag zu mir kommen?«

»Ja, sehr gern!« Ich lächelte. »Das wollte ich ohnehin, du hast also genau zur richtigen Zeit angerufen. Ich gehe zum Pier und schaue nach den Fährverbindungen. Ich komme, sobald ich kann.«

»Danke dir, das wäre großartig. Wir sprechen mehr, wenn du hier bist. Klingel, wenn du am Gebäude bist.«

FÜNFZIG

Sook-Yin
Hongkong, August 1997

Julian sah unter der Beleuchtung des Cafés älter aus. Sook-Yin hatte ihn mit allem, was sie wusste, konfrontiert, als er nach Hause gekommen war: dem Verlust seines Jobs, dem Glücksspiel. Sein Körper schrumpfte in sich zusammen, als er still zuhörte. Wie klein er ihr jetzt vorkam, ganz anders als der Mann, den sie zum ersten Mal in Harveys Restaurant getroffen hatte. »Schon lustig«, sagte sie schließlich. »Früher hast du ständig geredet. Und jetzt hast du plötzlich nichts mehr zu sagen.« Sie drückte ihre Fingerknöchel gegen die Plastikplatte des Tisches. »Warum hast du deinen Job in Schule verloren?«

Julian senkte den Kopf. »Es war ein dummes Missverständnis.«

Sie nahm die Reste des Parfüms an ihrem Kragen wahr, die auch durch mehrere Wäschen nicht weniger geworden waren. Es stieß sie ab. Der Geruch eines Betrügers.

»Missverständnis mit Mädchen?«

»Nein! Ist das alles, was du …« Julian rieb sich das Gesicht. »Es gab ein Missverständnis wegen meiner Arbeitszeugnisse. Die Schule meinte, als sie sie bekamen, sie seien furchtbar. Ich habe mich gedemütigt gefühlt.« Er starrte sie an. »Warum schaust du so? Ich schwöre, diese Leute waren zuverlässig.«

Sook-Yin schüttelte den Kopf. Sie wusste nicht mehr, was sie glauben sollte, wer sie am meisten verraten hatte. »Und stattdessen gehst du an diesem Ort zocken? Du weißt nichts über die Walled City. Du kannst von Glück reden, dass du da lebend rausgekommen bist!«

»Ich habe nur versucht, die Dinge wieder in Ordnung zu bringen. Es ist mir alles über den Kopf gewachsen.«

»Weil du immer Boss sein willst, Julian! Willst immer alle beeindrucken. Jetzt sind wir ganz unten!« Menschen sahen sich nach ihnen um, und auch wenn sie die Sprache nicht verstanden, die Lautstärke erkannten sie wieder. »Diese Geschichte mit dem Eindringling in der Schule …«

Er drückte seine Finger gegeneinander. »Das war eine Mahnung. Wegen der Schulden.«

Was auch sonst? Das war schließlich kein Kredit von einer Bank, der bei Tee und in ziviler Form verhandelt wurde. Diese Leute waren nichts weiter als Verbrecher. Vermutlich mussten sie ihr eigenes Schutzgeld zahlen.

»Es war mein letzter Tag an der Schule«, sagte er. »Ich hatte Glück, dass sie mir eine Frist eingeräumt hatten, aber jemand war mir gefolgt. Ich hatte versucht, das Geld wieder reinzuholen, hatte gehofft, mir einen Vorsprung zu verschaffen, womit ich uns über Wasser halten könnte, bis ich meine Referenzen in den Griff bekomme. Aber du hast recht, ich *habe* mich geschämt. Ich konnte es den Schülern nicht sagen, und das war der Moment, an dem ich sie zu deiner Mutter eingeladen habe.« Seine Schultern sanken herab. »Wir gehören hier nicht hin«, sagte er. »Aber ich verspreche, wenn wir wieder in London sind …«

Sook-Yins Kopf fuhr hoch. »Du glaubst, wir gehen aus Kowloon weg?«

»Was sonst? Sook-Yin, wir haben es versucht, aber jetzt ist es Zeit, nach Hause zu gehen.«

Aber was sollte das sein, zu Hause?, dachte sie. War sie je mehr als ein Flüchtling gewesen, der von den Launen anderer abhing? Sie schüttelte ihren Kopf. Nein. Selbst wenn es sie zehn Jahre kosten würde, die Schulden abzubezahlen, sie würde sich nie wieder abschieben lassen.

In jener Nacht wartete sie, bis das Haus still geworden war, und schlich dann zur nächstgelegenen Telefonzelle. »Ich muss dich sehen«, sagte sie, als er dranging. Sie konnte die Geräusche des anderen Lebens im Hintergrund hören: das Gelächter vom Band einer Sitcom, das entfernte Klirren von Geschirr in der metallenen Spüle.

Hei-Fong senkte seine Stimme. »Jetzt? Es ist fast elf. Ich und Jiao sind auf dem Weg ins Bett.«

»Vielleicht sollte ich dann lieber mit *ihr* sprechen.«

Sein Ton wurde sanfter, zurückhaltender. »Was ist denn plötzlich in dich gefahren?« Jiaos leise Beschwerden drangen von der Küche herüber. »Ein Arbeitskollege«, rief er, bevor er mit falschem Lachen weitersprach. »Nein! Es ist nicht gut, wenn man so gestresst ist. Erinnerst du dich an die Redensart im Geschäftsleben …?«

»Die, die sagt, dass du eine verräterische Schlange bist?« Sook-Yin ließ das einen Augenblick lang sacken. »Ich weiß alles über dich und das Glücksspiel. Wenn du nicht kommst, werde ich Jiao anrufen.« Die Dauer der darauf einsetzenden Stille machte sie zufrieden.

»Gib mir eine halbe Stunde«, sagte er. »Ich hole dich an der Ecke von Hing Wah ab.«

Sie wartete außerhalb des Appartements und zitterte mit jeder vergehenden Sekunde mehr, obwohl die Nacht schwülwarm war. Sie war mit nur wenigen Minuten Verspätung herausgekommen, nicht zuletzt dank Mrs Chee, die sie am Empfangsfenster in ein Gespräch verwickelt hatte. Sook-Yin hatte sich ihr Geschwätz über die lärmenden Mieter in Wohnung Nummer 6 und die Rattenplage in Nummer 16 angehört, während sie mit einem Auge auf die Uhr schielte, bevor sie sie endlich unterbrechen konnte. »Ich muss zum Spätkauf«, sagte sie. »Ich brauche noch *Char Siu* für den Reisbrei morgen früh.«

Sie stieg sofort in Hei-Fongs Auto und ignorierte die verengten Augen der Ladenbesitzer, die beim Schließen ihrer Rollläden auch ihre Schlüsse zogen. Eine geparkte Limousine, mitten in der Nacht? In zwei oder drei Tagen würde Mrs Chee auch darüber reden.

»Was hast du denn jetzt deiner Frau erzählt?«

»Ich habe ihr gesagt, dass es einen Notfall mit einem meiner Kunden gäbe.«

»Das hat sie geglaubt?« Sie war sich nicht sicher, weshalb sie das überraschte, wo sie doch wusste, wie leicht, wie wichtig es für Frauen war, ihre Augen vor diesen Dingen zu verschließen. *Nur wer das Ruder nicht hält, kann es sich leisten, das Boot zu erschüttern.* »Keine Sorge, ich halte dich nicht allzu lang auf.«

»Ah-Yin … Warum sagst du mir nicht, was du glaubst, was passiert ist?«

Sie nahm den Schuldschein aus ihrer Tasche und warf ihn in seine Richtung. »Ist das deine Vorstellung einer freundlichen Geste? Meine Familie noch tiefer in die Schulden zu reiten?«

Sein Gesicht leuchtete rot auf. »Hör zu, es ist nicht so, wie es scheint …«

»Glaubst du, ich bin so dumm, dass ich die Zahlen nicht lesen kann? Eine solche Summe ist für dich vielleicht nicht viel, aber wie um Himmels willen sollen wir das zurückzahlen?«

Er kurbelte das Fenster herunter und steckte sich eine Zigarette an. »Die Schuld ist abgegolten«, sagte er.

»Wovon redest du?«

»Siehst du nicht meinen Namen auf dem Zettel?«

»Ja, aber ich dachte …« Sook-Yin schloss die Augen. »Das waren nur Julians Schulden?« Sobald sie es ausgesprochen hatte, erinnerte sie sich an die Rechnungen in London, die unbezahlte Miete und seine extravaganten Vorlieben – und wusste, dass es die Wahrheit war.

»An jenem Abend im Restaurant«, sagte er, »als du mir erzählt hast, dass er sich geprügelt habe, wurde mir klar, dass er in Schwierigkeiten stecken musste. Als ich erfuhr, bei wem er Schulden hatte, habe ich es beglichen.«

»Du kennst diese Leute?«, fragte sie.

»Die haben einen gewissen Ruf in der Walled City. Mach dir keine Sorgen. Ich habe mit ihnen geredet. Sie werden keine Geschäfte mehr mit ihm machen.«

Sie legte ihr Gesicht in ihre Hände. »Er hat mir nicht erzählt, dass du die Schulden bezahlt hast.« Kein Wunder, dass Julian so unbesorgt schien. So darauf aus, erneut wegzulaufen. Trotz der Erleichterung jedoch nagte etwas an ihr. »Woher hast du das gewusst?«, fragte sie. »An jenem Abend, als ich dir sagte, dass er sich geprügelt hatte, wurde dir klar, sagst du, dass er in Schwierigkeiten stecken muss. Wie genau bist du zu diesem Schluss gekommen?«

Er zog lang an seiner Zigarette. »Die meisten Männer mögen Glücksspiele«, sagte er. »Wenn es nicht um Frauen geht, dann halt um Geld.«

»Aber du hast ihn erst getroffen, als er nach Kowloon kam. Du hast nichts über ihn gewusst.«

»Er ist nicht so besonders, wie er denkt. Und was macht es überhaupt für einen Unterschied? Er ist doch jetzt aus dem Schneider, oder nicht?«

Sook-Yin sah ihm prüfend ins Gesicht. »Bedeutet dir unsere Freundschaft gar nichts?«

Er schnippte seine Zigarette aus dem Fenster und steckte sich sofort eine neue an. »Wie kannst du so etwas fragen?«

»Dann sag mir die Wahrheit, Hei-Fong.«

»Wozu? Du willst mir ja doch nicht glauben.«

»Ich will glauben, dass Menschen gut sind … Aber ich warte immer auf eine Überraschung.«

Er rieb sich die Schläfen. »Es war nur als freundliches Kennenlernen gedacht. Ein einmaliger Gefallen.«

»Julian hat dich gebeten, ihn diesen Leuten vorzustellen?«

»Nein. Nicht Julian«, sagte er.

»Wer dann?«

»Es war dein Bruder, ah-Yin. ›Ein kleiner Scherz‹, hat er gesagt. ›Um den Engländer zurechtzustutzen.‹«

Sook-Yin spürte einen Schlag in die Magengrube. »Die Referenzen für meinen Mann …?«, brachte sie hervor.

»Chor-Kit hatte ihn gebeten, sie ihm zuzuschicken, da er ja über seine Empfehlung dorthin kam. Er hatte gehofft, dass Julian es selbst vermasseln und sich innerhalb von ein paar Wochen ins Unglück stürzen würde … Als das aber nicht der Fall war …«

»Da hat er die Referenzen gefälscht ... Und du hast Julian mit zum Zocken genommen ...«

Sie senkte ihren Kopf. Obwohl sie noch wütend auf Julians Dummheit war, wurde ihr Ärger nun auch von Traurigkeit getränkt. Die Schulden waren hoch genug, um ihn seinen Job zu kosten, den er geliebt hatte, was ihm die Chance genommen hatte, seinen Sinn im Leben zu finden, und das war etwas, das nicht mit Geld aufzuwiegen war.

Hei-Fong hob verteidigend seine Hand. »So ist es nicht gewesen – ich schwöre! Nach einem Mal habe ich ihm gesagt, dass ich raus bin. Ich hatte keine Ahnung, dass Chor-Kit ihn weiter angestachelt hat.«

»Aber du hast es dennoch gemacht! Und ohne zu zögern.«

Eigentlich wollte sie wütend auf ihn sein, aber ob es nun eine Verblendung durch ihre gemeinsame Geschichte war oder ob etwas anderes hinzutrat, Hei-Fongs Handlungen ergaben einfach keinen Sinn. Er war vielleicht früher ein Betrüger gewesen, aber er war nie gehässig, und schon gar nicht ihr gegenüber. Es musste noch etwas geben, das er ihr nicht erzählt hatte.

»Was hat mein Bruder gegen dich in der Hand?« Es war nur ein Schuss ins Dunkel, aber sein Zusammenzucken war unmissverständlich. Ihre Brust spannte sich an. »Erzähl es mir, los, ah-Fong.«

Er ließ seine Finger über das Lenkrad gleiten. »Als ich damals aus den USA zurückkam, fiel es mir schwer, einen Job zu finden. Meine Eltern haben sehr viel Geld ausgegeben, um mir ein besseres Leben zu kaufen, und dennoch hat mich meine Vergangenheit immer wieder eingeholt. Niemand Rechtschaffenes wollte mit mir etwas zu tun haben, nicht solange ich eine Vorstrafe hatte, und ich schämte mich, dass ich es nicht hinbekam. Chor-

Kit hat sich damals für mich eingesetzt, als ich mich das erste Mal bei der Bank beworben habe. Er hat ein paar Einzelheiten in meinem Lebenslauf gefälscht. Ohne ihn hätte ich meinen Job heute nicht.«

Nun fügte sich alles zusammen. Was für ein widerlicher Mensch ihr Bruder war, der all die Zeit darauf gewartet hatte, den Gefallen einzufordern. »Aber du kennst doch diese gefährlichen Leute. Warum hast du seinen Bluff nicht ins Leere laufen lassen?«

»Aber wo hört das je auf, Sook-Yin? Ein Gefallen bringt nur die nächste Schuld hervor. Ich wollte ein Leben, eine Zukunft. Ich wollte, dass meine Eltern von mir dachten, dass ich etwas erreiche. Du solltest wissen, wie sich das anfühlt.«

»Ich hatte diese Wahl nie!«

All die Jahre, die zwischen ihnen vergangen waren, und ihr Bruder hatte nie vergessen, niemals aufgehört, mit ihrem Leben spielen zu wollen. Er wollte sie kontrollieren, hassen, bestrafen, als Hahn im Stall die Familie regieren. Und was hatte sie je getan, um das zu verdienen? Sie dachte an die Tage im Krankenbett: die verschwommenen Krämpfe ihrer Fieberträume, ihre ansteigende Temperatur, ah-Chor, der lachte, während sie seine Pisse trank. *Dein Leben gehört jetzt mir, Sook-Yin.*

Sie wünschte, ah-Ma hätte sie sterben lassen.

Hei-Fongs Stimme drang an sie heran. »Ich habe versucht, dich zu warnen. An jenem Abend im Restaurant, als ich dir sagte, du solltest mit Julian zu Hause bleiben, aber du hast es sofort von dir gewiesen.«

»Ich dachte …«

»Ich weiß genau, was du gedacht hast. Aber du lagst vollkommen falsch. In meinen dunkelsten Momenten habe ich mich durchaus auch gefragt, ob ich es aus Eifersucht getan habe. Warum sollte Julian dich haben, wenn er so schwach ist?«

Sook-Yin drehte sich zu ihm und starrte ihn an. Unglaublich, dass sie fast weich geworden wäre! »Wer bist du, dass du über die Schwäche anderer urteilst, Hei-Fong? Ein Mann, der vor meinem Bruder buckelt? Siehst du nicht, dass er ein Tyrann ist? Es war schon so, als du noch zur Schule gegangen bist, als er dich und deine Familie beleidigt hat. Wie er darüber gelacht hat, wo du gelebt hast! Du warst immer besser als das.« Sie langte nach dem Griff der Autotür.

»Ich habe mich nicht richtig ausgedrückt, ah-Yin! Bitte bleib, und lass mich versuchen, dir zu erklären …« Er versuchte, ihren Arm zu greifen, doch sie entzog sich ihm. »Habe ich nicht die Schulden deines Mannes bezahlt?«, fragte er. »Gilt das denn gar nicht?«

Sook-Yin konnte ihn kaum ansehen. »Nein. Da liegst du falsch. Diese Schuld war die *deine*«, sagte sie. »Deine und die meines Bruders, Hei-Fong.«

EINUNDFÜNFZIG

Lily
Hongkong, 1997

40. Tag der Trauer

Die Nachricht über die Ankunft der *Britannia* hatte mehr Leute als sonst an den Hafen gelockt. Unten an der überfüllten Promenade erfüllten Gesichter die offenen Fenster am Anleger und verwandelten die hölzernen Vierecke in überdimensionierte, sich ständig verändernde Fotorahmen. Einige Leute umklammerten ihre schlaffen Union Jacks in einem schwermütigen Halbsalut wie Touristen vor dem Buckingham Palace; andere standen mit weit gespreizten Beinen und schauten zynisch über das Wasser.

Ich fand einen Platz auf dem Deck der Fähre, um mich in der Wärme der Sonne zu baden, immer noch verwirrt über Onkel Chor und die Ursache seines plötzlichen Sinneswandels.

Wir waren auf halber Strecke, als es mir einfiel. Er musste Feng Mians kleine Eskapade mitbekommen und gemerkt haben, dass ich sie nach Hause gebracht hatte. War da nicht ein Hauch von Dankbarkeit in seiner Stimme gewesen – fast eine Entschuldigung? Es war offensichtlich, dass Feng Mian übertrieben hatte. Onkel Chor hätte sie ausgeschimpft, ihr schlimmstenfalls Hausarrest gegeben, aber für mich gab es einen unerwarteten Vorteil. Mit meiner kleinen, selbstlosen Tat hatte ich ihm gezeigt, dass ich durchaus nützlich sein konnte. Dass ich vertrauenswürdig, gut und zuverlässig war. Sosehr ich auch mit Feng Mians Empörung sympathisierte, hatte ich doch kein Bedürfnis, Teil ihrer Verschwörung zu werden. Immerhin gehörte Onkel Chor zur Familie. Was wäre, wenn ich jetzt die Vergangenheit umkehren und meine beiden Hälften wiedervereinen könnte?

Die Jacht beherrschte den Hafen am Central. Auch Schaulustige hatten sich versammelt und machten Fotos ihres vorübergehenden Ankerns vor den leuchtenden Türmen der Insel. Die Straße entlang bis zur Messehalle übertönte das kribbelige Surren der Baustellen – lautes Bohren, der Widerhall der Hämmer – die Schreie der Regenpfeiffer, die über der Bucht kreisten, ihre Flügel mit gelbem Staub belegt. Ein Gefühl der Veränderung in und außerhalb von mir nahm von mir Besitz, und während ich nach Wan Chai lief, schien mein Herz anzuschwellen.

Ich kam an, klingelte, und es tat überraschend gut, meinen eigenen Namen zu hören, als Onkel Chor durch die Sprechanlage antwortete. Li-Li Chen ist angekommen. Als ich aus dem Aufzug stieg, wartete er bereits. »Guten Morgen, ah-Li«, sagte er. »Danke, dass du so rasch hergekommen bist.«

Er begleitete mich in die Küche, wo auf der Anrichte Kaffee braute. »Wie war dein Weg hierher?«, fragte er.

»Großartig. Die Fähre war voll. Ich glaube, Prinz Charles kam heute Morgen an, und am Messezentrum wird gebohrt.« *Bis zur anderen Seite nach China durchbohren.* Hat man so etwas nicht gesagt, als Maya und ich klein waren? Wer hätte gedacht, dass ich es mal in echt sehen würde?

»Für Chinesen ist es eine große Sache. Wir müssen uns für das Fest zurechtmachen.«

»Ist das deine Haltung zur Rückgabe? Ich habe einige Menschen am Anleger gesehen, die recht düster dreinblickten.«

Er holte das Kaffeeservice hervor: vier Tassen, vier Unterteller, vier Löffel. Erwartete er noch jemanden? »Du musst nicht alles glauben, was du liest«, sagte er. »Was auch immer der Westen dazu sagt – das Adoptivkind hatte immer eine Mutter gehabt.«

Ich folgte ihm durch den Gang. So weit war ich noch nie in dem Appartement gewesen, und ich konnte nun einen großen Raum am hintersten Ende erkennen, der lichtdurchflutet war und zu weiteren Türen führte. Ich hielt an, als ich an die Eingangstür kam, nicht ganz sicher, was ich da eigentlich vor mir sah.

Feng Mian saß zusammengesunken auf dem Sofa, mit aschfarbenem Gesicht, während neben ihr ein Mann in einem dunklen Anzug hockte, die Hände zusammengefaltet, als würde er beten. Es sah aus wie eine Szene aus der Wiederauferstehung, und mir entfuhr ein nervöses Lachen. »Was geht hier vor?«, fragte ich.

Onkel Chor zeigte auf einen der beiden Stühle. »Bitte, ah-Li. Setz dich.«

Ich pellte mich aus meinem Anorak und nahm Platz, spähte noch mal hinüber zu Feng Mian, und ein ungutes Gefühl stieg in mir auf. Vielleicht hatte ich alles falsch eingeschätzt. »Ich bin etwas verwirrt«, sagte ich. »Ich dachte, du hättest mich wegen Mum angerufen.«

»Deine Mutter? Natürlich, natürlich!« Onkel Chor lächelte, als er mir die Tasse reichte. »Ich erzähle dir gern ein paar Geschichten, sobald wir eine Kleinigkeit geklärt haben.«

»Okay. Wie kann ich helfen?«

Er blieb stehen und sah aus dem Fenster. »Vor ein paar Tagen«, setzte er an, »war ich für die Universität unterwegs, als

Feng Mian mich fragte, ob sie bei einer Freundin lernen könnte. Es stehen bald wichtige Prüfungen für sie an, und so war ich zufrieden, als sie mir davon erzählte. Leider war es, wie ich nun erfahren habe, gänzlich anders.«

»Wirklich?« Der Kaffee traf bitter auf meine Zunge.

»Ich hätte vielleicht nichts bemerkt, aber der Wachmann hat mich gestern angerufen, dass eine Tasche an seinem Schalter abgegeben worden war. Die Person sagte ihm, dass sie die Tasche in Mong Kok gefunden hatte.« Er drehte sich um und sah mich an. »Du kennst die Gegend vielleicht nicht, aber sie hat einen gewissen Ruf, und nicht nur für die Dinge, die du dir gerade vorstellst. In letzter Zeit gab es beunruhigende Gerüchte, dass einige Studenten sich dort versammeln. Politisch verdorbene Studenten, die Hongkong Ärger bereiten wollen. Am besagten Abend wurden sogar zwei Männer von der Polizei festgenommen.«

Ich umschloss den Griff meiner Tasse. »Ich weiß nicht, ob ich da folgen kann. Gewiss hätte Feng Mian ihre Tasche überall verlieren können, und jemand anderes hat sie einfach in der Gegend entsorgt.«

»Das habe ich in Erwägung gezogen«, sagte er. »Bis ich mit Feng Mians Direktor gesprochen habe.« Er nickte dem Mann auf dem Sofa zu. »Dr. Kwan hat mir erzählt, dass es mit einigen seiner älteren Studenten ähnliche Probleme gibt.«

Ich blickte zu dem Mann auf dem Sofa, der so unangenehm berührt aussah, wie ich mich fühlte. »Ist Feng Mian in Schwierigkeiten?«, fragte ich.

Der Mann schüttelte den Kopf und sah zu Boden. »Miss Zhang war immer eine ausgezeichnete Studentin. Ich halte es für eher unwahrscheinlich.«

Onkel Chor schien aufgebracht durch den unerwarteten Verrat und beeilte sich, weiterzusprechen. »Jedenfalls haben wir uns Sorgen gemacht«, sagte er, »und somit habe ich den Wachmann gebeten, mir seine Überwachungsbänder zu zeigen, und er war so nett, mir eine Kopie zu geben.«

Mein Magen drehte sich um, als er mit der Fernbedienung auf den Fernseher wies. Ich hatte es bis dahin nicht bemerkt, aber auf dem Schirm war ein Schwarz-Weiß-Video pausiert, das er nun weiterlaufen ließ.

Ein risseliges Bild von einem Gebäude tauchte auf, das ich als Vorderseite des Appartementblocks erkennen konnte, inklusive des Wärterhäuschens im Hintergrund, außerdem war der komplette Anwohnerparkplatz zu sehen. Während der Timer in der unteren Ecke des Bildes weiterlief, fuhr ein Hongkonger Taxi heran, und die Schemen eines Mädchens waren beim Aussteigen zu erkennen. Vom orangenen Licht der Laternen erleuchtet, gab es keinen Zweifel, dass es sich um Feng Mian handelte.

Ich stellte meine Tasse auf den Tisch. »Onkel, du hast heute Morgen von einem Missverständnis gesprochen …«

Er stoppte das Video und starrte mich an. »An diesem Abend war noch jemand anderes in dem Taxi. Es war allerdings zu dunkel für den Wachmann, die Person zu erkennen. Eine Frau, sagte er. Keine Chinesin.«

Ghost Girl. War ich immer noch genauso unsichtbar für ihn, wie ich es immer gewesen bin?

»Ich bin mir sicher, du verstehst, dass das eine ernste Angelegenheit ist. Wenn Feng Mian in etwas Illegales verwickelt ist, hat das Auswirkungen auf den Ruf von uns allen.«

Er holte ihren abgeranzten Rucksack hinter dem Sofa hervor und leerte ihn auf dem Boden aus. Und heraus fielen ihre Kosmetiktasche wie auch meine Lederjacke und das Stück Papier, das ich vom Hotel dagelassen hatte. »Ich weiß, dass du in dem Taxi gewesen bist«, sagte er. »Und das kann nur eines von zwei Dingen bedeuten. Entweder warst du in jener Nacht mit Feng Mian unterwegs, oder sie hat dich gezwungen, sie nach Hause zu bringen.«

Ich betrachtete meine Schuhe. Ich hatte keine Ahnung, was sie ihm erzählt hatte, doch wenn er sich sicher gewesen wäre, hätte er mich längst beschuldigt. Was er mir stattdessen anbot, war eine Wahl. Entweder hatte Feng Mian ihn betrogen oder ich.

Ich wägte die Möglichkeiten gegeneinander ab. Es war klar, dass Dr. Kwan keine Ahnung hatte, also *konnte* ich sagen, dass sie sich in einen Club abgeseilt hatte. Ich bezweifelte, dass er es ihren Eltern mitteilen würde. Denn das würde bedeuten, dass er zugeben müsste, einen Fehler gemacht zu haben, und dass er ihr Vertrauen zu Unrecht genoss, was für einen Menschen wie ihn ein Gräuel wäre. Im Gegenzug hatte ich alles zu gewinnen. Ich würde seine Dankbarkeit und den Schlüssel zu meiner Familie bekommen, einschließlich aller Antworten, die ich über Mumma haben wollte. Hatte er das nicht gesagt? Warum sollte ich nicht dazugehören können?

Onkel Chor setzte sich neben mich. »Ich will die Wahrheit, ah-Li.«

Mein Mund öffnete und schloss sich wie ein Fisch. Ich konnte Feng Mian nicht in die Augen sehen. »Ich meine … Feng Mian …«, sagte ich. »Ich glaube nicht, dass das wirklich …«

Seine Faust schlug auf das Holz des Tisches, was die Tassen auf ihren Untertellern scheppern ließ. »Ich verlange, dass du mir die Wahrheit sagst!«, brüllte er. »Übernimm endlich Verantwortung für dein Leben!«

Ich zuckte zusammen, als hätte er mich geschlagen. Selbst Dr. Kwan sah in seinem Entsetzen zusammengeschrumpft aus.

In dem Moment wurde mir etwas klar. Onkel Chor war wie alle anderen. Er war wie Maya und Dad und Ed. Ein Papiertiger. Ein Kontrollfreak. Er versprach Solidarität, um mich ruhigzustellen. Was war mein Leben bis zu diesem Zeitpunkt anderes gewesen als ein ausgeklügeltes System von Schutzmechanismen, die dabei halfen, jeglichen Widerspruch zu verleugnen – angefangen vom Spottlied über den gehässigen Reim, von den Beleidigungen, die ich während meiner Schulzeit über mich ergehen lassen musste, bis hin zu jedem Jungen, den ich zum Trost gefickt hatte.

Das ist nicht wichtig, Lily.

Bitte! Tu, was ich dir sage.

Mach es, damit du dazugehörst.

Was hatte es mir je gebracht, wenn ich versuchte dazuzugehören?

»Ja. Ich war mit ihr unterwegs«, sagte ich dann. »Ich bin ohne deine Erlaubnis zum Kaffeetrinken hergekommen, auf der Suche nach Informationen über meine Mutter, und letzte Woche habe ich sie überredet zu lügen und mit mir in Mong Kok tanzen zu gehen. Sie wollte nicht. Ich habe sie gezwungen.« Ich ließ ein verächtliches Lachen hören. »Das ist so einfach, nicht wahr? Menschen zu manipulieren, die sich verzweifelt nach Liebe sehnen?«

Onkel Chor sah aus, als würde er einen Schlaganfall kriegen. Die Farbe in seinem Gesicht änderte sich gefährlich karminrot, bis er endlich aus seinem Sessel hochfuhr und etwas auf Kantonesisch murmelte.

»Tut mir leid. Das verstehe ich nicht.«

»Ich sagte, dass du das Ebenbild deiner Mutter bist. Eine sture Idiotin seit dem Tag ihrer Geburt.«

Ich hob mein Kinn. »Mumma war keine Idiotin. Aber sie war nicht so, wie du es gewollt hast. Ich weiß, dass du mit ihrer Ehe nicht einverstanden gewesen bist. Vermutlich hast du *sie* auch schikaniert.«

Er lachte. »Du glaubst, ich hätte meine Schwester schikaniert? Woher willst du das wissen?«, fragte er. »Wenn du dich nicht mal an sie erinnern kannst? Ich habe versucht, das Beste für sie zu tun, aber sie wollte auch nie die Regeln befolgen. Und schau, was aus ihr geworden ist.«

Ich stand auf und ging zu ihm. »Sie starb als Mensch, der geliebt wurde«, sagte ich. »Sie starb mit zwei Kindern, die sie verehrt haben und die ihren Namen niemals vergessen werden. Du aber bist verbittert und grausam und allein, und es tut mir leid, aber für dich wird es anders laufen.«

Er schluckte und zeigte in den Gang. »Nimm dein Chaos und verlass mein Haus! Und versuche nicht noch einmal, Kontakt mit Feng Mian aufzunehmen. Sonst rufe ich die Polizei.«

Ich bückte mich, um meinen Mantel aufzuheben, als mir noch etwas einfiel. Das war das letzte Mal, dass ich ihn sehen würde. Die letzte Gelegenheit, ihn zu fragen. »Bitte gib mir, was du noch von meiner Mum hast. Fotos, Briefe, was auch immer. Es muss noch Dinge in Castle Peak Road gegeben haben, nachdem Maya und ich zurück nach London sind.«

Er schien überrascht, und dann lächelte er. »Nichts hier gehört deiner Mutter.« Er nahm meine Tasse und wischte sie umständlich aus. »Sook-Yin hat sich entschieden, ihre Kultur aufzugeben. Und sie wurde dadurch so wie du. Eine Banane. Nichts weiter als eine Touristin.«

ZWEIUNDFÜNFZIG

Sook-Yin
Hongkong, August 1997

Drei Tage nach dem Gespräch im Wagen begab sich Sook-Yin in Hei-Fongs Büro. Langsam wurde ihr bewusst, dass sie letztlich doch beeinflussen konnte, wie die Dinge liefen.

Durch seinen tadellosen Anzug fiel es ihr leicht, sich vorzustellen, mit einem Fremden zu sprechen. »Ich brauche den Job, den du mir versprochen hast«, sagte sie. »Ich putze Toiletten, ich koche Tee für die Angestellten. Ehrliche Arbeit für ehrliches Geld.«

»Du willst in Hongkong bleiben?« Sie versuchte, die Hoffnung in seiner Stimme zu ignorieren. »Was ist mit Julian?«

»Mein Mann wird hierbleiben und sich um die Kinder kümmern.« Sie ließ die Worte *mein Mann* über ihn hereinbrechen. Es gab eine Zeit, da war sie stolz darauf gewesen, aber jetzt benutzte sie sie nur noch als Waffe. »Ich kenne die Sprache und die Gegend«, sagte sie, »also ist es vernünftig, dass ich diejenige bin, die arbeitet.«

Hei-Fong hielt ihrem Blick stand, als er ein Stück Papier aus seiner Schublade zog. Sie wartete, während er einen Brief schrieb, ihr Körper war zum Fenster hin ausgerichtet.

»Gib das Mr Lau in der Personalabteilung. Er wird dir sagen, was du wissen musst.« Seine Hand zitterte, als er ihr den Brief hinhielt. »Ich hatte nie die Absicht, dich zu verletzen, ah-Yin.«

Sie streckte die Hand aus und nahm das Papier an sich, unfähig, seinem unglücklichen Gesichtsausdruck auszuweichen, dann senkte sie den Kopf und ging schweigend hinaus. Es gab viele Dinge, die sie ihm sagen wollte, aber sie traute sich selbst nicht in dem, was sie antworten würde.

Im Erdgeschoss setzte sie sich auf eine Bank und öffnete den Brief.

Mr Lau,
bitte nehmen Sie diesen Brief als meine uneingeschränkte Empfehlung für seine Überbringerin, Mrs Chen. Ich kenne sie schon seit einigen Jahren und halte sie für ehrgeizig und sehr zielstrebig. Ihr Englisch ist vollkommen tadellos, und ich schlage eine Stelle in der Kundenbetreuung vor, wo sie unseren internationalen Kunden von Nutzen sein kann. Darüber hinaus soll sie mit meiner Genehmigung zwei Monatsgehälter im Voraus erhalten, um ihren Wohnsitz in Kowloon zu gewährleisten.

Kurze Zeit später folgte sie Mr Laus Augen, der den Brief las, während sich auf seiner Stirn ein Schweißtropfen bildete. Er musste etwa 45 sein, sein zurückweichender Haaransatz war mit Vaseline zum Anliegen überredet worden und sein dünnes Shirt mit den Flecken eines Fertiggerichts besprenkelt; dieselbe Routine tagein, tagaus, ohne dass er je solche Worte über sich selbst vernommen hätte.

Er legte den Brief vor sich auf den Tisch. »Darf ich fragen, woher Sie Mr Lee kennen?«

»Eine verwandtschaftliche Verbindung.«

Er nickte. »Ich bin hier schon seit einem Vierteljahrhundert.«

Wenn das eine Beschwerde war, dann doch eine gut verdeckte, und auch nur, um sie wissen zu lassen, dass er nicht so glücklich war, über ihre offensichtlichen Vorzüge zu verfügen. Sie bemühte sich, nicht zu lachen. »25 Jahre?«, fragte sie stattdessen. »Dann muss das Unternehmen Ihre Arbeit ja wirklich schätzen.«

Seine Brust schwoll ein klein wenig an. »Ich habe immer mein Bestes gegeben.«

Sook-Yin ließ ihre Finger über den Schreibtisch wandern. »Mr Lee hatte von einer Stelle im Kundenservice gesprochen. Wäre das möglich?« Sie hatte bereits gesehen, welche Art Frauen dort arbeiteten: attraktive Trimm-dich-Püppchen mit gepuderten Gesichtern und blassrosa Lippen. Sie hätte sich nie träumen lassen, zu ihnen zu gehören oder auch nur im Vorbeigehen mit ihnen zu sprechen. Nun aber hielt sie seinem Blick stand und forderte ihn heraus, ihr zu widersprechen. Mr Lau nickte.

»Ich bin mir sicher, dass wir Verwendung für Sie finden. Wenn Sie sich morgen vorstellen können, werde ich Miss Huang sofort für Ihre Ausbildung abstellen.«

Die Sonne war eine Münze, die über die Stadt herabsank, während sie auf dem Rückweg zur U-Bahn-Station war. Sook-Yin verweilte einen Moment und genoss die Wärme auf ihrer Haut, das Gefühl der sie umgebenden Menge. Niemand beachtete sie groß, niemand hielt an, um sie zu beschimpfen oder sie verächtlich anzusehen. Sie stellte sich bei einem nahe gelegenen Nudelstand hinter den Männern und Frauen in Lohn und Brot an; bestellte eine Schüssel Ramen und wies den Mann an, extra Brühe und extra Chillies dazuzugeben. Zum ersten Mal hatte sie das Gefühl, es verdient zu haben.

Als sie an jenem Abend in die Wohnung zurückkam, waren Julian und die Kinder nirgends zu finden. Stattdessen saß Chor-Kit mit ihrer Mutter auf dem Sofa und durchwühlte eine Schale Sonnenblumenkerne. »Wo sind alle hin?«, fragte sie.

Ah-Ma zeigte auf den leeren Sessel. »Ich habe sie einkaufen geschickt. Wir müssen reden, ah-Yin.«

»Okay.«

Chor-Kit schüttelte das Salz von seinen Händen. »Ich hatte heute Morgen ein interessantes Telefonat mit Eltern der Sommerschule. Es scheint, als hätte dein Mann seinen Job verloren.«

»Stimmt das?«, fragte ihre Mutter.

Sook-Yin setzte sich. »Leider stimmt das, ja. Julian war auf Probe angestellt, während sie auf seine Referenzen warteten, aber als die dann kamen, waren sie nicht so wie erwartet.« Sie funkelte ihren Bruder an. »Wenn man allerdings bedenkt, dass ah-Chor sie ja zuerst gesehen hat, ist es ein bisschen komisch, dass er uns das nicht gesagt hat. Wir hätten das Problem sicher leicht lösen können.«

Ah-Chor kratzte an einem Fleck auf seiner Hose. »Das ist geschickt formuliert«, sagte er. »Ich habe ihn in gutem Glauben empfohlen. Es dürfte kaum mein Fehler sein, dass er sich blamiert hat, mal ganz abgesehen vom Schaden, den das für meinen Ruf bedeutet. Wie dem auch sei, was geschehen ist, ist geschehen …«

»Wenn das doch alles wäre …«

»Wovon redest du?«

»Ich spreche von diesem Einbruch in der Schule. Julian ist seitdem angeschlagen.« Sook-Yin zeigte auf ihre Schläfe. »Er hat schreckliche Schmerzen. Genau hier. Keiner von uns will, dass es dazu kommt, aber wenn Schadensersatz fällig wird, müssen wir das natürlich den betreffenden Behörden melden. Die können dann über die Umstände an seinem Arbeitsplatz urteilen.«

Ah-Chor hustete einen Kern aus. »Das ist natürlich tragisch, keine Frage, aber willst du wirklich, dass die Schule darunter leidet? Diese Untersuchungen brauchen immer ewig, und ihr seid bis dahin längst wieder in London.«

Sook-Yin hob ihre Augenbrauen. »Oh, wir werden nicht weggehen«, sagte sie. Er wirbelte seinen Kopf so heftig herum, dass es ein Wunder war, dass er sich nicht das Genick dabei brach. »Ich habe heute Nachmittag einen Job für mich gefunden und werde mehr als genug beitragen können, bis Julian sich erholt hat. Ich werde bei der Dah Sing Bank in der Stadt arbeiten.«

Ah-Ma klatschte in die Hände. »*Wah*, ah-Yin!«, sagte sie. »Wunderbare Nachrichten.«

»Und weißt du, was, ein riesiger Zufall! Hei-Fong ist dort Manager.«

»Das heißt, dass du doch in Kowloon bleiben kannst?«

»Ja. Ich werde mich um dich kümmern.« Sook-Yin drehte sich um und lächelte ihren Bruder an. »Diesen Fehler mache ich nicht noch einmal.«

Sie wartete, bis die Kinder schliefen, bevor sie Julian die Neuigkeiten erzählte. »Mein Bruder wird dich in Ruhe lassen. Er denkt, Schule wird alles erfahren … über die Referenzen.« Sie kicherte und äffte sein Röcheln nach. »Habe ihm viel Angst eingejagt.«

Julian lag unter der Decke, seine Augen flackerten unter seinen geschlossenen Lidern.

»Freust du nicht?«, fragte sie.

»Du hast mich sehr schwach dastehen lassen«, murmelte er. »Ich bin sehr wohl in der Lage, meine eigenen Kämpfe auszufechten.«

Sook-Yin tupfte ein bisschen Lotion auf ihre Fingerspitzen und rieb sie mit mürrischen und energischen Bewegungen in ihre Haut. »Kampf ist vorbei«, sagte sie. »Ich habe dich gewarnt, meinem Bruder nicht zu vertrauen. Aber du bist immer in seine Falle getappt.« Wie oft hatte sie ihm gesagt, dass eine solch fette Gans nicht auf der Straße lag? Sie warf die Flasche auf den Tisch. Morgen würde sie mit ihrer Ausbildung beginnen, und sie wollte nicht zulassen, dass er ihre Freude verdarb.

»Und ich kümmere mich um die Kinder?«, fragte er. »Während du da deinen *Job* machst?«

»Erstens, ist ordentlicher Job. Zweitens, wir finden bald eine Schule.«

»Wenn beide doch die Sprache nicht sprechen?«

»Es gibt in Kowloon eine englischsprachige Schule. Außerdem werden sie es mit der Zeit lernen.« Ihre Hand hielt auf dem Weg zur Lampe inne. »Geht es dir wirklich um Kinder?«, fragte sie. »Oder stört dich, dass ich mit Hei-Fong Lee arbeite?«

»Nun, da du es erwähnst, ja, das macht mich nicht glücklich.«

»Ist das der Grund, weshalb du mir nicht gesagt hast, dass er deine Schulden bezahlt hat? Mich glauben hast lassen, er sei der Böse?« Julians Hals schwoll zu einem Klumpen. »Ja. Ich weiß Bescheid«, sagte sie. Sie machte das Licht aus und ließ sich zurück ins Dunkel sinken. »Du willst Geld. Hier haben wir Geld. Und jetzt schlafe ich.«

DREIUNDFÜNFZIG

Lily
Hongkong, 1997

41. Tag der Trauer

Mein Zimmer sah verändert aus, als ich aufwachte. Das Neue daran war verschwunden, und alles, was ich noch sah, war seine Künstlichkeit, seine kalkulierte Gemachtheit. Ich wollte die seidenen Laken auftrennen, die kristallenen Leuchter zerreiben und auf das reduzieren, was sie waren: nichts als Pflanzen und Mineralien und der Schweiß der Hände derer, die sie gewebt und geformt hatten.

Als ich gestern mit der Fähre zurückfuhr und die kleiner werdenden Umrisse der *Britannia* hinter mir ließ, hatte ich ein seltsames Stechen verspürt; ich und Britannien, wir verbrannten beide die Brücken zu einem Ort, der sich für eine kurze Zeit so angefühlt hatte, als würde er zu uns gehören.

Ich spürte keinerlei Bedauern über Onkel Chor, nur dass ich nun mit einer Vermutung zurückblieb, die durch die Wut seines letzten Schlages verstärkt worden war. Hätte er mir Mummas ganze Geschichte erzählt? Das bezweifelte ich. Sosehr der Tod der Zaubertrick der Geschichte war, die Wahrheit würde doch immer Opfer bleiben. Wir vergaßen, wir übertrieben, wir gingen auseinander. Alles, was ich wusste, war, dass es hier Geheimnisse gab, unaufgelösten Hass. Und dass das alles vor langer Zeit begonnen hatte.

Die endgültige Zurücksetzung erreichte mich an jenem Morgen beim Frühstück, als ich von dem Mann am Empfang herbeigewunken wurde. »Es ist sehr bedauerlich, dass Sie gehen«, sagte er. »Ich wollte Sie nur wissen lassen, dass die Familie Lee sich um Ihre Rechnung kümmern wird.«

Mein Magen zog sich zusammen. Ich war die letzten Wochen über so abgelenkt gewesen, dass ich vergessen hatte, noch mal zum Konsulat zu gehen. Zum Glück hatte ich meine Bankkarte. So konnte ich zumindest für die Notfall-Dokumente und eine andere Unterkunft zahlen, wenn es sein musste. Dennoch war das eine deutliche Botschaft. Ich hatte die Gastfreundschaft der Familie überstrapaziert.

Ich stützte mich auf dem Empfangstresen ab. »Und das hat *Mr* Lee selbst so arrangiert?«

»Ein Vertreter der Familie.«

Felicia Yuen. So musste es sein. Ich versteckte meinen Verdruss hinter einem falschen Lächeln. »Die Zeit ist so schnell verflogen. Könnten Sie mir noch mal in Erinnerung rufen, an welchem Tag ich auschecke?«

Er ließ seine Finger über die Tastatur seines Computers tanzen. »Sonntag, sechster Juli … Ah, und heute Morgen ist Post für Sie angekommen.« Er zog einen Umschlag aus einem der Fächer und schob ihn mir zu. »Wir hoffen, dass Sie den Rest Ihres Aufenthaltes bei uns genießen.«

Ich nahm den Umschlag mit zu einem der Sofas, überrascht, einen Poststempel zu sehen, der das Siegel der Botschaft trug. Woher wussten die, wo ich war? Ich riss ihn auf.

Im Inneren fanden sich Reiseunterlagen, die meine Rückkehr nach London skizzierten: ein genehmigter Flug zwischen Kai Tak und Heathrow, mein Pass wurde als *Verloren gegangen* aufgeführt. Ich las das Begleitschreiben. Alle Gebühren waren bezahlt worden, was hieß, dass ich an dem betreffenden Tag nur auftauchen musste.

Sonntag, 6. Juli.

Mein Appetit war vergessen, ich lief zur Promenade. Fuck. Warum hatte ich die Botschaft nicht angerufen und eine Rückreise nach meinen Vorstellungen veranlasst? Es ging nicht so sehr darum, dass ich den Sechsten nicht vielleicht auch selbst gewählt hätte, eher um die Tatsache, dass ich sang- und klanglos *zurückgeschickt* wurde, so wie damals, als wir Kinder waren. Die Geschichte wiederholte sich. Und was hatte ich vorzuweisen? Ein kitschiges Souvenir für Babs, das von ihr erzwungene Versprechen, Geheimhaltung zu wahren. Das war es, worin mein Leben immer wieder gipfelte: Gefühle, die ich nie zum Ausdruck bringen konnte, Dinge, die ich vor anderen verbarg. Ich hatte den Teufelskreis mitnichten aufgebrochen. Ich stellte mir vor, was Maya über meine gescheiterte Expedition sagen würde, wenn es je herauskommen sollte. *Was zum Henker hast du denn gedacht, das du da finden würdest, was ich dir nicht eh schon erzählt habe? Was hast du zu deiner Verteidigung zu sagen?* Und ich würde antworten, was ich immer geantwortet hatte.

Nichts.

Ich saß über eine Stunde lang dort, faltete den Brief zusammen, faltete ihn wieder auf, bevor ich mich schließlich erhob und zurück ins Hotel ging. Als ich den Aufzug verließ, sah ich ein Paket vor meinem Zimmer liegen. Es war klein und sehr sorgfältig verpackt, aber es gab keinerlei Hinweis auf einen Poststempel. *Miss Lily Miller*, stand dort, *c/o Peninsula Hotel*. Das Papier hatte einen bekannten Duft – Balsam und Tigerbalm –, wie die Luft in Mrs Tams Wohnung.

Ich öffnete es auf dem Bett. Darin war eine kleine Schachtel, in dem die Halskette lag, die ich an jenem Tag bei der Frau in der Lobby gesehen hatte: der goldene Vogel vor blauem Achat. Ich zog sie heraus und starrte sie an. Sie war noch schöner als in meiner Erinnerung, doch weshalb nur hatte sie mir die Kette geschenkt? Ich untersuchte die Verpackung und fand eine Karte mit einer einzigen Zeile darauf: *Beweis es dir selbst.*

Ich legte sie zur Seite und rief die Rezeption an, doch dort hatte man keine Ahnung, wer sie hinterlassen hatte. Wollte sie, dass das Geschenk ein Geheimnis blieb, und was würde ihre Familie sagen, wenn sie das herausfand? Sie musste ein Vermögen wert sein.

Beweis es dir selbst.

Vielleicht konnte ich das noch.

Ich sah auf die Datumsanzeige auf der Nachttischuhr und las dann den Brief der Botschaft erneut. Sonntag, 6. Juli. Der 50. Tag der Trauer. Acht Tage noch, um die Wahrheit herauszufinden.

VIERUNDFÜNFZIG

Sook-Yin
Hongkong, September 1977

Ohne ihre Erfahrungen im Krankenhaus hätte Sook-Yin die erste Woche wohl nicht überstanden. Miss Huang war zweifellos respekteinflößend und hatte sich daher verschiedene Spitznamen verdient, die man sich in der Bank zuflüsterte. Sie war nicht nur ein »Drachen«, sondern auch eine »Hexe«, ein »Dämon«, man war vor ihr »so sicher wie eine Gans vor einem Leoparden«. Dass Sook-Yin noch kein einziges Mal in Tränen ausgebrochen war oder sich in der Firmentoilette versteckt hatte, bedeutete also durchaus etwas.

Im Gegensatz zu ihren Tagen als Schwester jedoch fielen ihr die rigorosen Regelungen der Bank leicht: die Namen der unterschiedlichen Kreditmanager; die Zeiten, in denen die Bank besonders still und daher besonders aufgeschlossen für bestimmte Anfragen war; der feine Unterschied zwischen Freundlichkeit und Flirten. Die Richtigkeit ihrer Anstellung schien sich zunehmend zu bestätigen, als am Ende der dritten Woche ein stetiger Strom von Kunden dazu überging, die anderen, hübscheren Angestellten zu ignorieren, um zu ihr zu kommen.

Ihr wachsender Stolz über das Erreichte wurde dennoch durch eine gewisse Traurigkeit gedämpft, die der unvermeidbare Vergleich zu ihrem Leben im Schwesternheim mit sich brachte und zu einem erneuten Bedauern über Peggy führte. Ihre Feigheit hatte ihre schöne Freundschaft zerstört; Sook-Yins Unwillen, der Wahrheit ins Auge zu sehen oder sich den Konsequenzen ihrer Entscheidungen zu stellen, alles das war nichts anderes gewesen als sturer Stolz. Oberschwester Connolly hatte recht gehabt. *Es ist also offensichtlich alles in Ordnung mit Ihrem Kopf, Miss Chen. So wie ich das sehe, liegt es lediglich an Ihrer Prüfungsangst.*

Sie entschied sich, Peggy zu kontaktieren, das Band zwischen ihnen zu reparieren, wenn sie ihr verzeihen würde. Sie würde sie um Rat fragen. Mutiger sein.

Als sie am Freitag ihren Schalter aufräumte, nahm Miss Huang sie zur Seite. »Waren Sie das, die die Broschüren in den Empfangsbereich gelegt hat?«

Ihr schriller Tonfall ließ Sook-Yin erröten. »Ja. Habe ich etwas falsch gemacht?«

»Darf ich fragen, wer das genehmigt hat?«

»Niemand«, sagte sie. »Ich war in Gedanken bei Pfirsich und Pudding.«

Die anderen Angestellten sahen von ihren Schaltern auf, ihr Gesichtsausdruck zeigte eine Mischung aus Neugier und Mitleid. »Manchmal«, fuhr Sook-Yin fort, »wissen die Menschen nicht, was sie wollen, bis es direkt unter ihrer Nase ist. Sie kommen her, um Geld auf ihr Konto einzuzahlen, aber wenn sie die Broschüre mit den Kreditangeboten sehen, fällt ihnen vielleicht eine weitere Gelegenheit ein, besonders hier im Einkaufsbezirk. Auch wenn es vielleicht nicht richtig ist, das zu sagen, aber manche Menschen glauben, sie können sich ihre Träume kaufen.«

Miss Huang verschränkte ihre Arme, ihr Gesicht blieb ausdruckslos. »Sie können zurück an Ihren Platz, Miss Chen.«

Sook-Yin grübelte über das Gespräch nach und wurde zunehmend nervöser, je länger der Tag dauerte und die anderen Angestellten sie mieden. Es war schon fast Feierabend, und sie freute sich darauf, nach Hause zu gehen, als Miss Huang sie erneut ansprach. »Mr Lee hat darum gebeten, Sie zu sehen. Bitte gehen Sie sofort in den fünften Stock.«

»Mr Lee?«, wiederholte sie mit leiser Stimme.

»Lassen Sie ihn nicht warten, Miss Chen.«

Sie mied den Aufzug und ging die Treppe hinauf, wobei sie betete, dass die Rötung ihrer Wangen verschwunden war, bevor sie ankam. Hei-Fong saß hinter seinem Schreibtisch. »Ah, Miss Chen, auf ein Wort, bitte«, sagte er. Sein Gesicht sah furchtbar ernst aus, und als sie die Tür schließen wollte, konnte sie kaum verhindern, dass ihre Beine zitterten.

»Ich habe gehört, Sie haben für einigen Wirbel gesorgt. Miss Huang konnte es kaum erwarten, mir davon zu berichten.«

Sie hielt ihren Blick auf den Boden gerichtet. »Das dachte ich mir«, sagte sie.

»Drei neue Kredite heute Morgen, und nun hat sie ganz schön viel zu tun.«

Sook-Yin sah mit einem Mal auf und merkte, dass er sie angrinste. »Drei?«

»Ziemlich große sogar.«

Sie ließ ihre Hand auf dem Stuhl, um sich selbst zu stützen. »Du hast mich nicht hergerufen, um mich rauszuwerfen?«

»Rauswerfen? Ich will dich küssen.« Sie wusste nicht, wer von ihnen beiden mehr errötete. Hei-Fong ordnete die Stifte auf seinem Tisch. »Wie dem auch sei, da du jetzt so erfolgreich bist, darf ich annehmen, dass mir verziehen ist?« Er neigte seinen Kopf, als sie schwieg. »Ich sehe, du musst noch darüber nachdenken. Wie wäre es, wenn du das bei einem Kaffee tust? Ich vermisse unsere Gespräche wirklich.«

Sook-Yin drückte ihre Finger zusammen. Wenn sie ehrlich war, hatte sie ihn auch vermisst – sein Lachen, den Klang seiner Stimme. Und jetzt, wie schon damals, als sie Kinder waren, hatten sie etwas gemeinsam, worüber sie reden konnten, besonders da Julian keinerlei Interesse an ihrer Arbeit hatte. »Ich nehme an, das wäre okay … Ich bin fast fertig für heute Abend.«

Er zögerte. »Ich dachte eher am Wochenende. Es sieht vielleicht etwas seltsam aus, wenn wir zusammen gehen.«

Sook-Yin lief rot an. »Ja, das war dumm von mir. Ich habe nicht nachgedacht …«

»Nur wegen …«

»Geschäft ist Geschäft«, sagte sie. Sie wippte auf ihren Fußballen. »Gibt es noch etwas, das Sie mit mir besprechen wollten?«

»Nur dass Miss Huang sehr beeindruckt von Ihnen ist. Und das will was heißen.«

Er senkte seine Stimme. »Ich rufe dich definitiv dieses Wochenende an.«

»Wie Sie wünschen«, sagte sie, drehte sich um und verließ das Büro.

Doch Hei-Fong rief an diesem Wochenende nicht an, auch an den folgenden Wochenenden nicht. Zu den seltenen Gelegenheiten, da sie sich in der Bank begegneten, war sie hin- und hergerissen zwischen Hinschauen und dem Versuch, ihm auszuweichen, da sie nicht wollte, dass er ihre Enttäuschung sah, und auch wenn sie ursprünglich willens war einzuräumen, dass sie wieder auf Augenhöhe waren, wurde ihr doch klar, dass das nicht stimmte. Stattdessen hatte sie, wie immer in ihrem Leben, zugelassen, dass ein Mann das Sagen hatte.

Auch die Situation mit Julian half der Sache nicht. Ihre neue Position als Versorgerin der Familie vergrößerte die Distanz zwischen ihnen, und er entwickelte einen stolzen Trotz, bis mittags zu schlafen und ihr sein unrasiertes Gesicht zu zeigen, sie seinen strengen Geruch einatmen zu lassen. Die Geschichte mit ah-Chor hatte jeden Kampfgeist in ihm erlöschen lassen. Sie erinnerte sich daran, dass die Briefe, die er von den Eltern seiner Schüler bekommen hatte, eines Tages im Küchenmülleimer lagen, zerrissen und unter dem nassen Abfall; ihr Herz brach, als sie versuchte, sie zu retten. Doch wie sehr sie auch mitfühlend blieb, ihre Geduld mit ihm ließ nach. Er musste besser sein. Er musste lernen, wie man kämpft.

In der Zwischenzeit verwilderten die Kinder in ihrer Langeweile, und ah-Ma kam aus der Fabrik und fand sie allein auf der Straße vor, wie sie zerquetschte Früchte von der Straße klaubten oder ihre Gesichter gegen die Scheibe der Bäckerei drückten. »Die bekommen schon einen schlechten Ruf«, sagte sie, als Sook-Yin eines Abends nach Hause kam. »Ich hasse es, zwischen einen Mann und seine Frau zu treten, aber es gibt durchaus etwas, das ich dazu denke.«

»Ist Julian unhöflich dir gegenüber? Habt ihr euch gestritten?«

»Wenn er mit mir reden würde, hätten wir das womöglich. Und um ehrlich zu sein, wäre mir das lieber. Stattdessen läuft er den ganzen Tag wie ein Geist herum. Es ist gruselig, ah-Yin. Außerdem bin ich eine ältere Frau. Es macht keinen guten Eindruck, wenn ich mit deinem Ehemann allein bin. Es wäre besser, er würde einen Job finden.«

»Wer kümmert sich dann um die Kinder?«

»Da ich in der Fabrik nicht mehr so oft gebraucht werde, übernehme ich das gern. Aber wann meldest du sie in der Schule an?«

Sook-Yin knibbelte an ihren Nägeln. Da sie sich ganz auf die Arbeit konzentriert hatte, war ihr das völlig entfallen, und nun stand das neue Schuljahr vor der Tür.

»Hast du deine Meinung geändert und willst doch nicht bleiben?«

Sie schüttelte den Kopf. »Nein. Ich bleibe«, sagte sie. »Ich werde mit Julian darüber reden.«

Wie immer war er wenig hilfsbereit. »Was du nicht zu begreifen scheinst«, sagte er, »ist, wie verheerend das für die Kinder ist. Du kannst sie nicht mit nichts anderem als guter Hoffnung von einer in eine andere Kultur stecken. Das ist nicht fair, Sook-Yin. Sie kennen doch nur das Leben in England.«

»Und was ist mit mir?«, fragte sie.

»*Was ist mit mir?*«, äffte er sie nach. »Dieses ganze Unterfangen dreht sich *ausschließlich* um dich.«

»Das meine ich nicht«, entgegnete sie. »Ich bin allein nach England. Ich musste lernen, mich anzupassen.«

»Aber Maya will sich nicht anpassen.«

»Du denkst immer nur an Maya.«

»Sie hat Heimweh. Sie will nach Hause.«

»Was soll ich also tun?«

»Du musst dich entscheiden, Sook-Yin.« Er warf sich aufs Bett und blätterte ziellos durch sein Buch. »Zu welcher Familie willst du gehören?«

FÜNFUNDFÜNFZIG

Lily
Hongkong, 1997

42. Tag der Trauer

Es ist wirklich verblüffend, was Schuldgefühle mit einem Menschen machen können. In Anbetracht der Geschehnisse der letzten Woche war ich mir nicht mehr sicher, auf wen sich Mayas Worte bezogen. Meine gesamte Zeit in Hongkong war so gewesen – eine Neubetrachtung dessen, was ich als Fakten angenommen hatte, eine Neuschreibung der Geschichte meiner Vergangenheit, aber wie bei Reggies Puzzle fehlten noch immer wichtige Teile.

Keine Geheimnisse mehr.

Ich nahm den Hörer in die Hand und wählte die Nummer.

»Maya Cochranes Büro?«

Ich hielt inne. Es war nicht typisch für sie, dass sie selbst ans Telefon ging. Vielleicht hatte sie diese Tussi am Empfang gefeuert.

»Hey. Hier ist Lily«, sagte ich.

»Ich werd verrückt, ganze zwölf Tage?« Der Klang ihres Lachens war wie Sonnenschein, und in dem Augenblick wollte ich die Zeit anhalten und in seiner Wärme baden. »Du hast es ja länger mit den Nonnen ausgehalten, als ich dachte.«

Mist. Das hatte ich ganz vergessen.

»Hast du einen Tunnel gegraben, oder bist über den Zaun geflohen? Übrigens ist deine Fensterpflanze gestorben. Tut mir leid, ich glaube, ich habe ihr zu viel Wasser gegeben. Und sag das nicht meinem Ego, aber ich habe dich wirklich vermisst …«

Ich verdrängte den Klang ihrer Freude, stellte mir vor, wie ich in einen Swimmingpool sprang und sich das Wasser wie eine Schockwelle über meinem Kopf schloss. *Du musst es ihr sagen. Jetzt.* »Mays … Sei nicht böse, aber ich habe dich angelogen. In Wirklichkeit bin ich in Hongkong. Ich bin hergekommen. Und muss mit dir sprechen.«

Ich hörte die wortlose Veränderung ihrer Atmung. Dieses schreckliche Tremolo.

Danach brach alles wie ein Sturzbach aus mir heraus, angefangen beim Diebstahl in Chungking Mansions bis zu den unterschwelligen Aggressionen von Hei-Fong Lees Familie. Während schon das vollkommene Fehlen von Unterbrechungen beunruhigend war, schien die stille Leere danach fast noch schlimmer. »Maya?«, sagte ich. »Bist du noch da?«

»Du hast mir versprochen … Wir hatten eine Vereinbarung. Ich habe dir *gesagt*, dass ich dir das Geld gebe.«

»Es geht nicht ums Geld«, sagte ich. »Ich musste wissen, warum es uns hinterlassen wurde. Ich wollte mehr über Mumma erfahren. Aber Onkel Chor war einfach vollkommen seltsam, als gäbe es eine große Verschwörung oder so. Zunächst habe ich gedacht, dass es an den unterschiedlichen Kulturen lag, Mums Heirat mit Dad und alles das, aber das ist definitiv nicht die ganze Geschichte.«

»Onkel Chor?« Ihre Stimme war gedrückt. »Warum zur Hölle hast du ihn um irgendwas gebeten?«

»Ich weiß, aber du musst mir zuhören.« Ich blickte hinüber zu dem Tisch mit den Papieren und Fotos, die mich immer noch mit ihren gewellten Ecken verurteilend anstarrten. »Je mehr ich in die Vergangenheit blicke, desto mehr Dinge gibt es, die auf Dad zurückzugehen scheinen.«

»Was zur Hölle willst du damit sagen, Lily?«

»Er hat hinsichtlich der Briefe gelogen, Maya. Unsere Großmutter *hat* versucht, uns zu schreiben, aber er hat alles zurückgeschickt. Sie ist gestorben und wusste nie, was aus uns geworden ist.«

»Keine Ahnung, wovon du da sprichst.«

»Ich habe einen der Briefe hier bei mir! Da steht unsere Adresse in Brixton drauf.«

»Dann wird er seine Gründe gehabt haben«, sagte sie, bevor sie selbstbewusster hinzufügte, »er war bestimmt verletzt, weil sie uns fortgeschickt hatten.«

Ihr Zaudern war unerwartet, aber nicht überraschend. Wir hatten unser ganzes Leben auf diesem Psycho-Floß verbracht, immer versucht, alles neu auszurichten, in ein Gleichgewicht zurückzufinden, während um uns herum das Holz zersplitterte. »Ja, das verstehe ich, aber dennoch … Was, wenn Dad die Verbindung zu den Lees ist? Ich glaube, irgendwas ist zwischen ihnen vorgefallen, etwas Seltsames in Hei-Fong Lees Vergangenheit, und das ist der Grund, weshalb er uns das Geld hinterlassen hat. Denk doch noch mal nach, Maya. Gibt es *irgendwas*, woran du dich erinnern kannst?«

»Ernsthaft, Lily, du klingst vollkommen durchgeknallt. Und glaubst du nicht, ich hätte es dir nicht schon erzählt, wenn ich was wüsste?«

»So wie du mir von Dads Erbe erzählt hast?« Sie machte ein kleines Geräusch in den Tiefen ihres Halses. »Ich weiß, dass er am Ende vollkommen pleite war, Mays. Ed hat mir erzählt, dass es euer Geld war.«

»Verdammte Scheiße, wie bitte …?«

»Wirklich, lass gut sein! Das ist okay. Ich bin sogar froh, dass er es mir erzählt hat, sonst wäre ich gar nicht hergekommen. Aber mir fehlt immer noch etwas, das länger her sein muss. Warum diese Eile, uns nach London zurückzubringen?«

»Das haben wir doch schon x-mal besprochen. Du weißt, warum! Weil Dad wegen eines Notfalls nach Hause gegangen war und sie sich nicht um zwei Kinder kümmern wollten. *Sie* waren diejenigen, die falsch gehandelt haben, und was du da andeutest, ist verletzend. Nach all den Dingen, die Dad getan hat …«

»Für mich, meinst du?«

»Für uns beide.«

»Es war nicht Mums Schuld, dass sie gestorben ist!«

»Nein. Das weiß ich. Aber sie ist gestorben. Und ganz gleich, wie schockiert sie auch waren, ihre Familie hat sich scheußlich verhalten.«

Ich seufzte. »Warum hast du mir dann nicht gesagt, dass Dad nichts hinterlassen hat? Warum gibst du mir ständig neues Geld?«

»Weil wir alles sind, was wir haben!«

»Für dich nicht …«

»Der verfickte Ed?«, sagte sie.

»Nein. Nicht Ed. Einfach … Leben. Die Anerkennung anderer. Und hierherzukommen hat mich verändert, Maya. Das ist nämlich noch etwas, wo du falschlagst. Es gibt *wirklich* Dinge, an die ich mich erinnere, Dinge, die immer ein Teil von mir gewesen sind.«

»Ganze zwölf Tage, und du hast dich selbst *gefunden?*« Sie lachte fast. »Und die 20 Jahre davor bedeuten nichts?«

»Wie bitte? Natürlich bedeuten sie was! Ich liebe dich! Wovor hast du denn solche Angst?«

»Nichts! Es scheint bloß seltsam. Du hast dich nie zuvor dafür interessiert.«

Ich konnte gar nicht mehr überblicken, was ich darauf alles hätte sagen wollen: *Wir müssen nach vorne schauen. Du bittest ja geradezu darum, dass man dich haut! Chinese, Chinese, alles ist aus Käse. Schlitzauge, Adlerauge!* Aber nicht jetzt. Das war nicht der richtige Zeitpunkt.

»Lils, du warst kaum fünf Jahre alt. Was immer du glaubst, woran du dich erinnerst, es ist inzwischen anders. Denk an all die Zeit, die du im Krankenhaus gewesen bist …«

»Warum musst du alles darauf zurückführen? Als wäre alles, was ich glaube, darin verankert, dass ich verrückt bin oder gefährlich oder was weiß ich?«

»Fick dich, Lily, das mache ich doch gar nicht.«

»Doch, tust du!«, sagte ich. »Aber mir geht es jetzt besser, Maya. Wirklich.« Ich schämte mich für das Zittern in meiner Stimme. Ich ärgerte mich über die Tatsache, dass Maya es hörte. So wie sie es immer gehört hatte.

»Hör auf damit, bitte«, sagte sie. »Meine Hormone spielen derzeit völlig verrückt, und jetzt regst du mich auch noch auf.«

»Es ist okay«, sagte ich. »Ich bin okay.«

»Ich möchte, dass du mir zuhörst, Lily. Du wirst immer die Person sein, die du bist. Du wirst immer witzig und schräg und seltsam sein, und das ist nichts, wofür du dich schämen musst. Und Dad hat das auch verstanden, okay? Er wusste, wie es war, durch die Hölle zu gehen. Alles, was er je wollte, war, dass es dir gut geht.«

»Das weiß ich.«

»Dann hör auf, dich selbst zu bestrafen. Es gibt noch so viel, auf das wir uns freuen können. Versprich mir, dass du es dabei belassen wirst.«

»Okay.«

»Ich meine es ernst.«

»Ich sagte doch, okay.«

Ich vernahm ein Geräusch, das klang, als würden Seiten umgeblättert, hörte das erleichternde Kratzen ihres Stiftes, was andeutete, dass sie tat, worin sie am besten war. »Also hast du deine Karte jetzt wieder?«

»Ja, sie ist ins Hotel geliefert worden.«

»Und wo bist du jetzt untergebracht?«

»Es heißt The Peninsula. In Kowloon.«

»Himmel, Lily«, sagte sie. »Das kostet etwa 'ne Million pro Nacht!«

»Die Familie Lee sagte, dass sie sich darum kümmern wird.«

Sie atmete verzweifelt aus. »Okay. Ich zahle die Rechnung, wenn ich ankomme. Und sag ihnen, dass du das Geld nicht annehmen wirst. Du hast noch nichts unterschrieben, oder?«

»Nein … Aber warte mal. Was meinst du damit, wenn du ankommst?«

»Nun, ich werde dich natürlich abholen.«

»Nein, Mays. Das musst du nicht … besonders nicht in deinen Umständen.«

»Meine Beine sind nicht schwanger, du Dummkopf. Außerdem ist es ein guter Vorwand, dass wir mal zusammen Zeit verbringen. Das würde dir doch gefallen, oder nicht?«

Mein Herz pochte. Ich musste rasch nachdenken. »Um ehrlich zu sein, würde ich lieber heimkommen. Außerdem habe ich meinen Pass nicht, schon vergessen? Ich muss den Flug der Botschaft nehmen.« Sie blätterte weiter durch ihren Terminplaner. »Maya? Ich werde *definitiv* zurückkommen. Ich bin am Sechsten so was von an Bord.«

Sie grummelte. »Und du versprichst mir, dass du dann direkt zu mir kommst? Ich werde dich am Flughafen abholen.«

»Fein.«

Ich hörte, wie die Tür im Büro aufging und anschließend einen scharfen Wortwechsel mit Ed. Fuck. Er war echt am Arsch. »Du hast zu tun«, sagte ich. »Ehrlich, es ist alles okay. Ich rufe dich an, bevor ich in den Flieger steige.«

»Ich warte auf dich, Lils. Ehrlich, das meine ich so.«

Nach dem Auflegen war ich wirklich erschöpft. Das ist die Sache mit Familien. Mit Schwestern. Die Dinge, die man einfach akzeptieren muss. Dass man neben all dem Guten, dem Lachen, dem gemeinsamen Schweigen, dem Teilen persönlicher Erfahrungen – eben auch weiß, wenn etwas nicht okay ist.

SECHSUNDFÜNFZIG

Sook-Yin
Hongkong, September 1977

Während Sook-Yin kurz davor war, aufzugeben, vollzog sich im Haushalt eine seltsame Veränderung. Es begann gleich zu Beginn der nächsten Woche, als sie nach ihrer Rückkehr von der Arbeit Julian mit ihrer Mutter lachend und zu Elvis Presley tanzend im Wohnzimmer vorfand. Julian sang mit, seine Stimme amelodisch und unbefangen, und als sie so allein am Rand stand, spürte sie wieder diese kindliche Panik, dass sie etwas Wärmendes, Liebevolles und Geheimes verpasste. Die Mädchen trugen neue Kleider – und was war nur mit Mayas Haar passiert? Normalerweise hing es kerzengerade herab, das Einzige, was sie von Sook-Yin geerbt hatte; nun aber war es ein Wirrwarr aus eigenwilligen Locken, das sie erschreckend älter wirken ließ.

Sie ging hinüber und schaltete die Kassette aus. »Seid ihr alle verrückt geworden?«, fragte sie. »Ich konnte euch von der Hing Wah Road aus hören!«

Ah-Ma ließ Julians Hände los, ihr teils beschämter, teils mürrischer Blick glich dem eines Kindes, das während der Arbeit in den Reisfeldern beim Schlafen erwischt worden war. »Es war nur ein kleiner Spaß«, sagte sie. »Zur Feier der guten Nachricht deines Mannes. Die Schule hat ihm seine Entschädigung gezahlt.«

»Die Schule?«, fragte Sook-Yin.

Julian lächelte. »Das Geld ist heute Morgen eingegangen.«

Ah-Chor hatte also eingelenkt. Trotz ihrer Überraschung konnte sie nicht anders, als selbst ein wenig zu lächeln, nicht dass sie feixen oder sich auf sein Niveau hätte herablassen wollen. Es war schlimm genug, dass beide es wussten. »Das Wichtigste zuerst«, sagte sie. »Die Kinder müssen in die Schule, und dann suchen wir Lehrerjob für dich. Richtige Referenzen aus London.«

Sein Lächeln verschwand. »Schon gut. Aber lass mich zumindest heute Abend träumen.«

Die nun folgenden Tage kamen und gingen, und auch wenn er noch keine neue Stelle gefunden hatte, beobachtete Sook-Yin doch eine klare Veränderung bei Julian. Statt bis mittags zu schlafen, stand er auf, wenn sie es tat. Er rasierte sich und schnitt sich die Haare, und wenn Sook-Yin abends nach Hause kam, drang der Duft der Wäsche vom Balkon bis zu ihr herunter, die Kleider der Kinder hingen wie leuchtende Abbitten an der Wäscheleine. Fast immer war das Abendessen für sie bereitet. Selbst ah-Mas Stimmung war verändert, und sie kam heim und vernahm ihr Geplapper, gebrochen, aber irgendwie auch melodiös, wie zwei unterschiedliche Vogelarten, die dennoch gelernt hatten, miteinander zu kommunizieren. Sook-Yin spürte einen neuen Stolz auf ihn. Zumindest begann er zu lernen, wie man kämpft.

Am folgenden Wochenende nahm er die Mädchen mit nach Lai Chi Kok, dem Vergnügungspark in der Bucht, und sie freute sich auf einen Tag Entspannung. Sie entschied sich, ihre Haare machen zu lassen. Vielleicht später auch noch ihre Fingernägel.

Sie war gerade dabei, sich zum Ausgehen vorzubereiten, als das Telefon klingelte. »Bist du es, ah-Yin? Ich bin's, Jin. Hei-Fong hat mir gesagt, dass du nun bei der Bank arbeitest. Er meint, du seist geradezu ein Naturtalent.«

Sook-Yin umgriff den Rand des Hörers. Hatte er ihr auch erzählt, dass sie seit Wochen nicht miteinander gesprochen hatten? »Das ist nett von ihm«, sagte sie.

»Dennoch musst du doch ab und an mal durchatmen. Wie wäre es, wenn wir zusammen in Central einkaufen gehen? Ich finde das immer so langweilig allein.«

»Warum gehst du nicht mit Jiao?«

»Sie will nicht mit der Fähre fahren. Sie sagt immer, dass sie sich da erkältet. Kannst du dir das vorstellen – am Ende des Sommers? Das Einzige, was die sich eingefangen hat, ist ein heftiger Anfall von Faulheit! Außerdem, wieso denkst du eigentlich, dass ich das mit ihr lieber machen würde als mit dir?« Die ruhige Entschlossenheit in ihrer Stimme ließ ihre Fragen immer wie ein Befehl scheinen. Sook-Yin kaute auf ihrer Lippe. Ihre Haare würden wohl noch etwas warten müssen.

Der Gestank des Hafens war kaum auszuhalten, während sie darauf wartete, dass Jin ankam. Sie rieb die Wärme des Tages in ihre Arme, folgte den kleinen braunen Flecken, die auf ihrer jungen Haut tanzten. Eines Tages würde sie alt sein, und dann würden sie sich zu Ländern und Kontinenten ausweiten, so wie sie es auch bei ah-Ma getan hatten. Aber nicht heute.

Sie konnte es nicht fassen, als das Taxi anhielt und Mrs Lee mit Hei-Fong ausstieg. Sie verschränkte ihre Arme, damit sie den plötzlichen Pulsschlag an ihr nicht bemerkten, während sie zum Anlegesteg gingen. Warum hatte sie sie auf diese Weise hereingelegt?

»Wie schön du aussiehst!«, sagte Jin.

»Ich dachte, du würdest allein kommen.«

»Und wer soll die Taschen tragen?« Jin lächelte verschmitzt, während sie zwischen den beiden hin- und hersah.

»Schön, dich zu sehen«, sagte er.

Zu ihrer großen Erleichterung hatte Hei-Fong keinerlei Geduld fürs Einkaufen und setzte sich in ein Café ab, um dort Tee zu trinken und seine Zeitung zu lesen. »Gebt Bescheid, wenn ihr so weit seid, zu bezahlen«, sagte er.

Sook-Yin war immens abgelenkt, während Jin sie von Laden zu Laden schleppte. All die Kleider und Schmuck und Bücher verschwommen bald zu einem einzigen homogenen Mischmasch. »Hübsch«, sagte sie jedes Mal, wenn sie nach ihrer Meinung für ein bestimmtes Muster oder die spezielle Form eines Ärmels gefragt wurde, bis Mrs Lee innehielt und sie anstarrte.

»Wir können nicht alles haben, ah-Yin. Wir müssen uns entscheiden.« Es war nach drei, als sie wieder auf die Fähre gingen. Jin beschwerte sich, von der Hitze ermüdet zu sein, und entschied sich, drinnen zu sitzen, wodurch die beiden allein an Deck zurückblieben. Sook-Yin suchte nach etwas, das sie sagen konnte. »Deine Mutter ist gute Gesellschaft«, brachte sie hervor.

Hei-Fong bückte sich und spähte in den Kabinenraum, wo Mrs Lee ihre Einkaufstaschen durchging. »Sie hatte eine tolle Zeit, das kann ich dir sagen. Und doch stehst du mit leeren Händen da.«

»Das macht nichts«, sagte sie.

»Umso besser, dass ich dir das hier gekauft habe.« Er gab ihr eine kleine Samtschatulle und bedeutete ihr, sie zu öffnen. Im Innern befand sich ein Anhänger an einer Kette: ein goldener Vogel auf tiefblauem Hintergrund.

»Was soll das bedeuten?«

»Lass es mich dir anlegen«, sagte er. Er ignorierte ihren Protest und legte ihr die Kette um den Hals. Dann trat er einen Schritt zurück, um sie aus der Entfernung zu bewundern. »Ja«, sagte er. »Sehr schön.«

»Aber wofür? Ich verstehe das nicht.«

»Du hast die letzten Monate so hart gearbeitet. Ich wollte dir etwas Schönes schenken.«

»Dann hoffe ich, dass Miss Huang auch eine bekommen hat.«

Er scharrte mit seinen Füßen über das Deck. »Wärst du mir böse, wenn ich dir sagen würde, dass ich dich angelogen habe?«

»Worüber?«

»Du musst doch wissen, weshalb ich es gekauft habe.«

Sie wischte die Worte mit ihrer Hand beiseite. »Ich habe dir doch gesagt, dass ich das alles vergessen will. Wie du schon sagtest, die Schuld ist getilgt. Du musst dir da nichts mehr vorwerfen.«

»Das tue ich dennoch«, sagte er. »Es tut mir leid, dass die Zeit grausam zu uns war. Es tut mir leid, dich den ganzen Tag zu sehen und dich nicht umarmen oder mit dir reden oder dich küssen zu können. Warum glaubst du denn, dass ich dir ausgewichen bin?«

Sook-Yin drückte sich gegen die Reling, während eine Welle unter ihnen herannahte, anschwoll und dann die Fähre ruhig umhüllte. All die Jahre, dachte sie, all die zahllosen Ebben und Fluten in unserem Leben, während derer sie sich diese Worte ausgemalt hatte: als sie im Kowloon Park hoch in den Bäumen saßen; als sie ihm zusah, wie er durch die Walled City paradierte; stets das Bild seiner Rückkehr zu ihr heraufbeschwörend. Doch die Zeit hatte keine Geduld mit Fantasien, und nun hatten sie zwei Ehepartner und drei Kinder, die zwischen ihnen standen. Es war bereits zu spät. Zu spät. »Du kannst das jetzt nicht mehr sagen.«

»Wann *kann* ich es denn sagen?«, fragte er. »Es sei denn, du fühlst nicht dasselbe? Ich habe versprochen, dass ich für dich zurückkomme, ah-Yin. Wenn ich falschliege, werde ich es nie wieder erwähnen.«

Sook-Yin schloss die Augen. »Nicht falsch«, sagte sie, »aber unmöglich.«

»Nichts im Leben ist unmöglich. Wir müssen uns nur trauen.«

Er beugte sich zu ihr und drückte ihre Hand. »Bitte sag mir, dass du darüber nachdenken wirst.« Er erschrak, als seine Mutter näher kam. Er flüsterte: »Ah-Yin, bitte, sag mir, dass du es tust.«

Sie sah hinüber zum herannahenden Anleger, spürte ihr Zuhause in Reichweite. Was hatte Peggy noch mal gesagt? *Es ist nie zu spät, weißt du* ... War es je zu spät, um glücklich zu werden?

»Okay, mache ich«, sagte sie. Sie drückte seine Hand und ließ sie dann los, als Jin zu ihnen herüberkam und sich zu ihnen gesellte.

»Es wird etwas kühl im Schatten.« Sie blickte zwischen den beiden hin und her. »Hier draußen scheint es auch kühl. Was um alles in der Welt ist euch denn passiert?«

»Wir haben Geschäftliches besprochen«, sagte Sook-Yin.

»Geschäft und Liebe«, ergänzte Jin höhnisch. »Das habe ich Ba-Ba immer schon gesagt. ›Schimpfe nicht über Geschäft oder Liebe, es sei denn, du willst etwas für sie tun.‹« Sie griff in ihre Tasche, um ihre Kamera hervorzuholen. »Lasst mich ein Foto machen«, sagte sie.

Sook-Yin trat einen Schritt nach links. »Nein, das wird nicht gut aussehen.«

»Unfug! Stellt euch näher nebeneinander. Und lasst mich die Skyline ins Bild nehmen.«

Widerwillig gehorchte Sook-Yin. »Ich werde dieses Foto in meine Tasche stecken«, flüsterte er.

»Was?«

»So werde ich dich immer bei mir haben.«

Sook-Yin wendete sich ihm zu, und der Auslöser klickte zeitgleich mit ihrem Herzen.

SIEBENUNDFÜNFZIG

Lily
Hongkong, 1997

43. Tag der Trauer

Am Tag nach dem Gespräch mit Maya war ich überrascht, einen Anruf von Feng Mian zu bekommen. Sie rief aus einer Telefonzelle in Wan Chai an und wollte mich im Victoria Park treffen. Ich sollte mich zum Haupteingang Causeway Road begeben, das war zu Fuß nur kurz von der Station Tin Hau entfernt, und dann am Denkmal für die alte Queen warten.

Es war ein typischer Morgen in Hongkong – unter dem Dunst drohte eine Schwüle hervorzukriechen –, und der Ort war mit den Geräuschen des Alltags erfüllt: eine vierköpfige Familie, die auf einem Naturpfad wanderte; das unharmonische Stimmengewirr der Arbeiter in der Mittagspause; der Pulsschlag eines in der Nähe stattfindenden Tennisspiels. Schwer vorstellbar, dass sich das alles verändern könnte, aber vielleicht war das gerade der Punkt. Erosion war ein schleichender Vorgang.

Als sie kam, war sie so angezogen wie beim ersten Mal, als wir uns getroffen hatten, ein schlichtes kleines Latzkleid und Söckchen, diesmal jedoch hatte sie statt der Rollerskates einen tadellosen kleinen Hund an der Leine mit dabei. Ich betrachtete ihn durch meine ausgestreckten Finger. »Neues Familienmitglied?«, fragte ich.

»Sag noch nichts. Folge uns einfach.«

Ich konnte mir kaum vorstellen, dass uns irgendjemand ins Visier genommen hatte, und es war schwer, ihr zu folgen, weil der Hund alle zwei Minuten anhielt und pinkelte, aber schließlich bog sie in einen Weg ein, der in ein Dickicht von Bäumen mündete, und setzte sich ins Gras. Befreit von der knappen Leine lief der Hund zu mir und beschnupperte mich. Zuerst hatte ich angenommen, dass es sich um einen Terrier handelte, doch aus der Nähe sah er exotischer aus.

»Er gehört einem Nachbarn«, sagte sie.

»Sieht so aus, als würde er auf einen Thron gehören. Macht es ihm nichts aus, dass du ihn durch die Gegend zerrst?«

»Abgesehen von der Schule ist er der einzige Grund, warum ich das Haus verlassen darf.«

Ich formte ein stummes *Oh* und nahm ein heruntergefallenes Blatt vom Boden. »Tut mir leid, dass ich dir nicht besser helfen konnte.«

»Machst du Witze?«, sagte sie. »Ich hätte schon auf dem Rückweg nach Peking sein können. Es war wirklich cool, was du gemacht hast, Li-Li Chen.«

»Es ist nun nicht so, als hätte ich bekommen, was ich wollte.«

»War das der einzige Grund, weshalb du es getan hast?«

»Das war keineswegs der Grund. Wie du dir sicher denken kannst.«

Sie lächelte und legte sich in den Schatten. »Kennst du den Park?«, fragte sie.

»Nein. Es ist das erste Mal, dass ich hier bin. Ich mag ihn aber sehr.«

»Hier wird die Mahnwache für den Platz des Himmlischen Friedens gehalten. Jedes Jahr am vierten Juni. In China darf sich niemand daran erinnern.«

Ich sah sie an und nickte. »Sich nicht daran zu erinnern ist allerdings nicht dasselbe, wie es zu vergessen. Das trifft auch für Hongkong zu.«

Ich legte mich zurück, während Feng Mian still wurde, auch wenn ich die Hitze ihres Blicks durch meine geschlossenen Lider pulsieren spürte. »Ist es okay, Angst zu haben?«, fragte sie schließlich. Ich öffnete meine Augen. Drehte mich etwas zur Seite und berührte ihren Sneaker mit meinem Schuh.

»Das ist mehr als okay, das ist völlig natürlich. Ich weiß, dass es schwer ist, das so zu sehen, mit der Rückgabe und Onkel Chor, aber bald schon wirst du erwachsen sein, und dann kannst du deine eigenen Entscheidungen treffen.«

»Ich hoffe, dass ich wie du werde«, sagte sie.

»*Auf gar keinen Fall.* Das untersage ich dir.«

Ein lautes Piepen tönte aus ihrer Uhr, und sie stand auf und klopfte sich das Gras von ihrer Kleidung. »Mein Wecker. Ich muss los. Chor-Kit weiß, wie lange meine Spaziergänge dauern.«

»Kann ich wenigstens mit dir zum Ausgang gehen?«

»Ich mag keine Abschiede«, sagte sie. Sie zog einen Umschlag aus ihrer Tasche. »Übrigens, das hier ist für dich.«

Ich lachte. »Hast du mir tatsächlich eine Karte gebastelt?« Ich drehte sie um und sah sie an. Auf der Vorderseite waren chinesische Buchstaben zu sehen. »Was steht dort?«

»Weißt du das nicht?« Sie bückte sich, küsste mich auf die Wange und flüsterte mir ins Ohr. »Da steht, ›Eigentum von Li-Li Chen‹.«

Ich sah sie aus meinem Blickfeld verschwinden und öffnete dann den Umschlag. Im Innern fand sich ein Notizzettel – natürlich mit *Hello-Kitty*-Logo.

Liebe Li-Li,

danke für das, was du für mich getan hast. Es tut mir leid, dass ich so viel Ärger verursacht habe und dass wir nicht mehr befreundet sein können. So ist es sicherer. Für uns beide.

Nun also zu meinem Teil unseres Deals. Das sind die einzigen Dinge, die ich finden konnte, aber sie sollten reichen, dass du erkennst, dass Onkel Chor ein Lügner ist.

Bleib golden, Je Je (große Schwester)!
Alles Liebe
Feng Mian xxx

Ich schüttelte den Briefumschlag auf dem Gras aus, und zwei Fotos fielen heraus. Ich hielt sie ins Licht, um sie besser betrachten zu können. Das erste war ein Bild von Onkel Chor. Da war er vermutlich nicht älter als zehn Jahre, doch ich erkannte den Verlauf seines Kinns, die Arroganz in seinem Ausdruck. Daneben stand ein weiterer Junge, größer und etwas fülliger. Er hatte eine Hand um Onkel Chors Schulter gelegt, mit der anderen hielt er irgendeine Art Trophäe. Auf der Bildrückseite stand etwas auf Chinesisch geschrieben und die Jahreszahl: 1951.

Das zweite Foto war eine verblasste Farbfotografie. Onkel Chor war erneut darauf zu sehen, diesmal aber war er etwa Ende 30. Der Mann mit ihm auf dem Bild hatte seinen Rücken zur Kamera gewandt, doch es schien, als schüttelten sie sich die Hände und tranken Cocktails in irgendeinem Restaurant. Die Schrift sah der ersten ähnlich, nur war hier die Jahreszahl 1977 angegeben. Es konnte also sogar entstanden sein, während *wir* hier waren. Warum ausgerechnet diese Fotos?

Im Hotel sah ich sie mir noch mal genauer an. Auf dem ersten waren Onkel Chor und der Junge jünger, als ich zunächst angenommen hatte. Sie trugen identische Sportjerseys, die Trophäe musste Zeichen eines Triumphs sein. Sie gingen wohl gemeinsam zur Schule. Ich warf die Bilder aufs Bett. Onkel Chor grinste fast, seine Augen verfolgten mich im Zimmer wie eine dieser Jesusstatuen.

Sie sollten reichen, dass du erkennst, dass Onkel Chor ein Lügner ist.

War das möglich?

Ich ging zum Schreibtisch, griff mir die Quittung aus Mrs Tams Schachtel und nahm sie mit ans Fenster. Diesmal suchte ich nicht nach Dads Namen. Mich interessierten die Zeichen, die darunter standen. Es waren dieselben wie auf der Rückseite der Fotos. *Lee Hei-Fong*, stand dort.

ACHTUNDFÜNFZIG

Sook Yin
Hongkong, Oktober 1977

Der Herbst bescherte der Bank zusätzliche Geschäfte. Die Menschen waren gerade aus ihren Sommerurlauben zurück, und mit dem Schulanfang und der Notwendigkeit, Bücher und Uniformen zu kaufen, gab es neuen Bedarf nach Geld. So sehr Sook-Yin mit ihren Kunden sympathisierte, so dankbar war sie auch für die Ablenkung. Das Leben mit Julian verlief weiterhin gut, und sie hatte Angst, an Hei-Fong und das Gespräch auf der Fähre zu denken.

Sie saß vor einem unmöglich zu lösenden Puzzle. Auf der einen Seite befand sich Julian – der Mann, mit dem sie sich ein Leben aufgebaut hatte, der Vater ihrer Kinder. Das war vielleicht aus etwas Kompliziertem entstanden, aber ohne Zweifel war seine Präsenz mit den Jahren verlässlich geworden. Selbst sie verraten zu haben war aus guter Absicht entstanden; angetrieben von dem Bedürfnis, besser zu werden, besser zu *sein*.

Doch ihre Annahme, dass es sich dabei um Liebe handelte, war nicht wirklich richtig. Es war eher ein Überlebensinstinkt, ein Klarkommen, und wie beim Pusten in die Glut eines Feuers war auch dies etwas, das unablässiger Arbeit bedurfte. Hei-Fong war eher wie ein Inferno, seine Hitze dringlich, aber launisch, und etwas, das sie seit ihrer Rückkehr nach Kowloon in einen

Wartezustand versetzt hatte; sie spielte kein chinesisches Schach mit ah-Ma, sah keine Folge *God of River Lok*, sondern starrte aus dem Fenster, voller verzweifelter Sehnsucht nach seinem Klang. Und so war es nun also gekommen: Was war die eigentliche Bedeutung einer Ehe? Das langsame Brennen oder das helle Inferno? Und welches von beiden würde sie am längsten aufrechterhalten?

Die Schlangen an ihrem Schalter blieben weiterhin eine Herausforderung, und Miss Huang hatte es sich zur Aufgabe gemacht, diese zu überwachen und den einen oder anderen Kunden in andere, kürzere Schlangen zu zwingen. Normalerweise lief dieser Vorgang reibungslos ab, doch an diesem Morgen schien es ein Problem zu geben.

Schließlich kam Miss Huang zu ihr. »Kennen Sie diese Person?«, flüsterte sie.

Sook-Yin sah mit ihren Kolleginnen an das Ende der Schlange, wo eine alte Frau auf einen Holzstock gestützt wartete. »Nein, ich habe sie noch nie zuvor gesehen.«

»Nun, sie glaubt, sie kenne Sie«, sagte Miss Huang. »Und sie weigert sich, zu irgendwem anders zu gehen.« Es hatte sich mittlerweile herumgesprochen, wie gut Sook-Yin mit den Kunden umging. Sie redete sanft zu ihnen, nahm sich Zeit und hatte sich den Ruf einer Person erworben, die man sprechen wollte, wenn man ein besonders unangenehmes Problem wie Schulden oder einen negativen Krediteintrag hatte. Sie sah das Leben, das hinter einem Gesicht verborgen lag, und nun, da sie die Frau ansah, stellte sie sich eine komplizierte Geschichte vor, die ein bisschen Freundlichkeit erforderte. »Das ist in Ordnung, Miss Huang«, sagte sie. »Es macht mir nichts aus, mich persönlich um sie zu kümmern.«

Miss Huang nickte und ging fort, offenbar zufrieden damit, dass trotz ihrer eigenen Schlappe die alte Frau eine Weile würde warten müssen. Tatsächlich dauerte es noch weitere 25 Minuten, bis sie schließlich vorn an der Schlange stand.

»Es tut mir leid, dass Sie so lange warten mussten. Ich habe gehört, dass Sie zu mir persönlich kommen wollten.«

Die Frau spähte auf ihr Namensschild. »Sie sind Miss Chen Sook-Yin?«

»Ja. Wie kann ich Ihnen heute behilflich sein?«

»*Siu-Je*, es geht um eine persönliche Angelegenheit. Können wir an einem ruhigeren Ort miteinander reden?«

Sook-Yin schaute ihre Kolleginnen fragend an. »Es tut mir leid, dazu bräuchte es eine persönliche Terminvereinbarung, und heute sind all unsere Räume belegt.«

»Das ist schade«, sagte sie. »Was ich zu sagen habe, wäre zu Ihrem Vorteil.«

Sook-Yin lachte sanft. »Zu meinem Vorteil?«

»Vergessen Sie es, meine Liebe«, sagte sie. »Aber denken Sie später daran … Ich habe es versucht.«

Sie sah, wie sie fortging. Neben ihr zog Miss Po eine Augenbraue hoch. »Das ist mal was Neues«, flüsterte sie. »Vielleicht hatte sie einen heißen Tipp für eine Immobilie in Happy Valley.«

Auch wenn Sook-Yin lachte, die Frau hatte etwas an sich, das sie beunruhigte. Erst jetzt fiel ihr auf, dass sie ihren Gehstock dagelassen hatte. »Übernehmen Sie kurz meine Schlange«, sagte sie. »Ich laufe ihr besser hinterher und schau mal, ob ich sie noch erwische.«

Draußen lief sie die Straße entlang, doch die Frau war verschwunden. Sook-Yin verharrte einen Augenblick an der Ecke, unsicher, warum sie plötzlich Angst hatte.

»Sie haben sich also entschieden, herzukommen?«, sagte eine Stimme. Als sie sich umdrehte, wartete die Frau auf sie.

Sook-Yin reichte ihr den Stock. »Da wir jetzt allein sind, können Sie es mir sagen. Was immer Ihr Problem ist, ich bin mir sicher, dass wir uns darum kümmern können.«

»Solch individueller Service, Miss Chen. Jetzt verstehe ich.« Sie zeigte auf eine nahe gelegene Bank, auf der sie Platz nahmen.

»Ich kann nicht lange bleiben«, sagte Sook-Yin. »Meine Kolleginnen werden sich fragen, wohin ich verschwunden bin.«

»Also gut, ich komme direkt zur Sache. Ihr Ehemann spielt mit dem Feuer.«

»Mein Mann? Wovon sprechen Sie?«

»Er hat sich von einem Freund von mir Geld geliehen, und nun muss er den Kredit zurückzahlen.«

Erleichtert atmete Sook-Yin durch. »Da haben Sie etwas durcheinandergebracht«, sagte sie. »Ich weiß davon, und Sie werden sehen, dass die Schuld bereits beglichen wurde. Ich habe den Schuldschein zu Hause.«

»Ich bitte um Entschuldigung, falls ich mich geirrt haben sollte …« Ihr Tonfall hatte etwas Falsches an sich, als sie in ihrer Gürteltasche kramte und ein Stück Papier hervorzog. »Ich nehme an, Sie sprechen hiervon?«, sagte sie.

Sook-Yin nahm den Zettel und hielt dem Blick der Frau trotzig stand, bevor sie den Inhalt las. Ihr blieb das Herz stehen, als sie die Zahlen sah, die ihr fremd waren. Da war eine unbekannte Adresse oben und dann darunter ihre eigene. Bürge: *Miss Chen Sook-Yin, Wohnung 10, 430 Castle Peak Road.* Sie hatte Mühe, ihre Stimme wiederzufinden. »Von wann ist das?«, fragte sie schließlich.

»Das Datum steht ganz oben. Vor drei Wochen, glaube ich. Schauen Sie in Ruhe«, sagte sie. »Ich sehe, dass Sie das überrascht hat.« Sie atmete tief ein und aus. »Heirat, Geburt, Affären … Es sind immer die Frauen, die am Ende leiden. Leider hat Ihr Mann durch die Nichtzahlung seiner Schulden seinen Anspruch auf guten Willen verwirkt. Und Sie verstehen natürlich das Prinzip der Verzinsung.« Sie strich mit ihren knorrigen Fingern über die Spitze ihres Spazierstocks. »Ihre älteste Tochter ist auffallend schön. Ich kann kaum glauben, dass sie aus Ihrem Bauch geschlüpft ist.«

Sook-Yins Kopf schnellte empor. »Was wissen Sie über meine Tochter?«

»Ihr Mann hat die beiden mitgebracht, als er das erste Mal kam, um sich Geld zu holen. Mein Freund konnte seinen Blick gar nicht abwenden von Mei-Hua. Hat Ihnen gefallen, was ich mit ihrem Haar gemacht habe?« Das gelbe Wirrwarr aus Locken. An jenem Tag hatte Julian seine *Entschädigung* erhalten. »Ich tue Ihnen gerade einen Gefallen, Miss Chen.«

»Indem Sie herkommen und mich bedrohen?«

»Das hier ist nur eine freundliche Mahnung. Mein Freund nennt mich seinen wohlmeinenden Boten.«

»Dann schicken Sie Ihre Botschaft an meinen Mann!«

»Oh, das werden wir«, sagte sie. Sie legte ihre Hand auf Sook-Yins – trocken und kalt wie die Haut einer Echse. »Und ich kann Ihnen versprechen, dass er sich nicht noch mal was leihen wird.«

Sook-Yin schluckte. »Wann ist das Geld fällig?«

»Wir geben Ihnen bis nächsten Freitag.« Sie zeigte auf eines der Schaufenster. »Ich komme am Donnerstag in dieses Café dort, um Sie daran zu erinnern und Ihnen weitere Anweisungen zu geben. Treffen Sie mich dort, wenn die Bank zugemacht hat.«

NEUNUNDFÜNFZIG

Lily
Hongkong, 1997

43. Tag der Trauer

Alles begann sich zusammenzufügen: die Lees, die so taten, als würden sie meine Familie nicht kennen; die Organisation meines Rückflugs über die Botschaft; die Aussendung Felicias Yuens. Sie alle hatten Geheimnisse, das war nun nicht mehr zu übersehen. Man lief ein paar Kilometer in die eine oder andere Richtung, schaute unter ein paar Steine statt durch Fenster, und schon fand man ihre Wurzeln. Vielleicht ging es nie darum, dass ich nicht dazugehörte, sondern dass jeder etwas vor mir zu verbergen hatte.

Am wütendsten war ich auf Daniel Lee. Ich erschauderte, als ich an den Abend im Restaurant dachte und an sein Geschwätz darüber, Buße zu tun. *An all die Dinge, die ich ihm erzählt hatte.*

Ich versuchte, ihn auf dem Handy zu erreichen, aber es ging sofort die Mailbox an. Ich wartete und versuchte es erneut. Nichts. Es dauerte eine Stunde, bis es wieder klingelte.

»Hallo, Miss Miller?«, sagte eine Stimme. »Hier ist Miss Leung, die Sekretärin von Mr Lee. Wie ich sehe, haben Sie versucht, uns zu erreichen. Wie kann ich Ihnen helfen?«

Uns. Wie beim verdammten Paten. »Es ist etwas *Persönliches*.«

»Ich verstehe. Nun, ich fürchte, Mr Lee ist sehr beschäftigt. Vielleicht kann ich ihm etwas ausrichten?«

Ich trommelte mit den Fingern auf den Tisch. »Bitte sagen Sie ihm, er soll mich anrufen«, sagte ich. »Oder ich komme ins Büro und stelle ihn persönlich zur Rede.«

Weitere zwei Stunden vergingen. Schließlich riss mir der Geduldsfaden, und ich nahm ein Taxi zum Firmensitz in Wan Chai. Selbst zwischen all den Türmen in der Gloucester Road war das Gebäude einzigartig beeindruckend, es ragte weit über seine Nachbarn hinaus mit einer himmelhohen Fassade aus verspiegeltem Glas, die eine palastähnliche Empfangshalle preisgab.

Ich lief zum Hauptempfang, wo eine Frau, mit roten Lippen und Rouge auf den Wangen, wie eine Flugbegleiterin dastand und nur darauf zu warten schien, mir heiße Tücher zu reichen. »Ich möchte zu Mr Lee.«

Ihr Lächeln blieb ein steifes Grinsen. »Welchen Mr Lee meinen Sie, Miss?«

»Mr *Daniel* Lee?« Ich war auf den starrenden Blick eingestellt: die forensische Prüfung meiner Jeans und des T-Shirts; ihr etwas zu hohes Lachen.

»Sie haben demnach einen Termin?«

Ich zog eine Visitenkarte aus meiner Tasche, auf die er seine Privatnummer geschrieben hatte, und schob sie über den Tresen. »Wenn Sie ihn bitte anrufen würden«, sagte ich. »Sagen Sie ihm, Lily Miller sei hier und dass es dringlich sei.« Ich war von meiner Direktheit überrascht, vom völligen Fehlen eines entschuldigenden Untertons im Klang meines eigenen Namens. Die Frau las und wählte die Nummer, sprach hastig mit jemandem auf Kantonesisch. Hätte sie ihre Augenbrauen noch höher ziehen können?

»Jemand wird gleich zu Ihnen herunterkommen.«

Nach etwa fünf Minuten sprang eine der Aufzugtüren auf, und eine förmlich wirkende Frau kam auf mich zu. »Ich bin Miss Leung«, sagte sie. »Ich glaube, wir haben vorhin schon miteinander gesprochen.« Ich war kurz davor zu protestieren, als sie auf ihrem Absatz kehrtmachte und mich anwies, ihr zu folgen. »Das Büro von Mr Lee wird Sie jetzt empfangen.«

Mein Magen verengte sich, während wir die Stockwerke hochfuhren, meine Verärgerung wandelte sich in Unsicherheit. Was genau wollte ich ihm eigentlich sagen? Wir kamen kurz vorm obersten Stock des Turms an und liefen in eine Art Gewächshaus mit mehreren Büros, jedes davon mit einer atemraubenden Sicht über den Hafen, so ehrfurchtgebietend wie wunderschön. Ich folgte der Frau, griff nach den Wänden, um mich zu stabilisieren, und meine Finger hinterließen Schweißflecken auf dem dicken Glas.

Am Ende des Ganges befand sich ein abgetrennter Bereich mit eigener Rezeption, die von kleinen Palmengewächsen flankiert wurde. Die Frau drückte einen Knopf auf ihrem Schreibtisch und zeigte dann auf einen der innenliegenden Räume. »Sie können nun eintreten«, sagte sie.

In dem Moment, als ich die Tür öffnete, wurden alle meine Zweifel über die Klugheit meines Besuchs unter meiner Überraschung begraben. Daniel war nicht in seinem Büro. An seiner Stelle hatte sich eine schöne, ältere Frau auf das Sofa drapiert und blätterte in einer Ausgabe der chinesischen *Vogue*. Sie sah auf, erhob sich jedoch nicht. »Sie müssen Miss Miller sein«, sagte sie. Sie setzte eine subtile Pause, lang genug, um mich kurz zu begutachten. »Mein Name ist Jiao Lee, ich bin Daniels Mutter.«

Das hätte ich mir denken können. Sie war die Füchsin unter den Füchsen, die Königin inmitten der Arbeiterbienen in ihrem maßgefertigten purpurroten Hosenanzug. Ich trat nach vorn und schüttelte ihre Hand. »Schön, Sie zu treffen«, sagte ich.

»Es tut mir leid, aber mein Sohn ist in einem seiner vielen Meetings. Doch als Miss Leung Ihren Anruf von der Rezeption bekam, konnte ich der Gelegenheit nicht widerstehen, Sie zu treffen.« Sie zündete sich eine dünne blaue Zigarette an und blies den Rauch in meine Richtung. »Jemand so Großes wie Sie sollte sich setzen«, sagte sie. »Ihr Schatten verdeckt die Sonne.«

Also gut, dachte ich. All das Glas, ohne dass jemand dich sah. Ich ließ mich auf einem der Armsessel nieder.

»Möchten Sie etwas englischen Tee?«

»Vielen Dank, aber nein«, sagte ich.

»Ich stimme Ihnen zu, der ist hier etwas enttäuschend.« Ihr Akzent war makellos. Jahrelange Sprechübungen, daran bestand kein Zweifel. »Ich habe gehört, dass Sie uns bald verlassen wollen?« Sie schenkte mir ein tödliches Lächeln. »Seien Sie bitte nicht beleidigt, Miss Miller, aber ich habe immer die Angewohnheit gehabt, genau zu wissen, was meine Haltung ist. Ich nehme an, das können Sie nachvollziehen?«

»Ich habe diese Wahl nicht immer gehabt.«

Sie tippte ihre Zigarette an den Rand des Aschenbechers. »Sie meinen vermutlich den Besuch von Miss Yuen. Ich hatte ihr davon abgeraten, aber sie ist jung, und junge Menschen neigen zu einer zügellosen Neugier, die nicht immer in ihrem besten Interesse liegt.«

»Worauf genau war sie denn neugierig?«

Mrs Lee stieß ein tönernes Lachen hervor. »Sie brauchen meinetwegen nicht so schüchtern aufzutreten. Unsicherheit ist keine rein englische Eigenschaft.« Sie zog eine Augenbraue hoch. »Sie ist überzeugt, dass mein Sohn sehr angetan von Ihnen ist. Aber wie gesagt, Miss Yuen ist jung und muss erst noch verstehen, wie unbedeutend eine flüchtige Schwärmerei sein kann.«

Ich verschränkte meine Arme. »Sie brauchen sie nicht in meinem Namen zu beruhigen.«

»Ich meinte damit nicht Sie.« Sie gähnte, während sie ihre Nägel begutachtete. »Daniel weiß, dass die Hochzeit stattfinden wird. Sobald die Trauer um meinen Mann vorbei ist.«

Mein Körper sank in sich zusammen. »Mrs Lee, ich habe nie die Absicht gehabt, Ihre Trauer zu stören, doch es war Ihr Ehemann, der mich hergebeten hat, und ich suche einfach nur nach dem Grund …«

»Weshalb er diese Farce in Gang gesetzt hat?« Sie zerdrückte ihre Zigarette und wedelte den Rauch fort. »Hei-Fong war seinerzeit ein ziemlicher Scherzkeks. Ausgefeilte Täuschungen. Spontane Streiche. Vor allem aber liebte er Rätsel. Jedes Jahr hat er zu unserem Hochzeitstag eine Schatzsuche durch Hongkong organisiert. Ich fuhr mit dem Wagen los und stellte mir irgendeinen Ring oder eine Kette am Schluss der Suche vor, vielleicht ein neues Pferd in Happy Valley, doch jedes Mal war es dasselbe.«

»Und das wäre?«

»Der Preis war stets er selbst.«

Ich konnte ihre Enttäuschung noch immer erkennen. »Und was ist der Zweck *meiner* Schatzsuche?«

»Ich würde annehmen, selbstverständlich das Geld.«

Ich schüttelte den Kopf. »Tut mir leid, aber ich glaube, das trifft so nicht zu. Sie haben selbst eingeräumt, dass Geld an sich zu einfach wäre. Das hätte er uns auch in London zukommen lassen können, aber er wollte, dass ich nach Kowloon zurückkehre, als wäre hier etwas, von dem ich erfahren sollte.«

Sie ließ ihre Finger über den Rand ihrer Perlen gleiten. »Sie haben mehr Selbstvertrauen, als Miss Yuen Ihnen zugestanden hat. Und eine große Fantasie, Miss Miller.«

»Habe ich das? Denn ich bin selbst ein paar Hinweisen nachgegangen, wissen Sie. Die wurden vielleicht nicht von Ihrem Ehemann hinterlassen, aber Hinweise waren es dennoch. Ich konnte erst keine Verbindung erkennen, weshalb mich das Geld so irritierte, aber dann habe ich Fotos von Ihrem Mann mit meiner Familie gefunden. Und Quittungen.« Ich lehnte mich zu ihr. »Ich weiß, dass er meinen Vater gekannt hat und dass sie gemeinsam in der Walled City gespielt haben. Dass der Tod meiner Mutter vielleicht kein Unfall gewesen ist. Hatte Ihr Mann ein schlechtes Gewissen, Mrs Lee?«

Sie fuhr mit gereizter Miene hoch. »Ich glaube, dieses Treffen ist beendet.«

»Haben Sie meinen Vater gekannt?«, fragte ich.

Sie fuhr sich durchs Haar. »Nein, habe ich nicht.«

»Aber Sie würden es auch kaum zugeben, wenn es so wäre, nicht wahr? Nicht jemand mit Ihrem Ruf. Das wäre ein Skandal … Sie haben viel zu verlieren.«

Ihre Stimme steigerte sich zu einem empörten Sopran. »Wie können Sie es wagen, uns zu beschuldigen?«, rief sie. »Haben *Sie* Ihren Vater überhaupt gekannt?«

»Natürlich kannte ich ihn!«

»Dann sollten Sie vielleicht noch mal Ihre Erinnerungen prüfen. Würde das wirklich stimmen, wären Sie nicht hergekommen.«

»Was zur *Hölle* geht hier vor?«

Wir drehten uns beide in Richtung der Stimme. Daniel stand in der offenen Tür, auf seinem Gesicht eine Mischung aus Verwirrung und Wut. »Man kann euch den ganzen Gang hinunter hören.«

»Miss Miller wollte gerade gehen«, sagte seine Mutter. »Ist dein Meeting endlich vorbei? Ich habe Kopfschmerzen. Ich muss etwas zu Abend essen.«

»Worüber habt ihr gesprochen?« Ich spürte seinen Blick auf meinem Gesicht, von dem ich wusste, dass es hochrot und heiß war. »Alles in Ordnung?«, fragte er. Ich nickte und wandte mich wieder seiner Mutter zu.

»Es war ein dummes Missverständnis«, sagte sie. Ich hatte erwartet, dass sie wütend war, und so war ich schockiert, als sie sich verneigte. Sie sagte etwas auf Kantonesisch.

»Nein. Das klingt, als wüsste ich *nicht*, worum es geht.«

»Daniel, das ist eine private Angelegenheit.«

»Okay, dann lass uns das privat diskutieren.« Er sah mich wieder an. »Vertraust du mir?«, fragte er.

»Wie bitte?« Meine Stimme war nun kaum noch ein Flüstern.

»Vertraust du mir, Lily?«

Ich zögerte und sagte dann zu meiner Überraschung *Ja*.

SECHZIG

Sook-Yin
Hongkong, Oktober 1977

Sobald ihre Schicht vorbei war, lief Sook-Yin zum Lohnbüro. »Ah, gut, dass Sie da sind, Mr Lau. Wäre es möglich, dass ich Sie kurz einen Moment spreche?«

»Was kann ich für Sie tun, Miss Chen?«

Sie nahm Platz. »Es ist eine etwas heikle Angelegenheit, aber ich brauche einen Vorschuss auf mein Gehalt.«

Er aß seinen *Haw-Flake*-Keks auf, an dem er gemümmelt hatte. »Das machen wir normalerweise eigentlich nicht, aber ein, zwei Tage sind sicherlich kein Problem.«

»Ich dachte im Grunde eher an ein paar Monate.« Eigentlich hatte sie um noch mehr bitten wollen, aber angesichts Mr Laus abwehrender Haltung sah sie sich gezwungen, niedriger anzusetzen.

»Mehrere Monate, Miss Chen? Stecken Sie in Schwierigkeiten?«

Seine Augen glänzten kurz auf, und Sook-Yin zögerte. Auch wenn Mr Lau recht anständig zu sein schien, wusste sie doch, wie leicht sich ein Vorbehalt festsetzen und zu einer gefährlichen Waffe des Tratsches werden konnte. Sie betete zu den Göttern um Vergebung. »Meine Mutter braucht eine dringende Operation.«

»Kein weiteres Wort nötig«, sagte er. Er gestikulierte in ihre Richtung, wobei seine plötzliche Geschäftigkeit in Widerspruch zum nahen Abendessen stand. »Aber zwei Monate bedürfen der Zustimmung einer höheren Ebene. Haben Sie mit Mr Lee gesprochen? Ich bin mir sicher, dass Ihre Verbindung Ihnen da einen guten Stand verleihen kann.«

»Nein, das möchte ich nicht.«

»Es tut mir leid, aber das ist Vorschrift. Sonst beißen Sie auf Granit.«

Sook-Yin stand auf. »Ich verstehe«, sagte sie. »Dennoch vielen Dank, dass Sie mir zugehört haben.«

Beim Abendessen sprach sie fast nicht, jeder Bissen schmeckte nach Pappe. Julian hingegen war so fröhlich wie eh und je, lachte und scherzte mit den Kindern. *Er trank und rauchte und aß, als gäbe es kein Morgen.* Ihre warmherzigen Gedanken über die Ehe zerfielen zu Staub. Was waren Harveys Freundlichkeiten letztlich mehr gewesen als ein Strick, um sich selbst zu erhängen?

Schlimmer noch als Julians Leugnen war seine Annahme, dass sie die Scherben aufsammeln würde. Hatte er ihren Namen als Bürgen angegeben? Nachdem nun Hei-Fong seine erste Schuld bezahlt hatte, dachte er vielleicht, dass es immer so laufen würde.

Später brachte er die Mädchen auf ihren Wunsch hin im Zimmer ihrer Mutter ins Bett, sodass sie unter sich sprechen konnten. Als er stattdessen sein Buch aufschlug, unterdrückte Sook-Yin den Drang, loszuschreien. Sie starrte ihn von der Seite aus an.

Er blätterte mit lässig ausgestrecktem Finger um. »Ich dachte, du wolltest den Job.«

»Das hat nichts mit dem Job zu tun.«

»So klingt das für mich nicht. Es hat dich völlig elend gemacht.« Seine Augen rasten. »Was denn dann, hm?«, fragte er. »Hast du eine Affäre oder so was? Ist es das, was du gestehen willst?« Er lachte leise mit einer verletzten Gewissheit. »Das hat deine Familie vermutlich von Anfang an so geplant. Wer ist es? Dein alter Freund Mr Lee? Mit seinem praktischen kleinen Job bei der Bank, hmmm? Den du jeden Tag siehst? Ich bin schon ein ziemlicher ...«

»Genau! Du bist ein Idiot, Julian. Ich habe keine Affäre. Ich versuche, uns davor zu bewahren, von schlimmen Leuten umgebracht zu werden!«

Sein Blick blieb wie eingefroren auf der Seite des Buches hängen. »Was meinst du damit?«, fragte er.

»Hast du gedacht, ich würde es nicht herausfinden?« Sook-Yin senkte ihre Stimme, aber das verlieh ihren Worten nur einen umso bedrohlicheren Ton. »Der Kredithai hat heute eine kleine alte Frau zur Bank geschickt. Hat mich bedroht, die Kinder, dich. Fällt dir sehr leicht, mich anzulügen, was? Erzählst mir, ah-Chor zahlt für Entschädigung. Aber glaubst du, diese Leute kannst du auch so leicht anlügen? Diesmal töten sie uns, das sage ich dir.«

Ihm rutschte das Buch aus der Hand. »Sook-Yin, die versuchen nur, dir Angst einzujagen.«

»Wo ist das Geld, Julian?«

»Ich habe schon einen Plan. Ich gehe zur Bank. Ich werde betteln.«

»Du würdest eher sterben als betteln! Darum hast du überhaupt diese Probleme. Du kennst diese Leute nicht. Glaubst du, dein Kolonialherr wird dir da helfen? Dein englischer Akzent? Kein Akzent mehr übrig, wenn du aufgeschlitzt wurdest.«

»Hör doch auf, Sook-Yin! Bitte!«

»Die Wahrheit macht Angst, was? Jetzt siehst du die Wirklichkeit. Das sind nicht Hei-Fongs Leute. Das sind sehr üble Typen.«

»Warum können wir Hongkong nicht verlassen? Noch heute Nacht alles zusammenpacken und einfach verschwinden?«

»Weil du ihnen ah-Mas Adresse gegeben hast! Wenn wir weg, gehen sie zu meiner Familie.« Sie beobachtete angewidert, wie er anfing zu weinen.

»Was sollen wir tun?«

»Die Frage ist: Was soll *ich* tun«, sagte sie, »wie immer.«

Sie stand auf, machte die Deckenlampe aus und griff dann in den Schrank, um ihren Koffer hervorzuholen. Sie kramte ihr Schmuckkästchen hervor und warf es auf die Bettdecken. Sie nahm eine Uhr heraus und begutachtete sie und hob dann das samtene Kästchen hoch. Darunter befand sich die Perlenkette, die sie auf dem Schiff in Suez gekauft hatte. Sie wog sie in ihren Händen, bevor sie sie in eine Socke umfüllte. »Gib mir deinen Ehering«, sagte sie und nahm ihren eigenen samt des diamantenen Verlobungsringes ab. Julian tat, wie sie geheißen. »Das verkaufe ich morgen«, sagte sie. »Versuche, Geld für Hai zu kriegen. Wenn wir bezahlt haben, gehen wir zurück nach London.«

Selbst in all dieser Unsicherheit konnte Julian seine Hoffnung nicht verbergen.

»Meinst du das ernst, Sook-Yin? Echt?«

»Ja, das meine ich so. Wir gehen bald zurück nach London. Und dann lasse ich mich von dir scheiden«, sagte sie.

Am nächsten Tag nahm Sook-Yin in der Mittagspause die Socke mit auf den Markt. Sie kannte bereits einen der Stände – einen An- und Verkäufer von Schmuck, den sie oft aufsuchte, wenn sie durch die Gegend schlenderte. »Haben Sie etwas, das Ihnen gefällt, Miss?«, fragte der Mann. »Ich mache Ihnen den besten Preis von Kowloon. Jade, Silber, Gold.«

»Kaufen Sie noch an?«, fragte sie.

Sein Lächeln schwand. »Das kommt darauf an. Zeigen Sie mal.«

Sook-Yin händigte ihm den Schmuck aus, und er nahm eine Lupe, die um seinen Hals hing, und prüfte die Eheringe. »Das sind nur neun Karat. Ausländisch.«

»Das ist englisches Gold«, sagte sie.

Der Mann biss mit seinen Zähnen an den Rand. »Ja, und hart wie Stein.« Er widmete seine Aufmerksamkeit der Uhr – eine Seiko, die ah-Ma ihr geschenkt hatte, als sie zum ersten Mal nach London gegangen war – und schüttelte sie vor seinem Ohr, bevor er sie auf den Tisch legte. Dann nahm er die Perlenkette in die Hand.

»Das ist das beste Stück«, sagte sie. »Ägyptische Handarbeit. Das ist praktisch eine Antiquität.«

Er wog sie in seiner Hand hin und her. »Das ist Kinderschmuck«, sagte er und hielt sie ins Licht. »Nicht mal echt. Plastik.«

»Da müssen Sie sich irren. Sie war damals sehr teuer gewesen.«

Der Mann lächelte. »Ich glaube, Ihr Mann hat Sie hereingelegt. Allerdings ist sie hübsch. Ich kann sie vermutlich als Modeschmuck verkaufen.«

Hitze schoss in ihr Gesicht. Er war es, der sie hereinlegen wollte. Unmöglich, dass sie so naiv gewesen sein konnte. »Was können Sie mir dafür geben?«, fragte sie. Er ließ seine Hände über die Stücke wandern und rechnete alles auf seinem Rechenbrett zusammen. Er schrieb eine Zahl auf einen Zettel, und Sook-Yin stöhnte auf. »Ist das alles?«

»Lady, das ist kein chinesisches Gold. Und der Diamant ist eher ein Splitter. Glauben Sie mir, ich tue Ihnen schon einen Gefallen.« Er zuckte mit den Schultern. »Nehmen Sie's, oder lassen Sie's.«

»Okay.«

Er nickte und zählte das Geld ab. Als er es ihr gab, bemerkte er die Kette an ihrem Hals. »Die da mag ich«, sagte er und deutete mit seinem Kopf darauf. »Das ist echtes Gold.«

Sook-Yin fasste sich an den Hals. Sie hatte die Vogelkette heute Morgen eher aus Trotz als aus anderen Gründen angelegt. Nun, da Julian wusste, was sie von ihm hielt, gab es keinen Grund mehr, ihre Existenz zu verleugnen.

»Wenn Sie die verkaufen, gebe ich Ihnen das Dreifache.«

In dem Moment wurde ihr der wahre Wert erst klar. Hei-Fong hätte ihr keinen Schrott gekauft, wissend, was er ihr damit zu verstehen geben wollte. »Die steht nicht zum Verkauf.«

»Das Fünffache. Mein letztes Angebot.«

Das Fünffache hätte ihr sehr geholfen. Es wäre nicht annähernd die ganze Summe gewesen, aber zumindest ein guter Teil davon. Sie hielt inne, dann aber schüttelte sie den Kopf. »Die steht nicht zum Verkauf«, sagte sie.

Ihre verbleibende Mittagspause nutzte sie, um zu einer anderen Filiale von Dah Sing zu eilen und den Rest ihres Lohnes abzuheben. Als sie der Schlange wieder entkommen war, war sie bereits viel zu spät dran, ihr Gesicht ganz grau vor Sorge.

Miss Po klopfte mit dem Fuß auf den Teppich. »Wo bist du gewesen?«, fragte sie. »Deinetwegen habe ich meine Mittagspause verpasst. Ich musste es Miss Huang erzählen.«

»Das macht nichts. Tut mir leid.«

»Du siehst fürchterlich aus. Bist du krank oder so?«

Bevor Sook-Yin antworten konnte, tauchte Miss Huang neben ihrem Ellenbogen auf. Warum konnte sie nicht einfach mal ein paar Minuten in Ruhe gelassen werden? War sie nicht stets eine gute Angestellte gewesen? »Entschuldigen Sie bitte die Verspätung«, sagte sie. »Ich war in der Apotheke, und da war eine lange Schlange.«

»Nicht wichtig«, sagte Miss Huang. »Mr Lee hat nach Ihnen verlangt.«

Hei-Fong stand auf und schloss die Tür hinter ihr. »Was ist los, ah-Yin? Mr Lau hat mir erzählt, dass du um Geld gebeten hast.« Allem Anschein nach bemerkte er ihr Stirnrunzeln. »Sei bitte nicht böse auf ihn. Er wollte nicht, dass ich es von jemand anderem erfahre.«

»Dazu wäre es gar nicht gekommen, wenn der Kollege sich nicht eingemischt hätte.«

»Er sagte, deine Mutter sei krank? Gibt es etwas, das ich tun kann?«

Sook-Yin starrte auf ihre Füße. »Das war nur eine Ausrede«, sagte sie.

Seine Augen weiteten sich. »Es geht doch nicht schon wieder um deinen Mann?«

Sie spürte Julian gegenüber nun keinerlei Loyalität mehr, zumindest nicht darüber hinaus, als ihre Familie vor Ärger zu bewahren. Das wusste sie. Warum also zögerte sie? Einfach deshalb, weil sie den Ausdruck in Hei-Fongs Gesicht erkannt hatte und sein Mitleid nicht wollte. Sie wollte, dass er sie für ihre Vorzüge liebte, statt Mitleid mit ihren Fehlern zu haben.

»Gewissermaßen«, sagte sie. »Ich brauche das Geld, um mich von ihm scheiden zu lassen.«

Hei-Fong saß nun sehr schwer in dem Sofa. »Wann hast du dich entschieden?«

»Es hat sich eine Weile lang aufgebaut. Er will zurück nach London, und ich will in Kowloon bleiben. Bist du nicht glücklich?«

Er nahm sie an die Hand und zog sie zu sich herunter. »Doch, ich bin glücklich!«, sagte er. »Mein Gott, ah-Yin, ich bin begeistert.«

Sie lächelte. »Ich trage deine Kette«, sagte sie. »Ich werde sie jeden Tag tragen, wenn wir zusammen sind.«

»Sie sieht noch schöner aus, als ich sie in Erinnerung hatte.« Er befeuchtete seine Lippen. »Weiß Julian, dass ich sie gekauft habe?«

»Nein, aber das wird er wohl noch. Er glaubt bereits, dass wir eine Affäre haben.«

Er stützte seine Hände auf seine Knie. »Was hast du ihm gesagt?«, fragte er.

»Ich habe ihm gesagt …« Sie unterbrach sich. »Ist das wichtig?«

»Nein, es ist mir nicht wichtig, aber es kann nicht schaden, vorsichtig zu sein. Meine Frau sollte es durch mich erfahren.«

»Ich glaube kaum, dass Julian es ihr sagen würde«, bemerkte sie. »Die haben kaum zwei Worte miteinander gewechselt. Außerdem hat er andere Sorgen.«

»Trotzdem.«

»Wann denkst du, willst du es ihr sagen?«

Hei-Fong stand auf und griff einen Brief vom Schreibtisch. »Das ist jetzt nur unter uns«, meinte er, »aber der Vorstand will mich befördern. Ich werde mehr verdienen und einen größeren Anteil am Unternehmen bekommen. Außerdem noch mehr Ausbildung darin, wie man erfolgreich investiert.«

Sook-Yin las nur flüchtig drüber. »Das ist sehr schön«, sagte sie. »Aber das beantwortet meine Frage nicht.«

»Verstehst du nicht, dass es das doch tut? Mit der Beförderung kann ich dir eine Wohnung mieten. Dich und die Kinder am Wochenende besuchen.«

Etwas verschloss ihr den Hals. »Was soll das heißen?«

Hei-Fong fuchtelte in der Luft herum. »Meine Frau wird es irgendwann verstehen. Außerdem ist eine Scheidung sehr kostspielig.«

»Du schlägst vor, dass ich deine Geliebte werde?«

Er griff erneut nach ihrer Hand. »Bitte nicht dieses Wort, ah-Yin. Du bist meine einzig wahre Liebe.«

»Deinem Ruf nicht angemessen …«

»Warum sagst du das? Ich muss auch an Daniel denken.«

»Und Li-Li und Mei-Hua sind unwichtig?«

Wäre sie nun die Frau im Bett, wenn Daniel an der Tür klopfte, um bei seinem Vater aufzuräumen? Würde sie diejenige sein, die er verachtete? Wozu sollte eine Zukunft gut sein, wenn man die Fehler der Vergangenheit nicht wiedergutmachen kann? »Wir haben alle Opfer zu bringen«, sagte sie und entzog ihm ihre Hand. »Ich bin inzwischen zu alt, um das schmutzige Geheimnis zu sein.«

Hei-Fong legte seinen Kopf in seine Hände. »Versetz dich in meine Lage. Weißt du, wie schwer das ist? Wie viele Leben ich zu jonglieren versuche?«

Sook-Yin schürzte die Lippen und erhob sich. »Ja, das weiß ich.«

Es war ihr mittlerweile egal, wie viel Zeit vergangen war, sie ging ins Mitarbeiterzimmer und machte sich einen Tee. Sie nahm einen alten Pappkarton aus dem Mülleimer und legte ihn mit Taschentüchern aus, bevor sie die Halskette hineinlegte und sie zur Poststelle brachte. »Mr Lee muss das sofort zugestellt bekommen«, sagte sie, während sie die Adresse in ihrer besten Handschrift niederschrieb. »Stellen Sie bitte sicher, dass es noch heute rausgeht.«

Sie war zurück im Kundenbereich der Bank, als Miss Po zu ihrem Schalter kam. »War oben alles in Ordnung? Ich hoffe, ich habe keinen Ärger bereitet.«

»Nein. Es ging um etwas anderes, als ich gedacht hatte.«

Im Augenblick, da sie das sagte, wurde ihr etwas klar: Hei-Fong hatte ihr endlich den Mut gegeben, das zu tun, was sie tun musste. All die Zeit, die sie sich unnütz bemüht und sich den Kopf zermartert hatte, um auf irgendeine Lösung zu kommen, wo doch die Antwort bereits auf der Hand lag. Die eine Person, die die Wurzel des Übels war – ihrer Verbannung, ihrer Sorgen, ihres Elends.

Und nun würde sie sich ihm stellen.

EINUNDSECHZIG

Lily
Hongkong, 1997

43. Tag der Trauer

Teils aus Rache bestellte ich mir Essen aufs Zimmer; einen ganzen Hummer mit allem Drum und Dran, so viel Kaviar, wie ich schaffen würde, und außerdem zwei Flaschen Chardonnay. Wenn Mrs Lee entschlossen war, mich loszuwerden, dann war das Mindeste, was sie tun konnte, meine Sorgen zu ertränken.

Eine halbe Stunde später klopfte es an der Tür, und als ich sie öffnete, stand Daniel vor mir. »Können wir reden?«, fragte er. Ich machte einen Schritt zurück, und er kam ins Zimmer und schloss die Tür hinter sich. Er warf einen Blick auf die auf dem Bett liegende Speisekarte.

»Deine Mutter bezahlt mir mein Abendessen.«

Er nahm sich eine Flasche Wasser aus der Minibar und ließ sich dann in einem der Sessel nieder. Er lockerte seine Krawatte. »Es tut mir leid, was im Büro passiert ist.«

»Sie ist schon eine Naturgewalt. Hat sie was gesagt, nachdem ich weg war?«

»Sie wollte nicht darüber reden.«

»Nun dann …« Ich erblickte mein Spiegelbild im Schrankspiegel. Ich hatte geweint, und mein Gesicht sah völlig verwahrlost aus; ich war überrascht, wie unwichtig mir das war. Ich setzte mich in den Sessel gegenüber. »Warum also bist du hergekommen? Du bist mich doch schon in ein paar Tagen los, und ihr könnt alle euer Leben fortsetzen.«

»Ich wollte, dass du mir glaubst.«

»Klar. Ziemlich große Bitte im Augenblick. Ich weiß nicht mehr, was ich glauben soll.«

Er hielt seine Hände verteidigend in die Luft. »Ich war sieben, als man mich nach Amerika schickte! Das erste Mal, dass ich von deiner Mutter gehört habe, war im Testament meines Vaters.«

»Ja, das weiß ich. Das verstehe ich. Was ich aber nicht verstehe, ist, warum du das nicht hinterfragt hast, besonders nach dem Foto von mir und meiner Schwester.«

Er zupfte sich am Ohrläppchen. »Meine Mutter hat behauptet, das Foto sei etwas rein Zufälliges, dass deine Mutter vielleicht irgendwann mal eine Bedienstete von uns war. Als du mir erzählt hast, dass sie bei einem Unfall ums Leben gekommen ist, wollte ich ihre Erinnerung nicht beschmutzen.«

Ich lachte. »Du musst mehr Geld als Verstand haben! Wer hinterlässt den Kindern seiner Bediensteten eine Million Pfund?« Ich stand auf und lief durch das Zimmer. »Weißt du, was es noch schlimmer macht? Dass es trotz all deines Geredes über die Ehrung der Toten für dich nie um das ging, was dein Vater gewollt hat. Es ging immer nur darum, dass du dein Gewissen beruhigst. Du hattest kein Interesse daran, das aufzuklären.«

»Das kann ich nicht bestreiten«, sagte er.

»Du versuchst es nicht mal zu rechtfertigen!«

Er ließ die Flasche in seinen Händen kreisen. »Du willst mir also erzählen, dass du dich noch nie schützend vor deine

Familie gestellt hast? Dass du immer den Mut hattest, sie zu konfrontieren, wenn etwas nicht richtig schien? Dass du nie Angst hattest, dass sie dich abweisen? Wozu die Eile, mich in die USA zu schicken? Wegen der vielen Möglichkeiten, oder weil ich nicht gut genug war? Nicht der Sohn, den sie sich gewünscht hatten. Du hast mich gefragt, warum ich das alles nicht hinterfragt habe, aber du hast deine Familie auch nie hinterfragt.«

»Doch, habe ich! Und die haben ständig versucht, mich abzuwimmeln. Sie sagten, ich könne mich gar nicht daran erinnern, dass ich hier gelebt habe, dass unsere chinesische Familie uns hasste. Dass es keinen Sinn ergab, in der Vergangenheit zu leben. Sie haben mich jedes einzelne Mal abblitzen lassen, wenn ich nachgefragt habe, bis ich irgendwann aufgehört habe.«

»Das ist aber genau mein Punkt. In dem Moment, da man aufhört, Fragen zu stellen, wird man Komplize des Schweigens. Wir ergeben uns, um *unser* Leben leichter zu machen.«

»Oh ja, ich hatte ein wunderbar leichtes Leben!«

»Ich habe nicht behauptet, dass es leicht sei«, sagte er. »Nur, dass wir unsere Rolle gespielt haben, damit wir dazugehören konnten.«

Ein Klopfen an der Tür ließ uns beide aufspringen, und als Daniel öffnete, stand der Kellner mit meiner albernen Bestellung vor ihm. Der Hummer war größer als mein Kopf, seine Klauen hellrot und überdimensioniert. Daniel versuchte sich nichts anmerken zu lassen, als er dem Kellner sein Trinkgeld gab und ihn hinausbegleitete. »Wehe, du isst das nicht auf«, sagte er.

»Ach, fick dich«, sagte ich, lächelte aber. »Ich habe das nur bestellt, um deine Mutter zu ärgern.«

Er nahm sich den silbernen Löffel und schob ihn in den Kaviar. »Vielleicht teilen wir?«, sagte er.

Beim Essen zeigte ich ihm die Fotos. Er wischte sich die Finger ab und nahm das ältere der beiden. »Das ist ein Bild von meinem Vater.«

»Ja, ich weiß. Und das neben ihm ist mein Onkel Chor. Leider ist er ein ziemlicher Wichser. Kommt dir der Name irgendwie bekannt vor?«

Er drehte es um und las, was dort stand. »Chen Chor-Kit«, sagte er. Er schüttelte den Kopf und nahm das zweite Foto. »Scheint, als wären sie alte Freunde gewesen, aber mein Vater hat ihn nie erwähnt. Vielleicht haben sie sich einfach aus den Augen verloren.«

»Oder sie haben sich über etwas zerstritten.«

»Warum hast du mir diese Fotos bisher nicht gezeigt?«

»Sie sind erst seit Kurzem in meinem Besitz. Darum bin ich in dein Büro gekommen. Ich hatte dich im Verdacht, du wüsstest über diese Verbindung Bescheid und hättest versucht, sie vor mir geheim zu halten.«

»Selbst nach der Nacht im Restaurant? Hast du mir denn kein bisschen vertraut?«

»Eine meiner Angewohnheiten«, sagte ich. »Nimm das nicht allzu persönlich.« Ich faltete meine Serviette zusammen und wieder auseinander. »Warum haben deine Eltern das überhaupt gemacht? Dich nach Amerika zu schicken, meine ich.«

Er zuckte mit den Achseln. »Wie schon gesagt, ich habe manchmal gedacht, dass es an mir lag, manchmal auch, dass meine Mutter nicht meine biologische Mutter gewesen ist. Sie wusste, dass Kinder für die Ehe wichtig waren, aber ihr waren die schönen Dinge im Leben stets lieber.«

»Kinder *sind* schöne Dinge«, sagte ich.

»Ja, aber es gibt die Liebe, und dann gibt es die Pflicht. Ich glaube, sie verwechselt das manchmal.«

»Heiratest du deshalb Miss Yuen?« Er verschluckte sich fast an seinem Wein. »Hast du nicht davon gewusst, dass sie mich besucht hat?«

»Was hat sie gewollt?«

»Ich bin mir nicht sicher.« Ich genoss sein Unbehagen ziemlich. Ich lächelte und hob mein Glas. »Viel Glück mit ihr übrigens.«

Er tippte mit seinen Fingern gegen den Stiel des Glases. »Das ist ein Arrangement zwischen unseren Familien. Um das Geld zwischen uns zu halten.«

»Wie durch und durch Chinesisch«, sagte ich. »In dem Fall ist mir aber nicht klar, weshalb sie sich von *mir* bedroht gefühlt hat.«

Er lachte. »Hat sie das gesagt?«

»Das hat deine Mutter mir gesagt.«

»Du solltest dein Licht nicht zu sehr unter den Scheffel stellen.« Zwei runde Kreise Scharlachrot bildeten sich auf seinen Wangen, und er tat so, als würde er sich die Fotos noch einmal ansehen. »Hast du dir überlegt, was du tun wirst?«

»Nein. Nicht wirklich«, sagte ich. »Deine Mutter hat dafür gesorgt, dass ich fortgehe, was bedeutet, dass ich vermutlich nie die ganze Geschichte erfahren werde.«

»Du kannst dennoch stolz auf dich sein. Ich nehme an, dass es schwer war, hierherzukommen.«

Mayas Stimme kam mir in den Sinn. *Es gibt noch so viel, auf das du dich freuen kannst. Versprich mir, dass du es dabei belassen wirst*. »Ganz ehrlich? Du weißt nicht mal die Hälfte. Ich bin auch nicht ganz ehrlich gewesen, selbst wenn ich eine Freundin gefunden habe.«

»Eine Freundin?« Die Art, wie er es sagte, ließ mich lächeln.

»Schön wär's! Aber sie hat mir ein wunderbares Geschenk gemacht.« Ich zog die Kette unter meinem Shirt hervor und zeigte sie ihm. »Schau.«

Er streckte seine Hand aus und starrte sie an. »Wo hast du das her?«, fragte er.

»Warum?«

»Ich meine es ernst. Woher hast du das?«

Ich runzelte die Stirn. »Ich habe letztens morgens in der Lobby eine Frau getroffen. Sie hat diese Kette umgehabt, und ich sagte ihr, dass ich sie schön fand. Und schon lag sie plötzlich vor meinem Zimmer, eingepackt und an mich adressiert.« Sein Gesicht wurde aschfahl. »Das ist die Wahrheit. Was ist los?«

»Lily«, sagte er, und seine Stimme brach. »Diese Halskette gehört meiner Großmutter.«

ZWEIUNDSECHZIG

Sook-Yin
Hongkong, Oktober 1977

Ah-Chor hatte es nie bis nach Central geschafft. Obwohl er so viele Jahre nach oben gebuckelt hatte, lebte er noch immer in demselben kleinen Bungalow in der bescheidenen Wohnsiedlung in North Point. Ohne die besänftigende Hand einer Frau war sein Garten karg und kahl geblieben, ein brauner Streifen ungepflügten Bodens, der nur Unkraut Raum bot. Welch ein passendes Bild für das Leben, das er verdiente.

Sook-Yin betrachtete ihn eine Weile durch das Fenster, wie er ohne Melodie summte und eine Schüssel Instantnudeln zubereitete und diese dann mit einigen Streifen kalten Schweinebauchs garnierte. Als er auf ihr Klopfen hin nicht an die Tür kam, lief sie zurück und pochte gegen die Scheibe.

»*Aiya!* Willst du mich umbringen?«

»Ich habe ewig geklopft«, sagte sie. »Komm nach vorn und lass mich rein.«

Er blickte traurig auf seine Schüssel und setzte sich dann in Bewegung, um die Vordertür zu öffnen. »Warum bist du hier?«, fragte er. »Ich komme gerade von der Arbeit und versuche zu Abend zu essen.«

»Das kannst du essen, wenn ich mit dir gesprochen habe.« Sie folgte ihm ins Wohnzimmer.

»Ich hoffe, dass es etwas Wichtiges ist«, sagte er.

»Du wirst mir 20.000 Dollar geben.«

»Wie bitte?«

»Ich meine es todernst, ah-Chor. Und ich brauche es bis morgen Abend. Ich werde es dir zurückzahlen, sobald ich kann.«

Ah-Chor lachte. »Wir haben immer schon geahnt, dass du mal wahnsinnig wirst. Warte, bis ah-Ma von dieser Nummer hört.«

»Nur zu«, sagte sie. »Dann werde ich ihr auch sagen, was du getan hast.« Seine Lippen zuckten. »Ich weiß, was du mit Julian gemacht hast. Du hast es geschafft, seine Referenzen zu fälschen, und ihn zum Glücksspiel in die Walled City mitgenommen. Du warst von Anfang an darauf aus, uns zu ruinieren.«

Er verschränkte seine Arme. »Irgendwelche Beweise?«, fragte er.

»Hei-Fong hat mir alles gestanden.«

»Du glaubst dieser Kanalratte eher als deiner Familie?«

»Das Risiko gehe ich gerne ein. Hei-Fong ist inzwischen ein einflussreicher Mann, und Korruption ist ein schwerwiegendes Verbrechen. Was glaubst du, werden deine Bosse dazu sagen?«

Ah-Chor stolperte in Richtung seines Sofas. »Kein Grund, überstürzt zu handeln. Lass uns kurz setzen.«

»Ich möchte mich aber nicht hinsetzen. Alles, was ich will, ist das, was du mir schuldest.«

»Du bist gestresst, ah-Yin. Ich sehe das.«

Sook-Yin stampfte mit ihrem Fuß auf. »Es ist deine Schuld, dass ich hier stehe!«

Er schien von ihrer Heftigkeit überrumpelt, doch dann hob er sein Kinn und erwiderte verächtlich: »Habe ich deinen Mann mit vorgehaltener Pistole gezwungen? Er ist eine Wanze und hält sich für einen Gott. Es war seine eigene Schwäche, die ihn ruiniert hat. Und wenn du schon so verzweifelt Geld brauchst, warum fragst du nicht deinen kriminellen Liebhaber?«

»Hei-Fong ist nicht mein Liebhaber.« Der Klang seines Namens tat ihr im Herzen weh.

Ah-Chor lachte erneut. »Er hat dich verlassen, was?«, sagte er. »Wieso können es alle sehen, nur du nicht, Sook-Yin? Du würdest lieber deine Füße im Feuer lassen, als zuzugeben, dass es zu heiß ist. So dumm bist du.«

»Ich brauche das Geld, um mich von meinem Mann scheiden zu lassen.«

Ah-Chor griff sich an die Brust und tat so, als hätte er einen Herzinfarkt. »*Endlich* räumst du deinen Fehler ein!«

»Es ist meine eigene Entscheidung«, sagte sie. »Ich tue das nicht, weil du es so willst! Meine Kinder sind kein Fehler.«

»Deine Mischlingskinder«, sagte er. »Weißt du, wie ah-Ma sie nennt?«

»Lüg nicht! Sie liebt meine Kinder.«

»Tut sie nicht. Sie hat Mitleid mit ihnen«, sagte er. »So wie sie auch den Bastard unseres Vaters bemitleidet hat, als man ihn in den Sarg legte.«

Sie blinzelte durch ihre Tränen. »Warum bist du so gemein? Ich weiß, dass es deine Idee war, mich nach London zu schicken. Du hast ah-Mas Meinung über mich vergiftet.«

»Als wäre sie je stark genug gewesen, es selbst zu tun! Nachdem unser Vater mit dieser Nutte verschwunden ist, war es an mir, der Mann im Haus zu ein und den Ruf unserer Familie zu wahren. Glaubst du, ich hätte zugelassen, dass du das sabotierst, du hirnloses Waschweib? Du warst nichts als eine Schande.«

»Bist du so besessen von Äußerlichkeiten? Glaubst du, dass alle Welt nichts Besseres zu tun hat, als dich anzustarren? Ich verdiene eine Begründung. Zumindest das. Sag mir die Wahrheit, ah-Chor! Sag mir, warum du mich so sehr hasst. Ist es wirklich, weil ich dumm bin?«

»Darüber reden wir jetzt nicht«, entgegnete er. Ah-Chor wendete sich ab, und zum ersten Mal hatte sie in sich selbst einen Zweifel entdeckt. Da war plötzlich eine neue, unvertraute Unsicherheit in der Art, wie er seinen Rücken beugte, im Flackern seines Blicks. Er kniff die Haut zwischen seinen Fingern.

»Warum?« Seine Stimme klang matt. »Weil du immer ihr Liebling gewesen bist! Ich habe genau gesehen, was ah-Ma gemacht hat – für dich hat sie in ihrer Schüssel extra Hähnchenstücke aufgehoben, und wenn wir Streit hatten, war sie immer auf deiner Seite, während ich mich in der Schule abgerackert habe, damit unsere Familie einen Namen bekam. Du konntest nicht mal eine Ausbildung abschließen, aber haben die mich je so sehr geliebt wie dich? Mir gesagt, dass sie stolz auf mich sind? Nein. Alles drehte sich immer um ah-Yin, ah-Yin! Und dann kam die verlorene Tochter zurück, und es geschah alles von vorn.«

Einen sehr langen Moment lang war sie wie betäubt und schwieg. Wie war es überhaupt möglich, dass sie sich all die Jahre auf ihre eigene Schmach konzentriert hatte, auf die Überzeugung, dass ihr Bruder sich für sie schämte, dass sie da vollkommen falschlag? Trotzdem beschlich sie ein gewisser Zynismus. Was, wenn er auch jetzt noch log und der Mauer ihrer Schuldgefühle einen weiteren Stein hinzufügte? Das hätte sie ihm durchaus zugetraut.

Sie war überrascht, als er das Zimmer durchquerte und eine große Schachtel neben dem Sofa öffnete. Sie hielt den Atem an, als sie die Dinge darin erkannte: den Zinnpokal, den er mit ah-Fong beim Badmintonturnier für unter Zehnjährige gewonnen hatte, eine Sammlung von Medaillen im Schwimmen und Schach. Dann griff er nach einem kleinen Lehrbuch für mathematische Funktionen und zeigte ihr die darin enthaltene Widmung: *Für Chor-Kit, von Ma-Ma und Ba-Ba. Viel Glück für deinen Erfolg.* Er lachte. »Sie haben es nicht mal geschafft, *in Liebe* da hinzuschreiben.«

Sook-Yin senkte ihren Kopf. Es war, als schaute sie durch das falsche Ende eines Teleskops, doch da sie selbst Zurückweisung erlebt hatte, wusste sie, dass sein Schmerz echt war, auch wenn der Grund dafür ein Irrtum gewesen ist. »Du liegst falsch«, sagte sie ihm. »Ba-Ba war es vielleicht nicht wichtig genug, bei uns zu bleiben, aber ah-Ma liebt dich wirklich. Das tut sie! Sie sagt ständig, wie sehr sie sich wünscht, dass du glücklich bist.«

»Ich brauche dein Mitleid nicht, Sook-Yin.«

»Aber du hast dein ganzes Leben damit verbracht, traurig über etwas zu sein, das nicht stimmt …«

Er winkte ab. »Ach egal«, sagte er. »Ich werd's überleben. Wann hätte mir Liebe je etwas gebracht?« Er rieb sich die Worte aus dem Gesicht, als wäre er sich plötzlich bewusst, dass er zu viel gesagt hatte. »Du brauchst das Geld also ziemlich dringend?« Sein Ton wurde sanfter, sogar freundlich.

»Ja.«

Er lief hinüber zur Anrichte und zählte eine Handvoll Geldscheine ab. »Das ist alles, was ich zu Hause habe. Ich kann dir den Rest morgen früh geben.«

»Danke dir, Bruder«, sagte sie. Sie beugte sich nach vorn, um es anzunehmen, doch mit einem Mal zog er seine Hand zurück.

»Dein Leben gehört jetzt wirklich mir. Deswegen will ich als Erstes, dass du mich anbettelst.« Ihr Gesicht fiel in sich zusammen. »Komm schon, geh auf die Knie. Gib zu, dass dein Leben mir gehört.«

»Ah-Chor, warum bist du so?«

»Wie du schon sagtest, weil ich traurig bin. Dich betteln zu sehen, wird mir Freude machen.«

Sook-Yin starrte ihn fassungslos an und stellte sich vor, das Grinsen Schnitt für Schnitt aus seinem bösen Antlitz zu schaben. Wie töricht von ihr, dass sie sich um ihn Sorgen gemacht hatte. Schließlich begab sie sich auf die Knie, und als ihre Stimme hervorkam, war sie klar und laut. »Okay, ich sage es. Mein Leben gehört weder dir noch dieser Familie. Es gehört mir und ausschließlich mir.«

DREIUNDSECHZIG

Lily
Hongkong, 1997

44. Tag der Trauer

Auf die Ruhe der Nacht folgte der Sturm. Als ich ohne Wecker um sieben Uhr aufwachte, schlug der Regen diagonal gegen die Scheibe, der Himmel war ein aufgerissener schwarzer Fleck, durchzogen von elektrischem Licht. Später im Taxi war es noch schlimmer, und wäre es nicht der Highway gewesen, auf den ich nur verschwommene Blicke werfen konnte, hätte ich überallhin unterwegs sein können.

Erst als der Regen nachließ und ich endlich die Halbinsel erblickte, wurde mir bewusst, wie weit wir gefahren waren; noch weiter südlich als Onkel Chors Wohnung in Wan Chai, in Richtung des Stanley-Gefängnisses. Das Wetter schwächte sich zu einem Nieselregen ab, und ich ließ das Fenster herunter. Das Grün der Bäume umhüllte mich ebenso wie der berauschende Duft der frisch blühenden Bougainvillea. »Wo sind wir?«, fragte ich den Fahrer.

»Das hier Tai Tam«, sagte er. »Redhill Peninsula, gleich da.«

In der Ferne sah ich eine Ansammlung von Wohngebäuden, die die Mündung der Bucht überblickten. Die Aussicht hatte etwas Mediterranes, wie die Sonne auf die hellen, pastellfarbenen Häuser traf, die sich sauber an der Biegung der Landzunge aneinanderreihten. Es war weit weniger protzig, als ich es mir vorgestellt hatte, als mussten sie sich, ganz so wie Jin Lee selbst, nur durch ein Flüstern ankündigen.

Nach der Enthüllung über die Halskette hatte Daniel seine Großmutter angerufen, und sie hatte sich bereit erklärt, mich an diesem Morgen zu treffen. Trotz der Aussicht auf Antworten war ich verunsichert.

Zehn Minuten später kamen wir an dem Komplex an. Das Appartement war, wenn auch modern gebaut, im Kolonialstil eingerichtet, mit weiten Fensterbögen über getönten Scheiben und einer grellgelben Fassade. Ich stieg am Seiteneingang aus dem Taxi und folgte einer Treppe aus Steinstufen bis zu einem wilden Garten auf dem Dach des Gebäudes.

»So treffen wir uns wieder, meine Liebe.«

Daniels Großmutter, als die ich sie nun also kannte, saß auf einem blassrosa Liegesessel, der ihr einen Blick auf die Bucht eröffnete, halb von einer wollenen Decke eingehüllt. Ich ging zu ihr und umarmte sie. »Sie haben mich an der Nase herumgeführt«, sagte ich.

»Woher, glauben Sie, hatte Hei-Fong seinen Spaß an Schabernack?« Sie schenkte mir ein unergründliches Lächeln. »Und ich glaube, er hätte Sie gerngehabt. Sie haben sein Spiel sehr gut gespielt.«

Da ich für das, was immer nun folgen würde, noch nicht bereit war, ging ich an den Rand des Daches, sodass ich mich mit der Aussicht ablenken konnte: die leichte Kühle des Windes in meinem Gesicht, die Streifen aus Gras, die die Bucht säumten, der Duft eines sich ankündigenden Regens. Das waren Dinge, die sich in mein Gedächtnis einbrennen würden. Sie bildeten eine klare Grenze zwischen dem Davor und dem Danach.

»Sie haben ein wundervolles Zuhause«, sagte ich.

»Es ist eine schöne Belohnung für ein schlechtes Leben.« Sie zeigte auf die Bucht. »Das waren alles mal Fischerdörfer, aber sie wurden zerstört, als die Japaner einfielen. Die Auffangbecken und Dämme, sehen Sie? Das hier war ein strategisch wichtiges Gebiet. Wer den Zugang zum Wasser kontrolliert …« Sie tätschelte ihre Decke. »Aber Sie sind nicht hier, um sich eine Geschichtsstunde anzuhören. Zumindest nicht über die Tai-Tam-Bucht.«

»Ich finde Geschichte grundsätzlich sehr spannend«, sagte ich.

»Dann ist das was fürs nächste Mal. Es ist nicht gut, zu viele traurige Enden auf einmal zu hören.«

Ich sah sie an. »Ist es das, was mich hier erwarten wird?«

»Alles eine Frage der Interpretation.«

Die Terrassentür öffnete sich hinter ihr, und Daniel erschien mit einem großen Tablett voller Tee-Utensilien. Er stellte es auf den Tisch vor uns ab. »Ich bin froh, dass du es hergeschafft hast«, sagte er. Ich blickte auf die flatternden Vorhänge.

»Ist deine Mutter auch hier?«, flüsterte ich.

Er lächelte und legte einen Finger auf seine Lippen. »Meine Mutter würde das alles hier hassen.«

»Deine Mutter ist eine Idiotin«, sagte Mrs Lee. Sie schnipste mit den Fingern. »Lass uns jetzt allein, *Syun Zai*.«

Ich trat nach vorn. »Wenn er möchte, kann er ruhig bleiben.« Daniel nickte dankbar, und wir setzten uns auf das kleine Korbsofa.

»Nun gut«, setzte Mrs Lee an. »Sie müssen mich fragen, was Sie wissen wollen.«

»Ich glaube, ich möchte alles wissen.«

Sie schnaubte. »Das ist nicht nur unmöglich, sondern dumm. Es ist nicht so, als würden Sie jetzt lernen, wie man Klavier spielt.«

»Okay«, mein Hals war trocken und kratzte. »Hat Hei-Fong … meine Mutter …?«, setzte ich an.

»Was immer Sie auch über meinen Sohn denken, er war nicht verantwortlich für Sook-Yins Tod.«

Auch wenn ein Teil von mir das bereits vermutet hatte, schien es eine Erleichterung für Daniel zu sein, dessen Bein sich nun sichtbar entspannt gegen das meine lehnte. Er öffnete seinen Mund, um etwas zu sagen, doch seine Großmutter hob die Hand. »Er *war* jedoch ein ziemlicher Dummkopf – und hat das bis zum Tag seines Todes bereut.«

»Ich muss es von Anfang an hören«, sagte ich. »Ich nehme an, die beiden haben sich durch meinen Onkel Chor kennengelernt. Er und Ihr Sohn waren zusammen in derselben Schule?«

»Hei-Fong war ein Stipendiatenkind. Damals war Ihre Familie ebenfalls arm, aber nicht so arm, wie wir es gewesen sind. Wir lebten in der Stadt der Dunkelheit, ganz ganz unten, aber selbst damals hatte er schon Großes vor. Er hat in der Schule hart gearbeitet, ist aber auch an üble Leute geraten. Das war an einem solchen Ort unvermeidlich. Unser Fleisch, unser Reis, unsere Schuhe. Alles vermutlich gestohlen. Schulden wurden in Naturalien beglichen. Als Ihr Onkel Akademiker wurde, willigte er ein, ah-Fong zu helfen – er hat gewisse Dinge aus seiner Vergangenheit verschwinden lassen, was es meinem Sohn erlaubte, bei der Bank anzufangen.«

»Gab es dann also ein Zerwürfnis zwischen den beiden? Hatte mein Onkel den Eindruck, dass Hei-Fong ihn verraten hatte?«

Sie zog ihre Augenbraue nach oben. »In welcher Weise?«

»Indem er gegen seine Familie vorgegangen ist.« Ich griff in meine Tasche und zeigte ihr den Schuldschein, den ich gefunden hatte. »Das war unter den Papieren meiner Po-Po. Ich glaube, Ihr Sohn hat meinen Vater zum Glücksspiel verleitet.«

Sie las es und schüttelte den Kopf. »Hei-Fong hat die Schuld Ihres Vaters *beglichen*.«

»Wie bitte?«

»Ich kenne diese Schuldscheine«, sagte sie. Sie zeigte auf die Spuren des Kupferabriebs. »Dieses Siegel bedeutet, dass er die Schulden übernommen hat. Leider war Ihr Vater kein besonders kluger Mann.«

Ich bekam das Gefühl, dass sie recht hatte. Dass es noch viel Schlimmeres zu erfahren geben würde. Trotzdem tat Dad mir leid: sein Ehrgeiz, seine Dummheit, seine Schwäche. Und was hatte Hei-Fong damit zu tun? War es Liebe oder ein Schuldgefühl, das ihn die Schulden meines Vaters bezahlen ließ? Ich berührte Daniels Arm. »Tut mir leid, dass ich das fragen muss«, sagte ich. »Aber ist zwischen meiner Mutter und Ihrem Sohn etwas vorgefallen?«

Ihre Lippen wurden schmaler. »Sie hatten keine Affäre«, sagte sie, »wenngleich sie sich seit ihrer Kindheit liebten.« Sie pickte eine Spore von der Decke auf und ließ sie dann vom Wind fortwehen. »Als sie endlich so weit waren, es sich einzugestehen, waren beide mit anderen zusammen. Sie einigten sich, dass sie ihre Ehen auflösen würden, aber Hei-Fong bekam Angst vor dem, was er verlieren würde. Seinen Job, seinen Ruf, sein öffentliches Ansehen. All die Dinge, für die er gearbeitet hatte. Und deine Mutter hat es richtigerweise abgelehnt, seine Geliebte zu werden.« Sie zeigte auf die Halskette um meinen Hals. »Das war das letzte Geschenk, das er ihr gemacht hat.« Sie zog ein Foto unter ihrer Decke hervor. »Das entstand an dem Tag, als er die Kette für sie gekauft hat. Das war das letzte Mal, dass ich ah-Yin gesehen habe.«

Daniel nahm das Bild und hielt es zwischen uns. Es war auf der Hafenfähre aufgenommen worden – die Skyline etwas weniger dicht als heute, doch ihre Form war unverkennbar. Hei-Fong und Mumma standen nebeneinander, ihre Gesichter im Profil, als sie sich zueinanderdrehten. Auf ihrem Gesicht lag ein unmissverständliches Strahlen, eine Freiheit oder auch ein Glück, etwas, das mich schlucken ließ, während Hei-Fongs Gesicht sehr konzentriert wirkte, als würde er ihre Erscheinung in einem unverstellten Augenblick, der nicht für die Ewigkeit gedacht war, in seinem Gedächtnis abspeichern wollen. Man konnte es nicht anders als Liebe nennen, und dass wir es ansahen, machte uns zu Eindringlingen.

Dem Rot der Bäume nach zu urteilen, war das Bild im Herbst aufgenommen worden, und wie alles, was man aus der Vergangenheit betrachtet, hatte es eine schreckliche Unausweichlichkeit an sich, ein Gefühl dafür, dass der Moment vorbei war und niemals wiederhergestellt oder rückgängig gemacht werden konnte. Mein Herz krampfte sich zusammen, als ich das Datum auf der Rückseite las: *25. September 1977.* Mumma hatte nicht wissen können, was hinter der nächsten Biegung auf sie wartete, dass sie jenseits ihres dünnen Baumwollkleides, des Lächelns und der Versprechen und Geheimnisse in nur etwas mehr als zwei Wochen tot sein würde.

»Die Halskette kam eines Morgens in einer Schachtel bei mir an. Es gab weder einen Brief noch eine Erklärung, und so konfrontierte ich schließlich meinen Sohn damit. Wenn es ein Trost ist: Er wusste, dass er ein Idiot war.« Sie richtete ihren Blick auf Daniel. »Was nützt einem die Liebe, wenn man nicht bereit ist, etwas für sie zu tun?«

Daniels Stimme war dünn, als sie endlich erklang. »Ich gehe davon aus, dass meine Mutter davon wusste?«

»Sie hat gewiss etwas vermutet«, sagte Jin. »Am Ende war sie es aber, die gewonnen hatte, und das war alles, was ihr wichtig war.«

»Da ist noch etwas, das ich nicht verstehe«, sagte ich. »Wenn Hei-Fong die Schulden meines Vaters *bezahlt* hat, warum hat das meinen Onkel verärgert? Ich meine, ich weiß, dass er gegen ihre Ehe war, aber sein Freund half schließlich seiner Schwester, und das hat doch gewiss auch den Ruf meines Onkels beschützt.«

»Sie verstehen es *immer* noch nicht«, sagte sie dann. »Ihr Onkel war es, der für das Ganze verantwortlich war. Er war es, der Ihren Vater zum Glücksspiel gebracht hat.«

»Was?«

»Manchmal erliegen wir unseren niedrigsten Instinkten.« Sie lächelte, aber es lag keine Freude darin. »Die Verbindung zwischen Geschwistern reicht tief, Miss Chen, und nicht immer in Richtung des Stroms. Ich weiß nichts von alledem genau, aber ich weiß, was Hei-Fong mir erzählt hat, und ich habe keinen Grund, daran zu zweifeln. Er machte sich genug Vorwürfe für das, was geschehen war. Sook-Yin war überzeugt, dass ihr Bruder sich für sie schämte, aber ich habe mich oft gefragt, ob es nicht das Gegenteil war – dass er Angst gehabt hat, nicht auf dieselbe Weise geliebt zu werden. Was auch immer Ihre Mutter hätte tun können – Millionärin werden, einen Kaiser heiraten –, Chor-Kit hätte sie immer noch bestraft, weil sie das eine hatte, das er selbst wollte. Sook-Yin war glücklich in Kowloon. Warum sonst wäre sie nach London gegangen?«

Einen Moment lang konnte ich nichts sagen. Alles ergab plötzlich Sinn – Onkel Chors Verbitterung, seine Wut, sein Ehrgeiz, Himmel noch eins. Ich war mit ihm viel näher am Ziel gewesen, als ich vermutet hatte. Ich dachte an mich und Maya.

Ganz gleich, wie viel Streit wir auch hatten – sogar unsere Rivalität um Dads Zuneigung –, sie hätte es nie in Erwägung gezogen, mich aufzugeben. Wie konnte Onkel Chor mit seinem Gewissen leben?

»Was ist meiner Mum passiert, Mrs Lee?«

Sie presste ihre Lippen aufeinander. »Da endet meine Erzählung. Das weiß ich nicht so genau.«

»Glauben *Sie*, dass es ein zufälliger Unfall war?«

»So wurde es schließlich eingeordnet. Doch Hei-Fong hatte einen Verdacht.« Sie sah mich an. »Ich nehme an, dass Sie das nie zuvor in Zweifel gezogen haben?«

»Nein. Weshalb auch?«, fragte ich. »Mir wurde mein Leben lang eine andere Geschichte erzählt. Dass sie beim Überqueren der Straße einfach in die falsche Richtung gesehen hat. Als ich zum ersten Mal vom Testament Ihres Sohnes erfahren habe, wusste ich nichts von der familiären Verbindung.«

»Sie dachten, Hei-Fong habe den Wagen gesteuert?«

Ich lief rot an. »Wenn ich ehrlich bin, ist mir das durch den Kopf gegangen, ja. Und Maya, meine Schwester …« Ich zögerte. »Sie sagte mir, dass es verblüffend sei, was Schuldgefühle mit einem Menschen machen können.«

Ihr Blick schien nun neugierig. »Mei-Hua hat sich entschieden, nicht nach Kowloon zu kommen?«

Ich schüttelte den Kopf. »Ich habe ihr bis diese Woche nicht mal gesagt, dass *ich* hergekommen bin. Und da war sie wütend … und besorgt.«

Mrs Lee sah ein wenig beunruhigt aus. »Miss Chen, ich möchte, dass Sie sich eine Sache merken. Auch wenn etwas scheinbar aus Hass getan wurde, kann es letztlich doch aus dem Bedürfnis geboren worden sein, geliebt zu werden.«

»Okay …« Mein Herz pochte erneut.

»Meine Schwiegertochter hatte offenbar in einem Punkt recht. All die Antworten, die Sie gesucht haben, hätten Sie auch zu Hause bekommen können. Aber Sie hatten zu viel Angst, um die richtigen Fragen zu stellen.«

»Ich verstehe nicht«, sagte ich.

»An dem Tag, als Ihre Mutter starb, war Ihre Schwester, Mei-Hua, bei ihr.«

VIERUNDSECHZIG

Sook-Yin
Hongkong, Oktober 1977

Sook-Yins Beine waren schwer, während sie die Stufen emporstieg. Zwei Tage noch bis zur Deadline, und sie war kein bisschen weitergekommen, das Geld aufzutreiben.

Das Appartement war zum Gruseln still, und sie rief in die Dunkelheit hinein, bis ah-Ma aus dem Schlafzimmer schlurfte. »Ich dachte, du würdest heute lange arbeiten«, sagte sie. Sie beugte sich hinüber und knipste die Lampe an, was den Raum in eine scheußliche Düsternis tauchte. »Ich war kurz ein Nickerchen machen.«

»Wo sind die anderen?«

»Mrs Chee hat die Mädchen zum Tofu-Essen mitgenommen. Und Julian ist spazieren gegangen.«

»Spazieren? Weißt du, wo er hin ist?« Trotz all der Dinge, die die beiden zusammen durchgestanden hatten, machte sie sich immer noch Sorgen um ihn. Elf Jahre konnte man nicht einfach so mit einem Handstreich wegwischen. Was, wenn die alte Frau sie angelogen hatte? Wenn Julian in eine Falle gelockt worden war?

»Ich bin doch nicht seine Frau!«, lachte ah-Ma. »Ich weiß nur, dass er heute etwas angeschlagen aussah.« Sie strich die Decke auf dem Sofa glatt. »Ich hoffe, dass es ihm morgen besser geht. Ich habe ah-Li versprochen, sie mit zum Einkaufen zu nehmen.

Mei-Hua bekommt zu viel Aufmerksamkeit, und es wird ihnen guttun, mal etwas getrennt voneinander zu unternehmen.« Sie richtete sich auf, als sie Sook-Yins Schweigen bemerkte. »Habe ich etwas gesagt, das dich verärgert hat, ah-Yin?«

»Nein! Danke dir. Das wird sie freuen.« Sie lief zu ihr und umarmte ihre Mutter, nahm all ihren Mut zusammen, die Worte auszusprechen. »Ma-Ma, liebst du meine Kinder?« Ah-Ma zuckte zusammen, als hätten die Worte sie verbrannt.

»Was für eine fürchterliche Frage! Ich kann mich an das Leben ohne sie gar nicht erinnern!« Eine Wolke legte sich über ihren Gesichtsausdruck. »Und warum sagst du so etwas überhaupt? Willst du nun doch wieder weggehen?«

»Nein, Ma-Ma, ich gehe nicht weg.«

»Warum hast du dann Tränen in den Augen?«

»Ich weine bloß, weil ich glücklich bin.«

Ah-Ma beobachtete ihr Gesicht auf der Suche nach der Lüge. Sie kniff ihr in den Ellenbogen. »Dann mache ich uns jetzt *Har Gao* und *Chilli Beef!* Lass uns zusammen alt und fett werden!«

Sie verschwand in die Küche, kam aber mit einem dicken, gepolsterten Umschlag zurück. »Hätte ich fast vergessen«, sagte sie. »Das wurde für dich unten am Eingang abgegeben.«

Sook-Yins Magen drehte sich um. »Von wem ist es?«, fragte sie flüsternd. »Warum wurde es nicht hochgebracht?«

»Warum regst du dich so auf? Nun ist es doch hier.«

»Und du bist dir sicher, dass die Kinder bei Mrs Chee sind?«

»Ja! Habe ich doch gesagt, oder?« Ah-Ma legte ihren Kopf schräg und schob verwirrt ihre Unterlippe nach vorn. »Was ist denn nur in dich gefahren, ah-Yin? Machst du den Umschlag nicht auf?«

»Mach ich gleich«, sagte sie. »Noch einen Moment.«

Es dauerte eine ganze Stunde, bis sie den Mut aufgebracht hatte. *Alles Quatsch*, sagte sie zu sich selbst. *Deine Fantasie spielt dir einen Streich*. Dennoch war sie sehr vorsichtig mit dem Umschlag und führte ihren Fingernagel langsam die Lasche entlang, um das Innenleben auf keinen Fall durcheinanderzubringen. Sie würde erst einmal nur von oben hineinschauen.

Durch das Siegel war der Inhalt zusammengedrückt gewesen, und nun öffnete sich das Päckchen sofort. Kein Finger, kein Blut, sondern Geldscheine! Sook-Yin japste kurz überrascht nach Luft und zog dann ein Blatt Papier hervor. Darauf fanden sich nur zwei Buchstaben:

恭喜

Herzlichen Glückwunsch!

Sie zog das Geld heraus und begann, es zu zählen. Exakt 20.000 Dollar. Ihr erster Verdacht war, dass Hei-Fong das Geld geschickt haben musste, auch wenn die Nachricht keinerlei Sinn ergab. Und woher hätte er auch die genaue Summe wissen sollen? Sie ließ ihre Finger über die Geldscheine gleiten – ganze neu und frisch von der Bank.

Ah-Chor?

Sie hielt das Geldbündel gegen ihre Brust, ihre Erleichterung überwog den Schock. Hatte ihn der Umstand, dass sie ihm die Stirn geboten hatte, realisieren lassen, wie gemein er gewesen war, wie falsch sein Groll? Hatte er sie endlich als Gleichberechtigte wahrgenommen? Egal. Wenn alles vorbei war, würde sie noch mal zu ihm gehen und versuchen, die Risse zwischen ihnen zu kitten, gemeinsam eine Familie zu sein.

Sie ging an die Garderobe, um das Geld in den Koffer zu stecken, und änderte dann ihre Meinung. Julian hatte gesehen, wie sie ihren Schmuck herausgeholt hatte, und wer konnte garantieren, dass er nicht noch mal hineinsehen würde? Sie blickte sich im Zimmer um. Oben auf der Garderobe befand sich ein Halma-Spiel aus Blech mit der Aufschrift *Chinese Checkers*. Sie erinnerte sich daran aus ihrer Kindheit. Es war eingestaubt und mit Spinnweben bedeckt. Sie holte es herunter und drehte den Deckel ab. Der Platz im Innern war ideal.

»Was machst du da, Mumma?«

Lily und Maya standen an der Türschwelle, während Sook-Yin das Geld hineinstopfte. »Chinese Chequers«, las Maya. »Können Lily und ich das spielen?«

»Tut mir leid, Maya, das Spiel sehr empfindlich. Stammt aus meiner Kindheit. Po-Po wäre sehr verärgert, wenn ihr es kaputt macht. Wie wäre es, wenn ihr Karten spielt?«

Maya zuckte die Schultern. »Okay.«

Sook-Yin legte ihr die Hand auf den Kopf. »Gutes Mädchen, braves Mädchen«, sagte sie. »Hattest du eine schöne Zeit mit Mrs Chee?«

»Oh ja. Sie hat uns leckeren warmen Tofu mit Sirup gekauft. Ich wünschte, Daddy hätte mitkommen können, aber Po-Po hat ihn spazieren gehen geschickt.«

»Po-Po hat ihn geschickt?« Sook-Yin blies ihre Wangen auf. Sie hatte sich also doch nur hineingesteigert.

Maya nickte, als sie die Schublade aufzog und ein Päckchen Spielkarten hervorholte. »Sie sagte, er sieht gelb aus.« Sie nahm Lilys Hand und hopste mit ihr aus dem Schlafzimmer. »Vielleicht wird er langsam doch noch Chinese!«

FÜNFUNDSECHZIG

Lily
Hongkong, 1997

44. Tag der Trauer

Ich erinnere mich nicht an den Rückweg zum Hotel, wobei mir der wiedereinsetzende Regen noch in Erinnerung ist. Ohne dass ich etwas davon mitbekommen hätte, hatten den ganzen Nachmittag über die Vorbereitungen für die Rückgabe stattgefunden, und die Promenade war mit Regenschirmen geflutet, während die Leute sich um einen Platz für das Feuerwerk anstellten. Ich schaltete den Fernseher auf meinem Zimmer ein. Auf mindestens vier Sendern lief eine umfassende Berichterstattung, und ich sah mir die Szenen in Dauerschleife an: Chris Patten, wie er den Union Jack beim Verlassen des Regierungspalastes zum letzten Mal schwenkt, die Abschiedszeremonie in der *Prince-of-Wales*-Kaserne. Es war seltsam, dass in weniger als zehn Meilen Entfernung etwas wahrhaft Historisches stattfand, ein so bedeutsames Gefühl, dass etwas zu Ende ging, und ich hatte keine Ahnung, was ich fühlen sollte oder auf wessen Seite ich eigentlich stand.

Ich goss mir einen Wodka ein und trank ihn auf dem Balkon. Trotz des Donnergrollens aus den Bergen war es ein fast perfekter Abend am Hafen, das Wasser so ruhig, dass die beleuchteten Boote auf der Oberfläche kaum schwankten. Erst schwebte ein Panda vorbei, dann ein Drache, ein Feld mit Lotusblumen in girlandenartiger Pracht. War es wirklich so einfach, wie es schien, dieser Wechsel von einem Zustand in den nächsten, die Unausweichlichkeit, sich seinem Schicksal zu stellen?

»Heute ist ein Tag der Freude, nicht der Trauer …«

Ich hatte andere Momente wie diese erlebt – das Gefühl, am Rand von etwas zu stehen, das bereits in Bewegung gesetzt wurde und das ich weder überblicken noch rückgängig machen konnte, doch während ich nun in Richtung Central sah, kam mir nur ein anderer Moment wieder in den Sinn. Der letzte Tag in meinem Zimmer in Cambridge.

Als ich an jenem Morgen aufgewacht war, hatte es sich in jeglicher Hinsicht falsch angefühlt, und die Sonne hatte diese Klarheit nur noch verstärkt. Mein letzter Essay – ein ziemlich guter Essay über Mozart – wartete darauf, an meinen Tutor abgegeben zu werden, die Ränder waren gerade und perfekt, mein Stift lag daneben. Das Ganze hatte die zufriedenstellende Note eines Abschlusses und auch eine Botschaft, die einer Antwort bedurfte, und die hatte ich ebenfalls auf meinen Schreibtisch gelegt. Der versiegelte Umschlag, der an beide adressiert war.

Lieber Dad, liebe Maya, es tut mir leid.

Als ich das schrieb, war mir eingefallen, wie sie immer gescherzt hatten, dass ich das nichts ahnende Genie der Familie sei und sie eines Tages berühmt machen würde. Mit den Jahren jedoch wurde mir klar, wie falsch das war, dass ich die ganze Zeit Teil des Publikums gewesen bin, diejenige, die den Rhythmus eines anderen beobachtete und versuchte, die Seiten rechtzeitig umzublättern. Wenn ich *überhaupt* einen Moment lang im Einklang mit meiner Umwelt war, dann handelte es sich lediglich um einen physikalischen Zufall, so wie Affen, die auf

Schreibmaschinen zufällig die richtigen Tasten drücken, oder wie eine stehen gebliebene Wanduhr, die zweimal am Tag richtig geht.

Die Leute sagten mir immer, dass die Angst, die Depression zu überwinden, schlimmer sei als die Krankheit selbst, diese Angst davor, jemand anderes zu sein. Das aber war nicht mein Problem. Ich hatte bereits so viele Versionen zur Auswahl: das gesunde Ich, das seine Medikamente loswerden wollte, die perfektionistisch veranlagte Schwester und Tochter, das Zauberer-Ich, dessen andere Hälfte verschwunden war. Und sie alle wurden von dieser depressiven, kranken Version von mir dirigiert, die sehen wollte, wie sehr sie das Boot zum Schaukeln bringen konnte, und *das* war nicht diejenige, die ich sein wollte. Nicht, wenn unsere Leben ohnehin schon gekentert waren.

Elise war es, die mich an jenem Tag gerettet hat. »Ich hatte einfach so ein seltsames Gefühl«, sagte sie später. »Etwas in mir sagte mir, dass ich nach dir sehen sollte.« Ich habe zu viel an menschlichen Verhaltensweisen erlebt, um je an so etwas wie Schicksal zu glauben, aber ich glaubte an das Unbewusste. War es nicht das, was mich nach Hongkong geführt hatte – der Drang, mich einer ganz anderen Melodie zuzuwenden?

In Tai Tam nun war meine erste Reaktion eine rasende Wut. Es war, als hätte jemand das Buch meiner Geschichte zerrissen, die Fragmente meines Lebens in einem Beutel vermischt und mich dann aufgefordert, mich selbst aus dem Chaos wieder zusammenzusetzen. Erst jetzt, da ich auf dem Balkon stand und mit meiner 20-jährigen Annahme, dass ich ein Opfer gewesen bin, konfrontiert war, verstand ich das Gefühl von Schuld.

Maya hatte Mumma sterben sehen.

Der zielstrebige Erfolg meiner Schwester ergab nun einen fürchterlichen Sinn: der Trost durch Auszeichnungen und Geld, durch all die falschen Flaggen, die sie als ihr Leben auswies. Sie empfand sowohl Angst als auch Dankbarkeit dafür, am Leben zu sein, auf eine Art und Weise, wie ich es niemals nachvollziehen konnte, sie war verfolgt und heimgesucht, wie ich es niemals begreifen würde. Warum nur hatte sie es mir nie erzählt?

Ich trank mich durch den Rest des Abends, betäubte die äußersten Spitzen meines schlechten Gewissens mit Alkohol und dem Spektakel des Feuerwerks, der Himmel abwechselnd aufleuchtend und dann tiefschwarz, während die Uhr die Stunde herunterzählte.

Gegen zehn vor zwölf schaute ich wieder auf den Fernseher, um mir die letzten Minuten der Zeremonie anzusehen. Diese war genauso getragen und auch pompös, wie ich es mir vorgestellt hatte, bis zu dem Moment kurz vor Mitternacht, in dem etwas Seltsames geschah. Der Union Jack wurde eingeholt, und man wartete auf das Hissen der chinesischen Flagge, doch ein paar Sekunden lang kam es zu einer Verzögerung. Prince Charles sah so unbeholfen aus wie immer, aber das war es nicht, was meine Aufmerksamkeit gewann. Es war eher die Essenz der Sache – jener kurze Augenblick, als Hongkong niemandem gehörte. Es war unabhängig. Endlich frei. Ich dachte an Feng Mian und an den Victoria Park. Ich hoffte, dass sie irgendwie, irgendwo ihren eigenen Weg gehen würde.

Als ich die Promenade entlanglief, wurde ich von den sich auflösenden Menschenmengen angerempelt, die in ihren Alltag zurückkehrten. Schwefel lag in der Luft, der riesige Turm, den man am Hafen errichtet hatte, wirkte auf schaurige Weise zerbrechlich und verbraucht, doch abgesehen von diesen wenigen kleinen Totems schien nichts Weltbewegendes geschehen zu sein. Bis morgen und darauf dann morgen und schließlich dann übermorgen.

Binnen einer Stunde hatte es wieder zu regnen begonnen, und die zaghaften Pünktchen von vorhin waren einem heftigen Regenguss gewichen, der die Bürgersteige peitschte und die Dachrinnen füllte. Ich setzte mich auf eine Bank und ließ mich vom Regen durchnässen.

Um halb zwei ging ich zurück zum Hotel und warf zufällig einen Blick auf mein Spiegelbild. Ich sah grässlich aus: ein kalter und blasser wiederauferstandener Lazarus, der von einer Vergangenheit heimgesucht wurde, die eigentlich schon tot sein sollte.

Und dann sah ich in der Nähe der Rezeption einen weiteren Geist auftauchen. Zuerst war ich überzeugt, dass ich ihn mir nur eingebildet hatte, bis er eine Grimasse zog und auf mich zuschwebte. »Hallo, Lil«, sagte er. »Du könntest ruhig ein bisschen glücklicher darüber sein, mich zu sehen.«

SECHSUNDSECHZIG

Sook-Yin
13. Oktober 1977

Zum ersten Mal seit Wochen verbrachte Sook-Yin einen Arbeitstag, ohne sich zu ängstigen. »Schau dich an, wie glücklich du bist«, sagte Miss Po, als sie am Morgen ihre Schalter aufräumten. »Man sollte meinen, du hättest im Lotto gewonnen.«

Sook-Yin lächelte. Auch wenn sie bald die alte Frau würde treffen müssen, war diese Aussicht für sie nicht mehr ganz so beängstigend, und das war genauso gut wie ein Sechser im Lotto. Eitelkeit oder auch Stolz hatten sie fast dazu verleitet, das Geld heute Morgen mitzubringen, aber sie hatte sich dagegen entschieden. Es war nicht der richtige Zeitpunkt, um die Regeln zu brechen. Als dann aber der Geschäftsschluss näher rückte, breiteten sich verschlungene Wurzeln des Unbehagens in ihrem Magen aus, und sie zuckte zusammen, als Miss Huang sie ansprach. »Bleiben Sie noch für Mr Yus Umtrunk?«, fragte sie. »Er feiert seinen Ausstand.«

Das war Sook-Yin völlig entfallen. »Wie lange dauert die Feier denn?«

»Nur ein paar Stunden. Wir stellen ein paar Tische auf, aber die Reinigungskräfte werden böse, wenn wir zu lange bleiben.«

»Wenn das so ist, komme ich gern«, sagte sie. Eine Feier schien ihr eigenartig angebracht. Vielleicht würde sie sogar ein

Glas Champagner trinken. Schuldbewusst holte sie ihren Mantel, während die anderen begannen, den Raum vorzubereiten, Luftballons aufzublasen und Plakate zu befestigen. »Ich muss mich nur noch kurz mit jemandem im Café treffen«, sagte sie, als sie an Miss Po vorbeiging. »Esst nicht den ganzen Kuchen ohne mich!«

Die alte Frau war nirgends zu sehen. Sook-Yin blickte durch das beschlagene Fenster, bestellte einen Eistee und nahm ihn mit nach draußen. Dort wartete sie.

Sie war schon fast eine halbe Stunde da, als die Frau auftauchte. Sie wirkte lebhafter, als Sook-Yin sie in Erinnerung hatte, und lief auch nicht mehr am Stock. »Sie sind später als vereinbart«, sagte sie. Sie blickte in Richtung der Bank und machte sich Sorgen, dass ihr Fehlen bereits bemerkt wurde.

»Ich bitte um Entschuldigung, Miss Chen. Ich hatte einen problematischen Kunden, um den ich mich kümmern musste.«

Ihre Worte legten einen schweren Schatten über den Tisch. Selbst jetzt noch schien es ihr unbegreiflich, dass eine so harmlos wirkende alte Frau in einem solch düsteren Geschäft tätig war. Aber vielleicht war das genau der Punkt. Sie war nur unsichtbar für jene, die keine Rolle spielten.

»Haben Sie das Geld?«

»Ja.«

Die Frau schnalzte anerkennend. »Sie müssen eine recht einfallsreiche junge Frau sein. Zur Feier des Tages können Sie mich auf einen Tee einladen.«

Wozu noch protestieren? Nur ein Tag noch, und dann wäre es vorbei. Sook-Yin stand auf und ging ins Café. Die Schlange am Tresen war nun länger geworden – die gewohnte Menge an Pendlern, die sich ihre Getränke für den Heimweg kauften –, und sie wippte unruhig mit den Füßen. Schließlich kaufte sie eine Tasse grünen Tee und brachte ihn hinaus zum Tisch. »Hier, Ihr Getränk«, sagte sie. »Erzählen Sie mir jetzt, wie das morgen ablaufen wird.«

Die Frau schien zunächst nichts gehört zu haben. Ihr Kopf war in die Gegenrichtung gewendet, von etwas abgelenkt, das am anderen Ende der Straße geschah. Sook-Yin folgte ihrem Blick und sah zwei Menschen auf sie zurennen: ein langer, blonder Haarschopf, der neben einem schwarzen deutlich hervorstach. Zu ihrem Entsetzen erkannte sie Miss Po. Sie zeigte in Richtung des Cafés und hielt ein Mädchen an der Hand. Es war Maya.

Sook-Yin flüsterte tonlos den Namen ihrer Tochter, und Maya machte sich los und raste auf sie zu. Miss Po hob grüßend ihr Kinn, drehte sich um und ging zurück zur Bank. »Maya! Was machst du hier?«

»Ich musste kommen ... in einem Taxi ... oh Mumma, Mumma, Mumma!« Aus lauter Erleichterung, ihre Mutter zu sehen, ließ Maya die Tränen fließen, die sie bis dahin zurückgehalten hatte.

»Was ist los? Ist was mit Po-Po?«, fragte Sook-Yin. In ihrem Kopf blitzten groteske Bilder auf, zu schnell, um sie richtig zu erfassen – ein brennendes Gebäude, eine gesunkene Fähre. »Ist ihr und Lily etwas zugestoßen?«

»Daddy! Es geht um Daddy! Es ist Daddy!«

Sook-Yin griff ihre Schultern und versuchte ruhig zu bleiben. »Maya! Sag mir, was passiert ist.«

Ihr Gesicht erstarrte. »Er ... er ... Mumma ... Er ist weg.«

SIEBENUNDSECHZIG

Lily
Hongkong, 1997

45. Tag der Trauer

Die Warteschlange für ein Taxi am Flughafen war einfach unfassbar.«

Maya stand in der Balkontür, ihre angewachsene Kugel formte eine unvertraute Silhouette vor dem schlafenden Panorama des Hafens. »Wirklich schade, dass ich das Feuerwerk verpasst habe.«

Sie plapperte weiter, ganz so, wie sie es immer tat, jetzt aber durch ihren Jetlag verstärkt: wie viel Arbeit man ihr aufgetischt hatte, wie das Wetter in London war, auch über die mangelnde Auswahl an Speisen im Flugzeug. Belangloses, harmloses Geplauder, das lediglich so tat, als würde es den Raum füllen. Ich saß auf dem Bett und sagte nichts. Ich hatte mich nicht einmal umgezogen oder mein Haar getrocknet, und alles klebte an mir wie an einem Fliegenfänger. Ich zitterte.

Maya sah auf und starrte mich an. »Warum bist du so still?« Sie kam herüber und zog an meinem T-Shirt. »Zieh dir was anderes an«, sagte sie. »Du erkältest dich noch. Du hast das Konzept eines Mantels noch nie verstanden.« Sie schnappte sich einen der Bademäntel aus dem Badezimmer und blieb stehen, hielt ihn gegen sich selbst. »Weil ich dich überrascht habe, oder? Und jetzt glaubst du, dass ich dir nicht vertraue. Sei ehrlich.«

»Aber das tust du auch nicht.«

»Ich habe mir Sorgen gemacht, das ist alles. Und jetzt bin ich hier, also lass es uns genießen.« Sie legte mir den Mantel über die Schultern. »Ich mache mir mal einen Kaffee. Ich will deine edle Maschine ausprobieren. Magst du auch?«

»Warum vertraust du mir nicht, Maya?«

»Herrgott noch mal, Lil«, rief sie. »Müssen wir das jetzt durchkauen?« Sie lief zur Konsole und ließ ihre Finger durch die Kaffeepads und eine Auswahl exotischer Teepackungen wandern. »Du weißt, dass ich dir vertraue, verdammt. Du bist meine Schwester. *Beste Schwester, Herzensschwester, Blutsgeschwister.*« Sie klang, als wäre sie high. Lag vielleicht an der Erschöpfung. Oder an ihrer Nervosität.

Jetzt ist es so weit, dachte ich – der Höhepunkt, der Augenblick, auf den unser Leben all die Jahre zugelaufen war. Es musste nun nicht unbedingt weitergehen. Wir könnten auch einfach Kaffee trinken und unseren Aufenthalt genießen. Gemeinsam wunderliche, alte Schwestern werden. Und ich spürte einen gewaltigen Sog. Es war so verlockend. Wenn ich sie jetzt fragte, würden wir dann nicht alles verlieren, was wir miteinander hatten, oder würden wir hinzugewinnen, was uns immer gefehlt hatte? Ich atmete tief durch.

»Du hast mir nie erzählt … Warum nicht, Mays?«

»Was denn?«

»Dass du dabei gewesen bist, als Mumma starb.«

Ihre Finger erstarrten am Hebel der Maschine, dann aber setzten sie ihre unermüdliche Bewegung fort, langsamer jedoch und weniger sicher als zuvor. »Wer hat das behauptet?«

»Nicht weiter wichtig, sag mir einfach, ob es stimmt.«

Ihre Tasse wackelte, während sie versuchte, sie unter der

Maschine zu positionieren. »Das verdammte Ding wehrt sich«, sagte sie. »Vielleicht bin ich auch bloß müde. Sollte ich lieber Kakao trinken?«

»Lass die verdammte Maschine in Ruhe!« Ihr Körper zuckte zusammen, und sie stellte die Tasse ab. »Ich will wissen, ob es wahr ist.«

Sie atmete tief aus. »Okay, es ist wahr. Na und?«

»Was soll das heißen, *na und?*« Ich stand ungläubig da. »Maya, all die *Jahre*! Wie kann ich irgendwas von dem glauben, was du erzählst? Was hast du sonst noch verschwiegen?«

»Nichts! Mein Gott, hör auf!«

Ich stürmte an ihr vorbei und ging zum Schreibtisch.

»Ich möchte, dass du dir etwas ansiehst.« Ich durchwühlte den Stapel, bis ich die Quittung fand. »Das hier habe ich in der Castle Peak Road gefunden. Es stammt aus der Zeit, als wir dort gelebt haben. Ich weiß, dass Dad von Onkel Chor zum Glücksspiel verleitet wurde und dass Hei-Fong seine ersten Schulden bezahlt hat, aber ich muss wissen, ob es noch weitere gab. Hatte das irgendwas damit zu tun, was passiert ist?«

Maya ließ sich auf den Stuhl nieder, als wäre er aus Nadeln gefertigt.

»Denk nach, Maya. Du warst immer sein Liebling. Er hat dir alles erzählt.«

Sie wich meinem Blick aus und schnaubte: »Als wärst du nicht Mummas Liebling gewesen, oder was?«

»Himmel noch mal, Maya«, sagte ich. »Du bist meine einzige Chance, die Vergangenheit aufzudröseln.«

»Wozu? Es ist vorbei.«

»Es ist nicht vorbei, wenn man sich noch an Dinge erinnert. Und ich erinnere mich, Maya, auch wenn du mir ständig erzählt hast, ich würde es mir einbilden. Du hast mich unentwegt denken lassen, ich sei krank.«

Zum ersten Mal nahm sie wirklich Augenkontakt auf und zog ihre Brauen erstaunt hoch. »Aber du *warst* krank, Lily«, sagte sie. »Du bist den Großteil deines Lebens depressiv gewesen. Du hast versucht, dich in Cambridge zu erhängen. Wenn dich Elise an jenem Tag nicht gefunden hätte …« Sie schüttelte den Kopf. »Du warst eine lebensmüde Irre, verdammt noch mal.«

Die Worte trafen wie Schläge auf meine Haut. Jedes Pflaster, das sie auf ihre Ehrlichkeit geklebt hatte, jeder Knebel, auf den sie im Laufe der Jahre gebissen hatte, wurde in einem einzigen kurzen Moment heruntergerissen. Also gut.

»Willst du behaupten, dass du dich nie so gefühlt hast? Das glaube ich dir nicht. Niemand steht so etwas durch und ist danach vollkommen normal.«

»Na ja, doch. Ich habe es verarbeitet«, sagte sie.

»Wie? Indem du dich selbst fertiggemacht hast? Indem du einen Mann geheiratet hast, der fünf Jahre vor der Rente stand? Wir hätten es gemeinsam durchstehen können, statt dass du alles vor mir verborgen hast.«

»Ich habe dich nicht angelogen, Lily.«

»Scheiße, Maya, lass die spitzfindige Anwältin beiseite! Du hast durch *Auslassung* gelogen. Als du mir das Geld von Dad gegeben hast, als du dich mit Elise befreundet hast, als du versucht hast, mich davon abzuhalten, herzukommen.« Ich hatte meine Atmung nicht mehr unter Kontrolle. »Hör auf zu lügen!«, sagte ich. »Du hast dich doch immer um mich gekümmert …« Ich nahm ihre Hand, aber sie wand sich heraus.

»Nicht! Sei nicht nett zu mir, Lil.«

»Wie bitte?«

»Sei nicht *nett* zu mir. Das verdiene ich nicht.«

»Doch, alles okay. Wir *kommen* gemeinsam da durch.«

Ihr leeres Lächeln brachte mich aus dem Konzept. »Ich habe dich immer für klüger gehalten.«

»Warum bist du so scheiße?«

»Weil wir es nicht durchstehen können. Verstehst du nicht? Ich bin keine Märtyrerin, verdammt. Der Grund, weshalb ich es dir nicht gesagt habe, ist, weil du mich hassen würdest. Warum konntest du es nicht auf sich beruhen lassen?«

Ich fiel auf meine Knie. »Aber warum denn? Warum sollte ich dich hassen, Maya?«

Ihre Augen starrten wieder in ein entferntes Nirgendwo, verloren an einen Ort, den ich nicht erreichen konnte. »Weil es meine Schuld war«, sagte sie. »*Ich* habe Mumma getötet, Lily.«

ACHTUNDSECHZIG

Sook-Yin
Hongkong, 13. Oktober 1977

Sook-Yin erstarrte. »Was meinst du damit?«, fragte sie.

»Er hat den Pass genommen … das Geld … Ich glaube, er ist zurück nach London.«

»Welches Geld? Welches Geld?«, fragte sie. Ihre Beine wurden zu Wachs.

»Er hat Geld im Schlafzimmer gefunden.«

Sook-Yin sank im Stuhl zusammen. Die alte Frau erschien neben ihr und tippte mit ihren Fingern auf den Tisch. »Jetzt haben wir ein Problem«, sagte sie.

»Ich bringe Ihnen Ihr Geld«, versicherte Sook-Yin. »Sie müssen mir nur etwas mehr Zeit geben.«

»Natürlich, Liebes«, sagte sie. »Ich sehe schon, Sie haben etwas Pech. Allerdings brauche ich im Gegenzug eine Versicherung.«

»Aber ich habe nichts, was ich Ihnen geben kann. Das war alles an Geld, das ich hatte.«

»Kein Geld … Ihre Tochter«, sagte sie. Sook-Yin starrte sie an. »Ich verspreche, dass wir uns gut um sie kümmern werden. Wie um eine schöne Puppe auf dem Regal.«

»Nein! Die Deadline ist erst morgen.«

»Richtig. Genug Zeit, dass der Rest von euch auch noch abhaut. Ein kleiner Anreiz wird helfen, dass Sie sich fokussieren.« Sie streckte ihre Hand nach Maya aus. »Erinnerst du dich an mich, Liebes?«, sagte sie auf Englisch. »Wir haben viel Spaß, wenn du zu Besuch bist.«

Sook-Yin stieß Maya zur Seite. »Maya, geh zurück zur Bank. Sag ihnen, sie sollen die Tür abschließen.«

»Mumma, nein, du machst mir Angst.«

»Ich komme gleich nach. Alles wird gut.«

Als ihre Tochter sich umdrehte und losrannte, pfiff die alte Frau auf ihren Fingern, und ein Mann kam aus dem Nichts hervorgesprungen. Maya war bereits fast am Eingang der Bank, doch der Mann war jung, und seine Schritte waren groß, und seine Arme fingen sie wie eine Motte im Netz. Er hob sie hoch und verschwand in der Menge.

»Mumma! Mumma! Mumma!«

Sook-Yin drehte sich um, um die Frau anzuflehen, doch sie war bereits verschwunden. »Hilfe! Helft mir!«, schrie sie. Einige Blicke veränderten die Richtung, schienen sie aber nicht zu bemerken – oder wenn doch, ignorierten sie sie.

Der Bürgersteig war zu voll, um die Frau sehen zu können, aber Sook-Yin rannte in die wahrscheinlichste Richtung, bis sie eine Kreuzung erreichte. Ihr Blick sauste durch die Seitenstraßen, bis sie auf halber Höhe zu ihrer Linken Maya erneut ausmachen konnte. Sie wurde gerade in einen Wagen gezwängt. Aus dem Auspuff kam bereits Abgas. In dieser Sekunde fuhr er los.

Sook-Yin rannte schneller, um zu ihm aufzuschließen, ihre Füße rutschten vom Bordstein auf die Straße, und in ihren Lungen kochte das Blut. Ihre einzige Hoffnung war der verstopfte Verkehr, doch in der Seitenstraße floss er ungestört.

Sie spürte nicht mehr, wie viel Puste ihr noch blieb, als kurz vor ihnen die Ampel auf Gelb umsprang. Der Wagen war vorn auf seiner Spur und musste etwas langsamer werden, da Gegenverkehr einsetzen konnte. Sook-Yin war nun fast gleichauf. Ihre Finger griffen die Beifahrertür, und sie versuchte vergeblich, sie zu öffnen, Blut quoll aus ihren Nagelbetten, als sie sich an der Kunststoffdichtung festkrallte.

Es gab nur noch eine Chance.

Sie rannte vor den Wagen und stellte sich ihm in den Weg, trotz der Schreie und des Hupens um sie herum. Wie konnten die anderen Menschen sie nicht bemerken? Warum tat niemand etwas, um ihr zu helfen?

Als die Ampel auf Grün schaltete, konnte sie nur verschwommen erkennen, wie das Auto vorwärtsraste. Es schoss über die Ampel, direkt auf sie zu. Sook-Yin hob die Arme und schrie, ohne die schiere Gewalt des Metalls wahrzunehmen, da war allein das Gefühl, dass ihr Körper im Raum der Schwerkraft nachgab. Sie stürzte. Sie hörte den Schrei eines Babys, das winterliche Knacken von Ästen, als ihre Knochen tief in ihrem Inneren zerbrachen. Dann nichts als eine ohrenbetäubende Stille.

Gegen die schmierige Wärme des Asphalts versuchte sie, Luft zu holen, doch statt Luft war da nur Flüssigkeit. Ein heißer Tag … die Sonne am Strand … eine Flut, die ihre Brust kitzelte. Dann ertrank sie, sie erstickte an etwas Dichtem, die Küste so weit in der Ferne.

Ihre Augen flackerten zum Himmel empor. Es war noch zu früh, um dunkel zu sein, doch die Sterne leuchteten hell um sie herum, da waren die Sternbilder von ah-Ma und ihren Kindern: Mei-Hua, groß und stark, und Li-Li, die in einem Feuer geboren wurde. Wie sehr wünschte sie sich das auch für sich selbst. Im

Sommer aus den Flammen wiedergeboren zu werden, mit der Kraft eines Drachens und dem rechtmäßigen Anspruch einer Göttin.

NEUNUNDSECHZIG

Lily
Hongkong, 1997

45. Tag der Trauer

Ich kann mich nicht daran erinnern, wie der Wagen auf sie traf«, sagte Maya. »Über die Jahre habe ich das wohl verdrängt.«

Sie legte ihre Arme zusammen, faltete sie wieder auseinander, sie zog ihre Beine unter sich zusammen, um sich irgendwie kleiner zu machen. Um sich verschwinden zu lassen. »Danach gerieten sie in Panik und haben mich gehen lassen. Onkel Chor hat gesagt, ich dürfe das niemandem erzählen. Er hat mir gesagt, ich soll sagen, dass es ein Unfall war, und wenn ich das nicht täte, würden diese Leute wiederkommen und uns finden. Ich hatte große Angst, dass sie dich oder Po-Po umbringen. Das ist der Grund, weshalb Onkel Chor uns zurückgeschickt hat. Letztlich für uns und auch für sie.«

Ihre Worte überschlugen sich, ein unverständliches Rauschen. Das sollte eigentlich der Augenblick unserer Erlösung werden: das Ende von Busonis Klavierkonzert, der negativ ausgefallene Krebstest, jener Moment in nachmittäglichen Talkshows, in dem der Moderator sagt, *du bist nicht der Vater,* woraufhin alle glücklich nach Hause gehen. So endeten diese Dinge, oder nicht? Eine schöne Belohnung für ein schlechtes Leben.

»Dad hat das Geld genommen?«, flüsterte ich.

»Ich wollte einfach, dass es normal wird. Das verstehst du doch, oder, Lil?«

Ja … Nein. Wie konnte irgendwas wieder normal sein? Das war der Mann, den ich mein Leben lang verehrt hatte. Ich habe mich auf seine ruhige Widerstandsfähigkeit verlassen, seine klaglose Anspruchslosigkeit, unsere Meinungsverschiedenheiten waren nicht viel mehr als kurze Wutanfälle. Unser sanfter, bescheidener Dad, der uns nie etwas abgeschlagen hat. Erst jetzt erkannte ich, dass seine Großzügigkeit von einer anderen Realität beschmutzt war. Erst jetzt, dass sie nach Gewissensbissen stank.

»Es war nicht deine Schuld«, sagte ich. »Dad war es, der sie getötet hat, Maya.«

»Er wusste es nicht, Lily. Er wusste es nicht!«

»Er hat ihr Geld geklaut, verdammt!«

»Verstehst du denn nicht?«, fragte sie. »Er hat es nicht genommen … Ich habe es ihm gegeben.«

Mein Kopf fuhr hoch, und ich sah, wie sich in ihrem Auge eine fette Träne bildete.

»Als du mit Po-Po einkaufen warst, waren wir beide allein in der Wohnung. Er schien seltsam. Er lief durch das Wohnzimmer und sagte ständig, dass Mumma ihn nicht mehr liebte, jetzt, da sie einen reichen Freund habe, der sich um sie kümmere. Er sagte, dass Geld letztlich immer gewinnt. Das war alles, was er immer wieder wiederholte: *›Ich habe verloren.‹* Ich wollte ihn aufheitern, wollte, dass er stolz auf mich ist. Ich sagte ihm, wir könnten Schatzsuche spielen, und das war der Moment, da ich in die Büchse schaute, von der ich wusste, dass Mumma Geld darin versteckt hatte. Du hättest sein Gesicht sehen sollen. Er sah so unfassbar glücklich aus, dass ich dachte, alles würde nun gut.

Und dann sah ich ihm dabei zu, wie er wegging.« Sie ließ ihren Kopf sinken und heulte. »Ich war es, die Mumma getötet hat, Lily. Und mein ganzes Leben habe ich versucht, dafür zu bezahlen. Ich wollte nur, dass du mich liebst. Es tut mir so leid, es tut mir so leid, es tut mir so leid.«

Ich konnte meine Beine nicht bewegen; wie ein Tsunami baute sich der Instinkt für Wut und Hass in mir auf und wollte an die Oberfläche. Wie hatte sie so dumm sein können? Uns alle für ein Lächeln verraten, nur um die Bestätigung eines anderen zu bekommen? Das Gefühl ließ nur langsam nach, während mir klar wurde, wie ähnlich wir uns waren. Wie ähnlich wir uns immer schon gewesen sind. Wie der Vater, so die Tochter. So die Schwestern.

»Du warst nur ein Kind«, sagte ich. »Du wusstest nicht, was passieren würde.«

»Aber ich bin mir sicher, dass Dad es auch nicht gewusst hat. Er ist davon ausgegangen, Hei-Fong würde sich darum kümmern.«

Ich schüttelte den Kopf. Selbst jetzt noch versuchte sie, ihn in Schutz zu nehmen. »Er hat dich wirklich eingewickelt, was?«

Sie starrte mich an. »Er war alles, was wir hatten! Wenn einer von uns etwas gesagt hätte, wären wir vielleicht zur Fürsorge gekommen. Ich hätte dich vielleicht nie wiedergesehen.«

»Du hast dafür gesorgt, dass ich ihn liebe!«, sagte ich.

»Weil ich wollte, dass du die Chance dazu hast. Dass wenigstens eine von uns diese Chance hat. Wenn ich dir den Schmerz doch ersparen konnte, warum sollte ich das nicht? Warum sollte ich nicht so tun, als könnte ich mich nicht erinnern? Dir eine bessere Geschichte ermöglichen? Und du hast ja gesehen, wie sehr er sich angestrengt hat, es wiedergutzumachen, wie er wusste, dass das niemals gelingen konnte. Darum hat er alles verschwinden lassen, was mit Mumma zu tun hatte, denn wann immer er etwas sah, erinnerte er sich an das, was er getan hatte. Er war sogar froh darüber, dass er Krebs bekam. Er hat gesagt, dass er nichts Besseres verdient hatte.« Sie biss sich auf die Lippe. »Bitte glaub mir, Lily. Wir wollten dir nicht wehtun. Wir wollten nicht, dass die Dinge so laufen.«

»Dass ich eine suizidale Irre werde, meinst du?«

»Ja. Vermutlich. Das trifft's.«

»Dann sind wir ja schon zu zweit.« Ich legte meine Hände über mein Gesicht. »Ich weiß, dass du gedacht hast, du würdest das Richtige tun, aber es war nicht an dir, das zu entscheiden. Du hattest kein Recht, mir meine Erinnerungen zu stehlen. Ich habe immer gedacht, du würdest dich für mich schämen.«

»Wie bitte?«

»Ich habe gedacht, dass du die Vergangenheit ausradierst, weil du dich dafür schämst, meine Schwester zu sein. Dass du unsere Herkunft gehasst hast.«

»Nein. Nein!« Sie sah mich an. »Wie konntest du das nur denken, Lil? Du bist der einzige Grund, warum ich noch hier bin.«

»Aber ich wusste nie, wohin ich gehöre.«

Sie griff meine Hand. »*Niemand* weiß, wohin er gehört. Wir verbringen unser Leben in dem Versuch, uns zu verändern, um auf irgendeine Weise angenommen zu werden – *mach mich reicher, schöner, erfolgreicher, mach den Feind meines Feindes zu meinem Freund* –, dabei ist alles, was wir können, uns selbst zu gehören. So wie es Mumma am Ende getan hat.« Ihr Körper sank im Stuhl zusammen. »Ich bin so verflucht müde«, sagte sie.

»Ich weiß. Wir müssen darüber schlafen.«

Sie drehte sich um und schaute aus dem Fenster. »Mein Zimmer ist am Ende der Straße. Alles andere war ausgebucht. Ich kann mich nicht im Geringsten aufraffen, zum Aufzug zu gehen.«

»Hier ist genug Platz für uns beide.«

Als ich unter der Bettdecke lag, musste ich immer wieder an diese Origami-Papierwahrsager denken, die wir als Kinder so oft gemacht hatten, und an die Zeit, die wir damit verbrachten, sie zu basteln. *Ich liebe dich, ich hasse dich, ich liebe dich. Wähle eine Farbe, wähle eine Farbe, wähle eine Farbe.*

Maya hielt meine Hand und sagte nichts. Aber das war in Ordnung, das brauchte sie auch nicht. Ich wusste, dass sie morgen früh noch da sein würde.

SIEBZIG

Lily
Hongkong, 1997

49. Tag der Trauer

Am letzten Tag nahm ich sie mit zum Peak, und Maya keuchte und schnaufte den ganzen Hang hinauf. »Ich kriege vermutlich gleich Wehen«, sagte sie.

»Hör auf zu heulen. Die Aussicht ist es wert.«

Als wir schließlich oben waren, sah ich einen Glanz in ihrem Auge, während sie auf ganz Kowloon herabsah, auf den Hafen, der wie ein See vor uns lag, die weit entfernten Wolkenkratzer wirkten wie kleine Streichholzschachteln. Ja, wir waren nur Mieter, und doch waren wir auch Götter.

Maya tastete sich am Rande des Weges entlang und schmeckte die Luft mit ihrer Zunge.

»Und, Fettklops? Hat es sich gelohnt?«

»Absolut.« Sie lehnte mit ihren Armen auf dem Geländer und stützte ihr Kinn auf ihnen ab. »Übrigens hat Ed eine Affäre.«

Ich fuhr herum. »What the fuck?«, sagte ich.

»Das läuft jetzt schon seit Jahren, aber ich hatte nie den Mut, ihn zur Rede zu stellen. Ich hatte solche Angst, alles zu verlieren, und ich meine damit nicht das Geld … das Märchen an sich.« Sie seufzte. »Dad liebte solche Geschichten – erinnerst du dich?«

»Mir hat er sie nie vorgelesen.« Ich zog die Nase kraus. »Ich erinnere mich aber, wie er bei *The Sound of Music* geweint hat.

Als Julie Andrews Chris Plummer verließ.« Ich drückte meine Hand gegen meine Stirn. »*Das*, meine Mädchen, ist *wahre Würde*.«

»Gott, was für ein Idiot.«

Wir lachten.

»Hasst du ihn jetzt?«, fragte sie.

»Warum? Würde dich das traurig machen?«

»Ich fände es traurig für dich, wenn du nicht verstehst, wie sehr er dich geliebt hat.«

»Ich verstehe es. Und ich liebe ihn durchaus. Es ist nur so, dass ich ihn im Moment nicht sonderlich leiden kann.«

»Nachvollziehbar«, sagte sie.

»Wie ist es mit dir?«

»Ich habe eine Weile genug von Männern.«

»Gib nicht dir selbst die Schuld«, sagte ich. Wir setzten unser Halblächeln auf. »Woher der Sinneswandel? In Sachen Ed?«

»Ich dachte an Mumma … Aber hauptsächlich bist du der Grund.« Sie strich sich die Haare aus dem Gesicht. »Du bist meine Heldin, verdammt.«

»Danke für deinen Sarkasmus.«

»Nein, das meine ich so«, sagte sie. »Du bist allein hierhergekommen, das wäre das eine. Ich hätte nie gedacht, dass du das machst. Und dann noch Onkel Chor die Stirn zu bieten?« Sie fächelte sich ihr Gesicht. »Du bist schon abgebrüht. Eine eiskalte Lady.«

»Das stimmt nicht«, entgegnete ich. »Ich wäre nicht hier, wenn es mich kaltließe.«

»Hier mit mir? Oder in Hongkong?«

»Ja.«

Sie verstummte und zeigte dann auf den Hafen. »Dieses Foto, das Hei-Fong Lee behalten hat, wurde im Hongkong Park aufgenommen. Du bist da mal in den Wasserfall gefallen, und Mumma hatte fast einen Herzinfarkt. Auf dem Löwen dort war deine Hose klitschnass.«

Ich küsste ihr auf die Schulter. »Danke«, sagte ich. »Das ist schön.«

Maya seufzte und rieb sich den Bauch. »Ich nehme an, das kommt jetzt bald auf mich zu.«

»All die Sorgen, meinst du?«

»Nein. All die Liebe«, antwortete sie.

Ich drückte ihre Hand. »Ist alles *okay* mit dir?«

»Ja. Ich werde natürlich ums Haus kämpfen müssen.«

»Damit meinte ich nicht unbedingt Ed.«

»Ich weiß … Und ich bin mir sicher, es wird alles gut. Aber du wirst schon einziehen müssen, wenn du das Klavier haben willst.«

»Ich werde darüber nachdenken«, sagte ich. »Allerdings werde ich bald schon sehr reich sein, also wirst du mir die Noten umblättern müssen.«

Maya zuckte zusammen und sah mich an. »Hör zu, was das angeht …«, sagte sie.

Ich hatte ein Treffen mit Daniel zum Abendessen in einem der Restaurants im Hafen vereinbart. »Wie geht es dir, Lily?«, fragte er.

»Besser, glaube ich. Mir geht es gut.«

Er lehnte sich herüber und schüttelte Maya die Hand. »Sie sehen Ihrer Schwester ähnlicher, als ich dachte.«

Als ich sah, wie er sie anstarrte, musste ich mir eingestehen, dass ich den Stachel der Eifersucht spürte, dann aber schob ich das Gefühl beiseite. Die Dinge würden sich nicht einfach über Nacht ändern.

Während des Essens sprachen wir noch mal über die Musikschule. »Du musst mir Bilder schicken«, sagte er. »Ich würde mich freuen, wenn das Geld meines Vaters zumindest irgendwas Gutes bewirkt.«

Ich tauschte einen Blick mit Maya. »Nun, wir haben eine Entscheidung getroffen. Ich werde mir Geld von meiner Schwester leihen.« Als er protestieren wollte, hob ich meine Hand. »Hör zu«, sagte ich. »Abgesehen von den Gefühlen, die dein Dad für unsere Mutter hatte, war es letztlich doch Geld, das unsere Familie zerstört hat, und es würde sich daher seltsam anfühlen, es anzunehmen. Die einzige Person, der ich etwas schulden will, ist Maya.«

Daniel wischte sich mit der Serviette den Mund ab. »Ich verstehe und bewundere das«, sagte er. »Aber es gibt mehr als nur einen Weg, einen Teufelskreis zu durchbrechen.«

»Und heute ist der 49. Tag der Trauer.«

»Was, wenn wir die Stoppuhr hier anhalten? Nimm dir so viel Zeit, wie du magst. Denke zumindest darüber nach, okay?«

Ich sah zu Maya hinüber, und sie nickte. »Okay.«

»Und kann ich dich in London besuchen? Es wäre schön, die Kinder kennenzulernen, denen du hilfst.«

»Klar«, sagte ich. »Unbedingt.« Ich spürte Mayas Blick wie einen Laser.

»Haben Sie … Kinder?«, fragte sie. So subtil wie ein Metzgermesser, wie immer.

»Keine Kinder, nein. Nicht mal eine Frau.« Er lächelte mich an. »Ich habe kürzlich meine Verlobung gelöst.«

»Oh! Das tut mir leid«, sagte Maya.

Ich stieß mit meiner Gabel in die Luft. »Ehrlich gesagt, nein, das sind *großartige* Neuigkeiten.«

»Lil?« Mayas Fuß stieß mich unter dem Tisch fragend an, und ich antwortete mit einem Tritt zurück. Gut für mich.

Der Mond war angemessen gedimmt, als wir uns am Hafen verabschiedeten. Trotz all der Versprechungen, die wir gemacht hatten, wusste doch niemand, was uns erwarten würde, welcher spezielle Zusammenfall von Ereignissen oder Unfällen genau die unheilvolle Verkettung ergeben könnte, die zur Tragödie führt. Alles, was wir tun konnten, war, für den Augenblick das Tau in der Hand zu halten, einen Fuß vor den nächsten zu setzen. Mumma hat mir das beigebracht.

EINUNDSIEBZIG

Lily
London, 1997

Erster Tag des Lebens

Das ist alles Müll«, sagte ich.

Wir knieten in Mayas Keller und durchsuchten Dads Kisten aus Brixton, um das Spielzimmer einrichten zu können.

»Ist da *irgendwas* dabei, das du haben möchtest?«

Ich sah in die Kartons voller abgenutzter Tupperware, uralter Moulinex-Mixer und Kochbücher von Fanny Cradock.

»Uh, tut mir leid«, sagte ich. »Nicht wirklich. Das ist alles ein bisschen retro, oder, und nicht mal so, wie Babs es verstehen würde.«

»Ein Fotoalbum!«, rief Maya und hielt es in die Luft. Ich griff es ihr aus den Händen und begann, darin zu blättern. Da war Dad am Piccadilly Circus unter dem Coca-Cola-Zeichen, Dad in einem chinesischen Restaurant, Dad, der Baby Maya hielt. Ich musste lachen.

»Jesus Christus, Mays. Du sahst aus wie der Kugelstoßer Geoff Capes!«

Ich ging die Seiten rascher durch, in der Hoffnung, einen Blick auf Mumma zu erhaschen, und dann sah ich es … Es war direkt auf der ersten Seite. Ein Foto aus ihrer Zeit als Krankenschwester. Sie trug eine Art prähistorischer Uniform, und neben ihr stand eine andere Frau, deren blonde Haare selbst unter den

Schwesternhauben ein heftiger Kontrast zu Mummas schwarzen waren. Ich zog es heraus und drehte es um. *Sook-Yin & Peggy, 1966.* Ich dachte an das Bild im Karton, den ich von Mrs Tam hatte.

»Mays! Schau dir das an!«, sagte ich. »Erinnerst du dich an eine Frau namens Peggy?«

Mayas Augenbraue hob sich, als sie das Foto genauer unter die Lupe nahm. »Nein …«

»Ich habe ein Bild von ihr gefunden, das Mum mit nach Hongkong genommen hat. Ich hatte irgendwie den Eindruck, dass es eine Bedeutung hatte.«

»Wir müssen mal im Hochzeitsalbum nachsehen. Ich glaube, irgendwo ist eins.« Sie stand auf und wühlte sich durch einige Kartons, bis etwas auf dem Fenstersims in ihren Blick geriet. »Das hätte ich fast vergessen«, sagte sie. »Darum müssen wir uns auch noch kümmern …« Sie zeigte mir eine kleine Plastikbox.

»Das ist jetzt besser nicht Mummas Asche.«

»Nein, du Dummbeutel.« Im Innern fand sich ein großer Schlüssel an einem Plastikanhänger. »Dad hat jahrelang einen Lagerraum angemietet. Ich wusste davon nichts, bis wir nach seinem Tod Post bekamen. Man wollte wissen, ob er seinen Mietvertrag verlängern wollte.«

»Ein Lagerraum? Was ist denn dadrin? Du hast gesagt, ihr habt das Haus leer geräumt.«

»Ich weiß«, sagte sie. »Ich war bisher immer zu ängstlich, nachzuschauen. Bis jetzt.«

Der Lagerraum war Teil einer Garagenanlage in Herne Hill. Das Grundstück war reif für eine Neubebauung, und ich war erstaunt, dass es nicht längst verkauft worden war, um Platz für die Eds dieser Welt zu schaffen.

Ich zog das Garagentor auf und langte hinein, um den Lichtschalter zu betätigen. Fluoreszierende Röhren erwachten zu Leben und surrten wie Mücken, und einen Augenblick lang konnten wir vor Überraschung nichts sagen.

An allen Wänden standen gestapelte Kartons, einige zu voll, um ihre Inhalte aufnehmen zu können: Lampenschirme mit kegelförmigen Köpfen; gerahmte Gemälde von Drachen und Weiden; von der Sonne ausgebleichte Seidenstickereien. Wie eine Resteschleuder in Chinatown.

»Heiliger Bimbam«, sagte ich.

Maya und ich sahen einander an und stiegen dann zur nächstgelegenen Kiste, aus der Unmengen Stroh und Zeitungspapier herausragten.

Ich zog zwei Wächterlöwen aus Gips hervor. Bei einem war das Gesicht abgerieben und mit schwarzem Stift ungeschickt wieder aufgemalt worden. »Die habe ich schon mal gesehen«, sagte ich. Es fühlte sich an, als hätte mich jemand an die Leine genommen und in die Vergangenheit gezerrt. »Die standen in unserem Flur in Brixton. Dad hatte irgendwann mal versucht, sie mit Reinigungsmittel sauber zu machen, und dann das Gesicht mit einem Permanentmarker wieder draufgemalt.«

Maya lächelte. »Gut erinnert, du Genie. Mum dachte, sie würde wahnsinnig, als Dad ihr erzählen wollte, dass der immer schon geschielt hätte.«

Ich lachte und zog ein hölzernes Puzzle hervor, die verblasste Landschaft kam mir vertraut vor, auch seine mit Sekundenkleber versehenen Risse. »Und das hier war im Schlafzimmer. Das ganze Zeug gehört Mumma.«

Wir wühlten uns weiter hindurch, zogen lang vergessene Schätze hervor, bevor wir vor einem Berg Dinge standen, mit denen man einen kleinen Laden einrichten konnte. Dad hatte diese Erinnerungen für uns beide aufbewahrt, damit wir sie ohne ihn finden konnten. Ohne das Gewicht seiner Schuld.

Ich setzte mich und atmete aus. »Glaubst du, er hat sie letztlich doch geliebt?«

Maya ließ ihre Finger über ein Gemälde streifen. »Ja, das glaube ich schon. Mumma war alles, was er sein wollte. Unabhängig. Einfallsreich. Mutig. Wie könnte man das nicht lieben?«, fragte sie.

Ich nahm einen mit Troddeln versehenen Lampenschirm und balancierte ihn auf meinem Kopf.

»Erinnerst du dich, als ich das in der Schule trug? Am Tag des chinesischen Neujahrsfests?«

»Als die deinen Mantel in den Matsch geworfen haben?«

»Nein. Das war wann anders. Das hier war, als sie *Coolie* auf meinen Rücken geschrieben haben.«

»Du warst schon verdammt wild«, sagte sie. Sie legte ihre Hände auf ihren Bauch, der inzwischen eher ein Hochgebirge denn ein flaches Moor war. »Was sollen wir jetzt damit machen?«

»Wir stellen das alles wieder zusammen und erfreuen uns dann daran. Vieles davon kann ich für die Einrichtung der Musikschule gebrauchen. Und du könntest ein paar Dinge fürs Spielzimmer benutzen.«

»Okay.« Sie kam herüber, und wir umarmten uns. »Wir müssen uns nur überlegen, wie wir das alles hier rausschaffen.«

Ich erhob mich und nahm den Anblick in mich auf, begeistert von der Vorstellung einer Hinterlassenschaft, und freute mich, unsere Geschichte mit anderen teilen zu können. Kein Versteckspielen mehr. »Wir mieten uns einen Transporter«, sagte ich dann. »Als wären wir ganz normale Leute. Den holen wir uns irgendwann, und los geht's.«

Danksagung

Diese Geschichte nahm ihren Anfang im Frühjahr 2020, als ich während eines Umzugs am Boden einer Kiste eine Sammlung alter Disketten entdeckte. Bei genauerer Untersuchung stellte sich heraus, dass auf ihnen die Tagebücher meiner verstorbenen Mutter enthalten waren, die ihr Leben und ihre Erfahrungen als chinesische Einwanderin nach Großbritannien in den frühen 1960er-Jahren bis zu ihrem plötzlichen Tod 2009 beschrieben. Diese Tagebücher waren nicht nur oft urkomisch, sondern erzählten auch eine ergreifende Geschichte von Vertreibung und Trauer, vom Verlust ihrer Identität und der Suche nach einer anderen inmitten der Herausforderungen einer fremden neuen Welt. Die Ehrlichkeit, die man so nur in Tagebüchern finden kann, gab mir das Gefühl, meine Mutter zum ersten Mal *wirklich* zu sehen. Endlich konnte ich den Schleier der stoischen Gelassenheit durchdringen, den sie stets angelegt hatte, um irgendwie dazuzugehören.

Kaum weniger aufschlussreich war die Erkenntnis, dass ich unbewusst dieselbe Strategie verfolgt hatte und an einem Punkt in meinem Leben angekommen war, an dem ich nicht mehr wusste, wohin ich in der Welt gehörte. Als ich in den 70er- und 80er-Jahren als Eurasierin aufwuchs, hat man mir ständig gesagt, ich sei »halb« dies oder »halb« jenes; eine unglückliche, aber damals weithin akzeptierte Verkürzung, die mich nur in dem Gefühl bestärkte, dass ich unvollständig sei und nirgendwo dazugehörte. Erst da begann ich zu verstehen, wie sehr unser gegenseitiges Schweigen meine Mutter und mich nicht nur einer tieferen persönlichen Verbindung beraubt, sondern mir auch die Möglichkeit verwehrt hatte, einen wichtigen Teil meines kulturellen Erbes zu würdigen.

Die Geschichten von Lily und Sook-Yin sind also eher eine Hommage als eine Biografie, ein allgemein gültiges Rätsel für alle, die sich jemals gefragt haben, wo sie hingehören, oder die darum gekämpft haben, eine Stimme zu haben, unabhängig von der jeweiligen Sprache, in der sie aufgewachsen sind. Ich hoffe zutiefst, dass die beiden zu Ihnen gesprochen haben.

Diese Geschichte war nie als Roman geplant. Die Tatsache, dass sie nun doch zu einem geworden ist, liegt an dem Wirken so vieler wunderbarer Menschen, von denen ich einige unweigerlich vergessen werde bei meinen Danksagungen. Wenn dem so ist, hoffe ich, dass ihr dennoch wisst, wer ihr seid.

Dank also an meine unerschütterliche, bewundernswerte Agentin Claire Wilson für ihre unermüdliche Unterstützung und Freundlichkeit und dafür, dass sie versteht, dass »anders« zu sein keine Floskel ist, sondern eine gelebte Erfahrung, und an Peter Straus, der nicht nur unsere perfekte Ehe arrangiert hat, sondern mir auch beibrachte, »die Nerven zu behalten«; an alle bei der RCW Literary Agency für ihre unermüdliche Hingabe, diese Geschichte anderen Menschen nahezubringen, insbesondere Tristan Kendrick, Sam Coates, Safae El-Ouahabi und Aanya Davé, deren erste Erfahrung mit mir darin bestand, in einem Mantel mit Leopardenmuster die Treppe hinunterzufallen, und die mich trotzdem umarmte. Meinem fantastischen Team bei Hodder UK, besonders meiner brillant einfühlsamen und scharfsinnigen Lektorin Sara Adams für ihre Glückskatze und ihren scharfen Blick, die meine Worte nicht nur gelesen, sondern auch aus tiefstem Herzen geprägt hat; Dank an Jo Dickinson, Bea Fitzgerald, Joanne Myler, Alice Morley, Sofia Hericson, Juliette Winter, Ellie Wheeldon, Drew Hunt und Maria Garbutt-Lucero – die beste Bande, die je an einem Buch gearbeitet hat. An alle bei Harper Via in den USA, die mich mit so viel Glauben, Leidenschaft und Enthusiasmus unter ihre Fittiche genommen haben, vor allem an die unglaublich weise Judith Curr und meine oberste Lektorin Tara Parsons, die mich immer wieder mit ihrem Intellekt und ihren Einsichten beeindruckt, sowie an das gesamte übrige Team: Juan Miller, Rosie Black, Alexa Frank, Ashley Yepsen, John McGhee, Amy Sather, Kim Nir, Grace Han, Yvonne Chan, Brieana Garcia und Stephen Brayda. An Dominique Pleimling vom Eichborn Verlag und an Grazia Rusticali von den Edizioni Piemme; an Emily Hayward-Whitlock, Carolin Wolfsdorf, Polly Williams und Arielle Gottlieb, die mit so viel Humor und Feuer meine Träume aus einem früheren Leben wahrgemacht haben. Ich fühle mich privilegiert, dass ich schon so früh in meiner Laufbahn mit solch großen Talenten zusammenarbeiten darf.

Diese Geschichte war nie als Roman geplant, aber den Menschen, die gesehen haben, dass sie dazu werden könnte, möchte ich herzlich danken: David Evans und dem Team von DHA (mit meiner anhaltenden Wehmut darüber, dass wir nur Zugang zu einem Universum haben); Debi Alper und allen bei Jericho Writers dafür, dass sie das Funkeln im Ungefähren gesehen und mir erlaubt haben, es zu polieren; an alle beim Scottish Book Trust, insbesondere an den Dichter Don Paterson, dessen Kommentare zu meinem ersten Entwurf mir die Kraft gegeben haben, durchzuhalten; an Aki Schilz und The Literary Consultancy, die sich für die BESEA-Autoren und -Autorinnen eingesetzt und unsere Erfahrungen weitergegeben haben, als es sonst niemand tat, und Dank an Dr. Stephanie Carty und ihren unglaublichen Kurs »Psychologie für Autoren und Autorinnen«. Ihr seid die sanften Riesen, die mir erlaubt haben, auf euren Schultern zu stehen, um meiner Stimme Gehör zu verschaffen, und ich verspreche, dass ich das weitergeben werde. Meine unendliche Dankbarkeit für die großzügige Zeit und das prägnante Feedback meiner frühen Leser:innen und Freunde: Fíona Scarlett, Jenny Ireland, Neema Shah und Laura Danks und vor allem Julia Kelly, deren nächtliche Textnachrichten, tiefe Freundschaft und die Erlaubnis, verwundbar zu sein, diesen Traum erst Wirklichkeit werden ließen.

Diese Geschichte war nie als Roman geplant, und ohne die folgenden Personen, die mich täglich mit Lachen und Unterstützung befeuert haben, wäre es wohl nicht dazu gekommen: mein wunderbarer virtueller Autorenstamm, die #VWG auf Twitter, insbesondere Simon Cowdroy und Emma Williams, die die besten Cheerleader waren, die man sich vorstellen kann. Wenn Glück ein warmes Hundebaby ist, kommen sie dem am nächsten. Es scheint unvorstellbar, dass ich im 21. Jahrhundert immer noch Fürsprecher im echten Leben habe, aber da dies der Fall ist, muss ich den beständigsten von ihnen danken – Elaine Marney, Harriet Waterhouse, Mel Stidolph, Alison Willoughby, Caroline Ip und Ben Court. Sie haben mich sowohl in meinen besten als auch in meinen schlimmsten Zeiten begleitet, und in beiden Fällen war ihre Unterstützung unbeirrbar.

Diese Geschichte war nie als Roman geplant, doch der Beweis dafür, dass alles, was sich lohnt zu verfolgen, sowohl Wahrheit als auch Herz in seinem Kern tragen sollte, ist meiner wunderbaren Familie zu verdanken, die immer eine Fülle von beidem hatte: Jim, Dexter und Lucy Wellman, Liam und Dominic Heneghan, Liv Dajivek, Anthony Deans, William und Josie Logan, Rhonda Tonner, Michele und Roger Johnson und Chuen Kong. Mein besonderer Dank gilt meiner Schwester Angie Wellman, die nicht nur die beste Schwester der Welt ist, sondern deren Hilfe beim Zusammentragen der Tagebücher unserer Mutter einen wesentlichen Anteil an diesem Projekt hatte, alles ein Werk der Liebe. Einst waren wir natürlich zu dritt, und eine besondere Traurigkeit und ein nicht kleiner Teil meines Herzens gehört meiner anderen wunderbaren Schwester Janet Heneghan, an deren unerschrockener Chuzpe ich mich jeden Tag aufs Neue festhalte. Du hattest recht, meine Liebste, unsere Tage sind kostbar, und du hast sie großartig gelebt.

Diese Geschichte war nie als Roman geplant, aber der eigentliche Grund dafür, dass sie einer wurde, ist meine Mutter, Alice Wing-Chan Au-Yeung, deren Worte diese Reise auf mehr Wegen begannen, als ich ausdrücken kann. Es ist ein großes Privileg, ihr Vermächtnis in meinen Erinnerungen und in meinen Genen zu bewahren und es auf diesen Seiten zu würdigen. Danke, Mumma, für dein Geschenk und dafür, dass du mich die Macht des Fragens gelehrt hast. Ich werde es dir eines Tages richtig erzählen, wenn wir uns wiedersehen.

Diese Geschichte war nie als Roman geplant, aber ich danke all meinen künftigen Leser:innen, die ihm eine Chance geben wollen. Autor:innen sind nichts ohne ihr Publikum: die Leser:innen, Buchhändler:innen, Blogger:innen, Schriftstellerkolleg:innen und

Influencer:innen, die so großzügig ihre Zeit opfern. Ich sehe euch und grüße euch. Wenn Ihnen dieses Buch gefallen hat, oder wenn Sie jemanden kennen, dem es gefallen könnte, empfehlen Sie es bitte weiter, damit andere von diesen unglaublichen versteckten Frauen erfahren können. Vor allem aber danke ich den Bibliotheken überall auf der Welt, die die Schlagadern unserer Kultur sind, die weiterhin meine Neugier füttern und mir und so vielen anderen helfen, Welten jenseits dieser Welt zu sehen.

Diese Geschichte war nie als Roman geplant, und dasselbe gilt für diese Danksagungen. Somit möchte ich schließlich noch euch, Bert und Ren und natürlich Stimpy, danken, dafür, dass ihr auf besondere Weise in meinem Leben seid. Ihr sagt dazu »cringe«, ich Liebe.

Platz da, Sally Rooney – hier kommt Coco Mellors!

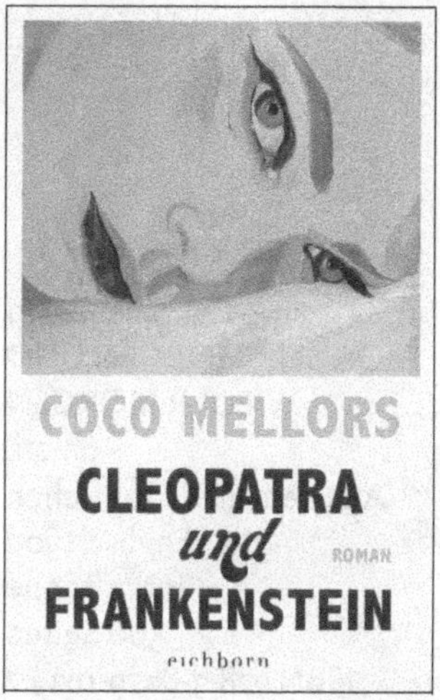

Coco Mellors
CLEOPATRA UND
FRANKENSTEIN
Roman.
Aus dem Englischen
von Lisa Kögeböhn
512 Seiten
ISBN 978-3-8479-0144-0

Ein Silvesterabend in New York: Cleo, Mitte zwanzig, britische Kunststudentin, Bohémienne beziehungsweise ewig pleite, trifft Frank, Mitte vierzig, Amerikaner, Inhaber einer Werbeagentur und ungleich gesettleter, im Aufzug einer Partylocation. Es ist die vielbeschworene Liebe auf den ersten Blick. Hals über Kopf stürzen Cleo und Frank sich in eine amour fou, mit der sie selbst kaum Schritt halten können – geschweige denn die, die ihnen nahestehen.
Eine absolut süchtig machende New-York-Romanze, herzzerreißend und beglückend zugleich – und ein ungewöhnlich reifer Debütroman.

Eichborn

»Eins der besten Bücher, die ich je gelesen habe!« John Green

Gabrielle Zevin
MORGEN, MORGEN UND WIEDER MORGEN
Roman.
Aus dem amerikanischen Englisch von Sonia Bonné
560 Seiten
ISBN 978-3-8479-0129-7

Mitte der 90er-Jahre: Sam hat gerade sein Harvard-Studium aufgenommen, als er seine Kindheitsfreundin und frühere Super-Mario-Partnerin Sadie wiedertrifft, die heute Computerspiele designt. Die beiden beginnen zusammenzuarbeiten, und schnell zeigt sich, dass sie nicht nur auf freundschaftlicher, sondern auch auf kreativer Ebene ein gutes Team sind. Doch als ihr erstes gemeinsames Spiel zum Hit wird, brechen sich Rivalitäten Bahn, die ihre Verbundenheit zu bedrohen scheinen.
Ein Jahrzehnte umspannender Roman über die Magie der Freundschaft, über Popkultur, Wagnis und Scheitern – und zugleich die berührendste Liebesgeschichte, die eigentlich gar keine ist.

Eichborn